十力
文化

第五版

圖解
法學緒論
國家考試的第一本書

法學博士
錢世傑 ——著

如何快速讀懂法學緒論？

看不太懂的文字技巧，向來是法律人的毛病，喜歡炫耀這種只有法律人才懂的艱澀文字，拉高民眾進入法律的門檻，增加自己賺錢的利潤；只是對於考生而言，看著這些枯燥無味又難懂的專有名詞與解釋，準備考試之路還真是痛苦萬分。

筆者的書籍以「圖解」為最主要的特色，除了圖解之外，還有一些簡單易懂的說明，引用時事新聞為案例輔助理解，以及加入法條的記憶方法和考題的詳細分類解析，目前已成為本圖解書系的優勢。

這本法學緒論已進入第五版，由於考試範圍很廣的關係，目前已經厚達將近700頁，因此改版時就會面臨內容取捨的難題，增加了111年的新考題，就必須放棄一些原有的經典考題，同時也不能設計太多的圖解內容，或寫太多的有趣案例，如此才能控制頁數不至於增加太多；然而，筆者還是儘量在一些小細節進行突破，讓簡單易懂、快速理解的風格依舊不變。

持續開設免費國考講座

近來持續開設免費國考講座，今年度也首次實行憑國考系列書籍截角兌換實體課程的計畫，讓筆者除了寫書之外，還可以讓書的內容成為教法。經過長時間的驗證，好的教材與教法確實能讓學生快速學習，再搭配一些記憶法，可以讓抽象的法律名詞更具有黏性，不會輕易被大腦忘記。

還記得自己早期學習法律的時候，每次用盡吃奶的力氣記憶條文、不斷焚膏繼晷的複習理解，但還是學不起來、寫不出來，隔了半個月再看一樣的法律書，明明之前已經懂了，現在卻好像是第一次閱讀。這種沮喪感難以言諭，如同地獄般的無限輪迴，愈學愈不帶勁，效果愈來愈差。

因此，筆者創造出一連串的成功模組：

①圖解、案例所整合出來輕鬆內容，可以讓學生快速理解。

②其次，馬上用一些有效的記憶法，讓考生很難忘記。

③接著，將一塊一塊的知識堆疊成一個分類清楚的知識體系，而不是雜亂無章的知識垃圾。

④最後，利用邏輯推演的技巧教導申論撰寫，帶著學生嘗試將自己的知識轉換成試卷上的文字。

這一個教學過程中可以發現許多有效的教學技巧，最後再轉換成文字，融入本書中，讓書中繁雜的知識都慢慢地成為具備實戰性質，可以看得懂、記得住、寫得出來的法律知識。

感謝拿書給我簽名的熱情讀者

寫書是筆者的興趣，即使實際利潤差強人意，但卻熱衷於開發創意與學校教學，能夠讓讀者和學生獲得一些啟發，減少法律學習路上的痛苦，就是筆者最大的成就。

曾經想到退休時的夢想，能否有機會成為一些人法律學習上的「救星」，當遇到這麼多讀者的肯定，讓當時年紀輕輕的筆者已有提早達成這小小心願的感覺。不過，這一系列的書籍還是有許多可以再改進與加強的地方，也希望讀者們繼續給予寶貴的意見，筆者會努力把更好的作品呈現給大家。

錢世傑

中華民國111年12月

法學緒論概說

國家考試中，與法學基礎知識有關的科目繁多，諸如法學知識、法學知識與英文、法學緒論、法學大意。

其中，「法學知識與英文」的考試科目，除了英文之外，還包括憲法、法學緒論兩個科目（憲法與法學緒論是否分開，端視命題大綱如何編列，如次頁命題大綱就將憲法納入其中），其中英文占20題，憲法及法學緒論共占30題。如果考試科目名稱是「法學緒論」或「法學大意」，則50題通通都考法律相關知識，考題更具有廣度與深度。

基本上，法學緒論的內容，除了憲法（包括大法官會議解釋）外，主要就是民法、刑法、訴訟法、行政法、商事法、選罷法令、勞資關係、社會保險、兩性及弱勢族群法令，每一年的範圍都不太一樣。例如有時候會考大量的大法官會議解釋，可是隔年可能只出個一兩題，範圍相當地廣泛，也就因此造成實際出題結果的不確定性。

其中尤以憲法及大法官會議解釋占相當大的比例，民法、刑法、行政法、法律基本概說等也都是考試的常客。其他部分，則偶爾出個一至二題，例如總統副總統選舉罷免法、公司法、著作權法、全民健保法、勞動基準法、兩性平等法等，也是值得花時間準備的範圍。

法學緒論命題大綱

適用考試名稱

　　公務人員高等考試三級考試暨普通考試、特種考試地方政府公務人員考試三等、四等考試、公務人員特種考試身心障礙人員考試三等、四等考試、公務人員特種考試原住民族考試三等、四等考試。

命題大綱

一、法的概念、淵源與種類

二、法律的繼受與臺灣法律的發展

三、法律的效力與制定、修正、廢止（含中央法規標準法與地方制度法）

四、法律的適用（以法律解釋方法為主）

五、公法（憲法及行政法，包括法治國基本原則、權力分立原則、國家權力運用原則、法律保留原則、法律優位原則、比例原則、平等原則、信賴保護原則、行政程序法（第1～10條）

六、民法（總則、債、物權、親屬與繼承等五編之原則及重要規定）

七、刑法總則、刑法分則（與公務員執行職務有關之部分）

八、財經相關法律（著作權法、公司法及消費者保護法）

九、勞動與社會法（勞動基準法、勞工保險條例、全民健康保險法）

十、性別相關法律（性別工作平等法、家庭暴力防治法）

例示而非列舉

　　表列命題大綱為考試命題範圍之例示，實際試題仍可命擬相關之綜合性試題。

目 錄
CONTENTS

目 錄
CONTENTS

第 **1** 章
基本法學概說

章節大綱

　　法律基本概說，是指除了憲法、行政法、民法、刑法、公司法、消費者保護法等舉得出名稱的法律規範以外，其他所涉及的基本知識，諸如法律的分類、法律的適用、法律的解釋等，以及一些西方及我國法律發展歷史等，都是經常出現的考題。

　　以考試院公布的法學緒論命題大綱，包括「法的概念、淵源與種類」、「法律的繼受與臺灣法律的發展」、「法律的效力與制定、修正、廢止（含中央法規標準法與地方制度法）」，以及「法律的適用（以法律解釋方法為主）」。

　　這一類出題的範圍，通常並不會太難抓，即便是西方法律發展史，出題的內容也大概都是著眼於特定之範圍，只要看完本章的介紹，再多去練習一些考古題，應該就可以有好成績了。

1-1

法律之意義

● 什麼是法律？

　　一般法律初學者對於法律的初步印象，大多覺得範圍相當廣泛，且包山包海，從憲法、法律、行政命令，甚至是習慣、判例、道德等，均屬於「法律」的範圍。但是，從法律人的觀點來說，「法律」是指經立法院三讀通過，經總統公布之法律，與命令、判決、習慣等概念並不相同，屬於對民眾應為或不應為所作之行為規範。

● 應以法律制定之範圍

　　依據中央法規標準法第5條規定，下列事項應該以法律定之：

一、憲法或法律有明文規定，應以法律定之者。

二、關於人民之權利、義務者。

三、關於國家各機關之組織者。

四、其他重要事項之應以法律定之者。

　　換言之，比較重要的事情才要由法律規定，對於太過於細節性、技術性的事項，則依據內容性質之不同，分別由法規命令或行政規則加以規範。當然如果法律不適合介入，可能就是道德約束的範疇。例如撿到錢還給失主，這是物歸原主的美德，以道德範疇來處理即可；但如果是要求十分之三的報酬，則美德盡失，但也是不得已的規定，因為要是沒有十分之三合法的報酬，恐怕許多心中早已經沒有道德的民眾，連一毛錢都不會拿來還。

相關考題

法律之作用若在於指示人民於社會上何者應為或何者不應為,則其屬於何種規範? (A)裁判規範 (B)行為規範 (C)倫理規範 (D)組織規範 【99四等基警行政警察-法學緒論】	(B)
下列哪一項不屬於應以法律規定之事項? (A)憲法有明文規定者 (B)機關認為有必要者 (C)關於人民之權利、義務者 (D)關於國家各機關之組織者 【98調查局-法學知識與英文】	(B)

法律重要理論

● 法實證主義

　　「法實證主義」在很多方面和「自然法理論」相對應。自然法認為在法律和公正之間存在著本質關聯性；而法實證主義則認為，法律有效性和道德、公正並無關聯性。

　　「自然法」主張法律並非究極的正義，法律之外還有一個更高的正義原則，這才是法律的來源，而人民在法律失靈的時候，可以運用此一原則審判國家以及法律；「法實證主義」的主張是「法律就是法律」、「法律即是正義」、「沒有所謂的惡法，因為法律就是正義」，並據此觀點推論出若人人都被賦予以自己的意志凌駕法律的機會，則社會容易動盪不安而崩解，因此有所謂「惡法亦法」的說法。在類似希特勒的獨裁亂世中，自然法就有其存在的空間；至於太平之世，人人都應該信服法律的制裁，自然法存在的空間就比較小。

　　「法官怎麼會這樣判刑，明明就是壞人怎麼會無罪，難道法官收賄、偏袒被告嗎？」這樣子的說法常常會聽到，究其原因，欠缺法律

相關考題	
下列哪一種法學理論，相當程度上促成20世紀極權主義的政治悲劇？ (A)法實證主義 (B)自然權利論 (C)社會契約說 (D)天賦人權思想 【98三等司法特考-法學知識與英文】	（A）
有關自然法的概念及理論之敘述，下列何者正確？ (A)只有成文法才是法律 (B)只有成文法及判例才是法律 (C)自然法就是指習慣法 (D)自然法論者認為有超越成文法的法律存在 【99鐵路高員三級人事行政-法學知識與英文】	（D）

基本訓練，所產生法官判案與一般民眾的落差。若是依照一般民眾的正義概念來決定涉案者的生死，恐怕會因為每個人的標準不同，產生更高的不確定性，因此法實證主義有其存在之必要。

● 從身分到契約

英國著名法學家梅因（Maine）認為法律發展的基本趨勢為「從身分到契約」，此一論點是指早期社會講究階級制度，但隨著民主法治之演變，人與人之間融入了契約要素。但有些身分如親屬身分關係，並不會因為民主法治化發展，而有大幅度之變化；此外，階級身分關係日漸淡化，但仍未完全消失。

● 歷史法學派

歷史法學派（Historical School）與分析法學派（Analytical School）同為19世紀重要學派，摒棄自然法思想基於人類理性純思維之論點，而改以科學實證的態度為方法，兩學派均否認法律為應然（Ought to Be）。分析法學著重於法律之實然（What It Is）面，歷史法學則研究法律之歷史發展（How Came to Be）。

歷史法學著重於法律的歷史因素，否認世上存在著超越現實、普遍有效之自然法則，認為法律是由各民族歷史文化自然演進之持續習慣規範，為民族精神之反映，並非屬於意識之製作物，反對分析法學所採法律出於人類意識創造之見解。進而認為法律只能發現，不能創造，以民族意識集體表現為法律形成及效力之基礎，與社會法學主張法律以社會壓力為效力基礎之理論相互輝映。

相關考題

英國著名法學家梅因（Maine）認為法律發展的基本趨勢為： (A)個人到國家 (B)身分到契約 (C)行政到立法 (D)權利到義務 【98高考三級-法學知識與英文】	（B）

● 自由法運動

19世紀，有學者認為羅馬法極為精緻，任何事件皆可透過概念來計算，並且依據邏輯演繹操作而獲得解答，此種過度崇拜邏輯概念支配，正是「概念法學」之寫照。換言之，「概念法學」側重於法條上的邏輯演繹，法官只要像是機械般地適用法律即可。但是此一論點也遭到極大的批判，從德國而起，稱之為「自由法運動」，其追求法律的自由發現，擴大了法官的職權，主要有如下五點主張：

一、成文法非唯一法源。

二、法律有漏洞實屬必然。

三、批評概念法學之概念數學方法，認為法律解釋若只是進行邏輯演繹的操作，透過類似於數學公式演算，就以為可以導出正確答案，而不參酌目的考量或利益衡量。

四、概念法學從法典完美無缺的角度切入，任何具體案件都可以在法律中尋得解答，禁止司法活動造法。自由法論者認為法律不可能盡善盡美，其意義有待法官解釋，條文漏洞有待法官補充。透過法官主觀智慧之補充，進行利益衡量或價值判斷，達到適度的造法確實有其必要。

五、法學不同於其他經驗科學，兼具評價的因素在內，概念法學純粹以邏輯方法解決問題，卻去除高度價值判斷的部分。

相關考題 歷史法學派

下列關於歷史法學派的敘述,何者錯誤? (A)可以說明法律無法繼受的原因 (B)主張法律之進化係人的理性創造 (C)認為法律只能自然成長,不可人為制定 (D)強調法律乃由民族的法律確信而生 【99地方特考三等-法學知識與英文】	(A)

相關考題 自由法運動

下列何者,以批判概念法學為目標? (A)立憲主義 (B)羅馬法繼受 (C)自由法運動 (D)天賦人權 【99普考-法學知識與英文】	(C)
下列何者屬於自由法運動的主張? (A)強調法律體系在邏輯上完美無缺 (B)拒絕司法造法 (C)批判概念法學 (D)主張國家制定的法律是唯一的法源 【99地方特考三等-法學知識與英文】	(C)
下列民事裁判的法源,何者相當於自由法運動提倡的「法律的自由創造」? (A)法律 (B)憲法 (C)法理 (D)命令 【99高考三級-法學知識與英文】	(C)
適用法律只強調三段論法的機械運用,忽略法律與社會的互動。這通常會遭致下列何種批評? (A)契約自由 (B)依法行政 (C)概念法學 (D)憲政主義 【99三等關務-法學知識】	(C)
下列何者不屬於自由法運動的主張? (A)批判概念法學 (B)強調法律體系有漏洞 (C)主張司法造法 (D)禁止法官對個案進行利益衡量 【100三等海巡-法學知識與英文】	(D)

法律與其他社會規範

● 法律的位階

憲法、法律、命令，最常以右頁金字塔圖表示三者之間的關係。憲法具有最高的位階，其次依序為法律及命令。命令不得牴觸法律，法律不得抵觸憲法。至於緊急命令的部分，雖然是以命令為名，但是其位階則與法律相同，仍然需要經過立法院的同意或追認。

● 憲法、法律與命令

憲法，是國家的根本大法，也是一切法律與命令之依據，不得與之相牴觸。法律，是指經立法機關三讀通過、總統公布程序的法律；而緊急命令雖然形式上稱之為命令，但卻有著法律的位階；命令，是指行政機關頒布的規則。由於立法機關無法鉅細靡遺地將所有事項都制定為法律，所以必須透過授權行政機關的方式，由行政機關制定行政命令補充法令的不足。

● 緊急命令

憲法特別規範了緊急命令的制度，由於是緊急情況，所以當然來不及經過立法機關的制定，為了避免緩不濟急，由行政機關先頒布「緊急命令」，名稱上屬於「命令」的類型。可是這種緊急狀況，往往涉及到人民的權利義務，例如九二一震災之緊急命令，排除許多現有法規之適用，事後還是必須再讓立法院追認其效力，此即憲法本文有關緊急命令之制度 (增修條文第2條第3項有修正調整憲法本文第43條之部分內容)。

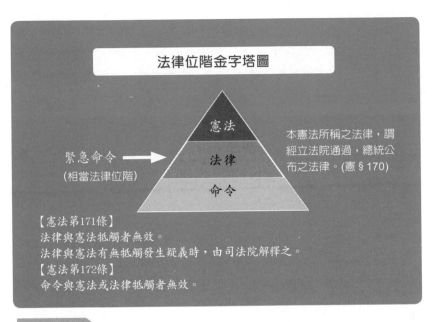

法律位階金字塔圖

憲法

法律

命令

緊急命令
(相當法律位階)

本憲法所稱之法律，謂經立法院通過，總統公布之法律。(憲§170)

【憲法第171條】
法律與憲法牴觸者無效。
法律與憲法有無牴觸發生疑義時，由司法院解釋之。
【憲法第172條】
命令與憲法或法律牴觸者無效。

相關考題

關於法律之位階（由高至低），下列敘述何者為正確？ (A)法規命令－法律－憲法 (B)憲法－法規命令－法律 (C)法律－憲法－法規命令 (D)憲法－法律－法規命令 【99四等基警行政警察-法學緒論】	(D)
下列何者為法律？ (A)立法院處務規程 (B)農田水利會組織通則 (C)所得稅法施行細則 (D)機密檔案管理辦法 【98普考-法學知識與英文】	(B)
下列一般、抽象之規定中，何者居於最高之法位階？ (A)違法經營電子遊戲場業裁罰基準 (B)臺北縣電子遊戲場業設置自治條例 (C)電子遊戲場業公共意外責任險投保辦法 (D)電子遊戲場業管理條例 【99普考-法學知識與英文】	(D)
依司法院大法官之見解，總統所發布之緊急命令的效力等同於： (A)行政規則 (B)法律 (C)行政命令 (D)自治規章 【98三等司法特考-法學知識與英文】	(B)
限制人民基本權利之事項須規定在： (A)行政規則 (B)委辦規則 (C)職權命令 (D)法律 【99三等關務-法學知識】	(D)

　　緊急命令雖然名為命令，實際上卻相當於法律的位階，其規定於憲法增修條文第2條第3項規定：「總統為避免國家或人民遭遇緊急危難或應付財政經濟上重大變故，得經行政院會議之決議發布緊急命令，為必要之處置，不受憲法第43條之限制。但須於發布命令後10日內提交立法院追認，如立法院不同意時，該緊急命令立即失效。」

● 行政命令之類型

　　行政命令，可分為「法規命令」及「行政規則」兩種，此二者之區分向來是一大困難點。法規命令通常涉及到人民之權利義務，也有獲得法律的授權；而行政規則是行政機關基於其法定職權所訂定的規定，未必與人民之權利義務有關係。近年來，大法官會議陸續宣告許多行政命令違憲，也建立一套標準來決定行政命令是否違憲，避免因為行政命令過於氾濫而影響國家民主的發展。

● 道德

　　法律和道德該如何區別？

　　法律，通常是道德的最低防線；道德，則是社會群體中，長久建立的一種人性良善要求，如搭捷運應讓坐老弱婦孺，這是做人的基本道德。沒有讓坐老弱婦孺，屬於違反道德，但法律並不加以處罰。法律與道德最大之差異，在於法律是具有強制力之規範，而道德則無，所以常聽到的「道德勸說」，也不過就是勸說罷了。

【實務見解：洗門風】

　　臺灣傳統習俗中，洗門風是民間私下解決問題的方式。例如某男甲與友人的妻子乙發生婚外情，後來被乙的丈夫丙發現，某丙並未透過法律程序主張權利，反而是透過傳統的洗門風，要求甲男跪在菜市場前面，並分發檳榔給鄰居街坊來解決。

相關考題

下列何者為法規命令？　(A)地方稅法通則　(B)臺南市反怠速自治條例　(C)交通安全規則　(D)法官遷調作業要點　　【99三等關務-法學知識】	(C)
下列何者不得作為限制人民權利或課予人民義務之法源？　(A)地方稅法通則　(B)管收條例　(C)行政執行法　(D)司法院會議規則　　【99四等基警行政警察-法學緒論】	(D)
下列有關行政規則的敘述，何者錯誤？　(A)係指上級機關對下級機關所為　(B)係指長官對屬官所為　(C)性質皆屬於內部規定，無須對外發布　(D)性質上為一般性、抽象性的規定　　【99四等基警行政警察-法學緒論】	(C)
下列何者，原則上不直接對外發生法規範上的效力？　(A)法規命令　(B)行政規則　(C)法律　(D)自治條例　　【98高考三級-法學知識與英文】	(B)
法律和道德，最大的差異點在於何處？　(A)可以透過國家強制力加以實現　(B)具有維持社會秩序的作用　(C)具有增進社會公益的功能　(D)是以正義為其存在的基礎　　【103普考-法學知識與英文】	(A)
試問下列何者不是成文法源？　(A)國際條約　(B)行政命令　(C)習慣　(D)憲法　　【103四等司特-法學知識與英文】	(C)
行政機關依法律授權發布的規章，稱為：　(A)職務命令　(B)法規命令　(C)行政規則　(D)職權命令　　【101普考-法學知識與英文】	(B)
所得稅法施行細則係依所得稅法第121條規定訂定，其性質為下列何者？　(A)法規命令　(B)委辦規則　(C)特別法　(D)間接法　【108高考-法學知識與英文】	(A)

【解析】

(A)法規命令，係指行政機關基於法律授權，對多數不特定人民就一般事項所作抽象之對外發生法律效果之規定。法規命令之內容應明列其法律授權之依據，並不得逾越法律授權之範圍與立法精神。

下列何者非法規命令之無效事由？　(A)牴觸憲法、法律或上級機關之命令者　(B)無法律之授權而剝奪或限制人民之自由、權利者　(C)其訂定依法應經其他機關核准，而未經核准者　(D)其訂定未經聽證程序者　　【109高考-法學知識與英文】	(D)

【解析】

(D) 參照行政程序法第158條規定

有關租稅，下列何種事項得以命令訂之？　(A)租稅主體　(B)租稅客體　(C)繳納方式　(D)稅基　　【110高考-法學知識與英文】	(C)

● 習慣、憲政慣例及法理

民法第1條規定:「民事,法律所未規定者,依習慣;無習慣者,依法理。」蓋因法律無法詳細規範每一件事,當法律沒有規定時,即必須依賴習慣加以補充,若連習慣都沒有,民事案件中才適用法理。

習慣,是指一般特定或不特定之大眾約定成俗的一種慣例行為,具有值得遵守之法律性價值,藉此補充法律制度之不足。例如有關合會的法律規定,民法一直到88年修正時,才增列合會章節,在修正之前,有關合會事件之適用,都是以習慣來規範。

憲政慣例,類似於習慣之概念,蓋因憲法無法鉅細靡遺地規定所有事項,因此各政府機關運作出一套憲政機制。大法官會議曾針對憲政慣例作出若干解釋,參考如下:

1. 釋字第419號解釋:副總統兼任行政院院長不構成憲政慣例。按憲法慣例或憲政上之習慣法,其成立應有反覆發生之先例,並對一般人產生法之確信,始足當之。副總統兼任行政院院長以往雖有兩例,但均發生於動員戡亂及戒嚴時期,並非常態,且有違憲之疑義,自不能視為憲政慣例或習慣法。

2. 釋字第461號解釋:司法、考試、監察三院院長,本於五院間相互尊重之立場,並依循憲政慣例,得不受邀請備詢。

相關考題

有關法律上承認之「習慣」,下列敘述何者錯誤? (A)必須有反覆慣行之事實 (B)必須不背於公序良俗 (C)必須民眾對其有相當於法之確信 (D)必須有法律依據 【99三等關務-法學知識】	(D)
下列有關「習慣」之敘述,何者錯誤? (A)習慣得適用於民事法與刑事法 (B)習慣必須不違背公序良俗 (C)民事上的習慣必須是法律所未規定之事項 (D)民事上的習慣必須一般人對其有「法的確信」 【98三等地方特考-法學知識與英文】	(A)

＊筆記＊

1-4

法律之系統

● 大陸法系及英美法系

有關於大陸法系與英美法系之區別，馬英九先生針對廉政署為何規劃設置在法務部底下，曾有一段描述。其認為臺灣採行大陸法系，以檢察官為偵查主體，與香港、新加坡採行的英美法系有所不同，若仿照香港或新加坡隸屬國家元首底下，恐怕會打亂以檢察官為主體之制度。(這一段話看不出與大陸法系與英美法系之關聯性)

一、大陸法系與成文法

大陸法系通常會與「成文法」畫上等號。其採行清楚明確的法典，讓法官有所遵循，依據法典裁判即可。由於大陸法系有明確的法典，推行容易，所以大多數國家採行之，最著名者當屬「羅馬法典」，歐洲大陸地區繼受羅馬法運動始於義大利。

我國傳統法學，如民法、刑法，主要承繼於德國與日本(日本當年也是向德國取經)。目前屬於大陸法系，主要分布在歐洲與中南美洲。所以，當提到德國、法國、奧地利，傳統上都會認為是大陸法系。

二、英美法系與不成文法

英美法系，通常會與「不成文法」畫上等號，也有稱之為「普通法」(Common Law)。既然稱之為英美法系，採行國家除了英國與美國之外，還有一些他們在亞洲、非洲地區的殖民地。既然是不成文法，應該是指沒有成文法典，而是透過法院審理案件所累積的見解，建立所謂的判決先例，作為後續判決之參考。所以，這種制度的彈性較大，沒有僵硬的法律規範限制處理問題之方式，法官可以發揮的空間就更大了。

三、目前發展

此一區分，實質上意義並不大，尤其是成文法系也有判決先例，不成文法系也有法典。慢慢地，這兩個法系已經淪為一種探討法律歷史發展的過程。我國基本上屬於大陸法系，承繼德國、日本的法律血

統，早期法學教授中，有相當高的比例都是源自於德國或日本，當年唯一著重於英美法律研究的只有東吳大學。現在，許多來自於英美法國家的教授比例不斷提高，也讓法學教育更多元化。

相關考題

我國的民、刑法繼受歐洲大陸的法律，而歐洲大陸各國的法律大多又繼受下列何一類型法律？ (A)普通法 (B)伊斯蘭法 (C)希臘法 (D)羅馬法 【99三等關務-法學知識】	(D)
歐洲大陸地區繼受羅馬法運動始自下列何者？ (A)德國 (B)法國 (C)義大利 (D)瑞士 【99高考三級-法學知識與英文】	(C)
下列哪一個國家目前的法律體系性質不屬於歐陸法系？ (A)德國 (B)法國 (C)日本 (D)紐西蘭 【98普考-法學知識與英文】	(D)
不成文法的優點為： (A)內容較具體、明確，易於施行 (B)體系較完整周密 (C)較能配合社會實際狀況，反應社會變化 (D)較難配合時代需求，從事改革 【98三等司法特考-法學知識與英文】	(C)
下列何國沒有成文憲法？ (A)日本 (B)美國 (C)英國 (D)智利 【98三等地方特考-法學知識與英文】	(C)
從法之淵源論，英美法系屬於不成文法系，單就美國法制，下列敘述，何者正確？ (A)有一部成文聯邦憲法 (B)尚無行政程序法典 (C)1803 年 Marbury v. Madison 一案，樹立了州法優先原則 (D)非常重視公法與私法的區分 【101普考-法學知識與英文】	(A)
與英美法系相較，關於大陸法系特徵之敘述，下列何者錯誤？ (A)為成文法 (B)設有行政法院 (C)不採陪審制之法庭組織 (D)以判例為中心，作歸納思考 【107高考-法學知識與英文】	(D)
下列何者不屬於基本權利發展史上，具有重要代表性者？ (A)1215年英國大憲章 (B)1789年法國人權宣言 (C)1948年世界人權宣言 (D)1958年法國第五共和憲法 【111普考-法學知識與英文】	(D)
有關羅馬法的敘述，下列何者錯誤？ (A)歐陸各國的法律都源於羅馬法大全（corpus juris civilis） (B)東羅馬帝國皇帝查士丁尼下令編纂羅馬法大全 (C)近代歐洲的自然法運動，促成了各國對羅馬法的繼受與研究 (D)成文法運動結合民族主義，嚴重傷害了羅馬法的統一性 【111高考-法學知識與英文】	(A)
立法院為落實兒童權利公約，制定兒童權利公約施行法，關於其法律屬性，下列敘述何者正確？ (A)固有法及國內法 (B)繼受法及國際法 (C)固有法及成文法 (D)繼受法及國內法 【111普考-法學知識與英文】	(D)

我國法律制度發展之歷史

● 清代後法律制度之發展

　　清末因為受到列強的侵略，也期待透過法制變革，讓國家朝著富強的方向發展，曾經指派兩位大臣修訂法律，參考各國法律，制定中外通行的新法。一位為伍廷芳，另一位則是沈家本。清末重要的法律西化過程中所起草的數部重要法律，主要的外國顧問為日本人。

　　但是這一切似乎都成空，畢竟清朝是採行帝制的國家，從長久歷史來觀察，只要採行帝制，這個國家只會愈來愈腐爛，沉迷於無上權力的長期影響，讓任何的變革在腐爛見骨的制度下都會遭到強有力的阻撓，失敗是必然，只是什麼時候失敗的問題罷了！

● 臺灣地區之初期發展

　　臺灣接受日本的統治，當然相關法律有著很濃厚的日本味道，而日本又是向德國學習的法律制度，所以臺灣法律制度受到德國與日本的影響很大，後來也有許多法律學習者前往德國與日本取經。

　　日本殖民統治臺灣的前期（1895-1922年），有關民事紛爭的解決，主要的「法源」依據是臺灣民事舊慣。一直到1945年第二次世界大戰後，日本成為戰敗國家，臺灣終於又回歸到中華民國的版圖中，這時候法律體制又逐漸受到南京國民政府的法律體制之影響，而不再延續日本殖民時期的法令規制。

相關考題

清末法制變革,曾經指派兩位修訂法律大臣,參考各國法律,制定中外通行的新法。一位為伍廷芳,另一位是誰? (A)胡適 (B)張君邁 (C)沈家本 (D)孫科　【99四等基警行政警察-法學緒論】	(C)
清末重要的法律西化過程中所起草的數部重要法律,主要的外國顧問為下列哪一國人? (A)德國 (B)美國 (C)荷蘭 (D)日本　【98三等司法特考-法學知識與英文】	(D)
1945年第二次世界大戰後,臺灣法律主要係受下列何者之影響? (A)導入英美法系的判例法為主 (B)延續日本殖民時期的律令法制 (C)承接傳統中華法系的法律體制 (D)適用南京國民政府的法律體制　【99三等關務-法學知識】	(D)
日本殖民統治臺灣的前期(1895-1922),有關民事紛爭的解決,主要的「法源」依據是: (A)臺灣民事舊慣 (B)日本民法規範 (C)在臺灣訂定特別法 (D)法理　【98高考三級-法學知識與英文】	(A)
關於日本統治臺灣期間(1895-1945)的法律文化,下列敘述何者錯誤? (A)曾在臺施行過《匪徒刑罰令》 (B)對臺灣人之犯罪得處以「笞刑」 (C)遵行臺灣的民事舊慣 (D)統治初期即施行日本的民商法典　【100三等海巡-法學知識與英文】	(D)
協助清朝起草民、刑律之制定,是何國的專家? (A)日本 (B)德國 (C)美國 (D)英國　【111普考-法學知識與英文】	(A)
關於我國現行法律體系特色,下列敘述何者錯誤? (A)為以成文法為主之國家 (B)具有濃厚大陸法系之色彩 (C)採公、私法二元化設計 (D)採民商分立之設計　【110普考-法學知識與英文】	(D)

1-6

法律之分類

● 公法與私法

一、公、私法到底該如何區分？

　　行政法屬於公法之一種，其相對者為私法。兩者之區別，向來是一大難題所在，其實益在於涉訟之救濟途徑，究竟應向民事法院提起，還是要向行政法院提起。相關學說如下：

利益說	公法是指關於公共利益之法，私法是指關於私人利益之法。
從屬說	規範上下隸屬關係者為公法，平行關係者為私法。
舊主體說	以法律關係主體為判斷標準，若有一方為行政主體或國家機關，則屬公法；若均為私人，則為私法。
新主體說 （特別法規說）	法規本身之內容僅國家或行政機關能實現者為公法（為國家量身打造之法），如任何人均可成為主體、能實現權利義務者為私法。

二、公法遁入私法

　　行政機關為避免其行政行為受到公法上之限制，並避免行政爭訟或負擔國家賠償責任，有時會將原本應屬公法行政行為，改以私法之方式為之，形成「公法遁入私法」之情形。但是，行政程序法明文規範行政契約後，仍有行政程序法與行政訴訟法之適用，以避免這種公法遁入私法的逃避現象。

公立學校教師之聘約性質

公立學校教師，基於聘約關係，擔任教學研究工作。由於法律基礎如教育人員任用條例、教師法等多具有強制性、公益性及公法性，且此種聘約之契約標的內容乃為接受行使教育行政高權之任務或委託行使教育行政高權，故屬行政契約之公法關係。

（最高行政法院98判582）

（另參照最高行政法院98年7月份第1次庭長法官聯席會議）

● 強行法與任意法

一、基本概念

　　行政法、刑法、訴訟法等公法領域之法律，多屬強行法，民法、商事法等私法領域之法律，則尊重當事人之間的自治行為，較多任意法之規定。但此一分類並非絕對，公法也有所謂的任意法，例如訴訟法中的「合意訴訟管轄」；私法中也有所謂的強行法，例如民法結婚要件之規定。

二、強行法

(一) 強制規定(命令規定)：指法律要求當事人應為某種行為或應符合某規定之要件，通常是以「應」的方式加以立法，例如民法「結婚應以書面為之……」之規定即屬之。(民§982)

(二) 禁止規定：指法律禁止當事人為某種行為，通常條文是以「不得」二字呈現，如民法對於重婚之限制「有配偶者，不得重婚。」(民§985)

三、任意法

(一) 補充規定：當事人對法律關係之內容欠缺約定時，則回歸基本法律之適用，如民法採當事人意思自主原則，當事人沒規定者即回歸民法規定，故民法屬於補充規定，如民法第216條第1項：「損害賠償，除法律另有規定或契約另有訂定外，應以填補債權人所受損害及所失利益為限。」

(二) 解釋規定：當事人對特定法律關係，未能為完整之意思表示，則必須由法律預設一定之法律效果，以補充當事人意思之不完整。例如民法第153條第2項：「當事人對於必要之點，意思一致，而對於非必要之點，未經表示意思者，推定其契約為成立，關於該非必要之點，當事人意思不一致時，法院應依其事件之性質定之。」

相關考題　公法與私法

在我國現行法秩序中，劃分公、私法的實益，並不包含下列何者？　(A)影響實體法律規定的適用　(B)影響程序法律規定的適用　(C)影響訴訟管道的劃分　(D)人民之公法上的法律地位必然優於其在私法上的法律地位
【99高考三級-法學知識與英文】　(D)

關於公法與私法之敘述，下列何者是錯誤的？　(A)國家為一方當事人之法律關係，可能為公法，亦可能為私法　(B)公私法所涉及之法律救濟途徑不同　(C)公私法法律關係所本之基本原則不同　(D)國家機關與私人間不可能成立私法上法律關係　【98三等地方特考-法學知識與英文】　(D)

公平交易法之立法目的為「維護交易秩序與消費者利益，確保自由與公平競爭，促進經濟之安定與繁榮」，下列敘述何者錯誤？　(A)公平交易法為經濟基本法，在經濟法中占有重要的地位　(B)由立法目的可知，公平交易法在於保護個人財產利益，故應屬於私法　(C)事業濫用市場地位的行為受公平交易法規範　(D)公平交易法的出現源自於法律思想已由個人本位，進入社會本位
【110普考-法學知識與英文】　(B)

相關考題　強行法與任意法

下列有關強行法與任意法之敘述，何者錯誤？　(A)行政法、訴訟法等公法性質法律，多數規定屬強行法　(B)法律之禁止規定屬強行法　(C)刑法的規定一律為強行法　(D)債法之規定多數屬任意法
【99三等第一次司法人員-法學知識與英文】　(C)

關於強行法與任意法，下列敘述何者為正確？　(A)只有在公法領域有強行法　(B)私法領域內沒有強行法　(C)民法規定有配偶者不得重婚，是任意法　(D)民法裡也有強行規定　【98四等司法特考-法學知識與英文】　(D)

下列有關強行法與任意法之敘述，何者錯誤？　(A)違反法律禁止規定者，法律效果皆為無效　(B)民法之規定如屬任意規定，通常允許當事人自主決定是否適用　(C)公務員違法從事營利行為，雖可能被懲戒，但其營利行為並非當然無效　(D)強行法之規定可分禁止與命令規定
【104司法三等-法學知識與英文】　(A)

● 實體法與程序法

實體法與程序法，往往容易搞混。例如某甲殺了某乙，觸犯刑法第271條殺人罪，某甲會關進監獄中，這就是有關於當事人實體權利義務關係內容的法律。程序法，只是為了達成此一實體權利義務關係事項的程序上規定，譬如要怎麼蒐證？可不可以將當事人羈押？如何交互詰問以釐清當事人的關係，就是刑事訴訟法的程序上規定。

● 國際法與國內法

國際法是否位階高於國內法（一元論），或者是國內法與國際法各自具有獨立性（二元論）？從國家自身角度來看，當然是不受到國際法之影響，但這就像是社區關係，不能夠自己高興恣意妄為，還必須要考慮其他人的觀感。

因此，國家在制定國內法律時，還是要考慮國家規範的原則與相關規定，不能與之相違背，畢竟兩者常互為淵源、互為補充，國際法有賴國內法之制定以實現其效力。例如公民與政治權利國際公約：「任何人的生命不得無理剝奪」，我國並通過該公約之施行法，逐步修正我國有關死刑之規範；此外，也應該避免規定與國際秩序相違反的規範，例如准予兒童色情照片之散布。

● 民事、刑事與行政

很多人買過六法法典，但一般法律的體系以六法來分，難以分清楚，通常可以分為民事、刑事與行政。舉個車禍的例子，違規闖紅燈撞傷行人，交通警察會開一張闖紅燈的罰單，此即行政責任；撞傷了人成立過失傷害，這是刑事責任；受傷了要賠錢，這是民事上的損害賠償責任。

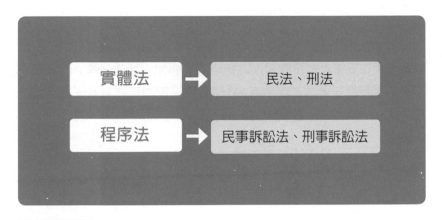

相關考題

有關實體法與程序法之敘述,下列何者錯誤? (A)涉外民事法律適用法屬於實體法 (B)公寓大廈管理條例屬於實體法 (C)強制執行法屬於程序法 (D)破產法屬於程序法 【99四等基警行政警察-法學緒論】	(A)
有關國際法與國內法之關係,下列敘述何者錯誤? (A)國內法與國際法常互為淵源 (B)國內法與國際法常互為補充 (C)國際法常須受國內法之拘束 (D)國際法常有賴國內法之制定以實現其效力 【99四等基警行政警察-法學緒論】	(C)
丈夫對妻子惡言相向和拳打腳踢,下列何者不是其法律效果? (A)刑事的傷害責任 (B)民事的損害賠償 (C)行政的罰鍰 (D)禁制令 【98普考-法學知識與英文】	(C)

● 措施性法律

　　所謂措施性法律，乃是針對特別事件所制訂的法律，但對象依然是多數人，而非針對具體個人之特定人，例如「九二一震災重建暫行條例」即屬之。大法官釋字第391號解釋，認為預算屬於一種「措施性法律」，與一般性法律的性質不同。

● 普通法與特別法

　　普通法最基本的法律規定，針對普通法一般事項以外之特別事項，則由特別法為特殊之規範。例如民法針對法人有基本性的規定；公司屬於營利社團法人，所以公司法屬於民法之特別規定；證券交易法又是公司法的特別規定，企業併購法則是公司法中有關合併章節之特別規定。

　　特別法，應該優先於普通法適用。但是，有時候卻分不清楚哪一個是特別法，哪一個是普通法，也與時間的先後沒有必然的關係，所以也許後修正的是普通法，先前的法令反而是特別法。例如個人資料保護法在政府資訊公開法之後修正通過，此二者之關係，政府資訊公開法雖然立法在先，但是依舊屬於特別法。

相關考題　　措施性法律

依司法院釋字第520號解釋對預算案之見解，下列敘述何者錯誤？　(A)預算案經立法院通過及公布後即為法定預算　(B)法定預算因形式上與法律相當，又稱為措施性法律　(C)縱使屬國家重要政策變更且符合預算法所定要件，主管機關亦不得裁減經費或變動執行　(D)停止法定預算執行致影響機關存續者，非法之所許　　　　　　【99三等第一次司法人員-法學知識與英文】	（C）

相關考題　普通法與特別法之關係

下列何者為普通法與特別法的關係？　(A)民法與民事訴訟法　(B)票據法與海商法　(C)消費者保護法與消費者保護法施行細則　(D)公司法與金融控股公司法　【99四等基警行政警察-法學緒論】　(D)

公司法與民法就同一事項均有規定時，應如何適用？　(A)民法優先適用　(B)公司法優先適用　(C)依施行細則決定何者優先適用　(D)由主管機關決定何者優先適用　【99四等基警行政警察-法學緒論】　(B)

下列何者為普通法與特別法的關係？　(A)民法與動產擔保交易法　(B)公司法與票據法　(C)刑法與社會秩序維護法　(D)消費者保護法與公寓大廈管理條例　【99四等海巡-法學知識與英文】　(A)

關於「特別法優於普通法」，下列敘述何者正確？　(A)法規對其他法規所規定之同一事項而為特別之規定者，應優先適用之。其他法規修正後，應優先適用普通法規定　(B)例示規定優先於普通規定　(C)列舉規定優先於例示規定　(D)法規對其他法規所規定之同一事項而為特別之規定者，應優先適用之。其他法規修正後，仍應優先適用　【98調查局-法學知識與英文】　(D)

依司法院大法官釋字第487號解釋意旨，冤獄賠償法與國家賠償之關係為何？　(A)冤獄賠償法為國家賠償責任之特別立法　(B)冤獄賠償與國家賠償可同時請求　(C)冤獄賠償法為普通法，國家賠償法為特別法　(D)冤獄賠償法為國家賠償法之基本法　【99高考三級-法學知識與英文】　(A)

下列何者為法律適用之原則？　(A)法無擬制之明文亦可於個案中進行擬制　(B)法律所推定之事實不得舉證推翻　(C)特別法應優先於普通法適用　(D)法律違憲即無效，行政機關得逕行拒絕適用　【99普考-法學知識與英文】　(C)

相關考題　母法與子法

下列何者具有母法與子法的關係？　(A)消費者保護法與消費者保護法施行細則　(B)民法與民事訴訟法　(C)公司法與證券交易法　(D)刑法與陸海空軍刑法　【108普考-法學知識與英文】　(A)

法律制定與變更

● 法規名稱與制定

法律得定名為法、律、條例或通則。(中央法規標準法§2) 各機關發布之命令,得依其性質,稱規程、規則、細則、辦法、綱要、標準或準則。(中央法規標準法§3)

法律應經立法院通過,總統公布。(中央法規標準法§4)所以只要看到「法」、「律」、「條例」或「通則」,就必須要選擇由立法院通過,總統公布。

各機關依其法定職權或基於法律授權訂定之命令,應視其性質分別下達或發布,並即送立法院。(中央法規標準法§7)

法規內容繁複或條文較多者,得劃分為第某編、第某章、第某節、第某款、第某目。(中央法規標準法§9)

相關考題	法規制定程序

有關法律制定程序的描述,下列何者正確? (A)法律案只能由行政院提出 (B)立法院黨團無權提出法律案 (C)法律應經立法院通過 (D)法律應經行政院會議通過 【99普考-法學知識與英文】	(C)
消費者債務清理條例之施行,係由下列何者所公布? (A)行政院消費者保護委員會 (B)司法院 (C)行政院公平交易委員會 (D)總統 【99三等第一次司法人員-法學知識與英文】	(D)
下列哪一種法規發布或下達後,須即送立法院? (A)法規命令 (B)行政函釋 (C)自治條例 (D)委辦規則 【99三等關務-法學知識】	(A)
下列名稱何者非屬憲法第170條規定立法院通過,總統公布之法律? (A)法 (B)通則 (C)條例 (D)自治條例 【99鐵路高員三級人事行政-法學知識與英文】	(D)
下列何者係由立法院通過,總統公布之法規? (A)都市更新條例施行細則 (B)臺北市一般廢棄物清除處理費徵收自治條例 (C)個人資料保護法 (D)稅務違章案件裁罰金額或倍數參考表 【110普考-法學知識與英文】	(C)

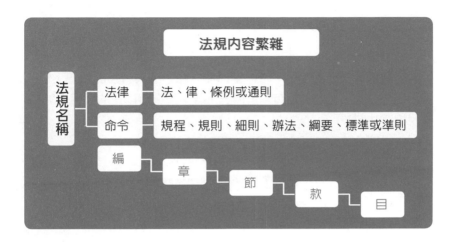

相關考題 法規制定程序

關於法規制定或訂定之敘述，下列何者錯誤？ (A)行政機關研擬之法規命令草案原則上應預先公告 (B)法規命令之訂定，得由人民或團體提議為之 (C)立法者制定法律，因其係代表民意，故不受正當程序之限制 (D)法律之制定或法規命令之訂定，應踐行公布或發布程序 【108普考-法學知識與英文】	(C)

相關考題 法令種類與內容劃分順序

下列哪一個法規是由立法院通過，總統公布者？ (A)土地登記規則 (B)土地徵收條例 (C)土地稅法施行細則 (D)土地徵收未受領補償費保管辦法 【99四等基警行政警察-法學緒論】	(B)
依據中央法規標準法之規定，下列何者非屬行政機關發布命令所得使用之名稱？ (A)要點 (B)規程 (C)規則 (D)綱要 【99四等基警行政警察-法學緒論】	(A)
依中央法規標準法第 2 條規定，就法律的名稱，除了「法」、「律」之外，尚可定名為何？ (A)條例、準則 (B)條例、通則 (C)規則、通則 (D)辦法、準則 【104高考-法學知識與英文】	(B)
依據中央法規標準法，法規內容的劃分順序為何？ (A)章、編、節、目、款 (B)節、編、款、目、章 (C)編、章、節、款、目 (D)目、款、編、章、節 【98高考三級-法學知識與英文】	(C)

● 法令之修正與廢止

一、法令修正

隨著客觀環境的變動，法律當然會面臨修改與廢止的問題，修改與制定法律程序相同，如有下列情況，就必須進行修正的程序：(中央法規標準法§20)

(一) 基於政策或事實之需要，有增減內容之必要者。

(二) 因有關法規之修正或廢止而應配合修正者。

(三) 規定之主管機關或執行機關已裁併或變更者。

(四) 同一事項規定於二以上之法規，無分別存在之必要者。

法規修正之程序，準用本法有關法規制定之規定。

二、法令廢止

廢止與修正不同，可以分為「當然廢止」和「立法廢止」。所謂當然廢止，是指法令所訂施行期限屆滿，即自動廢止；而所謂立法廢止，則是指必須經由立法院通過公布之程序。如有下列情況，即應廢止之：(中央法規標準法§21)

(一) 機關裁併，有關法規無保留之必要者。

(二) 法規規定之事項已執行完畢，或因情勢變遷，無繼續施行之必要者。

(三) 法規因有關法規之廢止或修正致失其依據，而無單獨施行之必要者。

(四) 同一事項已定有新法規，並公布或發布施行者。

三、什麼是施行細則？

施行細則，是指法規修正或廢止後，可能具體事件發生在修正前，該如何適用法令的一個依據。通常會訂定一個「施行細則」，來講清楚新法、舊法該如何適用。不過原則上採取程序從新，實體從舊，但是若新法較為有利的話，則從新法。

相關考題 　法令之修正與廢止

下列有關法規修正之敘述，何者錯誤？　(A)基於政策或事實之需要，有增減內容之必要者，得修正之　(B)因有關法規之修正或廢止而應配合修正者　(C)經法院判決，認為違憲而拒絕適用者，立法委員應提案修正　(D)規定之主管機關或執行機關已裁併或變更者　　　　　【99四等基警行政警察-法學緒論】	(C)
依中央法規標準法之規定，法規有下列何種情形者，修正之？　(A)因有關法規之修正而應配合修正者　(B)機關裁併，有關法規無保留之必要者　(C)法規因有關法規之修正致失其依據，而無單獨施行之必要者　(D)同一事項已定有新法規，並公布或發布施行者　　　　　【99普考-法學知識與英文】	(A)
依中央法規標準法之規定，法規有下列情形之一者，廢止之：　(A)法規規定之事項已執行完畢者　(B)法規與其他法規內容矛盾者　(C)法規解釋上發生重大爭議者　(D)法規有窒礙難行之情形者【98四等地方特考-法學知識與英文】	(A)
依中央法規標準法之規定，法規因下列何種事由而當然廢止？　(A)因法規規定之事項已執行完畢　(B)因同一事項已定有新法規　(C)因情勢變遷無繼續施行之必要　(D)因施行期限屆滿　　　　　【107普考-法學知識與英文】	(D)
下列有關法規廢止之敘述，何者錯誤？　(A)法律之廢止，應經立法院通過，總統公布　(B)命令之廢止，由原發布機關之上級機關為之　(C)法律之廢止，自公布之日起，算至第3日起失效　(D)命令之廢止，自發布之日起，算至第3日起失效　　　　　【99三等第一次司法人員-法學知識與英文】	(B)
下列何者非屬法規廢止之事由？　(A)裁罰基準於個案中被法院拒絕適用　(B)機關裁併，有關法規無保留之必要者　(C)法規規定之事項已執行完畢，或因情勢變遷，無繼續施行之必要者　(D)法規因有關法規之廢止或修正致失其依據，而無單獨施行之必要者　　　　　【104司法三等-法學知識與英文】	(A)
關於法規範之廢止，下列敘述何者正確？　(A)法律之廢止，由立法院通過，行政院公布之　(B)命令之廢止，由總統為之　(C)同一事項已定有新法規，並公布或發布施行者，係明示之法規廢止原因之一　(D)廢止之法規，應自公布或發布之日立即失效　　　　　【111高考-法學知識與英文】	(C)

【解析】
(C) 參照中央法規標準法第21、22條規定。

法律之適用

● **三段論法**

　　三段論法的考題，在國家考試中出題的機率相當高，所以必須對於其內容相當熟悉，也千萬不要把大前提、小前提弄反了。因為曾經也考過實例題，考到底哪一個是大前提，哪一個是小前題，哪一個是結論。所謂的三段論法，可以參考大法官會議解釋的架構，例如釋字第666號解釋(娼妓處罰是否違憲？)一開始就先論述什麼是平等權(大前提)，接著就討論只處罰娼妓，卻不處罰嫖客 (小前提)，最後認定社會秩序維護法的規定違憲結論。如果能夠搞清楚三段論法，大法官會議解釋的解讀也就輕而易舉，再配合上憲法第23條規定中，四種情況得以作為限制人民基本權利的合法目的，及手段符合比例原則，如此一來，更是簡單容易。如果多熟悉一些大法官會議解釋的架構，必然可以深入理解三段論法，對於撰寫申論題也有極大的幫助。

相關考題

民法第6條規定，「人之權利能力，始於出生，終於死亡。」張三於某年某月某日出生，所以張三擁有權利能力。此在法學方法論上，係下列何種選項的應用？　(A)反對解釋　(B)類推適用　(C)限縮解釋　(D)法律三段論法　　　　　　　　　　　　　　　　　　【99四等海巡-法學知識與英文】	(D)
請問下列對三段論法的敘述，何者錯誤？　(A)三段論法的推論需要透過涵攝　(B)「傷害人之身體或健康者，處3年以下有期徒刑、拘役或1千元以下罰金。」這項規定屬於三段論法的大前提　(C)民事審判時，在法律未規定的情況下，法官可以將習慣法視為大前提而形成判決　(D)類推適用的推論與三段論法毫無關係　　　　　　　【99三等第一次司法人員-法學知識與英文】	(D)

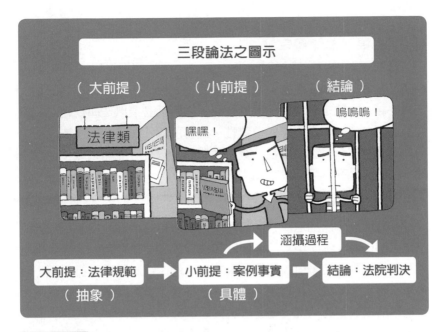

(一)機車駕駛人未依規定戴安全帽者，應處新臺幣500元罰鍰；(二)丁丁騎機車未依規定戴安全帽；(三)丁丁應處以新臺幣500元罰鍰。在法律三段論法中，將(二)稱之為： (A)小前提 (B)大前提 (C)構成要件 (D)論證要件 【98調查局-法學知識與英文】	(A)
法律適用三段論中的小前提，所指為下列何者？ (A)法律規範 (B)具體事件 (C)涵攝過程 (D)最後結論 【98四等地方特考-法學知識與英文】	(B)
法律適用過程中，將具體的案例事實，置於特定法律要件之中，以獲得一定之結論。稱為： (A)準用 (B)外延 (C)涵攝 (D)舉例 【98三等司法特考-法學知識與英文】	(C)
法律適用上，探討生活事實與法律構成要件是否相符之問題，係運用下列何一方式來進行？ (A)涵攝 (B)認定 (C)推定 (D)解釋 【99普考-法學知識與英文】	(A)

● **一定要以法律規定嗎？**

　　有些規範內容一定要以法律規範之，例如罪刑法定主義，對於刑罰之刑度、構成要件，都要以法律定之。另外，憲法有所謂的租稅法律主義，也就是有關於租稅的對象、內容都必須以法律規範之。不過為因應社會變動之快速與複雜性，這些所謂「法定」或「法律」主義，實質上都有些許的調整，讓行政機關得以在授權範圍或不違反法律本旨之前提下，而以命令加以補充。

● **適用、準用及類推適用**

　　「適用」，是指法律有明文規定，所以具體事實直接適用已經明文規定的法規，例如甲殺乙，甲就論以殺人罪。「準用」，通常是已經有其他法規制定，所以無庸重複規定，例如行政訴訟法的內容，很多就準用民事訴訟法之規定。至於「類推適用」，則是法律有漏洞，也就是漏未規定的情況，為了解決問題，在沒有法律明文規定的情況下，比附援引相類似的法律狀況。但是有些情況，原則上是不能類推適用，例如禁止類推適用，就是刑法罪刑法定主義的派生原則之一。

● **擬制與推定**

　　「擬制」，就是法律上為了特定目的，對於非典型的事實，賦予典型法律效果的立法決定，常見的法律條文用語如「視同」、「視為」或「以……論」。而「推定」，則是客觀事實的狀況不甚明確，而將之推定為某種情況，但若發現事實上並非如此，則可以舉反證推翻。兩者的差別在於擬制不可以舉反證推翻，而推定可以。

| 相關考題 | 適用、準用與類推適用 |

下列何者不需要以法律定之？　(A)刑罰之刑度　(B)犯罪之構成要件　(C)租稅之稅率　(D)汽油及柴油之油價　　　　　【99三等關務-法學知識】	（D）
中國舊律所稱之「比附援引」，即現代法學方法所謂之何種補充法律之方式？　(A)目的限縮　(B)法律續造　(C)類推適用　(D)當然解釋　　　　　　　　　　　　　　　　【99高考三級-法學知識與英文】	（C）

相關考題　適用、準用與類推適用

勞資爭議處理法關於勞資爭議當事人於仲裁程序進行中自行和解者，定有「其和解與依本法成立之調解有同一效力」之明文。該「有同一效力」，即法律適用上所稱之何者？　(A)法律原因之準用　(B)法律效果之準用　(C)法律原因之類推　(D)法律效果之擬制　【99地方特考四等-法學知識與英文】	(B)
法官無法找到適當的法規範（包含制定法與習慣法）針對個案進行裁判時，下列敘述何者正確？　(A)因無適當的法規範為依據，拒絕裁判　(B)針對民事案件，依據法官個人之主觀價值，進行判決　(C)針對民事案件，依據法理，進行類推適用，判決爭議　(D)針對刑事案件，進行類推適用，判處被告有罪，並因此加重刑罰　【111普考-法學知識與英文】	(C)
法律有漏洞時之補充方法，不包括下列何者？　(A)類推適用　(B)目的性限縮　(C)法律續造　(D)擴充解釋　【110普考-法學知識與英文】	(D)

【解析】(A)類推適用---公開漏洞，用比附援引。 (B)目的性限縮---隱藏漏洞。 (C)法律續造---法官造法。

相關考題　擬 制

有關擬制的敘述，下列何者正確？　(A)依據經驗法則，可以推知某一事實的存在或不存在　(B)依據論理法則，探求法律立法者之原意　(C)對於非典型的事實，賦予典型法律效果的立法決定　(D)法官依自由心證，判斷證據證明力的強弱　【99三等關務-法學知識】	(C)
下列何者，非屬「擬制」的規定？　(A)民法第7條規定：「胎兒以將來非死產者為限，關於其個人利益之保護，視為既已出生。」　(B)地方制度法第32條第3項規定：「自治法規、委辦規則須經上級政府或委辦機關核定者，核定機關應於1個月內為核定與否之決定；逾期視為核定……。」　(C)行政罰法第6條第2項規定：「在中華民國領域外之中華民國船艦、航空器或依法得由中華民國行使管轄權之區域內違反行政法上義務者，以在中華民國領域內違反論。」　(D)民法第191條第1項規定：「土地上之建築物或其他工作物所致他人權利之損害，由工作物之所有人負賠償責任。但其對於設置或保管並無欠缺，或損害非因設置或保管有欠缺，或於防止損害之發生，已盡相當之注意者，不在此限。」　【98調查局-法學知識與英文】	(D)
下列何者非屬法律之補充？　(A)類推　(B)擬制　(C)目的限縮　(D)法律續造　【101高考-法學知識與英文】	(B)

1-9

法律之效力

● 法律之生效

　　法規明定自公布或發布日施行者，自公布或發布之日起算至第3日起發生效力。(中央法規標準法§13) 因此，原則上法律的生效日期是在總統公布起3天後才開始生效。有時候則會另定施行時間。通常我們稱之為「日出條款」。法規應規定施行日期，或授權以命令規定施行日期。(中央法規標準法§12) 法規特定有施行日期，或以命令特定施行日期者，自該特定日起發生效力。(中央法規標準法§14) 如果是特定實施期間，規定到期失效的法令，稱之為「日落條款」。法規定有施行期限者，期滿當然廢止，不適用前(22)條之規定。但應由主管機關公告之。(中央法規標準法§23)

● 施行區域

　　法規定有施行區域或授權以命令規定施行區域者，於該特定區域內發生效力。(中央法規標準法§15) 例如離島建設條例僅適用於離島區域，也就是與臺灣本島隔離屬我國管轄之島嶼。(離島建設條例§2)

● 法律之失效

　　法律之廢止，應經立法院通過，總統公布。命令之廢止，由原發布機關為之。廢止之法規得僅公布或發布其名稱及施行日期；並自公布或發布之日起，算至第3日起失效。(中央法規標準法§22)

相關考題	法律之失效日期	
總統於98年1月21日公布廢止檢肅流氓條例，則該條例係自何日起失效？ (A)98年1月21日　(B)98年1月22日　(C)98年1月23日　(D)98年1月24日 【99四等基警行政警察-法學緒論】	(C)

相關考題 **法律時的效力**

下列關於法律生效的敘述,何者正確? (A)法律之制定及修正,經立法院三讀通過之後,便已生效 (B)法律之制定及修正,未經總統公布之前,尚未生效 (C)總統收到立法院通過之法律案,應於15日內公布之 (D)總統若逾期不公布立法院通過之法律案,立法院得自行公告後法律生效 【98四等地方特考-法學知識與英文】	(B)

相關考題 **法律之生效、施行日期**

法律原則上只能對於自施行日期起所發生之事項生效,而不能對於施行日期前發生之事項生效。以上敘述係涉及何種法律原則? (A)平等原則 (B)法律保留原則 (C)比例原則 (D)法律不溯及既往原則 【104司法三等-法學知識與英文】	(D)
某法律明定自民國X年7月1日施行,則該法津自何時發生效力? (A)民國X年7月1日 (B)民國X年7月3日 (C)民國X年7月4日 (D)民國X年7月11日 【99四等基警行政警察-法學緒論】	(A)
關於法律之施行日期,下列敘述何者正確? (A)得授權以命令規定施行日期 (B)不得特定施行日期,一律自公布日施行 (C)僅得由總統決定施行日期,不得由立法院定之 (D)僅得由立法院決定施行日期,不得委由命令定之 【99四等海巡-法學知識與英文】	(A)
有關法規生效日之規定,下列何者錯誤? (A)法規明定自發布日施行者,自發布當日生效 (B)法規明定自公布日施行者,自公布之日起算至第3日起生效 (C)法規規定有施行日期者,自該特定日生效 (D)以命令特定施行日期者,自該特定日生效 【98普考-法學知識與英文】	(A)
法規明定自公布或發布日施行者,何時發生效力? (A)公布日或發布之日即生效力 (B)自公布日或發布日之次日發生效力 (C)自公布或發布之當日起算至第3日起發生效力 (D)自公布日或發布日起算至第30日始發生效力 【98三等地方特考-法學知識與英文】	(C)
南投縣戶政規費收費自治條例第5條規定:「本自治條例自中華民國95年1月1日施行。」則該自治條例是從何日起發生效力? (A)95年1月1日 (B)95年1月2日 (C)95年1月3日 (D)95年1月4日 【99地方特考四等-法學知識與英文】	(A)

● 法律、命令效力之延長

法律定有施行期限,主管機關認為需要延長者,應於期限屆滿1個月前送立法院審議。但其期限在立法院休會期內屆滿者,應於立法院休會1個月前送立法院。命令定有施行期限,主管機關認為需要延長者,應於期限屆滿1個月前,由原發布機關發布之。(中央法規標準法§24)

命令之原發布機關或主管機關已裁併者,其廢止或延長,由承受其業務之機關或其上級機關為之。(中央法規標準法§25)

● 法規之適用

法規對其他法規所規定之同一事項而為特別之規定者,應優先適用之。其他法規修正後,仍應優先適用。(中央法規標準法§16) 此即所謂普通法與特別法之關係。

法規對某一事項規定適用或準用其他法規之規定者,其他法規修正後,適用或準用修正後之法規。(中央法規標準法§17)

各機關受理人民聲請許可案件適用法規時,除依其性質應適用行為時之法規外,如在處理程序終結前,據以准許之法規有變更者,適用新法規。但舊法規有利於當事人而新法規未廢除或禁止所聲請之事項者,適用舊法規。(中央法規標準法§18) 此即所謂的「從新從優原則」。

法規因國家遭遇非常事故,一時不能適用者,得暫停適用其一部或全部。法規停止或恢復適用之程序,準用本法有關法規廢止或制定之規定。(中央法規標準法§19)

相關考題 **命令之廢止**

下列有關命令廢止之規定,何者錯誤? (A)命令廢止由原發布機關為之 (B)應經立法院通過 (C)定有施行期限者,期滿當然廢止,但應由主管機關公告 (D)命令廢止得僅發布命令名稱及施行日期 【101普考-法學知識與英文】	(B)

相關考題 法律效力延長

下列有關法律效力延長之敘述，何者正確？ (A)法律定有施行期限，主管機關認為需要延長者，應於期限屆滿1個月前送立法院審議。但其期限在立法院休會期內屆滿者，應於立法院休會1個月前送立法院 (B)命令定有施行期限，主管機關認為需要延長者，應於期限屆滿2個月前，由原發布機關發布之 (C)法律定有施行期限，應於期限屆滿3日前送立法院審議 (D)法律定有施行期限，應於期限屆滿10日前送立法院審議 【99三等關務-法學知識】	(A)
下列關於「定有施行期限之法規，其效力之延長」的敘述，何者正確？(A)法律定有施行期限，主管機關認為需要延長者，應於期限屆滿前3個月送立法院審議 (B)法律定有施行期限，主管機關認為需要延長者，應於期限屆滿前2個月送立法院審議 (C)命令定有施行期限，主管機關認為需要延長者，應於期限屆滿前1個月送立法院審議 (D)命令定有施行期限，主管機關認為需要延長者，可不須送立法院審議，但應於期限屆滿1個月前，由原發布機關發布之 【98三等地方特考-法學知識與英文】	(D)

相關考題 從新從優原則

依據中央法規標準法第18條之規定，各機關受理人民聲請許可案件而適用法規時，如於處理程序終結前，據以准許之法規有變更者，應適用下列何一原則以決定法規之適用？ (A)從新從輕原則 (B)從新從優原則 (C)從舊從輕原則 (D)從舊從優原則 【99鐵路四等員級-法學知識與英文】	(B)
甲依法向主管機關申請許可，在決定作成前，據以准許之法規有變更，但未廢除或禁止所申請之事項。依據中央法規標準法之規定，主管機關原則上應如何適用法規？ (A)適用舊法規，但新法規有利於當事人者，適用新法規 (B)適用新法規，但舊法規有利於當事人者，適用舊法規 (C)不論何者有利於當事人，一律適用新法規 (D)不論何者有利於當事人，一律適用舊法規 【108高考-法學知識與英文】	(B)

【解析】
參照中央法規標準法第18條規定。

1-10

法律之解釋

● 基本概念

　　法律的條文具有抽象性，必須透過一定的解釋，始能瞭解其具體涵義，也才能夠得知是否適用於具體個案。譬如：偷別人的電磁紀錄算不算竊盜罪的竊取行為？早期是將竊取電磁紀錄(如偷偷複製別人擁有的林志玲數位照片)認為該當竊盜罪，可是後來又發現兩者情況不太一樣，因為竊盜的概念是破壞他人持有支配關係，而將之置於自己的實力支配之下。但是竊取別人的數位照片，是用複製的方式，原照片持有人的數位檔案依舊存在，所以就跟竊盜的定義上有所差異，現在增訂刑法第36章「妨害電腦使用罪章」之第359條「違反保護電磁紀錄罪」，以解決此一問題。

● 誰來解釋法律？

　　檢察官認為犯罪，但最後不一定成立犯罪，因為還是要等到法官審判的時候，透過判決才算數。可是也不是第一個法官對於法令的解釋就算數，還可以上訴，直到確定判決，甚至於還有再審、非常上訴，才有可能出現最終的解釋。像是蘇建和三人殺人案，到底是否成立犯罪，一直難以確定；還有《三位老人流浪法庭30年》這本書的例子，遇過上百個法官，每個法官的看法可能都有所差異，雖然每個人都有權解釋法律，但最重要的還是最終解釋法律的那一位。原則上，我國採取三級三審制，大多數的案件可以上訴到三審，所以最高法院的見解就很重要。

大法官會議解釋走入歷史

隨著憲法訴訟法於111年1月4日施行,由同樣15名大法官組成的
「憲法法庭」將取代「大法官會議」。憲法法庭自111年憲判字
第1號為始,作成「憲法法庭判決」取代大法官解釋,繼續職司
解釋憲法的權責。

【實務見解:3歲女童遭性侵案】

　　實務上曾發生一起3歲女童遭性侵案件,小女孩難以反抗說
不,是否就不成立構成強暴脅迫,而無刑法第221、222條規定之
適用,只能適用第227條第1項規定?因為兩者刑度相差甚多,引
發極大的爭議。

　　最高法院99年度第7次刑事庭會議,決議認為如甲對7歲以上
未滿14歲之乙非合意而為性交,或乙係未滿7歲者,甲均應論以
刑法第222條第1項第2款之加重違反意願性交罪。

● 文義解釋

文義解釋是最基本的解釋方法，例如什麼是重傷、公務員，刑法都有明文規定加以解釋，對於例外規定，應從嚴解釋，不可擴張解釋。假設文義解釋依舊無法解決事實案件之判斷，則可能必須要配合論理解釋之其他解釋方法，才可能找到適合的答案。例如，個人資料保護法第6條有關敏感性資料中的「前科資料」，是否除了法院判決確定之資料外，還有沒有包括不起訴處分、緩起訴處分等內容？固然有些法令對於前科資料之範圍有所規定，但該等法律之定義未必適用於個人資料保護法，因此必須另覓適當之解釋，基於一般性資料仍有保護的機制，所以從擁有更詳盡資料以利案件偵辦的角度，應該儘量加以限縮。

● 論理解釋

一、體系解釋

如果文義解釋很難說明清楚，亦即要參考整個法案結構，來作出解釋，例如最高法院見解中相當著名的案例，就是對公務機關觸犯刑法第358、359、360條犯行，是否需要告訴乃論罪？因為「法源法律網」漏掉刑法第361條立法理由之第三點，使得引用該網站立法理由之實務界也將錯就錯，還採取整個刑法體系之架構來解釋，比對其他類似的法條是否採非告訴乃論罪，希望能有體系一貫之解釋。(97台非285)

體系解釋還包括「當然解釋」和「反對解釋」，所謂「當然解釋」，常聽聞者如「舉輕以明重」或「舉重以明輕」兩句話。例如公園公布一個告示牌，上頭寫著「禁止溜狗」，當然也禁止溜老虎，即為舉輕以明重。至於舉重以明輕，例如若法律不禁止全套性交易，那麼半套性交易應該也不會禁止。「反對解釋」，簡單來說就是「非是即否」。例如，法律若規定「18歲以下禁止吸煙」，反過來說，超過18歲就可以吸煙。

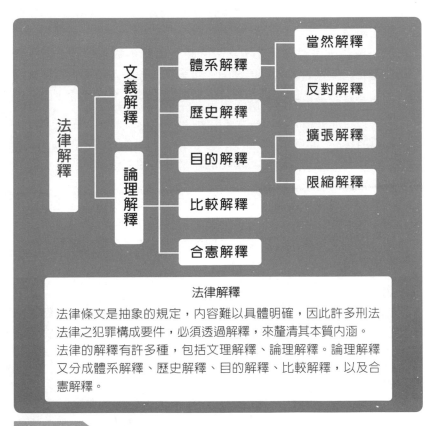

法律解釋

法律條文是抽象的規定,內容難以具體明確,因此許多刑法
法律之犯罪構成要件,必須透過解釋,來釐清其本質內涵。
法律的解釋有許多種,包括文理解釋、論理解釋。論理解釋
又分成體系解釋、歷史解釋、目的解釋、比較解釋,以及合
憲解釋。

相關考題

刑法第1條規定:「行為之處罰,以行為時之法律有明文規定者為限。」若將此規定解釋為:「行為時之法律無明文規定者,不處罰其行為。」請問此一解釋,係應用何種解釋方法? (A)擴張解釋 (B)限縮解釋 (C)體系解釋 (D)反對解釋 【99四等關務-法學知識】	(D)

相關考題 立法解釋

民法第66條規定:「稱不動產者,謂土地及其定著物」。此一關於不動產之解釋為下列哪一種解釋? (A)立法解釋 (B)司法解釋 (C)行政解釋 (D)體系解釋 【99地方特考三等-法學知識與英文】	(A)

二、歷史解釋

歷史解釋則是要考量立法當時的時空背景，或者是立法者立法之初的想法，通常會參考立法理由。可是立法理由如果沒有寫得很清楚，最後還是要靠人的解讀，每個人的解讀角度又不太一樣，自然也會有不同的結果。

三、目的解釋

目的解釋，就是要參酌立法目的，來進行目的性解釋許多法律的第1條都會載明其立法理由，例如個人資料保護法第1條規定：「為規範個人資料之蒐集、處理及利用，以避免人格權受侵害，並促進個人資料之合理利用，特制定本法。」若是依據其立法目的而擴張法律之適用範圍，稱之為擴張解釋；若是據此而限縮法律之適用範圍，則稱之為限縮解釋。

四、比較解釋

比較解釋則是參考外國法律或判決，而對我國法律作出解釋。由於我國許多法律都是繼受自德國、日本、美國，所以在解釋相關法律時，也可以參考外國的經驗。

五、合憲解釋

一般所謂的「合憲解釋」，其意思係指若法律的多種解釋方法中，應選擇並未違反憲法之解釋方式，如果解釋結果可能有違憲之虞，即應避免之，以免事後遭大法官會議解釋宣告違憲。

相關考題	立法解釋	
公園揭示「禁止攀折花木」之禁令，竹林雖非花木，解釋上應在禁止攀折之列。此項解釋方法屬於下列何者？ (A)歷史解釋 (B)限縮解釋 (C)當然解釋 (D)文義解釋 【104司法三等-法學知識與英文】		(C)
唐律規定：「諸斷罪而無正條，其應出罪者，則舉重以明輕，其應入罪者，則舉輕以明重。」此相當於現今法學方法論上的何種解釋方法？ (A)體系解釋 (B)反對解釋 (C)當然解釋 (D)限縮解釋 【98三等地方特考-法學知識與英文】		(C)

相關考題　立法解釋

下列何種規定，應從嚴解釋，不可擴張解釋？　(A)行政機關管轄權規定　(B)例外規定　(C)賦予機關職權的規定　(D)給付行政規定
【99三等第一次司法人員-法學知識與英文】　(B)

下列何種規定，應從嚴解釋，不可擴張解釋？　(A)原則規定　(B)例外規定　(C)概括條款　(D)例示規定　【98普考-法學知識與英文】　(B)

下列敘述，何者係指合憲解釋？　(A)法官審理案件，應先審查所擬適用之法律是否合乎憲法意旨　(B)立法委員所制定的法律，不可以違反憲法的客觀意旨　(C)司法院大法官進行法律違憲審查時，認為法律合憲及違憲的解釋都有可能時，應儘可能選擇作合憲解釋　(D)上級行政機關對下級機關作成行政函釋時，應注意避免違反憲法意旨　【99四等基警行政警察-法學緒論】　(C)

關於自己所有之物得否為刑法第320條第1項普通竊盜罪之行為客體的爭議，若援引立法理由關於財物得為竊盜罪之客體者之五要件的陳述：「……（第五）物之所有權，不問屬於自己抑屬於他人，均得成立本罪。」而為肯定之解釋時，試問此種解釋方法為何？　(A)立法解釋　(B)文理解釋　(C)擴充解釋　(D)歷史解釋　【101普考-法學知識與英文】　(D)

相關考題　合憲解釋

法律條文之解釋，若有多種可能，只要其中有一種結論能避免宣告該法律違憲時，便應選擇該解釋，而不採納其他可能導致法律違憲之解釋。此種解釋方法稱為：(A)文義解釋　(B)主觀解釋　(C)合憲解釋　(D)歷史解釋
【109普考-法學知識與英文】　(C)

相關考題　有權解釋

關於法律解釋，下列何者正確？　(A)學理解釋屬於有權解釋　(B)刑罰必須遵守罪刑法定原則，故禁止類推解釋　(C)依照法律條文字義所為之解釋，稱為論理解釋　(D)不拘泥於法律條文的字義，而以整體法律秩序為基礎，闡明法律真意的解釋方法，稱為限縮解釋　【108普考-法學知識與英文】　(B)

【解析】
有權解釋：指由公權力機關依據法律所賦予之權限進行解釋，又稱之為機關解釋。
學理解釋：依據文義或參酌立法理由、法律體系等進行解釋，又稱為無權解釋。

1-11

法律漏洞

● 什麼是法律漏洞？

　　法學方法論上有所謂的「法律漏洞」，是指對於某一個法律問題，法律依其內在目的及規範計畫，應規定而未規定。比較細微的法律漏洞，可以透過法律解釋，來填補其漏洞，但是如果過於嚴重的漏洞，則無法透過法律解釋的方式，而要透過修法來加以解決。

【實務見解：贈與3歲男童房屋案】

　　甲是3歲男童乙之父親，為其法定代理人。甲父想要贈與其名下之A屋給其子乙，但因為民法第106條前段規定：「代理人非經本人之許諾，不得為本人與自己之法律行為」，此即自己代理禁止之規定，故若據此自己代理之規定，則甲父不能贈與A屋予其子乙。

　　此時，即需將前開自己代理禁止之規定予以目的性限縮解釋，概因自己代理禁止之規定，主要是避免因利益衝突，防止代理人為了自身的利益而犧牲了本人的利益，所以才有自己代理禁止之規定。但是，法定代理人將其名下房屋贈與A屋於其子，若也適用前開禁止規定，使得贈與行為也變成無效，將導致其子乙無法獲贈A屋，對於其子反而為不利益之結果。因此，在法定代理人要贈與房屋給其子之情況，自己代理禁止之規定就必須進行目的性限縮解釋，不適用於此一情形。

● 漏洞補充之方式

漏洞補充之方式繁多，除了修法之外，還可以透過解釋的方式，諸如類推適用目的性限縮解釋，也是法律漏洞補充 (法律續造) 的方法之一。審判者遇此情況，也應該探求規範的目的，透過由法院創造規範之行為，就此漏洞加以解釋補充。

相關考題

對於某一個法律問題，法律依其內在目的及規範計畫，應規定而未規定。此在法學方法論上稱之為何？ (A)法律三段論 (B)法律漏洞 (C)法律保留 (D)法律安定性 【99鐵路四等員級-法學知識與英文】	(B)
下列何者不屬於填補法律漏洞的方法？ (A)類推適用 (B)目的性限縮 (C)不確定法律概念 (D)比附援引 【98三等司法特考-法學知識與英文】	(C)
下列何者在法學方法論上，屬於漏洞補充的方法？ (A)擴張解釋 (B)目的性限縮 (C)反對解釋 (D)體系解釋 【98調查局-法學知識與英文】	(B)
法律適用上，對於適用法律之際，為避免落入拒用或無法律可用之尷尬，進而由法院創造規範之行為，法學方法論稱之為下列何者？ (A)擴充解釋 (B)整體類推 (C)體系解釋 (D)法律續造 【99高考三級-法學知識與英文】	(D)
下列何者係針對法律漏洞為法律補充之方法？ (A)限制解釋 (B)歷史解釋 (C)擴張解釋 (D)類推適用 【99四等海巡-法學知識與英文】	(D)

第 **2** 章
憲 法

章節大綱

　　憲法大意、憲法概要、憲法與英文等國家考試科目外，法學知識與英文、法學緒論、法學大意，也都會出現極高比例的憲法選擇題型的考題，所占的比分相當重；再加上憲法的條文不多，包括憲法本文的175條以及增修條文12條，共計才187條，因此憲法的投資報酬率相當高。更何況憲法的概念並不難以理解，所以只要熟讀憲法，就應該可以拿高分。從另外一個角度來看，如果憲法沒有拿高分，要通過國家考試的機率就相當低了。

　　坊間許多教科書，大多簡單地闡述憲法條文的基本意義，對於憲法這門國家考試考科並沒有太大的意義。本章加入許多重要的大法官會議解釋，蒐集並整合近幾年重要憲法考題的趨勢，始完成本書。

　　常有讀者反應大法官會議解釋非常難懂，其實只要瞭解憲法基本條文，再將大法官會議解釋涉及的案例事實當作故事來看，大法官會議解釋並不是那麼難懂，只要多看幾遍，大概也就知道解釋文的重點所在。

憲法基本概說

● 憲法是根本大法

有些讀者也許會認為民法比較重要，或者是已經畢業工作的上班族，會認為商事法比較重要，但是在大學通識所學習的法律課程，最根本的科目並非民法，也不是商事法，而是國家的基本大法「憲法」。畢竟有憲法的概念灌輸於腦袋之中，要進而瞭解其他法律，才能深入到這些法令的精隨所在。

● 憲法的最高位階性

憲法既然是一國的基本大法，所有因此而制定的法律、命令，當然也就不能與之相違背，在這些遵循憲法架構基礎而制定的法律命令，讓國家的運作可以循著憲法的腳步前進，社會的運作也都能符合憲法要求的價值。

● 基本人權與政府組織

憲法的基本架構，最主要的三大部分就是人民之權利與義務、中央與地方之政府組織，以及基本國策。其他還包括選舉、罷免、創制與複決之制度、憲法施行與修改、前言總綱等內容。

● 憲法本文與增修條文

由於兩岸政治關係敏感與特殊，憲法本文若有修改之際，可能涉及到許多政治性之問題，所以本文原則上不宜修改，改採本文後面加上「增修條文」的方式，取代本文條文的適用。我國歷經七次修正，目前憲法增修條文共計12條。

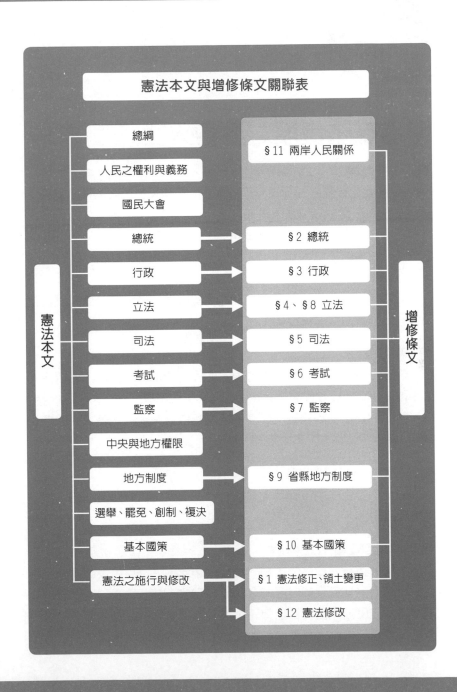

憲法本文與增修條文關聯表

憲法本文
- 總綱
- 人民之權利與義務
- 國民大會
- 總統
- 行政
- 立法
- 司法
- 考試
- 監察
- 中央與地方權限
- 地方制度
- 選舉、罷免、創制、複決
- 基本國策
- 憲法之施行與修改

增修條文
- §11 兩岸人民關係
- §2 總統
- §3 行政
- §4、§8 立法
- §5 司法
- §6 考試
- §7 監察
- §9 省縣地方制度
- §10 基本國策
- §1 憲法修正、領土變更
- §12 憲法修改

2-2

影響憲法發展之重要人士

● 洛克、盧梭、孟德斯鳩

英國學者洛克主張天賦人權，乃近代歐美民主主義的理論基礎。其所主張的三權分立，並不是立法、行政、司法，而是立法、行政、外交三權，是西方最早主張分權理論，並發表了《政府二論》一書，主張國家應將自身統治權力，由國王之手改區分為立法權與執行權。

盧梭創有《社會契約論》。

孟德斯鳩奠定近代三權分立理論，美國獨立時制憲，就採納孟德斯鳩對於國家權力限制和制衡的理論。

● 美國重要人士

馬丁路德‧金恩博士是美國著名的民權領袖，他領導黑人以溫和的手段，使政府修改民權法案，最後獲得諾貝爾獎。

林肯，曾任美國總統，即使本身是個白人，卻惦記著黑人奴隸的痛苦，帶領黑奴解放，終於名垂千古。

● 我國憲法之創設者

國父孫中山先生曾表示：「憲法者，國家之構成法，亦即人民權利之保障書也。」

● 中華民國憲法之發展

中華民國憲法於民國（下同）35年12月25日經國民大會通過，隔（36）年1月1日國民政府公布，36年12月25日施行。而後隨著政府播遷來臺，在反攻大陸實質無望時，為了落實臺灣的經營，憲法的修正有其必要性，但是因為兩岸政治上的因素，遂採取增修條文取代憲法

本文的方式，形式上維持憲法本文的存在。增修條文共歷經七次的修正，第一次修憲的重點，終於終結了萬年國大，廢除動員戡亂時期臨時條款；第二、三次修憲，總統改為直選；第四次修憲，達成「精省化」的結果，中央體制也從四級變成三級；後歷經第五、六次修憲，國民大會變成任務型國大；第七次修憲，立委減半、國民大會也廢除，公民投票權入憲。

● **動員戡亂時期臨時條款之廢止**

　　動員戡亂時期臨時條款於民國37年5月10日制定公布，本來只是單純的緊急授權條款，一旦動員戡亂時期終止，即應回復憲政常態，可是中共一直存在，在臺灣的國民政府也難以反攻大陸，所以兩岸長期對峙，戡亂狀態一時難以解除，臨時條款不但沒有廢除，居然還逐步擴充其內容。例如總統副總統得連選連任，授權總統得設置動員戡亂機構，決定動員戡亂有關大政方針，並處理戰地政務等，均讓民主的發展遇到嚴重的阻礙。

　　民國70至80年代初期，國內外政治情勢快速變遷，兩岸關係也逐漸緩和，從開放探親，到兩岸的初步經貿往來，國內要求民主的呼聲更是人民所殷切期盼。時任總統李登輝先生體察情勢，而於其就任第八任總統時宣告將於最短期間，終止動員戡亂時期，並逐步完成憲政改革。為配合終止動員戡亂時期之政策，80年4月第一屆國民大會召開第二次臨時會時，提出廢止動員戡亂時期臨時條款之提案，於80年4月22日，進行三讀並通過，咨請總統明令廢止，業已於80年5月1日公布廢止。

相關考題

美國獨立時制憲，將下列何者對於國家權力限制和制衡的理論納入憲法？ (A)洛克　(B)孟德斯鳩　(C)林肯　(D)馬丁路德　【98普考-法學知識與英文】	(B)

2-3

前言與總綱

● 前言

憲法本文與增修條文之前言

一、憲法本文前言

「中華民國國民大會受全體國民之付託，依據孫中山先生創立中華民國之遺教，為鞏固國權，保障民權，奠定社會安寧，增進人民福利，制定本憲法，頒行全國，永矢咸遵。」

二、憲法增修條文前言

「為因應國家統一前之需要，依照憲法第27條第1項第3款及第174條第1款之規定，增修本憲法條文如左：……」

● 憲法前言之分析

由憲法本文之前言可知，憲法之制定者為國民大會，其制定之依據為國父孫中山先生的遺教，不過這一段話咀嚼再三，似乎有種擁護精神領袖的味道，尤其是「永矢咸遵」四字。這段前言好像指稱國父孫中山先生建立的制度最完美，也違反了所謂江山代有才人出的意義，在民主化逐漸成熟的現在，看起來顯得有些突兀，只是這段前言有其歷史背景，因此也不必過於計較。

中華人民共和國憲法的序言，也有提到國父孫中山先生，對於國父孫中山先生創立的中華民國，認為只是歷史的一個階段，「中國人民反對帝國主義和封建主義的歷史任務還沒有完成」，果然兩岸連憲法的前言都差異甚大、各自表述。

相關考題　前言

根據憲法前言，下列何者為中華民國憲法之制定者？　(A)國民大會　(B)省長聯席會議　(C)政治協商會議　(D)孫中山先生 【99三等身障特考-法學知識】	(A)
憲法前言表徵的是制憲的意志，而依據前言所述，下列何者並非制定中華民國憲法的目的？　(A)擴張國土　(B)鞏固國權　(C)保障民權　(D)奠定社會安寧 【99高考三級-法學知識與英文】	(A)
依司法院釋字第485號解釋，「促進民生福祉」之憲法原則尚無法從下列何項規定導出？　(A)憲法前言　(B)憲法第1條　(C)權力分立原則　(D)基本國策 【99地方特考三等-法學知識與英文】	(C)
依司法院釋字第 3 號解釋「我國憲法依據孫中山先生創立中華民國之遺教而制定」，係記載於下列何處？　(A)憲法前言　(B)憲法增修條文前言　(C)憲法附則　(D)憲法增修條文附則　　　　　　　　　　【105四等警察-法學知識】	(A)
關於憲法前言及憲法增修條文前言，下列敘述何者正確？　(A)憲法之前言因憲法增修條文前言而暫時停止適用　(B)兩者之效力與後續各條文之規範效力相同　(C)其所揭示之內容均具本質重要性，乃現行憲法所賴以存立之基礎，即使透過修憲亦不得變更　(D)兩者皆係由國民大會所制定 【109高考-法學知識與英文】	(D)

國體

● 民主共和制

憲法第1條規定：「中華民國基於三民主義，為民有、民治、民享之民主共和國。」

由憲法第1條規定，可以得知我國是採取民主共和體制，而民有、民治、民享則是源自於美國林肯總統的主張。

目前世界上的國體，可以概分為「民主共和制」以及「君主立憲制」。許多採取君主立憲制的國家，諸如日本、英國，其日本天皇、英國女皇等均無實質上的權力。因此，目前大多數國家是採取民主共和制，也就是透過選舉的機制，讓人民決定率領國家迎向未來的領導人選。

● 政體：民主政體

前開憲法第1條規定：「中華民國基於三民主義，為民有、民治、民享之民主共和國。」有關「民有」、「民治」、「民享」，則是有關「政體」，即是指人民所治理、一切為人民之意思，因此我國採取「民主政體制」。

至於相對應的政體則是「獨裁政體」，例如遭美國攻打後下台之伊拉克海珊、北韓及中東、北非部分總統 (理) 或國王，都是獨裁政體的領袖，其國家的一切只屬於有權有勢的獨裁者所有；所有的一切治理行為，也都是獨裁者所為；所有的一切政治作為，都不是為了人民，而是為了獨裁者的私利。

日本天皇和英國女皇之角色

治理國家真難，1年換1個首相……

我也好不到哪裡，只能跟美國走……

我們兩人只要負責微笑就好！

日本首相

日本天皇

英國女皇

英國首相

相關考題

憲法第1條所載「民有、民治、民享」之主張，其英文原文首先係出自何人？　(A)林肯　(B)羅斯福　(C)甘迺迪　(D)杜魯門 【98四等司法特考-法學知識與英文】	(A)
關於我國憲法總綱規定，下列敘述何者錯誤？　(A)明文規定我國為民主共和國　(B)明文規定主權屬於國民全體　(C)明文規定我國採單一國籍制　(D)明文規定我國國旗之樣式　【109普考-法學知識與英文】	(C)
下列何者為憲法第1條明文規定之國體？　(A)共和國　(B)自由國　(C)聯邦國　(D)法治國　【111普考-法學知識與英文】	(A)
我國憲法第1條之「民有、民治、民享」用語，係首先出自何人之語？　(A)我國之國父孫中山　(B)英國之邱吉爾總理　(C)法國之施密特總統　(D)美國之林肯總統　【99三等關務-法學知識】	(D)

主權與國民

● 主權：國民主權原則

　　所謂國民主權原則，是指主權屬於國民全體，此亦為憲法第2條所明文規定：「中華民國之主權屬於國民全體。」亦為釋字第499號解釋所明文揭示，以實踐民主國原則。國民全體與人民個體之概念有所不同，國民主權有些像是人民個體之集合意志，透過民主機制選出來的民意代表，來表達各個人民個體所整合代表的集體意志。

　　釋字第499號，針對憲法增修條文是否違憲之議題作出解釋。其解釋文中有關國民主權原則之闡釋，諸如「修改憲法乃最直接體現國民主權之行為，應公開透明為之，以滿足理性溝通之條件，方能賦予憲政國家之正當性基礎。」又針對第三屆國大代表透過修憲延任事宜，認為基於國民主權原則，民意代表之所有權限，也是源自於國民選舉授權所生，任期屆滿，除有不能改選之正當理由外應即改選，否則喪失其代表性。

相關考題　　國民主權	
憲法第2條規定：「中華民國之主權屬於國民全體」，即是宣示我國採行下列哪一項原則？　(A)平等原則　(B)國民主權原則　(C)比例原則　(D)法律保留原則　　　　　　　　　　　　　　　　　　　　【98普考-法學知識與英文】	（B）
憲法規定中華民國之主權，屬於國民全體，而此國民主權則以各種方式呈現，下列何項方式是錯誤的？　(A)公民投票　(B)選舉　(C)宣布戒嚴　(D)制定憲法　　　　　　　　　　　　　　　　　　　　【99高考三級-法學知識與英文】	（C）
中華民國之主權屬於全體國民。有關主權之意義，下列敘述何者錯誤？　(A)主權為屬於國家元首以及執政政府　(B)主權乃構成國家要素　(C)主權為國家自主自決的最高權力　(D)主權為國家最高意志　　　　　　　　　　　　　　　　　　　　【98調查局-法學知識與英文】	（A）
下列何者不屬於國民主權之具體表現？　(A)總統、副總統之選舉罷免　(B)立法委員之選舉罷免　(C)訴願權及訴訟權之行使　(D)憲法修正案之公民複決　　　　　　　　　　　　　　　　　　　　【98調查局-法學知識與英文】	（C）

● 國民

憲法第3條規定：「具中華民國國籍者為中華民國國民。」如果沒有中華民國國籍，就不是中華民國國民，即便是在中華民國出生者，亦同。若連其他國籍也沒有，就是國際孤兒，狀況將會相當得慘。

相關考題

憲法明文規定具有中華民國國籍者為中華民國國民，下列對於國籍與國民之敘述，何者正確？　(A)國民以具有國籍為要素　(B)國籍之取得大多規定於刑法　(C)本國國民若僑居外國，我國法律對其完全無效力　(D)我國國民關於國籍之得喪直接規定於憲法　　　　　　　【98調查局-法學知識與英文】	(A)
下列何者非屬民主國原則之要素？　　(A)立法委員選舉之比例代表制　(B)總統任期制　(C)立法院對監察委員之人事同意權　(D)總統之刑事豁免權　　　　　　　　　　　　　　　【98三等司法特考-法學知識與英文】	(D)

領土範圍與變更程序

●領土範圍的模糊化

憲法第4條：「中華民國領土，依其固有之疆域，非經國民大會之決議，不得變更之。」領土，是一個國家主權所能統治的範圍，他國不得干預領土範圍內之統治權。

我國基於兩岸分割分治的事實，對於領土範圍之規定較為特別與彈性，憲法第4條乃係基於政治上及歷史上之理由，而訂定之概括規定。條文中的「固有疆域」是非常模糊的概念，是清朝的固有疆域？還是三國時代？是否包括中國大陸？外蒙古？還是只限於臺澎金馬？目前兩岸關係之氛圍，正需這種模糊的法令規範。

● 領土之變更

由於國民大會已經廢除，所以領土之變更，改由立法委員為提案發動之機關，再經過人民投票的二階段程序。

依據憲法增修條文第4條第5項規定：「中華民國領土，依其固有疆域，非經全體立法委員四分之一之提議，全體立法委員四分之三之出席，及出席委員四分之三之決議，提出領土變更案，並於公告半年後，經中華民國自由地區選舉人投票複決，有效同意票過選舉人總額之半數，不得變更之。」

至於投票複決的時間，也是有一定的限制，依據憲法增修條文第1條第1項規定：「中華民國自由地區選舉人於立法院提出憲法修正案、領土變更案，經公告半年，應於3個月內投票複決，不適用憲法第4條、第174條之規定。」

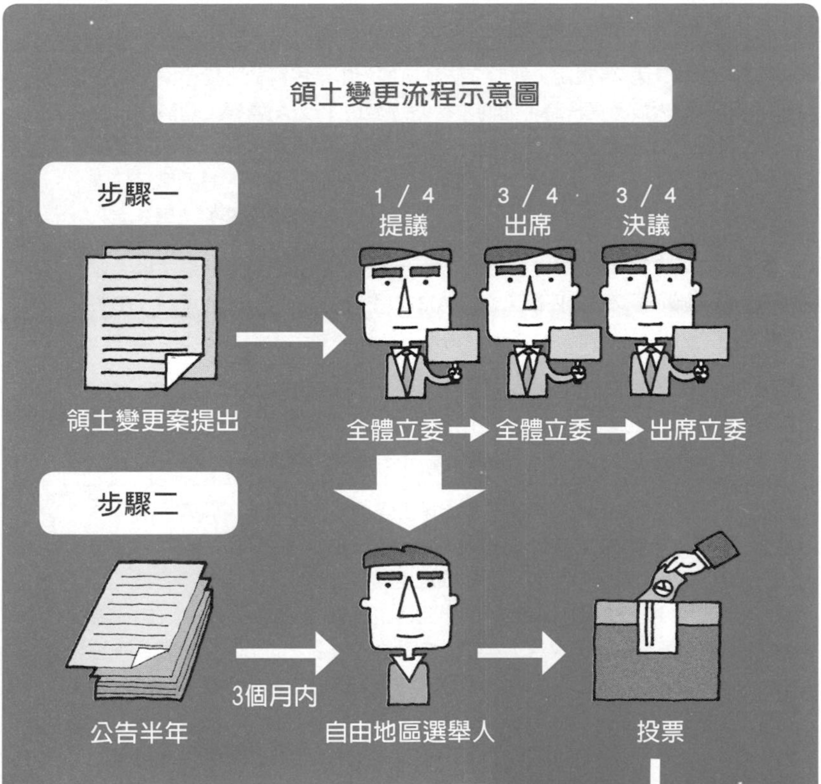

領土變更流程示意圖

步驟一

領土變更案提出

1 / 4 提議	3 / 4 出席	3 / 4 決議
全體立委	全體立委	出席立委

步驟二

公告半年

3個月內

自由地區選舉人

投票

投票結果

選舉人總額過半數同意

【釋字第328號解釋】

本號解釋認為：「固有疆域範圍之界定，為重大之政治問題，不應由行使司法權之釋憲機關予以解釋。國家領土之範圍如何界定，純屬政治問題；其界定之行為，學理上稱之為統治行為，依權力分立之憲政原則，不受司法審查。」

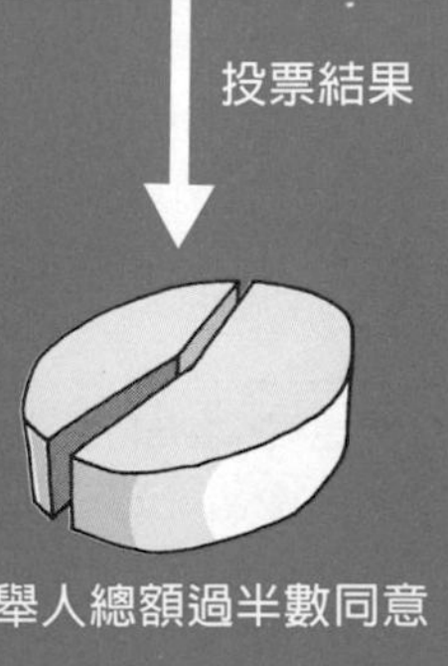

依憲法增修條文第4條規定，對於立法院所提出中華民國領土變更案，經由自由地區選舉人投票複決時，如何才得通過變更？　(A)選舉人總額三分之一以上同意　(B)選舉人總額二分之一以上同意　(C)選舉人二分之一以上投票，投票數二分之一以上同意　(D)選舉人二分之一以上投票，投票數三分之二以上同意　　　　　　　　　　　　【99四等關務-法學知識】	(B)
依憲法增修條文第4條之規定，領土之變更由立法院提出領土變更案後，並於公告多久後，再交由公民複決？　(A)3個月　(B)4個月　(C)5個月　(D)6個月　　　　　　　　　　【99四等身障特考一般行政-法學知識】	(D)
依憲法增修條文規定，領土變更之程序為何？　(A)行政院提案並決議　(B)由行政院提案，經立法院決議　(C)立法院提案並決議　(D)由立法院提案，經公民複決通過　　　　【99鐵路高員三級人事行政-法學知識與英文】	(D)
依憲法增修條文規定，下列有關「提出領土變更案」的敘述，何者正確？ (A)須經全體立法委員四分之一的提議，全體立法委員三分之二的出席，出席委員四分之三的決議後方可提出　(B)須經全體立法委員四分之一的提議，全體立法委員四分之三的出席，出席委員四分之三的決議後方可提出　(C)須經全體立法委員五分之一的提議，全體立法委員三分之二的出席，出席委員四分之三的決議後方可提出　(D)須經全體立法委員五分之一的提議，全體立法委員四分之三的出席，出席委員四分之三的決議後方可提出　　　　　　　　　　　　　　　　　　【98普考-法學知識與英文】	(B)
依憲法增修條文第4條規定，中華民國領土，依其固有疆域，全體立法委員依法提出領土變更案，並於依法公告後，再經中華民國自由地區選舉人投票複決，非經有效同意票過選舉人總額之多少比例，不得變更之？　(A)二分之一　(B)三分之一　(C)四分之一　(D)五分之一　　　　　　　　　　　　　　　　　【101三等一般警察-法學知識與英文】	(A)
領土變更案經立法院議決通過後，須經下列何項程序始成立？　(A)交由公民複決　(B)聲請司法院大法官審理　(C)經監察院審議通過　(D)經行政院會議通過　　　　　　　　　　　　　　　　【107高考-法學知識與英文】	(A)

相關考題 　領土變更之程序

下列有關中華民國領土變更案之敘述，何者正確？　(A)中華民國自由地區選舉人於立法院提出領土變更案，經公告3個月，應於3個月內投票複決　(B)中華民國自由地區選舉人於立法院提出領土變更案，經公告半年，應於3個月內投票複決　(C)中華民國自由地區選舉人於立法院提出領土變更案，經公告半年，應於半年內投票複決　(D)中華民國自由地區選舉人於立法院提出領土變更案，經公告3個月，應於半年內投票複決　【103高考-法學知識與英文】	(B)

相關考題 　釋字第328號解釋：領土變更為重大政治問題

依司法院大法官解釋，國家領土範圍之界定不宜由釋憲機關予以解釋的原因，係基於以下何項理由？　(A)此屬於法律問題　(B)此屬於社會問題　(C)此屬於人民認知問題　(D)此屬於政治問題　　　　　　　　　　　【99三等第一次司法人員-法學知識與英文】	(D)
我國司法院釋字第328號，如何解釋憲法第4條關於中華民國「固有疆域」之範圍？　(A)包括中國大陸、外蒙古和臺澎金馬　(B)包括中國大陸和臺澎金馬　(C)僅包括臺澎金馬　(D)屬重大政治問題，釋憲機關不予解釋　　　　　　　　　　　　　　　　　　　　　　【99普考-法學知識與英文】	(D)

相關考題 　其他

有關我國憲法第1條至第6條之總綱規定之敘述，下列何者錯誤？　(A)我國國體為民主共和國　(B)中華民國主權屬於國民全體　(C)我國採單一國籍制，不承認雙重國籍　(D)中華民國國旗之樣式為紅地，左上角為青天白日　　　　　　　　　　　　　　　　　　　　　　　【103高考-法學知識與英文】	(C)

2-4

基本原則

● 法治國原則

　　追求法治國是許多國家的基本願望，透過法律制度的建立，而非獨裁的統治，讓人民有一個公平合理的機制可以遵循。從法治國原則衍生出來的基本法律概念相當多，諸如權力分立、司法獨立、比例原則等。又如司法獨立中衍生出來的法官獨立審判概念，若法官無法獨立審判，所作之判決都受到外力的干擾，則政治黑手依然操控著國家，而非由公平合理的法律制度維繫國家的命脈。

● 權力分立原則

　　權力分立原則為法治國家原則要素之一，政治學理論上認為，權力集中必然導致濫權，有害人民權利保障，故須採用權力分立的制度。英國學者洛克主張天賦人權，乃近代歐美民主主義的理論基礎。其所主張的三權分立，並不是立法、行政、司法，而是立法、行政、外交三權，是西方最早主張分權理論，並發表了《政府二論》，主張國家應將自身統治權力，由國王之手中移轉為立法權與執行權。

　　五權分立是國父孫中山先生所獨創的學說，其研究各國政制後，認為各國所採行之行政、立法、司法三權分立制，並不完備，最大缺點在於只注重法而不注重人，而我國一向注重人治，獨立之考試權與監察權可以納賢才而遠小人，故主張考試、監察也要獨立出來，以建立五權分立。

相關考題　基本原則

下列何者非源自於法治國家原則？　(A)司法獨立　(B)比例原則　(C)私法自治原則　(D)權力分立　　　　　　　　　　　　　　　【99三等關務-法學知識】	(C)
法官之審判獨立是源自於憲法上之哪一項基本的原則？　(A)共和國原則　(B)社會國原則　(C)民主國原則　(D)法治國原則　　　　　　　　　　　　　　　　　　　　　　【99四等基警行政警察-法學緒論】	(D)
依司法院大法官解釋，下列何者不屬於法治國原則之內涵？　(A)實質正當可取代程序合法　(B)維護人民之權利　(C)法安定性原則　(D)信賴保護原則　　　　　　　　　　　　　　　　　【110高考-法學知識與英文】	(A)
基於法治國原則，以法律限制人民自由權利時，關於其構成要件所使用之概念，下列何者錯誤？　(A)不得使用不確定法律概念或概括條款　(B)須非難以理解　(C)須為受規範者所得預見　(D)須可經由司法審查加以確認　　　　　　　　　　　　　　　　　　　　　【108高考-法學知識與英文】	(A)

相關考題　權力分立原則

依司法院釋字第585號解釋，立法院所設調查委員會之調查結果，有涉及刑事責任者，由調用之檢察官逕行起訴，係違反下列何項憲政原則？　(A)權力分立原則　(B)正當法律程序原則　(C)比例原則　(D)基本權保障原則　　　　　　　　　　　　　　　　　【99四等關務-法學知識】	(A)
關於權力分立原則之敘述，下列何者正確？　(A)中央與地方之權限劃分係屬垂直分權　(B)立法院應享有行政院各委員會委員之提名權及決定權　(C)立法院對於刑事案件享有完全之調查權及強制處分權　(D)行政、立法、司法、考試、監察之五權分立係屬垂直分權　　【99高考三級-法學知識與英文】	(A)
現代民主國家採用權力分立制度的原因為何？　(A)政治學理論上認為，權力集中必然導致濫權，有害人民權利保障，故須採用權力分立的制度　(B)因權力分立制度較有利於行政權的推展　(C)因權力分立可使國家威權獲得實現　(D)因為權力分立制度，可以落實君權神授的理想　　　　　　　　　　　　　　　　　　　【99普考-法學知識與英文】	(A)

● **法律優越原則**

　　法律優越原則，又稱之為消極的依法行政，是指行政行為或其他一切行政權之行使，均不得與法律相牴觸。此項原則具有規範位階之意義，依據憲法第171條第1項規定：「法律與憲法牴觸者無效。」同法第172條規定：「命令與憲法或法律牴觸者無效。」在本書的第21頁中所提到的金字塔圖，也就是在論述這個觀念。

　　中央法規標準法第11條亦有相類似規範。換言之，憲法優越於法律，法律優越於命令。行政權之行使，除了必須受到憲法之約束外，還必須遵循法律之規範。上位規範即便有授權，並不代表行政機關之委任命令或授權命令即可恣意作為，還是有可能發生牴觸上位規範之情形。

● **法律保留原則**

　　所謂法律保留，又稱之為積極的依法行政，是指若無法律之授權，行政機關即便沒有消極之不牴觸法律，亦不能合法地為行政行為。歷年來大法官會議所作出之解釋，業已建立層級化保留體系，例如釋字第313號解釋認為：「對人民違反行政法上義務之行為科處罰鍰，涉及人民權利之限制，其處罰之構成要件及數額，應由法律定之。若法律就其構成要件，授權以命令為補充規定者，授權之內容及範圍應具體明確，然後據以發布命令，始符合憲法第23條以法律限制人民權利之意旨。」

相關考題　**權力分立原則**

民國92年制定的公民投票法第35條第1項規定：「行政院公民投票審議委員會，置委員21人，任期3年，由各政黨依立法院各黨團席次比例推荐，送交主管機關提請總統任命之。」此一規定，司法院大法官解釋認為違反下列何種原則？　(A)權力分立原則　(B)平等原則　(C)社會國原則　(D)法律保留原則 【103四等司特-法學知識與英文】	(A)
憲法明定行政院、立法院、司法院、考試院及監察院，分別為國家最高行政、立法、司法、考試及監察機關，此為下列何項憲法原則之具體落實？ (A)國民主權原則　(B)民主原則　(C)共和國原則　(D)權力分立原則 【107高考-法學知識與英文】	(D)

法律優位原則

憲法＞法律
憲法第171條第1項：「法律與憲法牴觸者無效。」中央法規標準法第11條：「法律不得牴觸憲法……」

命令＜憲法＆法律
憲法第172條：「命令與憲法或法律牴觸者無效。」中央法規標準法第11條：「……命令不得牴觸憲法或法律……」所以，

憲法＞法律＞命令

相關考題

依司法院大法官解釋，行政院公民投票審議委員會委員由各政黨依立法院各黨團席次比例推薦，違反下列何種原則？ (A)民主原則 (B)權力分立原則 (C)依法行政原則 (D)公益原則 【103三等司特-法學知識與英文】	(B)
下列哪一項原則並非我國憲法所採之基本原則？ (A)權力分立 (B)共和國 (C)聯邦國 (D)法治國 【99鐵路高員三級人事行政-法學知識與英文】	(C)

相關考題　法律優越、法律保留

下列哪一事項非屬於法律保留事項？　(A)國家重要事項　(B)限制人民權利事項　(C)國家機關之組織　(D)國家提供人民設施及設備　　【99四等基警行政警察-法學緒論】	(D)
關於法律優越原則，下列何者錯誤？　(A)目的在防止行政行為違背法律　(B)又稱為消極的依法行政　(C)一切行政行為均不得牴觸法律　(D)一切行政行為皆須有法律之明文依據　　【99四等海巡-法學知識與英文】	(D)
行政機關課稅之行為，須有法律之授權依據，此為哪一項原則之要求？　(A)信賴保護原則　(B)法律不溯及既往原則　(C)法律優越原則　(D)法律保留原則　　【99四等關務-法學知識】	(D)
國家對人民違反法定義務之處罰，應以法律定之。此係何種憲法原則？　(A)法律優位原則　(B)法律保留原則　(C)一行為不二罰原則　(D)比例原則　　【99普考-法學知識與英文】	(B)
有關憲法第23條所規定人民自由權利之法律限制，司法院解釋係採何種見解？　(A)全面保留　(B)干預保留　(C)憲法保留　(D)層級性法律保留　　【104高考-法學知識與英文】	(D)
依憲法第171條第1項規定，「法律與憲法牴觸者無效」，關於本條的敘述，下列何者錯誤？　(A)本條規定闡述憲法優位原則　(B)各級法院法官得認為法律牴觸憲法無效而拒絕適用　(C)司法院大法官得宣告法律無效　(D)大法官職司憲法解釋，其解釋拘束全國各機關　　【104高考-法學知識與英文】	(B)
下列關於限制人民權利之敘述，何者錯誤？　(A)未得法律授權，行政機關仍得以行政命令限制人民權利　(B)限制人民權利之法律不得牴觸憲法關於基本權之保障　(C)法律規定限制人民權利，必須符合比例原則　(D)依據限制人民權利之程度不同，法律保留之密度不同　　【104高考-法學知識與英文】	(A)

相關考題　　法律優越、法律保留

憲法第52條規定，總統除犯內亂或外患罪外，非經罷免或解職，不受刑事上之訴究。司法院釋字第388號解釋認為：現職總統競選連任時，因其已名列總統候選人，其競選活動固應受總統副總統選舉罷免法有關規定之規範，惟其總統身分並未因參選而變更，所以現職總統依法競選連任時，除犯內亂或外患罪外，非經罷免或解職，並不得適用刑法及總統副總統選舉罷免法等有關刑罰之規定予以訴究。司法院釋字第388號解釋所依據的法律原則是：(A)憲法優於法律　(B)總統不必守法　(C)從新從優原則　(D)特別法優於普通法的原則　　　　　　　　　　　　　　　【107高考-法學知識與英文】 | (A)

相關考題　　權力分立原則

行政院院會通過之預算案須經立法院審議通過，係本於下列何項憲政原則？(A)法治國原則　(B)權力分立原則　(C)法律優位原則　(D)國會主權原則　　　　　　　　　　　　　　　【101高考-法學知識與英文】 | (B)

● 法律明確性原則

一、法律明確性之概念

法律明確性原則，是指法律以抽象概念表示著，其意義須非難以理解，且為一般受規範者所得預見，並可經由司法審查加以確認。

依據釋字第659號解釋，認為「依本院歷來解釋，法律規定所使用之概念，其意義依法條文義及立法目的，如非受規範者難以理解，並可經由司法審查加以確認，即與法律明確性原則無違。」

例如法律規定一條「不愛國者，得徵收其所有土地。」而此一規範中之「不愛國」三個字，就讓許多人難以理解，好比統派人士在獨派人士眼中就是不愛國，獨派人士在統派人士的眼中也是不愛國。(如右頁圖)

實務操作上也有很多與「明確性」相關聯，舉個例子來說，假設臺北市土地徵收公告的內容只表示徵收仁愛路的土地，但是並沒有明確地說出到底是哪一個地號，或者是哪個地址，致使實際上可能被徵收者無法知悉，也無法循救濟途徑主張自己的權利，這就不符合明確性原則。

二、與「不確定法律概念」之關係

此外，大法官會議的解釋中，已經多次揭櫫法律明確性的原則，期望法律之概念依其法條文義及立法目的，不致於讓受規範者難以理解。且使法官在承審案件運用該法條時，也能夠正確地瞭解法條的真正意義，才有強調此明確性的必要。但司法院解釋並未排斥使用不確定法律概念之必要性，認為所有的法律也都永遠會運用到不確定法律概念。(釋664—陳新民部分協同、部分不同意見書)

法律概念不具明確性的法律

不愛國法（模擬）

第1條：不愛國者，應受處罰。

第2條：難謂愛國者，不得擁有土地。

第3條：尚非屬愛國者，不得取得國籍。

你這個爛統派，你才不愛國！

獨派

你這個破獨派，不愛國！

統派

抽象概念之法律規範

規範意義非難以理解

授規範者可預見個案事實屬於法律所欲規範之對象

可經由司法審查加以確認

符合法律明確性原則

● 授權明確性原則

一、保留體系之四個層級

　　授權明確性原則是延續著法律保留所衍生出來的基本原則，有關保留體系，可分成憲法保留、絕對法律保留、相對法律保留，以及非屬法律保留四個層級。

　　其中「相對法律保留」是指由法律直接規範，或由有法律明確依據之行政命令加以規定，其對象包括關係生命、身體以外之其他自由權利的限制，以及給付行政措施涉及公共利益之重大事項。非屬法律保留範圍，有關於執行法律之細節性、技術性次要事項，則不在法律保留之列。

　　凡屬限制人民權度之事項，立法者非不得授權行政機關發布命令以為法律之補充，惟其授權之目的、內容及範圍應具體明確，始屬合憲，稱之為授權明確性原則。(非不得，有著可能可以、也可能不可以的意味) 所以，生命、身體以外，如財產權之限制，也可以授權行政機關制定法規命令加以限制。

二、有關大法官會議解釋之文字描述

　　大法官會議解釋有多號解釋與授權明確性有關係，如「……涉及人民財產權之限制，自非純屬技術性或細節性事項，是原則上應以法律明定之。若立法機關以法律授權行政機關發布命令為補充規定時，其授權之內容、目的、範圍應具體明確，命令之內容並應符合母法授權意旨。」(釋676) 「若僅屬執行法律之細節性、技術性次要事項，始得由主管機關發布命令為必要之規範，惟其內容不得牴觸母法或對公務人員之權利增加法律所無之限制。」(釋658)

相關考題　法律明確性

下列標準，何者不是司法院大法官所提出用以判斷法律本身是否符合明確性要求之標準？　(A)法律規定之意義須非難以理解　(B)法律規定之意義為一般受規範者所得預見　(C)法律規定之意義須符合比例原則要求　(D)法律規定之意義可經由司法審查加以確認　【99地方特考四等-法學知識與英文】	(C)

【解析】
參見釋字第680號解釋。

依司法院釋字第636號解釋，檢肅流氓條例所規定欺壓善良、品行惡劣、遊蕩無賴之用語，與下列何種原則不符？　(A)法律優位原則　(B)法律明確性原則　(C)正當法律程序原則　(D)法律保留原則　【99地方特考四等-法學知識與英文】	(B)
依司法院大法官解釋，下列何者違反法律明確性原則？　(A)教師法以「行為不檢有損師道，經有關機關查證屬實」作為解聘、停聘或不續聘之要件　(B)貨物稅條例規定貨物稅之稅率為稀釋天然果蔬汁從價徵收 8%，其他飲料品從價徵收 15%　(C)社會秩序維護法處罰無正當理由，且經勸阻後仍繼續跟追之行為　(D)檢肅流氓條例關於欺壓善良、品行惡劣、遊蕩無賴之規定　【103高考-法學知識與英文】	(D)
甲公務人員某日收受A市政府的處分函，主旨為：「臺端因溢領薪資，限7日內繳回溢領之金額，逾期將送行政執行。」此外並無任何說明。則該處分違反下列那一項原則？　(A)不利變更禁止之原則　(B)必要衡量原則　(C)比例原則　(D)明確性原則　【109普考-法學知識與英文】	(D)

相關考題　授權明確性

下列何種行政行為須有法律之授權依據？　(A)中秋節敬老津貼之核發　(B)圖書館之設置　(C)大學對學生學業成績之考核　(D)電玩業之禁止開設　【98調查局-法學知識與英文】	(D)
凡屬限制人民權利之事項，立法者非不得授權行政機關發布命令以為法律之補充，惟其授權之目的、內容及範圍應具體明確，始屬合憲。此等要求稱之為：　(A)信賴保護原則　(B)法安定性原則　(C)授權明確性原則　(D)比例原則　【99高考三級-法學知識與英文】	(C)

● 比例原則

一、比例原則之概念

　　廣義之比例原則，可以分成適當性、必要性，以及衡量性 (狹義比例原則)，詳如右頁圖。

　　除了憲法之外，許多法令也有比例原則之規定，尤其是行政程序法第7條規定：

「行政行為，應依下列原則為之：

(一)採取之方法應有助於目的之達成。

(二)有多種同樣能達成目的之方法時，應選擇對人民權益損害最少者。

(三)採取之方法所造成之損害不得與欲達成目的之利益顯失均衡。」

　　直接將比例原則之內容具體落實於條文之中。

二、憲法有關比例原則之條文

　　我國憲法中有比例原則概念的條文，最主要者當屬憲法第23條規定：「以上各條列舉之自由權利，除為防止妨礙他人自由、避免緊急危難、維持社會秩序，或增進公共利益所必要者外，不得以法律限制之。」其他重要規範如下：

(一) 憲法第39條規定：「總統依法宣布戒嚴，但須經立法院之通過或追認。立法院認為必要時，得決議移請總統解嚴。」

(二) 憲法第43條規定：「……依緊急命令法，發布緊急命令，為必要之處置……」憲法增修條文第2條第3項規定：「……得經行政院會議之決議發布緊急命令，為必要之處置……」

(三)憲法第68條規定：「……必要時得延長之。」

(四)憲法第175條第1項規定：「本憲法規定事項，有另定實施程序之必要者，以法律定之。」

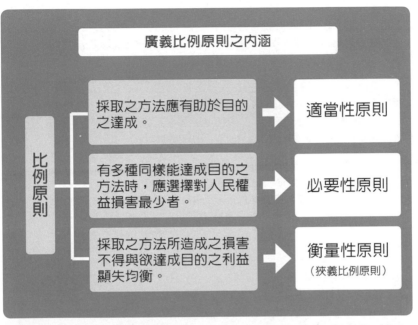

廣義比例原則之內涵

比例原則

採取之方法應有助於目的之達成。 ➡ 適當性原則

有多種同樣能達成目的之方法時，應選擇對人民權益損害最少者。 ➡ 必要性原則

採取之方法所造成之損害不得與欲達成目的之利益顯失均衡。 ➡ 衡量性原則（狹義比例原則）

大砲打麻雀

想要將麻雀打下來，選擇用大砲來射擊，而不是其他危害較小的彈弓、獵槍等方式，導致附近的農田林地受損嚴重。

相關考題

非視覺功能障礙者，不得從事按摩業。上開職業禁止規定違反憲法何種原則？　(A)福利國原則　(B)誠信原則　(C)法律保留原則　(D)比例原則 【99四等關務-法學知識】	(D)
西諺有云：「打小鳥不用以大砲」；我國俗語亦有：「殺雞焉用牛刀」，此乃所謂「不得為達目的之不擇手段」，這是哪一種憲法上原則的展現？　(A)法律保留原則　(B)比例原則　(C)公益原則　(D)平等原則 【99四等關務-法學知識】	(B)
依司法院釋字第503號解釋，違反行政作為義務，同時構成漏稅行為，原則上禁止重複處罰，係源於何項憲法原則？　(A)法律保留原則　(B)不當連結禁止原則　(C)信賴保護原則　(D)一事不二罰原則及比例原則 【99四等關務-法學知識】	(D)
依司法院大法官解釋，下列何者與憲法第23條所定比例原則未盡相符？　(A)通姦經配偶縱容或宥恕者，不得提起告訴　(B)毒品危害防制條例規定誣告他人犯該條例之罪者，處以其所誣告之罪之刑　(C)醫師法規定醫師於業務上如有違法或不正當行為，得處1個月以上1年以下停業處分或撤銷其執業執照　(D)毒品危害防制條例規定施用毒品者，處以有期徒刑 【99三等關務-法學知識】	(B)
憲法第23條的比例原則，其中有三個子原則，其中「有多種同樣能達成目的之方法時，應選擇對人民權益損害最少者」，乃屬於那個原則？　(A)適當性原則　(B)必要性原則　(C)過度禁止原則　(D)視情況而定 【99普考-法學知識與英文】	(B)
憲法第23條規定：「除為防止妨礙他人自由、避免緊急危難、維持社會秩序、或增進公共利益所必要者……」，可以以法律限制人民的基本權利。此所謂「必要」，現今在學理及實務上，是依下列那項原則予以檢驗？　(A)法律保留原則　(B)依法行政原則　(C)比例原則　(D)平等原則 【99鐵路高員三級人事行政-法學知識與英文】	(C)

相關考題

人民團體法規定申請設立人民團體有主張共產主義或分裂國土之情形者，不予許可設立。司法院大法官釋字第644號解釋認為，此規定顯已逾越必要程度，請問該解釋意旨與下列何種原則有關？　(A)信賴保護原則　(B)不當聯結禁止原則　(C)比例原則　(D)誠實信用原則 【99鐵路高員三級人事行政-法學知識與英文】	（C）
當行政機關欲興建捷運，只須徵收甲所有之一半土地即可，而行政機關卻徵收甲之全部土地時，此為哪一項原則之違反？　(A)平等原則　(B)比例原則　(C)誠信原則　(D)信賴保護原則　　　　【98調查局-法學知識與英文】	（B）
依司法院大法官解釋，下列何者違反比例原則？　(A)以判決命加害人公開道歉，而未涉及加害人自我羞辱等損及人性尊嚴之情事者　(B)律師接見受羈押被告時，看守所得不問理由全程予以監聽、錄音　(C)對未辦理營利事業登記而經營電子遊戲場業者，科處刑罰之規定　(D)以廣告物、電腦網路等媒介散布、播送或刊登足以引誘、媒介性交易之訊息者，處以刑罰之規定 【98高考三級-法學知識與英文】	（B）

● 人性尊嚴

一、人性尊嚴之意義

　　國家應該致力於滿足人性尊嚴的環境，保持個人的自由空間，使之能自我決定、自我認同，而獲致人的價值。(徐振雄《憲法學導論》第76頁)

　　印度電影「貧民百萬富翁」，貧民生活在髒亂的垃圾堆中，連上廁所都還要排隊，平日也身處於不同種族攻擊的恐懼中，印度政府想創造一個符合人性尊嚴的生活環境，恐怕還有一段努力的空間。

二、人性尊嚴於憲法中之架構

　　釋字第603號解釋中，多數意見開宗明義揭示維護人性尊嚴與人格發展自由是自由民主憲政秩序的核心價值，隱私權則衍生自人性尊嚴與人格發展自由，因而是憲法第22條應該保障的基本權。我國未如德國將人性尊嚴之維護規定在基本法第1條，人格發展自由規定在基本法第2條第1項 (人格發展自由與人性尊嚴概念有重疊之處)。

　　所以，人性尊嚴在我國應該解釋為未明文的基本權概括條款，而屬於基本權規則的上位原則，人格發展自由可以解釋為蘊含於人性尊嚴條款之中，人格權則屬於憲法第22條所保障的其他基本權。憲法對於基本權的規定應該解釋為例示規定，其他沒有規定的基本權，可能屬於憲法第22條的範圍，人性尊嚴條款則是概括條款，是具有補充性質補充法，當憲法各個基本權規定不敷使用時，可以援引人性尊嚴條款作為解釋依據。(釋603—許玉秀協同意見書)

三、同性婚之人性尊嚴

　　適婚人民而無配偶者，本有結婚自由，包含「是否結婚」暨「與何人結婚」之自由（本院釋字第362號解釋參照）。該項自主決定攸關人格健全發展與人性尊嚴之維護，為重要之基本權（a fundamental right），應受憲法第22條之保障。(第748號解釋)

建立人性尊嚴的環境

路有凍死骨　　　　　社會救助體系介入

相關考題

我國人工生殖法禁止以無性生殖方式進行人工生殖，應係基於何種理由？ (A)違反知的權利　(B)違反信仰自由　(C)違反研究自由　(D)違反人性尊嚴 【99三等關務-法學知識】	（D）

【解析】
人性生殖法第31條針對「意圖營利，從事生殖細胞、胚胎之買賣或居間介紹」行為處罰之規定，其立法理由為「生殖細胞與物不能等同看待，意圖營利，從事生殖細胞、胚胎之買賣或居間介紹者等行為，不僅影響當事人權益，對於人性尊嚴亦有所傷害，具有相當之反社會性。」

認為複製人應予禁止者，可能係基於下列何種理由？　(A)違反知的權利 (B)違反人身自由　(C)違反人性尊嚴　(D)違反健康權 【96三等關務員特考-法學知識】	（C）

關於人性尊嚴之敘述，下列何者錯誤？　(A)人性尊嚴不可侵犯，尊重及保護此種尊嚴為國家所有機關之義務　(B)國家不得用殘酷、不合乎人道的刑罰來制裁人民　(C)死刑規定為人性尊嚴之根本剝奪，大法官認屬違憲　(D)命加害人公開道歉之判決，若涉及自我羞辱之道歉，係損及人性尊嚴 【104司法四等-法學知識與英文】	（C）

2-5

制憲與修憲

● 制憲權

憲法前言：「中華民國國民大會受全體國民之付託，依據孫中山先生創立中華民國之遺教，為鞏固國權，保障民權，奠定社會安寧，增進人民福利，制定本憲法。」

由前言規定的第一句話可知，制憲權之權力來源是全體國民，並且透過人民所選出的代表——國民大會代表，進行制憲之工作。此種制憲權屬於原生性的權力，因此並不需要任何法律之授權，因為其本身即是創造最原始法制之來源。所以，憲法制定權應能隨時發動，不受既存憲法的拘束。

● 修憲權

修憲權是從屬於憲法制定權的一部分，其規範在憲法中，作為變更憲法內容之程序機制。各國國情不同，修憲的程序即有不同之差異，但基本上均是以國民主權為基礎，透過代議制度，以及民主多數決之基本原則，制定一套適用的修憲機制。

修改憲法可以分成全部修改或局部修改，全部修改的情況，通常是國家社會遭遇重大變化，甚至於是重新制憲，例如100年後，我國人民多數希望追求獨立，於是將中華民國憲法改為臺灣憲法。

另外，局部修改的方式，主要是新增、刪除與變更三種方式。我國憲法增修條文形式上屬於新增條文，但是又有變更憲法本文之實質效果，可謂非常特別之修憲方式。究其原因，憲法本文有一種與中國大陸不可分的歷史政治情結，任意修正憲法本文，恐牽動複雜之兩岸關係。因此，不修正憲法本文，改以增修條文之方式，實屬不得不為之修憲方式。

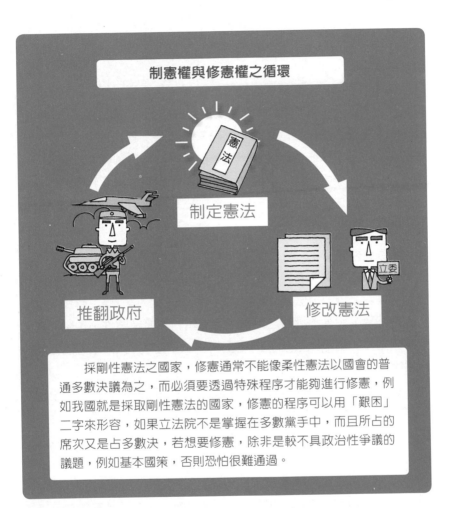

制憲權與修憲權之循環

制定憲法

推翻政府

修改憲法

立委

　　採剛性憲法之國家，修憲通常不能像柔性憲法以國會的普通多數決議為之，而必須要透過特殊程序才能夠進行修憲，例如我國就是採取剛性憲法的國家，修憲的程序可以用「艱困」二字來形容，如果立法院不是掌握在多數黨手中，而且所占的席次又是占多數決，若想要修憲，除非是較不具政治性爭議的議題，例如基本國策，否則恐怕很難通過。

相關考題

下列關於制憲、修憲之敘述，何者不合民主憲政原理？　(A)憲法制定權應能隨時發動，不受既存憲法的拘束　(B)一定是建立新國家的時候才能制憲　(C)修憲的結果應該經由國民主權做最後決定　(D)修憲權是從屬於憲法制定權的一部分　　　　　　　　　　【98四等地方特考-法學知識與英文】	（B）

● 修憲界限

一、學說爭議

　　修憲的界限，主要是探討修憲的結果，是否可以修正原憲法制定時之核心價值，亦即無限制修改憲法內容。例如憲法第1條民主共和體制之規定，是否可以透過修憲，改為共產體制？有論者採取「有界限說」，認為若連核心的價值要加以變動，則屬於「制憲」，而非「修憲」；採取「無界限說」之論點，則認為「制憲」與「修憲」並無區別之必要。憲法修正的實質界限，雖未見諸憲法明文規定，但仍屬實質之憲法原理。

二、我國實務見解

　　我國實務採取「有界限說」，也就是受到憲法本質重要性理論所限制。換言之，如憲法第1條之民主共和國原則、第2條之國民主權原則、第二章人民基本權利之保障，因為具有本質重要性，也屬於憲法基本原則，即便是修憲機關亦須遵守之，否則將導致破壞憲法整體規範秩序。

　　參酌釋字第499號解釋理由書認為：「國民大會為憲法所設置之機關，其具有之職權既為憲法所賦予，亦應受憲法之規範。國民大會代表就職時宣誓效忠憲法，此項效忠係指對憲法忠誠，憲法忠誠在依憲法第174條規定行使修憲權限之際，亦應兼顧。

　　憲法之修改如純為國家組織結構之調整，固屬『有權修憲之機關衡情度勢，斟酌損益』之範疇，而應予尊重，但涉及基於前述基本原則所形成之自由民主憲政秩序之違反者，已悖離國民之付託，影響憲法本身存立之基礎，應受憲法所設置其他權力部門之制約，凡此亦屬憲法自我防衛之機制。從而牴觸憲法基本原則而形成規範衝突之條文，自亦不具實質正當性。」

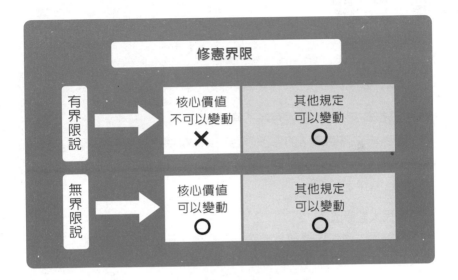

【本書見解】

　　畢竟修憲當時之人民意志，是不需要受到制憲者思想的鉗制，實無必要透過學理的論述，抑制人民修憲之權能。因此，或許百年之後，共產制度的發展遠遠超越民主體制的進程，成為一種更令人民接受的體制，則自然無庸強加限制於人民修憲之界限。

相關考題

下列何者雖未見諸憲法明文規定，但仍屬實質之憲法原理？　(A)宗教自由之保障　(B)憲法施行之準備程序之制定　(C)憲法修正的實質界限　(D)提審制度　　　　　　　　　　　　　　【98高考三級-法學知識與英文】	（C）

2-6

憲法修改

● 憲法本文之修憲程序（不再適用）

憲法本文有關憲法的修改規定在第174條之規定，有兩種方式，最後的修改憲法權力都是屬於國民大會，立法院只有提出憲法修正案的權力，其規定如下：

一、國民大會修改：

由國民大會代表總額五分之一之提議，三分之二之出席，及出席代表四分之三之決議，得修改之。

二、立法院提出憲法修正案

由立法院立法委員四分之一之提議，四分之三之出席，及出席委員四分之三之決議，擬定憲法修正案，提請國民大會複決。此項憲法修正案，應於國民大會開會前半年公告之。

● 憲法增修條文之修憲程序

一、立法院提出憲法修正案

憲法之修改，須經立法院立法委員四分之一之提議，四分之三之出席，及出席委員四分之三之決議，提出憲法修正案。(憲增§12)

二、公告並經投票複決

於公告半年後，經中華民國自由地區選舉人投票複決，有效同意票過選舉人總額之半數，即通過之。(憲增§12) 中華民國自由地區選舉人於立法院提出憲法修正案，經公告半年，應於3個月內投票複決。(憲增§1)

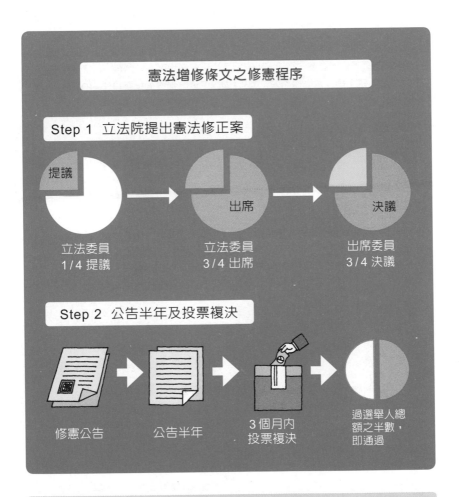

【憲法增修條文修憲程序之差異】

　　由於現行國民大會已經遭增修條文廢除，所以修憲權力從國民大會移轉到立法院，但是立法院仍然只有憲法修正案的提出權，最後仍然必須由中華民國自由地區選舉人投票複決。

憲法修改

立法院立法委員提出之憲法修正案，須經下列哪一種程序？ (A)憲法法庭複決 (B)立法院全體立法委員通過 (C)我國自由地區選舉人投票複決 (D)提交總統複決　　　　　　　　　　　　　【98普考-法學知識與英文】	(C)
下列有關憲法修改程序之敘述，何者錯誤？ (A)由立法院擬定憲法修正案 (B)由國民大會複決 (C)經公告半年 (D)經中華民國自由地區選舉人投票複決　　　　　　　　　　　　　　　　　　【99三等關務-法學知識】	(B)
依憲法增修條文第12條之規定，憲法之修正案，係由何機關提出？ (A)立法院 (B)司法院 (C)行政院 (D)總統【99四等身障特考一般行政-法學知識】	(A)
依憲法增修條文第12條規定，憲法修正案公民複決的通過門檻為何？ (A)投票率過半，有效同意票多於不同意票 (B)有效同意票超過選舉人總額之半數 (C)有效同意票多於不同意票即可 (D)有效同意票超過選舉人總額之三分之二　　　　　　　　　　　　　　　　【98調查局-法學知識與英文】	(B)
依憲法增修條文第12條規定，修憲案經合法提出並公告後，若我國自由地區選舉人總數為一千四百萬，參與複決投票者為一千兩百萬，應有多少同意票，修憲案方為通過？ (A)七百萬票 (B)七百萬零一票 (C)六百萬 (D)六百萬零一票　　　　　　　　　　　　　　　　　　【99普考-法學知識與英文】	(B)
依據中華民國憲法增修條文第1條規定，中華民國自由地區選舉人於下列何者提出憲法修正案後，應依規定投票複決之？ (A)行政院 (B)立法院 (C)司法院 (D)總統府　　　　　　　　　　　　　　【100三等海巡-法學知識與英文】	(B)
依憲法增修條文之規定，憲法之修正須經出席立法委員多少比例之決議？ (A)二分之一 (B)三分之二 (C)四分之三 (D)五分之三　　　　　　　　　　　　　　　　　　　【101普考-法學知識與英文】	(C)
依憲法增修條文第12條之規定，有關修憲案複決公告之規定，下列敘述何者正確？ (A)修憲案提出後，毋須公告，應即進行複決 (B)修憲案提出後，須公告3個月後，方可進行複決 (C)修憲案提出後，須公告5個月後，方可進行複決 (D)修憲案提出後，須公告6個月後，方可進行複決　　　　　　　　　　　　　　　　　　【101普考-法學知識與英文】	(C)

相關考題　憲法修改

修改憲法時，立法院提出憲法修正案的程序為何？　(A)須經立法院立法委員四分之一之提議，三分之二之出席，及出席委員二分之一之決議　(B)須經立法院立法委員四分之一之提議，四分之三之出席，及出席委員四分之三之決議　(C)須經立法院立法委員三分之一之提議，四分之三之出席，及出席委員四分之三之決議　(D)須經立法院立法委員四分之一之提議，四分之三之出席，及出席委員二分之一之決議　　【103高考-法學知識與英文】	(B)
依憲法增修條文規定，下列何者提出憲法修正案之後，由中華民國自由地區選舉人依規定投票複決？　(A)總統　(B)立法院　(C)行政院　(D)公民投票審議委員會　　【108普考-法學知識與英文】	(B)
關於我國現行修憲程序之敘述，下列何者正確？　(A)由行政院提出憲法修正案，送請立法院決議通過　(B)由人民提出憲法修正案，送請立法院複決通過　(C)由總統提出憲法修正案，經人民投票複決通過　(D)由立法院提出憲法修正案，經人民投票複決通過　　【108高考-法學知識與英文】	(D)

【解析】
(D) 參照憲法增修條文第12條規定

人民之權利義務

　　人民之權利義務是最常見的出題範圍，其中尤其是平等權、人身自由、言論自由、工作權、訴訟權、第22條之概括條款，以及比例原則，這些範圍都要特別注意。

平等權

● 平等權之基本規範

　　憲法第5條規定：「中華民國各民族一律平等。」憲法第7條規定：「中華民國人民，無分男女、宗教、種族、階級、黨派，在法律上一律平等。」這些都是我國憲法中有關平等之規定。

實質的平等，還是形式的平等？

一、形式的平等，是指一種齊頭式的平等，無分人民之各種特性，通通一律平等對待。例如形式上的平等，所有人繳交的稅都一樣，郭台銘繳交13%的稅，遊民犀利哥也是繳交13%的稅。

二、實質的平等，參酌事實上的差別，對於不同的屬性給予不同的待遇。例如基於女性在戰場上諸多不便，因此徵兵制原則上只徵募男性當兵。

相關考題

身心障礙者權益保障法原有規定：非視覺障礙者，不得從事按摩業。因違反下列何原則，經司法院大法官解釋應自 100 年 10 月 31 日失其效力？　(A)比例原則　(B)信賴保護原則　(C)平等原則　(D)誠信原則 【101高考-法學知識與英文】	（C）

形式平等與實質平等

實質平等

男女有身體上的差異，實質上既然有所不同，所以原則上義務役之兵役，僅徵召男性當兵。

形式平等

男女雖有身體上的差異，實質上有所不同，但是在形式平等下，都要服兵役。

【本書見解：大法官對於平等權的一些看法】

釋字第211號解釋，針對行政程序法第6條規定：「行政行為，非有正當理由，不得為差別待遇。」條文中所謂正當理由，是指「為保障人民在法律上地位之實質平等，並不限制立法機關在此原則下，為增進公共利益，以法律授權主管機關，斟酌具體案件事實上之差異及立法之目的，而為合理之不同處置。」

釋字第481號解釋理由書：「憲法上之平等原則，係為保障人民在法律上地位之實質平等，並不禁止法律依事物之性質，就事實狀況之差異而為合理之不同規範。」因此，我國採取實質平等原則。

依司法院大法官解釋，政府對某一道路範圍內之私有土地均辦理徵收，但對於既成道路之土地，則以公用地役關係為由，以命令規定繼續使用，無庸同時徵收補償之作法，主要係違反下列哪一原則，而與憲法之規範不符？　(A)比例原則　(B)平等原則　(C)明確性原則　(D)信賴保護原則 【99鐵路四等員級-法學知識與英文】	(B)
依據司法院大法官解釋，下列哪一項違反平等權？　(A)勞動基準法課雇主負擔勞工退休金之給付義務　(B)耕地三七五減租條例約滿收回須補償承租人　(C)因軍事審判所造成之冤獄不予賠償　(D)就業服務法規定外國人眷屬在勞工保險條例實施區域以外發生死亡事故者，不得請領喪葬津貼 【98三等司法特考-法學知識與英文】	(C)
大陸人民經許可進入臺灣，非設籍滿10年，不得擔任公務員之規定，依司法院大法官解釋，下列敘述何者錯誤？　(A)對其擔任公務員之資格與其他臺灣地區人民差別對待，與憲法第7條平等原則有違　(B)以10年為期之規定，其手段仍在必要及合理之範圍內，難謂違反憲法第23條　(C)此為鑒於兩岸目前分治與對立之狀態，為確保臺灣地區安全、民眾福祉暨維護自由民主之憲政秩序所為之特別規定，仍屬合理正當　(D)系爭法律雖未區分何種公務員之何種職務於兩岸關係事務中，足以影響臺灣地區安全、民眾福祉暨自由民主之憲政秩序，但尚無明顯重大之瑕疵　【98調查局-法學知識與英文】	(A)

【解析】
參照釋字第618號解釋，由於兩岸處於分治與對立之狀態，為確保臺灣地區之安全、民眾福祉暨維護自由民主之憲政秩序所為之特別規定，故此種差別待遇，並沒有違反憲法平等原則。

相關考題　平等原則

中央警察大學法律研究所考試，其簡章規定：「有色盲者，不得報考」。此一規定，司法院大法官認為如何？　(A)過早限制學生職業選擇自由，違反比例原則　(B)對身體有缺陷者作了不公平對待，違反平等原則　(C)對身體缺陷者，事先予以歧視，違反就業服務法之禁止歧視原則　(D)色盲者確有某些情形不適任警察工作，因此簡章限制報考，與目的間有實質關聯，並不違憲　【99四等基警行政警察-法學緒論】

(D)

【解析】

釋字第626號解釋認為：「因警察工作之範圍廣泛、內容繁雜，職務常須輪調，隨時可能發生判斷顏色之需要，色盲者因此確有不適合擔任警察之正當理由，是上開招生簡章之規定與其目的間尚非無實質關聯，與憲法第7條及第159條規定並無牴觸。」

依司法院大法官有關平等權之解釋，下列敘述何者錯誤？　(A)憲法之平等原則係指相對平等而非絕對平等　(B)基於憲法之價值體系得為差別對待　(C)基於事物之本質得為差別對待　(D)憲法之平等原則只在保障人民在法律形式上的平等　【99高考三級-法學知識與英文】

(D)

依司法院解釋，下列何者與平等原則有違？　(A)戒嚴時期人民受損權利回復條例僅規定對受無罪判決確定前喪失人身自由者予以賠償，不包含不起訴處分確定前後、無罪判決確定後喪失人身自由者　(B)就業服務法就外國人眷屬在勞工保險條例實施區域以外發生死亡事故者，限制其不得請領喪葬津貼　(C)兵役法規定中華民國男子依法皆有服兵役之義務，女子則無服兵役之義務　(D)法律對於各類食品、菸品、酒類等商品所規定之標示義務有所不同　【99地方特考三等-法學知識與英文】

(A)

【解析】

(A) 釋字第477號解釋。
(B) 釋字第560號解釋。

下列何者為憲法上未明文的一般平等要求？　(A)不分宗教在法律上一律平等　(B)不分黨派在法律上一律平等　(C)不分男女在法律上一律平等　(D)不分學歷在法律上一律平等　【103普考-法學知識與英文】

(D)

相關考題　平等原則

所得稅法對夫妻免徵贈與稅，但卻不及於「同居」之事實配偶。此一律規定，依司法院大法官解釋有無違憲之虞？　(A)沒有，因為同居制度違反公序良俗的認知　(B)沒有，因為婚姻制度受憲法特別保障　(C)有，違反平等權　(D)有，違反對一般人格權保護　【103四等司特-法學知識與英文】	(B)
有關平等原則之敘述，下列何者錯誤？　(A)禁止國家權力在無正當理由的情況下，對於相同事件為不同處理　(B)憲法強調婦女與原住民族之實質地位保障，以落實平等原則　(C)平等原則包含恣意禁止原則　(D)離島人民，僅金門、馬祖地區因曾為戰地之故，應予特別保障　【105四等警察-法學知識】	(D)
憲法第7條規定，中華民國人民無分男女、宗教、種族、階級、黨派，在法律上一律平等。所謂法律上平等之意義，下列敘述何者正確？　(A)僅指法律適用平等　(B)僅拘束行政權與司法權，例外情形始拘束立法權　(C)平等原則不包含實質平等　(D)行政機關受行政慣例拘束，應遵守對相同案件相同處理之原則　【105三等警察-法學知識與英文】	(D)
依司法院大法官相關解釋之意旨，下列何者錯誤？　(A)祭祀公業條例施行前，女系子孫不得為祭祀公業之派下員，違反性別平等原則　(B)政府採購得標廠商於國內員工總人數逾一定人數者，應於履約期間內僱用原住民，不違反種族平等原則　(C)夫妻非薪資所得應強制合併計算申報所得稅，應納稅額較單獨計算稅額為高，違反平等原則　(D)僅就部分宗教規定其不得處分寺廟財產，違反宗教平等原則　【106高考-法學知識與英文】	(A)
憲法第7條規定「中華民國人民，無分男女、宗教、種族、階級、黨派，在法律上一律平等」，通說上認為此處之法律，包括法律與行政命令，係採用何種法律解釋方法所獲得之結果？　(A)擴張解釋　(B)反面解釋　(C)歷史解釋　(D)類推解釋　【108高考-法學知識與英文】	(A)
司法院釋字第696號解釋，宣告所得稅法關於夫妻非薪資所得強制合併計算之規定，與單獨計算稅額比較，有增加稅負之情形而違憲。其違憲理由，應為下列那一個原則？　(A)信賴保護原則　(B)平等原則　(C)實質課稅原則　(D)法律保留原則　【109高考-法學知識與英文】	(B)

相關考題	平等原則	

A市政府消防局訂定發布之A市政府消防局勤務細部實施要點，規定：「勤務實施時間如下：……依本市消防人力及轄區特性需要，本局外勤單位勤休更替方式為服勤1日後輪休1日，勤務交替時間為每日上午8時。」未涉及下列何種憲法原則或基本權利？ (A)法律保留原則 (B)平等原則 (C)服公職權 (D)健康權 【111普考-法學知識與英文】	(B)
依司法院大法官解釋，有關法律是否違反平等權之審查，下列何者係採寬鬆審查？ (A)政黨及其附隨組織不當取得財產處理條例以特定政黨為對象所為立法 (B)刑事訴訟法就必要共犯撤回告訴之效力形成差別待遇 (C)毒品危害防制條例就何種犯罪及何種情狀得否減輕其刑之規定，形成差別待遇 (D)民法未使相同性別二人亦得成立相同之永久結合關係，使同性性傾向者之婚姻自由受有相對不利之差別待遇 【110普考-法學知識與英文】	(C)
關於憲法之平等權保障，下列何者不涉及學理上所稱之事實上歧視？ (A)表面中立的法律實際適用後，發生系統性的差別影響 (B)社會秩序維護法僅處罰性工作者，而不處罰買春者 (C)修正前之刑事訴訟法第239條規定對通姦配偶撤回告訴，其效力不及於相姦人 (D)優惠弱勢族群之法律對其他族群所產生之逆向歧視 【110普考-法學知識與英文】	(D)
依司法院大法官解釋之意旨，下列何者違反憲法所保障之平等權？ (A)道路交通管理處罰條例規定，有特定前科者不得辦理營業小客車駕駛人執業登記 (B)兩岸關係條例規定，大陸地區人民經許可進入臺灣地區者，非在臺灣地區設有戶籍滿十年，不得擔任公務人員 (C)內政部對於九二一大地震災區住屋全倒、半倒者，發給慰助金之對象，以設籍、實際居住於受災屋與否作為判斷依據 (D)公職人員選舉罷免法規定，無政黨推薦之候選人須繳納較政黨推薦之候選人為高之保證金 【110高考-法學知識與英文】	(D)
依司法院釋字第666號解釋意旨，對於從事性交易之行為人，僅處罰意圖得利之一方，而不處罰支付對價之相對人，係違反下列何者？ (A)平等原則 (B)比例原則 (C)信賴保護原則 (D)公益原則 【109高考-法學知識與英文】	(A)

人身自由

● 人身自由之基本概念

憲法第8條是保障人身自由的條文，排除國家公權力不法的侵害。例如白色恐怖時代，常聽說一旦被警總帶走，很少有機會能平安返家，遭到刑求逼供更是家常便飯。法院還沒判刑，警方的私刑就先來整頓一下，與現在中國大陸法律條文都只是參考的情況頗為類似。時至今日，臺灣已邁向法治國家，非法逮捕、拘禁、審問、處罰，當事人都可以拒絕之，也就是要義正嚴詞地告訴違法的警察機關、法院，這種濫行拘禁、刑求逼供可是違反憲法的基本原則。

【釋字第392號解釋】

一、檢察機關，是廣義司法之一。所以依據法律程序，檢察機關可以逮捕拘禁。

二、「審問」，係指法院審理之訊問。「法院」，當指有審判權之法官所構成之獨任或合議之法院。

三、提審權，不以「非法逮捕拘禁」為條件。

．．

因此，依據本號解釋對於憲法第8條第2項規定之解釋，刑事訴訟法舊法有關檢察官擁有羈押權之規定違憲，現行羈押權之裁決權業已移轉至法院。陸續搜索權、監聽權，如同骨牌般，均陸續修法轉移至法院。

相關考題

根據司法院大法官釋字第392號解釋，憲法第8條之羈押權應由何人行使之？ (A)法官　(B)檢察官　(C)警察　(D)調查局 【99高考三級-法學知識與英文】	(A)

● 檢警共用24小時

被告或犯罪嫌疑人因拘提或逮捕到場者,應即時訊問。(刑訴
§93 I) 例如警方圍捕銀行搶匪之現行犯,將搶匪制伏,押回後即應
解送檢察官,並立即訊問。偵查中經檢察官訊問後,認有羈押之必要
者,應自拘提或逮捕之時起24小時內,敘明羈押之理由,聲請該管法
院羈押之。(刑訴§93 II) 所謂自拘提或逮捕之時起24小時,即所謂之
「檢警共用24小時」。

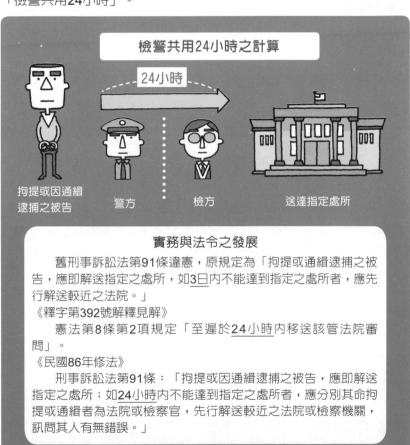

檢警共用24小時之計算

24小時

拘提或因通緝
逮捕之被告　　　警方　　　檢方　　　送達指定處所

實務與法令之發展

舊刑事訴訟法第91條違憲,原規定為「拘提或通緝逮捕之被
告,應即解送指定之處所,如3日內不能達到指定之處所者,應先
行解送較近之法院。」
《釋字第392號解釋見解》
憲法第8條第2項規定「至遲於24小時內移送該管法院審
問」。
《民國86年修法》
刑事訴訟法第91條:「拘提或因通緝逮捕之被告,應即解送
指定之處所;如24小時內不能達到指定之處所者,應分別其命拘
提或通緝者為法院或檢察官,先行解送較近之法院或檢察機關,
訊問其人有無錯誤。」

● **憲法保留原則與正當法律程序**

憲法第8條規定關於人身自由之保障，屬於憲法保留規定，乃憲法各條文中最為詳盡者。人身自由，乃人民行使其憲法上各項自由權利所不可或缺之前提，憲法第8條第1項規定所稱「法定程序」，係指凡限制人民身體自由之處置，不問其是否屬於刑事被告之身分，除須有法律依據外，尚須踐行必要之司法程序或其他正當法律程序，始得為之。此項程序固屬憲法保留之範疇，縱係立法機關亦不得制定法律而遽予剝奪。(釋588)

【實務見解：執行期滿的午前釋放】

犯人服刑期滿，過去的規定是要隔天的中午才釋放，只要考量是若凌晨釋放，對於安全與交通上有所顧慮。本號解釋認為既然服刑期滿，就不應該以其他理由將之非法拘禁，有違正當法律程序，且所採取限制受刑人身體自由之手段亦非必要，牴觸憲法第8條及第23條之規定。所謂刑期執行期滿當日，就執行刑罰目的之達成，並不以執行至午夜24時為必要，是於期滿當日之午前釋放，既無違刑期執行期滿之意旨，亦無受刑人交通與人身安全之顧慮。(釋677)

● **提審制度**

提審制度，源自於英美法之「人身保護令狀」，得以防止法院以外之機關非法拘禁人民，藉以保障人民之人身自由。所以本人或他人可以聲請該管法院「提審」，法院也不得拒絕。

● **外國人暫時收容**

逾越暫時收容期間之收容部分，非由法院審查決定，均有違憲法第8條第1項保障人民身體自由之意旨。(釋708)

相關考題　人身自由

憲法上有關人身自由之保障，下列敘述何者與司法院釋字第384號解釋相符？　(A)限制人身自由之法律規定內容須實質正當　(B)現行犯之逮捕無須遵守正當法律程序原則　(C)人身自由保障僅及於刑事被告　(D)違警罰法未牴觸人身自由保障之意旨　【98四等地方特考-法學知識與英文】	(A)
有關人身自由之規定，下列敘述何者錯誤？　(A)法院對於提審之聲請，應先令逮捕拘禁之機關查覆　(B)人民經合法逮捕拘禁時，得聲請該管法院於24小時內提審　(C)人民非經司法或警察機關依法定程序，不得逮捕拘禁　(D)逮捕拘禁之機關對於法院之提審，不得拒絕或遲延　【104司法四等-法學知識與英文】	(A)
下列何者不屬於憲法第8條所規定之法定程序的適用範圍？　(A)逮捕　(B)拘禁　(C)提審　(D)公務員懲戒　【104司法三等-法學知識與英文】	(D)
依司法院大法官解釋之意旨，關於限制外國人人身自由保障應踐行之正當法律程序，下列敘述何者錯誤？　(A)暫時收容處分屬於國家主權之行使，並不違反憲法第8條第1項保障人身自由之意旨　(B)內政部移民署得逕為暫時收容處分，無須向法院提出聲請裁定許可　(C)受收容人得對收容處分表示不服，或要求法院審查決定是否予以收容　(D)外國人受暫時收容已逾越期間，主管機關認為仍有繼續收容之必要時，得作成逕為繼續收容之處分　【104司法四等-法學知識與英文】	(D)
依司法院釋字第445號解釋，下列何者非屬表現自由之範疇？　(A)集會自由　(B)人身自由　(C)講學自由　(D)出版自由　【105三等警察-法學知識與英文】	(B)
依據司法院釋字第392號解釋，下列關於司法之敘述何者正確？　(A)凡法律上納入司法權限者，均屬實質意義之司法　(B)形式意義之司法，係指裁判權及輔助裁判權行使之作用　(C)依據現制，狹義之司法限於民、刑事訴訟之裁判　(D)檢察機關所行使之職權，係屬廣義司法之一　【105四等警察-法學知識】	(D)
某國中生因經常逃學，結識犯罪組織成員，依法律規定令入少年感化教育機構施以感化教育，於該機構感化教育期間不得外出。下列敘述何者正確？(A)該少年非刑事犯，令入感化教育機構並非拘禁，不得主張人身自由　(B)感化教育機構係提供少年居住之場所，與人格自由發展無關　(C)題示之感化教育制度妨害人身自由，應予全面廢除　(D)依司法院大法官解釋意旨，限制經常逃學虞犯少年人身自由，不符比例原則【105司特四等-法學知識與英文】	(D)

依司法院釋字第535號解釋，警察對人實施臨檢，應符合什麼條件，始不至於對於受檢人之自由、權利造成過度之侵害？　(A)臨檢進行前應事先向該管地檢署檢察官，聲請臨檢許可後，會同管區警員執行之　(B)臨檢進行前應告以臨檢事由，並出示證件表明身分，執行時遵守比例原則，不得逾越必要程度　(C)臨檢時受檢人雖已提示身分證明文件，警察仍可不經其同意，帶至警局接受調查　(D)臨檢時受檢人不服臨檢，應向該管地方法院民事庭聲明異議　【98四等司法特考-法學知識與英文】　(B)

【解析】

釋字第535號解釋：「除法律另有規定外，警察人員執行場所之臨檢勤務……均應遵守比例原則，不得逾越必要程度。臨檢進行前應對在場者告以實施之事由，並出示證件表明其為執行人員之身分。臨檢應於現場實施，非經受臨檢人同意或無從確定其身分或現場為之對該受臨檢人將有不利影響或妨礙交通、安寧者，不得要求其同行至警察局、所進行盤查。其因發現違法事實，應依法定程序處理者外，身分一經查明，即應任其離去，不得稽延。」

檢肅流氓條例內「秘密證人」之規定因違反何者遭大法官宣告違憲？　(A)法律保留原則　(B)明確性原則　(C)權利救濟原則　(D)正當法律程序原則　【98四等司法特考-法學知識與英文】　(D)

關於憲法第8條人身自由的保障，司法院釋字第639號解釋之敘述，下列何者錯誤？　(A)羈押之被告僅得向原法院聲請撤銷或變更該處分，不得提起抗告之審級救濟之法律規定，為立法機關基於訴訟迅速進行之考量所為合理之限制，未逾越立法裁量之範疇，與憲法第16條、第23條尚無違背　(B)法律規定審判長、受命法官或受託法官得為羈押處分，與憲法第8條並無牴觸　(C)審級制度乃訴訟權保障之核心內容，立法機關不得限制　(D)憲法第8條所定之法院，包括依法獨立行使審判權之法官　【101普考-法學知識與英文】　(C)

依憲法本文之規定，有關人身自由之敘述，下列何者正確？　(A)除現行犯外，非經司法或警察機關依法定程序，不得逮捕拘禁人民　(B)依層級化法律保留之原理，人身自由只能以憲法限制之，不得以法律限制之　(C)除刑法之犯罪外，法院一律不得拘束人身自由　(D)人民遭受任何機關非法逮捕拘禁時，其本人或他人得向監察院聲請追究，監察院不得拒絕　【103普考-法學知識與英文】　(A)

依司法院釋字第631號解釋之意旨，下列何者錯誤？　(A)憲法第12條之秘密通訊自由，確保人民就通訊之有無、對象、時間、方式及內容等事項，有不受國家及他人任意侵擾之權利　(B)國家採取限制手段時，如無法律依據，不得限制觸　(C)限制之要件應具體、明確，不得逾越必要之範圍　(D)檢察官與司法警察機關，同時負責通訊監察書之聲請與核發，其所踐行之程序乃屬合理、正當　【106高考-法學知識與英文】　(D)

相關考題　人身自由

依據司法院大法官解釋之意旨，有關人身自由之保障，下列何者正確？ (A)行政執行之管收屬憲法第8條第1項所規定之「拘禁」，涉及人身自由之限制，於決定管收之前，應由法院審問　(B)傳染病防治法之強制隔離使人民在一定期間內負有停留於一定處所之義務，已屬人身自由之剝奪，於決定隔離前，應由法院審理　(C)臺灣地區與大陸地區人民關係條例規定之強制出境前暫予收容程序，涉及人身自由之限制，於決定收容前，應由法院審理　(D)入出國及移民法規定之受驅逐前暫時收容程序，係干預人民身體自由之強制處分，於決定收容前，應由法院審理　【107普考-法學知識與英文】　(A)

依司法院大法官解釋，有關受刑人所得主張之基本權利，下列敘述何者正確？ (A)因與其他受刑人一同在監獄內服刑，並同受監督，不得主張隱私權　(B)因受刑人之人身自由受到限制，從而不得主張財產權、秘密通訊自由等基本權利　(C)受刑人之表現自由應受如何之保障，與其人格發展自由無關　(D)要求受刑人投稿須題意正確，涉及言論之事前檢查　【111高考-法學知識與英文】　(D)

依憲法第8條及相關司法院大法官解釋意旨，關於人身自由，下列敘述何者錯誤？ (A)所謂「法官保留原則」，係指對於人民之審問與處罰，僅限於具有審判權之法官所構成之獨任或合議之法院，始得為之　(B)傳染病防治之強制隔離措施，其所須踐行之正當法律程序，亦須與刑事罰之限制被告人身自由一樣交由法院決定，不得由衛生主管機關逕行決定　(C)法務部行政執行署所屬人員依行政執行法規定，對於欠稅不繳之納稅義務人進行拘提與管收，並不違反憲法第8條第1項規定　(D)對於經常逃學或逃家之少年所進行之強制收容，仍須經法院加以裁定後，始得為之　【111普考-法學知識與英文】　(B)

司法院釋字第535號解釋指出：「……臨檢自屬警察執行勤務方式之一種。臨檢實施之手段：檢查、路檢、取締或盤查等不問其名稱為何，均屬對人或物之查驗、干預，影響人民行動自由、財產權及隱私權等甚鉅，應恪遵法治國家警察執勤之原則。實施臨檢之要件、程序及對違法臨檢行為之救濟，均應有法律之明確規範，方符憲法保障人民自由權利之意旨。……」這段話與下列那一原則較無關聯？ (A)法律保留原則　(B)正當程序原則　(C)信賴保護原則　(D)法明確性原則　【109普考-法學知識與英文】　(C)

依司法院大法官解釋，關於人身自由之敘述，下列何者錯誤？ (A)憲法第8條第1項所稱「法定程序」，須以法律規定，其內容更須實質正當　(B)凡限制人民身體自由之處置，不問其是否屬於刑事被告之身分，皆應踐行相同之法定程序　(C)行政執行法之管收處分，係於一定期間內拘束人民身體自由於一定之處所，屬拘禁之類型之一　(D)人身自由之保障亦應及於外國人，使其與本國人同受保障　【109普考-法學知識與英文】　(B)

不受軍事審判

● 基本概念

憲法第9條規定：「人民除現役軍人外，不受軍事審判。」由於臺灣全部的男性都有當兵的義務，在軍隊中有許許多多的規定，如果不小心抵觸軍中的規定，除了會受到長官的處罰外，如果犯行更加嚴重的話，還可能會受到軍事審判、處罰。

● 嚴格軍事審判程序之必要性

目前臺灣有制定陸、海、空軍刑法，其規定比一般的刑法還要嚴格，因為我們認為軍人的紀律應該比正常人還要嚴格，而且軍人由於受過軍事訓練，攻擊性比較強，如果沒有用更嚴格的法律來約束他們的話，那麼可能更加危險。另外，軍隊強調上下服從，尤其在戰爭期間，更重視絕對遵守長官命令。而士兵在軍中服役受苦受難，很容易因為壓力而做出傻事，或者違逆長官命令，為了怕這種事情發生，我們更需要更嚴厲的特別刑法。

● 軍事審判之程序與大法官會議之見解

軍人若觸犯陸、海、空軍刑法，不是到一般的法院接受審判，而是在軍事法院接受審判。軍事法院比起一般法院審判，比較不保障被告的權益。以前軍事審判被定罪後，只能再上訴一次，而且只能在軍事法院上訴，有當事人認為犧牲被告的權益，於是聲請大法官會議解釋，而有釋字436號解釋，該號解釋認為，如果是在「非戰爭期間」的承平時代，若被告被判決有期徒刑，應該允許其到普通法院上訴，這樣才能獲得多一點保障。另外，大法官在釋字436號也要求軍事法必需修正，以符合一般的公平、合理的訴訟程序。

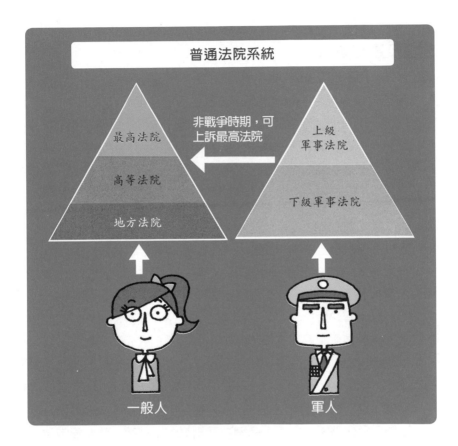

普通法院系統

最高法院
高等法院
地方法院

非戰爭時期,可上訴最高法院

上級軍事法院
下級軍事法院

一般人　　　軍人

相關考題

依司法院大法官解釋,下列關於軍事審判之敘述,何者正確? (A)軍事法庭對於軍人之各種犯罪應有專屬審判權 (B)在平時,經軍事審判之被告,應得上訴至普通法院 (C)軍人平時各種犯罪之軍事審判,均不得上訴至普通法院 (D)對軍人之軍事審判權非屬國家刑罰權之作用 【99三等第一次司法人員-法學知識與英文】	(B)
依司法院解釋,軍人在平時經終審軍事審判機關宣告有期徒刑以上之案件,應許其向下列何機關以判決違背法令為理由請求救濟? (A)國防部 (B)監察院 (C)普通法院 (D)行政法院 【99地方特考三等-法學知識與英文】	(C)

居住及遷徙自由

● 居住、遷徙自由之基本概念

憲法第10條規定：「人民有居住及遷徙之自由。」居住及遷徙自由，是指人民有決定住居所及加以變更的自由，旨在保障人民有任意移居或旅行各地之權利，也是屬於人身自由之內涵，例如游牧民族居無定所，喜歡逐水草而居。此一權利實屬重要，例如主管機關「計畫遷村之手段」(翡翠水庫集水區石碇鄉碧山、永安、格頭三村遷村作業實施計畫)，也是對人民居住遷徙自由有所限制。(釋542)

● 居住、遷徙自由之限制

符合憲法第23條之情況，還是可以限制人民遷徙之自由，例如依據刑法第93條第2項規定：「假釋出獄者，在假釋中付保護管束。」對於受刑人假釋之管控，可以控制其遷徙自由，甚至於透過電子腳鐐的方式，掌控性侵犯假釋之後的行蹤。對於受刑人假釋之管控，可以控制其遷徙自由，甚至於透過電子腳鐐的方式，掌控性侵犯假釋之後的行蹤。

另外，還有許多限制住居的涉嫌人，也必須定時向法院通報行蹤，以防止棄保潛逃，例如王令麟涉及相關掏空弊案，就必須定時向派出所簽到，而涉及遠航掏空弊案的崔湧則涉嫌棄保潛逃。

> 【實務案例：役男可以出國嗎？】
>
> 限制役男出境係對人民居住遷徙自由之重大限制，兵役法及其施行法均未設有限制，但是行政院曾頒布徵兵規則，委由內政部訂定役男出境處理辦法，欠缺法律授權之依據，遭釋字第443號解釋宣告違憲。

● **都市更新**

　　都市更新為都市計畫之一環，都市更新條例具有使人民得享有安全、和平與尊嚴之適足居住環境之意義（參照經濟社會文化權利國際公約第11條第1項規定）

依司法院釋字第542號解釋，主管機關「計畫遷村之手段」，係涉及何種基本權利的保障？ (A)秘密通訊自由 (B)言論自由 (C)居住自由 (D)集會自由 【98四等地方特考-法學知識與英文】	(C)
法律規定人民入出境均應經主管機關之許可，涉及何種基本權利？ (A)居住遷徙自由 (B)人身自由 (C)秘密通訊自由 (D)職業選擇自由 【99地方特考三等-法學知識與英文】	(A)
依司法院大法官解釋，下列何者未限制人民之居住或遷徙自由？ (A)行政機關因實施都市更新，強制人民遷離其居住場所 (B)行政機關為保護集水區之潔淨與安全，強制居住於集水區之人民遷村 (C)警察進入人民投宿之旅館房間實施臨檢 (D)行政機關公告禁止人民於住宅前之騎樓擺設攤位 【105司特四等-法學知識與英文】	(D)
有關憲法保障之居住自由，下列敘述何者錯誤？ (A)居住自由旨在保障人民居住之住宅不受毀損或破壞 (B)居住自由之保障範圍，不限於密閉空間，亦包括設有圍牆之庭院 (C)受居住自由保障者，不限於所有權人，亦包括占有人 (D)居住自由旨在保障人民有選擇其居住處所，營私人生活不受干預之自由 【105司特四等-法學知識與英文】	(A)
司法院釋字第709號解釋係以下列何種國際公約，作為其解釋都市更新條例，以闡明人民享有安全、和平與尊嚴之適足居住環境？ (A)消除一切形式種族歧視國際公約 (B)經濟社會文化權利國際公約 (C)公民與政治權利國際公約 (D)禁止酷刑和其他殘忍不人道或有辱人格待遇或處罰公約 【104司法四等-法學知識與英文】	(B)
關於「遷徙自由」之限制，下列敘述何者正確？ (A)警方得依據法律或法律授權將本國國民遞解出境 (B)中華民國人民每年僅得出國觀光兩次 (C)依刑事訴訟法規定，得對被告限制住居 (D)國民出境2個月以上者，戶政機關依職權為遷出登記 【104高考-法學知識與英文】	(C)

相關考題

依傳染病防治法之規定，主管機關得令曾與傳染病病人接觸者強制隔離，司法院釋字第690號解釋認為，此規定對於人民人身自由之限制，尚未違憲。下列關於人民基本權利受到公權力限制之情形，何者與本號解釋所涉及之基本權不同？ (A)法務部依監獄行刑法之規定否准受刑人提出之假釋申請 (B)少年法院對於吸食毒品之少年作出收容於少年觀護所之裁定 (C)財政部依稅捐稽徵法規定限制欠稅達一定數額之納稅義務人出境 (D)警察機關對於違反社會秩序維護法之行為人依確定之裁定執行拘留

【103三等司特-法學知識與英文】

(C)

【解析】
(C)限制居住遷徙之自由權。

下列何者原則上不涉及人民之居住遷徙自由？ (A)強制大陸地區人民出境 (B)新聞記者以跟追方式對公眾人物進行採訪 (C)遷村計畫之實施 (D)限制本國國民入境

【105三等警察-法學知識與英文】

(B)

【解析】
(B)釋字第689號解釋。

言論自由

● 言論自由之概念

　　人民有言論、講學、著作及出版之自由。(憲§11) 憲法第11條言論自由，保障人民有積極表意之自由，及消極不表意之自由，其保障之內容包括主觀意見之表達及客觀事實之陳述。(釋577) 人民之言論自由應予保障，鑑於言論自由有實現自我、溝通意見、追求真理、滿足人民知的權利，形成公意，促進各種合理的政治及社會活動之功能，乃維持民主多元社會正常發展不可或缺之機制，國家應給予最大限度之保障。(釋509理由書)

● 憲法保障言論自由之基礎理論

　　針對言論自由之概念，蘇俊雄大法官於釋字第509號解釋，提出協同意見，其針對多數意見通過的解釋文所認為言論自由有個人實現自我、促進民主政治、實現多元意見、促進監督政治等多重功能之概念，補充如下：

　　然而，有認為促進「監督」政治、社會公意的功能，對於媒體來說，雖然確實有助於促進新聞公正報導的作用，但是就人民意見表現之自由而言，恐引起誤導。因為言論自由，本來就是讓人民能在開放的規範環境中，發表言論，不應該建立所謂的正統價值言論。

　　當然言論也會對於整體社會有所正面或負面的影響，但應該由言論市場自行節制，否則將抑制社會價值層出不窮的活力。至於透過公權力干預言論自由之濫用，是立法考量之問題，並非憲法對於言論內容之價值業已有所評價，故不應過度強調「監督」之概念。(釋509—蘇俊雄協同意見書)

> **相關考題　言論自由**
>
> | 依司法院釋字第509號解釋意旨，下列何者非屬憲法保障言論自由之功能？(A)滿足人民知的權利　(B)監督各種政治活動　(C)溝通意見追求真理　(D)確保人民服公職權利　【104司法三等-法學知識與英文】 | (D) |
> | --- | --- |

言論自由之功能

個人實現

促進民主政治
實現多元意見

促進監督政治

滿足人民知
的權利

相關考題 言論自由

依司法院大法官解釋，下列那一項違反憲法保障言論自由之意旨？ (A)以刑罰處罰以廣告物、出版品、廣播、電視、電子訊號、電腦網路或其他媒體，散布、播送或刊登足以引誘、媒介、暗示或其他促使人為性交易之訊息者 (B)限制人民團體之組織與活動，不得主張共產主義，或主張分裂國土 (C)規定人民舉辦有關證券投資講習業務者，須為經主管機關核准之證券投資顧問事業 (D)要求菸品所含之尼古丁及焦油含量，應以中文標示於菸品容器上 【98三等司法特考-法學知識與英文】	（B）
依司法院大法官解釋意旨，有關言論及出版自由，下列敘述何者錯誤？ (A)憲法保障人民有積極表意之自由及消極不表意之自由 (B)言論自由保障之內容包括主觀之意見表達及客觀之事實陳述 (C)性言論之表現與性資訊之流通，不論是否出於營利目的，均受憲法對言論及出版自由之保障 (D)商業性意見表達亦屬言論自由保障之範圍，要求藥物廣告刊播前先送審，已違背事前檢查之禁止原則 【108高考-法學知識與英文】	（D）
依據憲法學理與實務見解，下列何種行為最不可能構成對言論自由的限制？ (A)社會秩序維護法處罰人民散布謠言的規定 (B)道路交通管理處罰條例處罰人民未依道路標誌、標線、號誌行進的規定 (C)菸害防制法要求菸品容器標示尼古丁及焦油含量的規定 (D)政治獻金法禁止宗教團體捐贈政治獻金的規定 【111高考-法學知識與英文】	（B）

商業性言論與新聞自由

● 商業言論的限制較多

　　言論自由，在於保障意見之自由流通，使人民有取得充分資訊及自我實現之機會，包括政治、學術、宗教及商業言論等，並依其性質而有不同之保護範疇及限制之準則。其中非關公意形成、真理發現或信仰表達之商業言論，尚不能與其他言論自由之保障等量齊觀。藥物廣告之商業言論，因與國民健康有重大關係，基於公共利益之維護，自應受較嚴格之規範。(釋414)

> 【實務見解：菸品廣告】
>
> 　　商品標示為提供商品客觀資訊之方式，應受言論自由之保障，惟為重大公益目的所必要，仍得立法採取合理而適當之限制。菸品容器上要標明尼古丁或焦油含量，甚至於有些還要註明會有致癌、性功能障礙風險的警語，這些菸害防制法的法律規定，對於菸品的銷售當然會有影響，會造成言論自由的限制，但是此種限制卻有合理的正當性目的，主要是基於提醒國民吸菸的風險，來維護國民的健康，所以並沒有侵害言論自由。強制規定要在菸品容器上有一定的標示，對於菸品業者財產權有所限制，但這是菸品財產權所具有之社會義務，且所受限制尚屬輕微，未逾越社會義務所應忍受之範圍，與憲法保障人民財產權之規定，並無違背。(釋577)

相關考題　言論自由

依司法院大法官解釋意旨，下列何者不受憲法表意自由之保障？　(A)於網路上對不特定人散布促使人為性交易的訊息　(B)於網路上刊登化粧品廣告　(C)網友未經主管機關許可，於公共場所緊急舉行集會遊行　(D)對他人可受公評且確信其為真實之事項，所為不利之事實陳述　【109高考-法學知識與英文】	(A)

各類常見藥品廣告

40歲像一尾活龍。

感冒用溼溼、男人不行也用溼溼，讓男人精氣神活起來，馬上能夠抬起頭。

80歲的老公公參加馬拉松賽跑。

駝鳥蛋精華、健步如飛，讓80歲的老公公都能跑百米。

【實務見解：藥品廣告應先經過核准嗎？】

藥事法第66條第1項規定：藥商刊播藥物廣告時，應於刊播前將所有文字、圖畫或言詞，申請省 (市) 衛生主管機關核准，旨在確保藥物廣告之真實，維護國民健康，為增進公共利益所必要，與憲法第11條及第15條尚屬相符。又藥事法施行細則第47條第2款規定：藥物廣告之內容，利用容器包裝換獎或使用獎勵方法，有助長濫用藥物之虞者，主管機關應予刪除或不予核准，係依相關規定之授權，符合立法意旨，並未逾越母法之授權範圍，與憲法亦無牴觸。(釋414)

相關考題

依藥事法規定，藥商刊播藥物廣告時，應於刊播前申請衛生主管機關核准，不涉及下列何種基本權利之限制？　(A)隱私權　(B)財產權　(C)營業自由　(D)表意自由　　　　　　　　　　　　　　　【99地方特考三等-法學知識與英文】	（A）

● 新聞自由之空間較廣

新聞媒體具有提供資訊及形成公意的功能，可說是新聞媒體傳統及一般性的功能。另一個重要性功能就是有效地監督政府，尤其現代政府為一結構龐雜的組織，若要監督之，必須要有一個結構良好、財務健全、擁有專業評論者、具有獲取充分資訊能力，並且有將其所獲資訊或評論傳遞給一般大眾之組織，才足以擔負監督政府之功能。

而為了減低「寒蟬效果（Chilling Effect）」所引起新聞媒體卻步而不敢多言的影響，對於新聞自由之空間，應較一般民眾之言論自由為寬。然而此一容許空間之界限，卻是處於一種變動的狀態中，隨著客觀環境之變化而不斷地異動，世界各國皆然。如美國紐約時報記者Judith Miller報導某中情局幹員的真實身分，為了堅持保護消息來源而入獄，新聞自由的空間似乎變小了。

● 回復名譽的適當處分

判決命加害人公開道歉，有沒有牴觸憲法對於表意自由的保障呢？釋字第656號解釋緣起於呂副總統與新新聞的嘿嘿嘿官司，新新聞第715期刊出「鼓動緋聞、暗鬥阿扁的竟然是呂秀蓮」為主題的封面故事，經呂秀蓮提出民事賠償之訴訟，判決應登報道歉，新新聞遂提起釋憲。(本案業由法院於98年9月28日代為刊登道歉啟事)

本號解釋認為：民法第195條第1項後段規定：「其名譽被侵害者，並得請求回復名譽之適當處分。」所謂回復名譽之適當處分，如屬以判決命加害人公開道歉，而未涉及加害人自我羞辱等損及人性尊嚴之情事者，即未違背憲法第23條比例原則，而不牴觸憲法對不表意自由之保障。

相關考題	接近使用媒體權

關於新聞自由，下列敘述何者正確？　(A)為憲法所未明文之權利，受憲法第22條保障　(B)受保障之主體包括媒體機構及其所屬新聞從業人員　(C)非任職媒體公民記者的採訪行為，僅受一般行為自由之保障　(D)新聞採訪行為對於公眾意見形成至關重要，僅在具有明顯而立即危險時，國家方得以法律限制　【110高考-法學知識與英文】　(B)

登報罵自己道歉案

① 加害人：我不應該罵被害人瘋狗，我願意接受處罰。

法官：那來問問看被害人的意見！

② 被害人：他只要登報罵自己是瘋狗，這件事情就算了。

法官：這種處罰方式涉及自我羞辱，也違反人性尊嚴，不准！

相關考題　接近使用媒體權

依據司法院釋字第364號解釋，人民得請求接近使用媒體，係屬於憲法保障之下列何種權利？ (A)言論自由權　(B)隱私權　(C)人格權　(D)工作權 【104普考-法學知識與英文】	(A)
依司法院釋字第364號解釋意旨，有關接近使用傳播媒體，下列敘述何者錯誤？ (A)法律得規定媒體之報導有錯誤時，權利受侵害之人可要求媒體更正 (B)法律得要求廣播電視舉辦公職候選人之政見辯論 (C)該權利是憲法所保障的表現自由之一環，得由人民直接向傳播媒體主張 (D)無條件允許民眾接近使用傳播媒體，將對傳播媒體的編輯自由造成過度干預【111普考-法學知識與英文】	(C)
依司法院大法官解釋，下列關於言論自由之敘述，何者錯誤？ (A)猥褻資訊亦受言論自由保障　(B)法律要求特定商品應標示警語，為對於言論自由之限制　(C)與事實不符之言論不受言論自由保障　(D)化妝品廣告之事前審查原則上應屬違憲　【109普考-法學知識與英文】	(C)

相關考題　接近使用媒體權

依司法院大法官解釋意旨，下列敘述何者正確？　(A)促銷菸品或為菸品廣告，不得以體育或公益等活動方式為宣傳之法律規定，因違反比例原則及平等原則而違憲　(B)為達成監獄行刑與管理之目的，受刑人撰寫之文稿，如無礙監獄紀律者，始得准許投寄報章雜誌之法令規定，合憲　(C)所謂回復名譽之適當處分，如屬以判決命加害人公開道歉，而未涉及加害人自我羞辱等損及人性尊嚴之情事者，即未違背比例原則而合憲　(D)促使人為性交易之訊息，固為商業言論之一種，惟係促使非法交易活動，不受憲法言論自由之保障　【110普考-法學知識與英文】　(C)

相關考題　出版自由

有關出版自由之敘述，下列何者錯誤？　(A)出版自由保障範圍，包含從資訊取得到傳播報導甚至意見表達之過程　(B)出版自由所保護之意見或成果，必須對於社會有正面積極意義者　(C)出版自由所保護之出版品，亦包含流通於少數族群之刊物　(D)出版自由所保護之出版品，除書籍刊物外亦包含錄音、錄影及光碟等媒介物　【105四等警察-法學知識與英文】　(B)

相關考題

依司法院釋字第414號解釋，關於藥物廣告，下列敘述何者錯誤？　(A)雖非關公意形成、真理發現或信仰表達之商業言論，仍應與其他言論自由之保障等量齊觀　(B)藥物廣告之商業言論，因與國民健康有重大關係，基於公共利益之維護，自應受較嚴格之規範　(C)藥物廣告係利用傳播方法，宣傳醫療效能，以達招徠銷售為目的，乃為獲得財產而從事之經濟活動　(D)言論自由，包括政治、學術、宗教及商業言論均屬之，其有不同之保護範疇及限制之準則　【99四等關務-法學知識】　(A)

依司法院釋字第577號解釋，現行菸害防制法規定強制所有菸品，均應於菸品容器上，以中文標示所含之尼古丁及焦油含量，此舉是否合憲？　(A)違憲，此舉係強制菸商在菸品上標示尼古丁及焦油含量之言論，過度侵害人民有不言論的消極自由　(B)違憲，因酒類無需標示，而所有菸品均一律標示所含之尼古丁及焦油含量，違反平等原則　(C)合憲，菸品一律標示所含之尼古丁及焦油含量，係出於國民衛生健康之重大公益，屬於對言論自由依法的合理限制　(D)合憲，菸品上是否標示所含之尼古丁及焦油含量，係菸商如何處分菸品容器，僅屬私法自治，無關言論自由　【99四等海巡-法學知識與英文】　(C)

相關考題

依司法院大法官解釋，回復名譽之適當處分，如屬以判決命加害人公開道歉，是否違反憲法第23條之比例原則？ (A)未涉及加害人自我羞辱等損及人性尊嚴之情事者，即不違反比例原則 (B)既然係依民法規定，即當然合法合憲 (C)即使未涉及加害人自我羞辱等損及人性尊嚴之情事者，仍違反比例原則 (D)回復名譽之適當處分屬民法規範事項，與憲法之比例原則無關 【99三等關務-法學知識】	(A)
一般民眾得依一定條件，要求傳播媒體提供版面或時間，許其行使表達意見之權利，是指下列何項權利？ (A)講學自由 (B)接近使用傳播媒體之權利 (C)出版權利 (D)秘密通訊自由 【99第二次司法特考-法學知識與英文】	(B)
法律規定「菸品所含尼古丁及焦油含量，應以中文標示於菸品容器上」，依司法院大法官解釋，下列敘述何者錯誤？ (A)該項標示已逾越菸品財產權所具有之社會義務 (B)此係對人民就特定商品資訊不表述自由的限制 (C)該項標示對菸品財產權之限制尚屬輕微 (D)該規定不違反法律明確性原則 【99三等第一次司法人員-法學知識與英文】	(A)
關於言論自由，下列敘述何者錯誤？ (A)公務員於下班後仍有發表言論之限制 (B)媒體對於報導事實須證明確屬真實，始能免責 (C)禁止對言論之事前審查乃保障言論自由之重要原則 (D)言論自由的保障包含利用廣播電視媒體表達意見 【105司特四等-法學知識與英文】	(B)
依司法院釋字第744號解釋意旨，下列敘述何者錯誤？ (A)化粧品廣告宣傳化粧品效能，應受言論自由之保障 (B)化粧品廣告之事前審查乃對言論自由之重大干預 (C)事前審查應賦予人民有立即司法救濟之機會 (D)對化粧品廣告之事前審查，係為維護國民健康所必要，與憲法並無牴觸 【107普考-法學知識與英文】	(D)
假設法律規定：「凡申請設立之人民團體，若其組織與活動主張共產主義或分裂國土者，應不予以設立。」依據司法院大法官解釋，此項法律規定侵害人民之下列何項憲法基本權利？ (A)信仰自由 (B)言論自由 (C)平等權 (D)集會自由 【100三等海巡-法學知識與英文】	(B)
依司法院大法官解釋，下列有關言論之表現與性資訊之流通的敘述，何者正確？ (A)不問是否出於營利目的之目的之性言論與性資訊，皆受憲法保障之言論 (B)僅限於非以營利為目的之性言論與性資訊始受憲法保障 (C)僅限於不以未成年人為對象之性言論與性資訊始受憲法保障 (D)僅限於具教育目的之性言論與性資訊受憲法保障 【100三等海巡-法學知識與英文】	(A)

國家以法律科處刑罰之方式,限制人民傳布任何以兒童性交易為內容之訊息,依司法院大法官解釋,下列敘述何者錯誤? (A)此種商業性之言論,並非憲法保障之對象 (B)此項限制符合憲法第23條之比例原則 (C)憲法保障之言論自由並非絕對保障 (D)商業言論與學術言論應有不同之保護範疇 【98調查局-法學知識與英文】	(A)
下列何種言論相較之下,可受較大之限制? (A)鼓吹臺灣獨立 (B)主張共產主義 (C)藥物廣告 (D)在網際網路上徵求16歲少女當援交對象 【101高考-法學知識與英文】	(D)
依司法院大法官解釋,下列何者受憲法絕對保障,不得限制? (A)生命權 (B)思想自由 (C)言論自由 (D)財產權 【109高考-法學知識與英文】	(B)

講學自由與大學自治

● 講學自由之概念

憲法第11條:「人民有言論、講學、著作及出版之自由。」釋字第380號解釋,針對講學自由之內涵加以闡釋,認為:「憲法第11條關於講學自由之規定,係對學術自由之制度性保障;就大學教育而言,應包含研究自由、教學自由及學習自由等事項。」

● 大學自治

在法律層級上,大學自治權受到大學法之保障,依據大學法第1條第2項規定:「大學應受學術自由之保障,並在法律規定範圍內,享有自治權。」

而在憲法層面,大學自治屬於憲法第11條之講學自由。釋字第563號解釋認為:「憲法第11條之講學自由賦予大學教學、研究與學習之自由,並於直接關涉教學、研究之學術事項,享有自治權。國家對於大學之監督,依憲法第162條規定,應以法律為之,惟仍應符合大學自治之原則。是立法機關不得任意以法律強制大學設置特定之單位,致侵害大學之內部組織自主權;行政機關亦不得以命令干預大學教學之內容及課程之訂定,而妨礙教學、研究之自由,立法及行政措

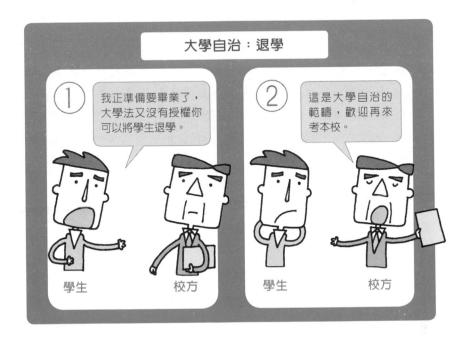

施之規範密度,於大學自治範圍內,均應受適度之限制 (參照本院釋字第380號及第450號解釋)。」

●大學可以將學生退學嗎?

　　民國83年1月5日修正的大學法,並沒有規定大學是否能夠將學生退學,沒有法令依據的退學,合法嗎?

　　依據大法官會議解釋,為維持學術品質,健全學生人格發展,大學有考核學生學業與品行之權責,其依規定程序訂定有關章則,使成績未符一定標準或品行有重大偏差之學生予以退學處分,亦屬大學自治之範疇。(釋563)

　　所以,有些學校採取一次二一制,也就是單一學期中,二分之一的學分不及格,就會被退學;有些學校則是採取連續兩次二一制,或者是就學期間二次二一制,這都是為了確保學生的一定品質,均屬大學自治的範疇。

● 是否能夠規定大學一定要設立軍訓室？

　　臺灣與大陸一直處於一種對立的狀態，大學接受一些軍事化教育，在發生戰爭時，任何人都有拿起武器對抗外來入侵的能力。但是，教官進入校園，在逐漸民主化的臺灣，也引發許多政治上的聯想與質疑，諸如政治的黑手深入校園、白色恐怖的遺毒等，也違反了大學自治的原則。

　　釋字第450號解釋，認為憲法第11條有關於講學自由之規定，除了保障學術自由之外，大學自治也是保障的範圍。而釋字第380號解釋，認為「大學內部組織、教師聘任及資格評量，亦為大學之自治權限，尤應杜絕外來之不當干涉。」

　　大學為什麼能夠設置軍訓室呢？主要是依據大學法第11條第1項第6款及同法施行細則第9條第3項規定，這樣子算不算不當干涉，釋字第450號解釋對此條文很感冒，認為大學要不要開設軍訓或護理課程，可以自主決策，假設認為有必要，當然會設置與軍訓或護理課程相關的單位，也會據此聘請相關教學人員，如果強以法令要求設置軍訓室並配置人員，顯有違反憲法對於大學自治的保障。

相關考題 大學自治

依司法院大法官解釋，關於大學自治，下列敘述何者正確？ (A)立法機關得以法律強制大學應設特定教學研究單位 (B)教育部得以命令干預大學教學之內容及課程 (C)各大學不得訂定碩士生資格考二次未通過即退學之規定 (D)成績未符合一定標準之學生，大學得予以退學處分 【99三等第一次司法人員-法學知識與英文】	(D)
某國立大學法律研究所為增加碩士畢業生之外語能力，要求須通過第二外國語檢定。按司法院釋字第563號解釋之見解，此一畢業資格限制是否合憲？ (A)合憲，因其不構成對畢業生受教權之任何限制 (B)合憲，大學為確保學位之授予具備一定之水準，基於大學自治得於合理及必要之範圍內，訂定有關取得學位之資格條件 (C)不合憲，限制碩士畢業生資格違反憲法關於人民有受國民教育之權利 (D)不合憲，碩士畢業生將來未必從事外語有關之工作，此係構成對受教權不合比例原則之侵害 【99四等關務-法學知識】	(B)
依據司法院釋字第563號解釋，下列何者符合大學自治之原則？ (A)立法機關應以法律規定大學內部組織，並要求設置特定之單位 (B)大學對學生入學退學資格之訂定於合理範圍內享有自主權 (C)行政機關應以命令訂定大學教學之內容及課程 (D)直接關涉大學教學、研究之學術事項，應以法律定之 【99四等關務-法學知識】	(B)
依司法院大法官解釋，下列何者並未納入大學自治之保障範圍？ (A)教學、研究有關之重要事項，應屬大學自治之項目 (B)大學就其內部組織有相當程度之自主組織權 (C)公立大學之預算應由大學自行提出，行政院編列預算時不得任意增刪 (D)大學課程之訂定，應屬大學自治之項目 【99三等關務-法學知識】	(C)
依司法院大法官相關解釋之意旨，下列敘述何者錯誤？ (A)學術自由屬於憲法第11條所規定之講學自由 (B)學術自由之內容，就大學而言，包括研究自由、教學自由以及學習自由之相關事項 (C)大學不享有學術自由，只有大學中之教授才能主張此項基本權 (D)立法或行政對學術自由之規範，應受到適度之限制 【105三等警察-法學知識與英文】	(C)

秘密通訊自由

● 秘密通訊自由之概念

　　人民有秘密通訊之自由。(憲§12) 秘密通訊自由具有防禦權的作用，可以避免國家對於人民通訊之非法監聽。例如通訊保障及監察法限制國家對於人民通訊之監聽，是保障人民之秘密通訊自由，惟有在符合一定條件下，才可以進行情報監聽或犯罪監聽。此外，監獄受刑人，服刑期間則無法享有秘密通訊自由。

【實務見解：通訊監察書之核發】

　　由偵查中之檢察官核發通訊監察書，依大法官會議第631號解釋，未設適當之權力制衡機制，可能使人民秘密通訊自由遭受不必要侵害，現行已修法改為法官簽發。依據該號解釋認為：原通訊保障及監察法規定，偵查中，通訊監察書由檢察官依司法警察機關聲請或依職權核發，未要求通訊監察書原則上應由客觀、獨立行使職權之法官核發，而使職司犯罪偵查之檢察官與司法警察機關，同時負責通訊監察書之聲請與核發，難謂為合理、正當之程序規範，而與憲法第12條保障人民秘密通訊自由之意旨不符。

【實務見解：可以監看不可以監聽】

　　律師接見受羈押被告時，應受監視。但是對於會談的內容，可不可以偷聽呢？依大法官會議第654號解釋：「……羈押法第28條規定：『被告在所之言語、行狀、發受書信之內容，可供偵查或審判上之參考者，應呈報檢察官或法院。』使依同法第23條第3項對受羈押被告與辯護人接見時監聽、錄音所獲得之資訊，得以作為偵查或審判上認定被告本案犯罪事實之證據，在此範圍內妨害被告防禦權之行使，牴觸憲法保障訴訟權之規定。」

相關考題

依司法院釋字第654號解釋，以下羈押法之規定，那一項與憲法第16條保障人民訴訟權之意旨有違？　(A)被告在看守所之言語、行狀、發受書信之內容可供偵查或審判上之參考者，應呈報檢察官或法院　(B)看守所對於刑事被告，得限制其行動，及施以生活輔導　(C)受死刑或無期徒刑之宣告者，應與其他被告分別羈押　(D)律師接見受羈押被告時，應受監視 【99地方特考四等-法學知識與英文】	(A)
關於憲法第12條之秘密通訊自由，下列敘述何者正確？　(A)法律禁止人民行駛道路時使用行動電話，構成對秘密通訊自由之限制　(B)秘密通訊自由之保障範圍不包括通訊時間、通訊方式之事項　(C)秘密通訊自由乃隱私權保障之具體樣態之一　(D)為保障秘密通訊自由，警察機關原則上必須取得檢察官核發之通訊監察書，始得採取通訊監察措施 【104司法四等-法學知識與英文】	(C)
依司法院大法官解釋之意旨，關於秘密通訊自由，下列敘述何者錯誤？　(A)國家對人民之通訊採取限制手段時，應有法律依據　(B)國家對人民之通訊採取限制手段時，限制之要件應具體明確　(C)通訊監察書應由法官、而非檢察官核發　(D)犯罪嫌疑人危害國家安全情節重大且情況急迫時，例外得由檢察官核發通訊監察書 【107普考-法學知識與英文】	(D)

宗教自由

● 宗教自由之概念

　　憲法第13條規定：「人民有信仰宗教之自由。」宗教自由是指人民有信仰與不信仰任何宗教之自由，以及參與或不參與宗教活動之自由；國家不得對特定之宗教加以獎勵或禁制，或對人民特定信仰給予優待或不利益。具體內容如宗教的儀式 (大甲媽祖繞境)、傳教的自由 (摩門教徒騎腳踏車傳教)等均屬之。

● 宗教自由與服兵役之衝突

　　立法者鑒於男女生理上之差異，及因此種差異所生之社會生活功能角色之不同，於兵役法規定中華民國男子依法皆有服兵役之義務，係為實踐國家目的及憲法上人民之基本義務而為之規定，原屬立法政

策之考量，非為助長、促進或限制宗教而設，且無助長、促進或限制宗教之效果。復次，服兵役之義務，並無違反人性尊嚴亦未動搖憲法價值體系之基礎，且為大多數國家之法律所明定，更為保護人民，防衛國家之安全所必需，與憲法平等原則及宗教信仰自由之保障，並無牴觸。(釋490)

● **宗教中立原則**

憲法保障人民有信仰宗教之自由，係為維護人民精神領域之自我發展與自我實踐，及社會多元文化之充實，故國家對宗教應謹守中立及寬容原則，不得對特定之宗教加以獎勵或禁制，或對人民特定信仰畀予優待或不利益，國家如僅針對特定宗教而為禁制或畀予不利益，即有悖於宗教中立原則及宗教平等原則。（釋573：針對特定寺廟之宗教組織自主權及財產處分權加以限制）

相關考題　宗教自由

法律若規定，佛、道寺廟之不動產及法物，非經所屬教會之決議並呈請該管官署許可，不得處分或變更，依司法院解釋，下列敘述何者正確？　(A)該規定有害及寺廟信仰之傳布存續，對宗教活動自由之限制尚未逾越必要之程度　(B)該規定與憲法第 7 條之宗教平等原則仍屬相符　(C)寺廟之財產不受憲法有關財產權規定之保障　(D)該規定未顧及寺廟之組織自主性，對其組織自主權及財產處分權加以限制，妨礙宗教活動自由，已逾越必要之程度　【104高考-法學知識與英文】	（D）
下列那一項不符合憲法上宗教信仰自由之精神？　(A)國家不應強制人民信仰宗教　(B)立法院得立法設立國教　(C)人民有傳教之自由　(D)人民不得因宗教信仰不同而受差別待遇　【101普考-法學知識與英文】	（B）
關於憲法上保障人民信仰宗教自由，依司法院釋字第 490 號解釋，下列敘述何者錯誤？　(A)包含人民參與宗教活動之自由　(B)包含人民有不信仰宗教之自由　(C)人民得因為信仰宗教而拒絕服兵役　(D)一般民間信仰亦包括在廣義信仰自由內　【105司特四等-法學知識與英文】	（C）

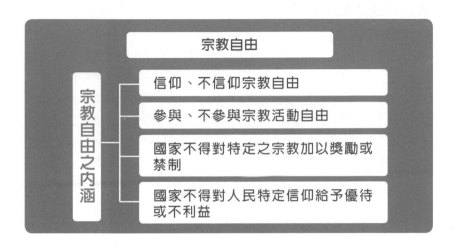

相關考題　宗教自由

有關憲法第13條所保障的宗教信仰自由，下列敘述何者正確？ (A)依司法院釋字第490號解釋，人民得依宗教理由主張免除兵役義務　(B)教育部對各大學院校所提供的高等教育補助金，其發放對象包含教會興辦的私立大學，已違反國家中立性原則　(C)相較於內在信仰之自由，宗教行為之自由與宗教結社之自由，僅能受相對之保障　(D)為保障人民權利，國家得強制要求所有宗教相關團體皆必須法人化　　　　　　　【111高考-法學知識與英文】	(C)
下列何者不涉及國家對憲法宗教信仰自由之限制？　(A)法律規定宗教團體必須定期公告其財務收支報表　(B)公務員於新進人員人事資料表上必須填寫其宗教信仰　(C)私人公司禁止員工參與媽祖繞境活動　(D)寺廟之不動產，如未經主管機關核准，不得處分　　　　　　　　　　【111高考-法學知識與英文】	(C)
監督寺廟條例規定之國家監督措施，僅適用於由信眾募資成立之寺廟，至於由政府機關管理之寺廟則不適用之。依司法院大法官解釋，此一規定是否合憲？　(A)合憲，此乃符合信賴保護原則之差別待遇　(B)違憲，此乃不合比例原則之差別待遇　(C)違憲，此乃侵害宗教自由核心領域之差別待遇　(D)合憲，此乃合理之差別待遇　　　　　　　　　　【110普考-法學知識與英文】	(D)

集會自由與結社自由

● 集會與結社的基本概念

人民有集會及結社之自由。(憲§14) 憲法第14條規定人民有集會之自由，此與憲法第11條規定之言論、講學、著作及出版之自由，同屬表現自由之範疇，為實施民主政治最重要的基本人權。國家為保障人民之集會自由，應提供適當集會場所，並保護集會、遊行之安全，使其得以順利進行。以法律限制集會、遊行之權利，必須符合明確性原則與憲法第23條之規定。(釋445)

所謂結社自由，是指人民為一定目的，以共同之意思持續性地組織團體的自由，並參與其活動之自由，以形成共同意志，追求共同理念，進而實現共同目標，為人民應享之基本權利，為憲法第14條所明文規定人民享有結社的自由。例如為了與愛貓愛狗人士分享寵物的資訊，遂成立愛貓愛狗協會，又如相同政治理念者組成政黨團體。

● 人民團體可以主張共產主義嗎？

人民團體法第2條規定：「人民團體之組織與活動，不得主張共產主義，或主張分裂國土。」同法第53條前段關於「申請設立之人民團體有違反第2條……之規定者，不予許可」之規定部分，乃使主管機關於許可設立人民團體以前，得就人民「主張共產主義，或主張分裂國土」之政治上言論之內容而為審查，並作為不予許可設立人民團體之理由，顯已逾越必要之程度，與憲法保障人民結社自由與言論自由之意旨不符，於此範圍內，應自本解釋公布之日起失其效力。(釋644)

相關考題	可否主張共產主義

申請設立人民團體，不得主張共產主義或分裂國土，否則即不予許可之規定，依司法院大法官解釋，下列敘述何者錯誤？ (A)與憲法保障人民結社自由之意旨不符 (B)以政治上言論之內容而為審查，並作為不予許可設立人民團體，顯已逾越必要之程度 (C)倘於申請設立人民團體之始，僅因其主張共產主義或分裂國土即予禁止，已逾越憲法第23條所定之必要性 (D)主管機關於許可設立人民團體，可先就其所主張之內容為實質審查 【99三等第一次司法人員-法學知識與英文】	(D)

相關考題 集會自由

關於集會自由，下列何者正確？ (A)集會屬憲法保留的基本權利，不得以法律限制之 (B)國家不得劃定集會遊行之禁制區 (C)偶發性集會一律違法 (D)國家應提供適當集會場所，並保護集會、遊行之安全 【108高考-法學知識與英文】	(D)
有關集會遊行自由，依司法院大法官解釋意旨，下列敘述何者錯誤？ (A)集會遊行法對室外集會遊行，原則上採行事前許可制 (B)主管機關得以集會遊行主張共產主義或分裂國土為由，不予許可 (C)緊急性集會不受應事先向主管機關申請許可之限制 (D)集會遊行之不予許可、限制或命令解散，應合乎比例原則 【110普考-法學知識與英文】	(B)
下列何項雖為室外集會，但不須向主管機關事前申請許可？ (A)集體向主管機關表達抗議 (B)廟會、婚、喪、喜慶活動 (C)集體向立法院陳情抗議 (D)集體向法院抗議司法不公 【110高考-法學知識與英文】	(B)

相關考題 結社自由

有關憲法保障之結社自由，下列敘述何者錯誤？ (A)乃在全體人民利用結社之形式以追求共同理念，實現共同目標 (B)包含設立、加入、內部運作之自由 (C)包含退出、合併與解散社團之自由 (D)為維護社團之紀律，社團對社員只能要求社員自律，不得對其進行懲戒罰 【99第二次司法特考-法學知識與英文】	(D)
主管機關駁回政黨變更名稱之申請，涉及人民何種憲法上基本權利之限制？ (A)訴訟權 (B)生存權 (C)結社權 (D)工作權 【100三等海巡-法學知識與英文】	(C)
憲法保障之集會結社自由，在人權體系中，屬於自由權當中的何種權利？ (A)內部精神自由 (B)人身自由 (C)集體表現自由 (D)經濟自由 【104司法三等-法學知識與英文】	(C)
依司法院大法官解釋意旨，有關結社自由之限制，下列敘述何者正確？ (A)農會法規定農會會員住址遷離原農會組織區域者為出會之原因，過度侵害人民之結社自由 (B)督導各級人民團體實施辦法規定，人民團體經主管機關限期整理者，其理監事之職權應即停止，僅屬細節性規定，無須法律明確授權 (C)基於國家安全，人民團體法規定主張特定政治性言論之團體得不予許可設立，並不牴觸結社自由 (D)人民團體法規定職業團體理事長應由理事就常務理事中選舉之，不設常務理事者，就理事中互選之，限制內部組織與事務之自主決定，違反比例原則 【108普考-法學知識與英文】	(D)

工作權

● 工作權之基本概念

人民之生存權、工作權及財產權，應予保障。(憲§15) 工作權是指人民有自由選擇工作之權利，藉此達到生存權之目的，其保障的範疇包括職業選擇自由、職業經營自由、職業能力養成教育請求權，以及職業能力資格取得權。

● 職業自由之三階理論

對於工作權之限制，如醫生要考執照，計程車司機不能有一定犯罪之前科，均屬之。德國聯邦憲法法院於西元1958年之藥房案中，提出了著名的「階梯理論」，有論者稱之為「三階理論」（Drei-stufentheories）。此一理論認為國家對於人民職業自由之限制可分為三個層次，包括對於職業經營階層之限制、對於職業選擇階層之主觀限制，及對於職業選擇階層之客觀限制等三種。

第一個層次，是指法律完全不干涉之工作，任何人可以加以選擇，法律頂多對於工作的方式略作規劃；第二個層次，則是指法律要求選擇此一工作者，應具備特定之能力與條件；第三個層次，是指除了特定之能力與條件外，法律還會要求符合一些客觀條件，必須符合這些客觀條件，當事人才得以選擇此一工作。

【實務見解：釋字第666號解釋】

許宗力協同意見書：「……其實，如果立法者不是採取全面禁止的手段，而是合目的性地鑑於政策需要，對於從事性工作之方法、時間、地點等執行職業之自由，予以適當限制，則由於『根據職業自由的三階理論』此類管制手段性質上屬寬鬆之合理審查的範疇，立法者反而能獲取更大的政策形成空間，一得一失之間，何者明智，已不言可喻。」

【實務見解：釋字第682號解釋】

考生參加中醫考試，總成績雖然達到60分，但是有兩科成績未達考試規則50分與45分之基本門檻要求，致未獲錄取，遂提起釋憲。爭點：中醫特考有零分或專科平均或特定科目成績未達規定者不予及格，違憲？

一、人民選擇從事專門職業之自由，根據憲法之規定，即受限制。

二、就專門職業人員考試而言，即在確保相關考試及格者具有執業所需之知識與能力，故考試主管機關有關考試資格及方法之規定，涉及考試之專業判斷者，應給予適度之尊重，始符憲法五權分治彼此相維之精神。

三、專門職業人員考試之應試科目暨及格標準之決定，關係人民能否取得專門職業之執業資格，對人民職業自由及應考試權雖有限制，惟上開事項涉及考試專業之判斷，除由立法者直接予以規定外，尚非不得由考試機關基於法律授權以命令規定之。

四、立法者將特定職業列為專門職業，係對人民選擇職業自由之主觀條件限制，亦即要求從事該項職業之個人應具備一定之專業能力或資格，且該等能力或資格，例如知識、學位、體能等，可經由訓練培養而獲得者，仍須符合憲法第23條規定之比例原則。(林子儀—協同意見書)

五、本件解釋對考試權不僅是「適當尊重」而已，實質上是「非常尊重」。……如果吾人認為，司法審查不斷適用法律保留原則，即有破壞與其他權力間之和諧，或阻礙其他權力之開展，從人權保障觀點言，誠屬誤會。……本件解釋「國權擺中間，人民放兩邊」之憲政價值觀偏失，若未受正視，久而久之，大部分之考生只能無奈地接受所謂考試權專業之判斷，甚至被馴化，遑論有能力去質疑考試權行使之程序正當性、制度保障之周延性，以及專業恣意之可能性，即難以共同監督並達成建立真正公平公正考試制度之憲法意旨。(許玉秀等部分不同意見書)

相關考題 **生存權**

我國生存權之相關立法的敘述，下列何者錯誤？　(A)司法院解釋之態度歷來皆認為死刑違憲　(B)對於罹患醫學上不治之症之患者，醫師即便得其承諾，亦不得用藥物合法幫助患者自殺　(C)懷孕婦女經診斷患有礙優生之傳染性疾病者，得自願施行人工流產　(D)國家為改良農民之生活，增進其生產技能，應制定保護農民之法律，實施保護農民之政策 【103普考-法學知識與英文】	(A)

相關考題　工作權

有關吊扣執業登記證及廢止執業登記，係限制計程車駕駛人何種憲法權利？ (A)工作權　(B)財產權　(C)人格權　(D)人身自由【111高考-法學知識與英文】	(A)
依司法院大法官解釋，下列敘述何者與憲法保障人民工作權之意旨不符？ (A)已聘任之教師有教師法規定行為不檢有損師道者，應報請主管教育行政機關核准後，予以解聘、停聘或不續聘　(B)限制公務員於離職後一定期間內，選擇營利事業特定職務之自由　(C)對於未肇事拒絕接受酒測之職業駕駛人，吊銷其持有各級車類之駕駛執照，且3年內不得考領　(D)針對經主管機關限期整理之人民團體，依據督導各級人民團體實施辦法，停止其理監事之職權 【108普考-法學知識與英文】	(D)
藥師法第11條規定藥師經登記領照執業者，其執業處所應以一處為限，牴觸下列何種權利？　(A)居住自由　(B)工作權　(C)財產權　(D)平等權 【110高考-法學知識與英文】	(B)

相關考題　職業自由

國家對職業自由之限制，下列敘述何者正確？　(A)對職業自由之限制，即使其限制內容有所差異，但基於平等權之考量，在憲法上不可有寬嚴不同之容許標準　(B)關於從事工作之時間，屬執行職業之自由，立法者不得予以限制 (C)從事特定職業之專業能力或資格，立法者欲對此加以限制，須有重要公共利益存在　(D)為保障視覺障礙者，得限制非視覺障礙者，不得從事按摩業 【99三等第一次司法人員-法學知識與英文】	(C)
法律規定曾犯殺人罪經判決確定者不准辦理營業小客車駕駛人職業登記，對此規定，依司法院大法官解釋，下列敘述何者錯誤？　(A)此限制之目的在於增進人民對於營業小客車之職業信賴　(B)此規定限制人民職業選擇之自由 (C)本規定是否合憲，應衡量之重要公益為乘客生命身體安全　(D)此乃是對於職業選擇應具備之主觀條件之違憲限制【98三等司法特考-法學知識與英文】	(D)
依司法院大法官解釋，私立學校董事執行私立學校法中有關經費之籌措等事，係屬下列何一憲法權利保障之範圍？　(A)大學自治　(B)職業自由　(C)教育權　(D)集會結社權　　　　　　　　　　【99三等關務-法學知識】	(B)

【解析】釋字第659號解釋。

道路交通管理處罰條例規定曾犯故意殺人、搶劫、妨害性自主之罪，經判決罪刑確定者，不准辦理營業小客車職業駕駛人登記。依據司法院大法官釋字第584號解釋，此一規定對人民之何種基本權構成限制？　(A)財產權　(B)職業選擇自由　(C)請求給予適當工作機會之自由　(D)生存權 【98三等地方特考-法學知識與英文】	(B)

相關考題　職業自由

下列何者不屬於對於職業選擇自由的客觀限制？　(A)原住民族教育師資以具備原住民族身分者為限　(B)以總量管制方式核發計程車車牌照，亦即須有人繳回牌照，始得接受新申請案　(C)禁止非視障者從事按摩業　(D)藥師經登記領照執業後，執業處所以一處為限　【109高考-法學知識與英文】　(D)

依司法院大法官解釋意旨，有關民國 100 年 10 月 31 日失效之身心障礙者權益保障法第46條第1項規定 「非視覺功能障礙者，不得從事按摩」之敘述，何者錯誤？　(A)此一規定為保障視覺功能障礙者之工作權，而限制非視覺功能障礙者之工作權　(B)此一規定符合法律保留原則　(C)此一規定屬對於非視覺功能障礙者之選擇職業自由之主觀條件限制　(D)此一規定應以保護特別重要之公共利益為目的，始屬合憲　【110普考-法學知識與英文】　(C)

依司法院大法官解釋，有關職業自由及平等權，下列敘述何者錯誤？　(A)以應考人學經歷作為分類考試之標準，並進而採取不同考試內容暨及格標準，不符平等原則　(B)修正前之身心障礙者保護法以視障為分類標準，使非視障者不得從事按摩業，不符合平等權之保障　(C)藥事法與規範其他醫事人員執業處所之規定雖有不同，尚不生牴觸憲法第 7 條平等原則之問題　(D)入出國及移民法有關「跨國（境）婚姻媒合不得要求或期約報酬」之規定，與憲法保障人民平等權之意旨尚無違背　【111普考-法學知識與英文】　(A)

相關考題　營業自由

根據司法院憲法解釋，下列何者不屬於人民選擇職業之自由應具備之主觀條件？　(A)知識　(B)學位　(C)體能　(D)行業獨占制度　【99地方特考四等-法學知識與英文】　(D)

【解析】

參照釋字第682號解釋林子儀大法官協同意見書：「……故立法者認定特定職業為專門職業者，即屬對人民選擇從事該項職業之主觀條件之限制，亦即要求從事該項職業之個人應具備一定之專業能力或資格，且該等能力或資格，例如知識、學位、體能等，可經由訓練培養而獲得者……」

如立法者制定法律，規定僅原住民得擔任原住民族教育工作者，則對於此規定所進行違憲審查時，應考慮之主要基準為何？
(A)涉及執行職業自由之限制，為追求一般公益，立法者得予適當之限制
(B)涉及選擇職業之主觀要件，為保障重要公益，立法者得予適當之限制
(C)涉及選擇職業之客觀要件，基於特別重要公益，立法者始得予以限制
(D)涉及執行職業之身分要件，基於保障特定身分之人，立法者均得予限制
　【104司法三等-法學知識與英文】　(C)

擔任醫師須先考試取得醫師執照，係對人民何種基本權利之限制？　(A)生存權　(B)工作權　(C)財產權　(D)人格權　【98普考-法學知識與英文】　(B)

財產權

財產權之基本概念

　　人民之生存權、工作權及財產權，應予保障。(憲§15) 憲法第15條關於人民財產權應予保障之規定，旨在確保個人依財產之存續狀態行使其自由使用、收益及處分之權能，不得因他人之法律行為而受侵害。(釋671) 例如人民擁有一間房子，政府不能非法將房子充公，這是憲法及法律制度對於個人財產權之保障。

　　如果因為公用或公益目的之必要，國家可以徵收人民的財產，但是要給予合理的補償，此項補償乃因財產之徵收，對被徵收財產之所有權人而言，係為公共利益所受之特別犧牲，國家自應予以補償，以填補其財產權被剝奪或其權能受限制之損失。故補償不僅需相當，更應儘速發給，方符憲法保障人民財產權之意旨，迭經本院解釋在案（本院釋字第400號、第425號、第516號解釋參照）。(釋652)

> 【實務見解：菸品廣告的限制】
>
> 　　菸品廣告除了涉及到言論自由之概念外，還涉及到財產權的議題。簡單來說，言論自由、新聞媒體自由應受到較大之保障，商業廣告之限制則較多，菸品類有侵害人民健康危害性之商品，則受到更高的限制。
>
> 　　釋字第577號解釋：「又於菸品容器上應為上述之一定標示，縱屬對菸品業者財產權有所限制，但該項標示因攸關國民健康，乃菸品財產權所具有之社會義務，且所受限制尚屬輕微，未逾越社會義務所應忍受之範圍，與憲法保障人民財產權之規定，並無違背。」

相關考題　財產權

下列何者非屬財產權？　(A)信用　(B)私人照片　(C)信用卡　(D)專利權 【99三等第一次司法人員-法學知識與英文】	(A)

【實務見解：騎樓設攤】

釋字第564號解釋：「限制騎樓設攤，維護道路暢通為目的，尚屬適當……鑑於騎樓所有人既為公益負有社會義務，國家則提供不同形式之優惠如賦稅減免等，以減輕其負擔。從而人民財產權因此所受之限制，尚屬輕微，自無悖於憲法第23條比例原則之要求，亦未逾其社會責任所應忍受之範圍，更未構成個人之特別犧牲，難謂國家對其有何補償責任存在，與憲法保障人民財產權之規定並無違背。」

相關考題　財產權

題目	答案
有關財產權之敘述，下列何者正確？　(A)國家可立法限制人民財產權之行使　(B)財產權僅具權利性，完全不具社會責任　(C)個人行使財產權之利益絕對優先於公共團體之利益　(D)著作權不屬財產權保障之範圍　【98高考三級-法學知識與英文】	(A)
政府基於維持交通秩序而規定騎樓不准設攤，依司法院大法官解釋，下列敘述何者正確？　(A)就私有土地而言，此已牴觸憲法保障財產權之意旨　(B)騎樓之建造係為供公眾通行之用，不准設攤之規定對其財產權並未妨礙　(C)此為財產權之社會義務，對人民財產權之限制尚屬輕微，無悖於憲法第23條比例原則　(D)此規定已構成個人之特別犧牲，若國家未對其有任何補償，即與憲法保障人民財產權之規定有所違背【98三等司法特考-法學知識與英文】	(C)
依司法院大法官解釋意旨，關於憲法第15條財產權之保障，下列敘述何者正確？　(A)要求菸品業者於菸品容器上標示一定內容之警語，已逾越菸品財產權社會義務所應容忍之範圍　(B)成立公用地役關係之既成道路，係基於公益目的而限制土地所有權人之財產權，故無須給予補償　(C)於依法徵收都市計畫道路用地前在該地埋設地下設物，若對於土地權利人權行使構成特別犧牲者，應給予補償　(D)對於未依規定報明登記即攜帶逾法定數額外幣出入國境之人民，沒入其外幣，已違反比例原則　【105司特四等-法學知識與英文】	(C)
財政部函示：「同一建物、土地先後有數人申報，且各有其合法依據時，為避免日後可能發生糾紛起見，……稅捐稽徵機關得暫緩就申報案件核發稅捐稽徵通知書」，致人民無從完成納稅手續憑以辦理所有權移轉登記。此可能侵害下列何種基本權？　(A)居住自由　(B)工作權　(C)生存權　(D)財產權　【105四等警察-法學知識】	(D)

相關考題　財產權

| 依司法院大法官解釋意旨，關於徵收私人土地所應踐行之正當行政程序，下列敘述何者錯誤？　(A)不僅適用於徵收前及徵收時，亦應擴及於徵收後之階段　(B)徵收計畫確定前，應給予土地所有權人陳述意見之機會　(C)徵收核准時，應踐行徵收處分公告及書面通知土地所有權人之程序　(D)徵收完成後，應即時公告被徵收土地所有權移轉登記辦理完竣資訊 | (D) |

【108高考-法學知識與英文】

【解析】

(D)參照司法院釋字第763號解釋，現行土地法第219條申請收回被徵收土地規定，並無規範應將後續土地使用情形通知原所有權人，導致其沒有充分資訊可以判斷是否行使收回權，因此本解釋要求檢討如何期通知原所有權人被徵收土地使用情形。

訴訟權

● 訴訟權之基本概念

人民有請願、訴願及訴訟之權。(憲§16) 憲法第16條保障人民訴訟權，係指人民於其權利遭受侵害時，有請求法院救濟之權利 (釋418參照)。釋字第653號解釋認為：基於有權利即有救濟之原則，人民權利遭受侵害時，必須給予向法院提起訴訟，請求依正當法律程序公平審判，以獲及時有效救濟之機會，此乃訴訟權保障之核心內容 (本院釋字第396號、第574號解釋參照)，不得因身分之不同而予以剝奪 (本院釋字第243號、第266號、第298號、第323號、第382號、第430號、第462號解釋參照)。

同 (653) 號解釋認為：立法機關衡量訴訟案件之種類、性質、訴訟政策目的及司法資源之有效配置等因素，而就訴訟救濟應循之審級、程序及相關要件，以法律或法律授權主管機關訂定命令限制者，應符合憲法第23條規定，方與憲法保障人民訴訟權之意旨無違 (釋160、釋378、釋393、釋418、釋442、釋448、釋466、釋512、釋574、釋629、釋639參照)。

● 立法機關衡量訴訟權之行使

憲法第16條所保障之訴訟權，旨在確保人民於其權利受侵害時，有依法定程序提起訴訟，並受法院公平審判之權利。惟訴訟應循之程

序及相關要件，立法機關得衡量訴訟案件之種類、性質、訴訟制度之功能及訴訟外解決紛爭之法定途徑等因素，為正當合理之規定；倘其規範內容合乎上開意旨，且有其必要性者，即與憲法保障訴訟權之意旨無違。(釋591)

● 大學所為非屬退學或類此之處分與行政爭訟

大學為實現研究學術及培育人才之教育目的或維持學校秩序，對學生所為行政處分或其他公權力措施，如侵害學生受教育權或其他基本權利，即使非屬退學或類此之處分，本於憲法第16條有權利即有救濟之意旨，仍應許權利受侵害之學生提起行政爭訟，無特別限制之必要。在此範圍內，本院釋字第382號解釋應予變更。(釋684)

相關考題	訴訟權	
依司法院解釋，有關訴訟權之敘述，下列何者錯誤？ (A)國家不只消極的不侵害人民訴訟權，更應積極的建立一套保障權利的訴訟制度 (B)「受送達權」屬於訴訟權所保障之範圍 (C)對於律師懲戒覆審委員會所為之決議，不得向最高行政法院再行提起行政訴訟，不生侵害訴訟權之疑慮 (D)法官於審判案件時，除憲法與法律外，亦受行政釋示之拘束 【104司法三等-法學知識與英文】		(D)

【解析】
釋字第137號解釋：「法官於審判案件時，對於各機關就其職掌所作有關法規釋示之行政命令，固未可逕行排斥而不用，但仍得依據法律表示其合法適當之見解。」

依司法院大法官解釋，下列關於訴訟權之敘述，何者正確？ (A)訴訟權如何行使，得由立法機關衡量訴訟事件之性質，為合理之規定 (B)公務員懲戒委員會之一級一審制，有違憲法第16條訴訟權之保障 (C)交通違規事件不得再抗告，有違憲法第16條訴訟權保障 (D)選舉罷免訴訟不設再審制度，有違憲法第16條訴訟權保障 【99三等關務-法學知識】		(A)
有關法律不許子女獨立提起否認親子關係之訴訟，不涉及到何人之何種基本權利？ (A)母親之隱私權 (B)母親之訴訟權 (C)子女之人格權 (D)子女之訴訟權 【105四等警察-法學知識】		(B)
法律扶助制度使無資力者於訴訟上可獲得律師代理辯護，此實現訴訟權保障之何種內涵？ (A)無漏洞的權利救濟 (B)公平的權利救濟 (C)有效的權利救濟 (D)公開的權利救濟 【105四等警察-法學知識】		(B)

訴訟權、應考試服公職權

依據司法院釋字第574號解釋,下列何者為憲法第16條訴訟權之核心內容? (A)訴訟審級制度 (B)律師強制代理制度 (C)符合正當法律程序之法院救濟 (D)提起上訴之要件 【106普考-法學知識與英文】	(C)
依司法院大法官解釋,下列有關訴訟權之敘述,何者正確? (A)民事訴訟法對上訴第三審利益之數額限制,不違反訴訟權之保障 (B)對於律師懲戒覆審委員會所為之決議,仍得向最高行政法院請求救濟 (C)都市計畫因定期通盤檢討所為之變更,屬法規性質,人民不得爭訟 (D)有關審級制度之設計,完全屬立法形成之自由 【108高考-法學知識與英文】	(A)

【解析】
(A) 參照司法院釋字第160號解釋,民事訴訟法第466條第1項對於財產權上訴訟之第二審判決,如因上訴得受之利益,不逾8,000元者(現行規定為100萬),不得上訴於第三審之規定,有發揮定分止爭之功能,尚難謂於訴訟權之行使,有何妨礙。

依司法院釋字第736號解釋,下列敘述何者正確? (A)教師因學校年終成績考核留支原薪,認其權利或法律上利益受侵害時,得向法院請求救濟 (B)教師不服再申訴決定者,僅得依法提起訴願 (C)教師因學校教師評量,認其權利或法律上利益受侵害時,仍不得向法院請求救濟 (D)基於大學自治,大學教師之權利因學校具體措施遭受侵害時,僅能尋求大學內部管道救濟 【108普考-法學知識與英文】	(A)

參政權與考試權

● 參政權之基本概念

　　人民有選舉、罷免、創制及複決之權。(憲§17)被選舉人得由原選舉區依法罷免之。(憲§133)本憲法所規定之各種選舉,除本憲法別有規定外,以普通、平等、直接及無記名投票之方法行之。(憲§129)為期選舉之公平性,主管機關在劃分公職人員選舉之選舉區時,應特別留意平等原則。

　　中華民國國民年滿20歲者,有依法選舉之權,除本憲法及法律別有規定者外,年滿23歲者,有依法被選舉之權。(憲§130)

相關考題

依憲法規定,有關選舉及被選舉年齡之敘述,下列何者正確? (A)中華民國國民年滿21歲者,有依法被選舉之權 (B)中華民國國民年滿20歲者,得依法選舉總統 (C)中華民國國民年滿18歲者,得依法選舉縣長 (D)中華民國國民年滿35歲者,得依法被選為總統 【108高考-法學知識與英文】	(B)

● 考試權、服公職權

人民有應考試服公職之權。(憲§18)

相關考題 **服公職權**

為期選舉之公平性,主管機關在劃分公職人員選舉之選舉區時,應特別留意那一項原則的遵守? (A)比例原則 (B)信賴保護原則 (C)誠信原則 (D)平等原則 【99鐵路四等員級-法學知識與英文】	(D)
下列何者非屬憲法所規定之選舉原則? (A)無記名原則 (B)普通原則 (C)公開原則 (D)直接原則 【98調查局-法學知識與英文】	(C)
依憲法本文規定,各種選舉,除憲法別有規定外,其行使之方法不包括下列何者? (A)普通 (B)平等 (C)直接 (D)記名 【98四等地方特考-法學知識與英文】	(D)
下列何種考試,不屬憲法第18條應考試權之範圍? (A)公務人員高等考試 (B)外交領事人員考試 (C)專技人員律師考試 (D)保姆證照考試 【104高考-法學知識與英文】	(D)
依司法院釋字第715號解釋,國防部預備軍士官班招生簡章規定曾受刑之宣告者不得報考,其規定: (A)違憲,招生簡章非屬法律,違反法律保留原則 (B)違憲,對於因過失受刑之宣告者,該規定限制其服公職權利過大,違反比例原則 (C)合憲,無論故意或過失受刑之宣告,其服公職權利同樣受到限制,不牴觸平等原則 (D)合憲,曾受刑之宣告的規定明確,符合法律明確性原則 【105四等警察-法學知識】	(B)
依司法院大法官解釋意旨,下列何者非憲法服公職權之保障主體? (A)立法委員 (B)國立大學專任教授 (C)志願役預備士官 (D)退休公務人員 【108高考-法學知識與英文】	(B)

服兵役與受國民教育

● 服兵役之義務

　　人民有依法律服兵役之義務。(憲§20) 人民如何履行兵役義務，憲法本身並無明文規定，有關人民服兵役之重要事項，應由立法者斟酌國家安全、社會發展之需要，以法律定之。(釋490) 我國從開國以來，即歷經各種內憂外患，現在彼岸仍正虎視眈眈地期待兩岸統一，姑且不論兩岸統一之利與弊，只要違反我國人民意願之統一方式，就是一種外在的侵害，必須透過各種方式加以防制，包括武力。

● 受國民教育之權利與義務

　　人民有受國民教育之權利與義務。(憲§21) 教育是國家的根本，所以世界各國對於下一代之教育都非常重視，從6年國教、9年國教，進而邁向12年國教政策，都是厚植國力的基礎。受國民教育具有「普遍性」，也就是一個都不能少，都有享受國民教育的權利。受國民教育，除了是權利之外，還是義務。有些家長因為個人的特殊因素，未經法定之程序，拒絕讓學生到學校就讀，就會遭縣市政府透過公權力，強制將學生安置以達到就讀的目的。

●納稅義務

　　人民有依法律納稅之義務。(憲§19)

相關考題　　服兵役與受國民教育	
中華民國女子無服兵役之義務，係出自下列何者之規定？　(A)憲法本文　(B)憲法增修條文　(C)兵役法　(D)司法院大法官解釋　　　　　　　　　　　　　　　　　　　　　【99鐵路四等員級-法學知識與英文】	(C)
下列何者必須以法律定之？　(A)日常生活用品之定價　(B)公私立小學之學費　(C)服兵役之役期　(D)火車票價之折扣　【99鐵路四等員級-法學知識與英文】	(C)
下列何者屬於我國憲法上的社會權規定？　(A)結社權　(B)受教育權　(C)服公職權　(D)應考試權　　　　　　　　　　　　【99普考-法學知識與英文】	(B)

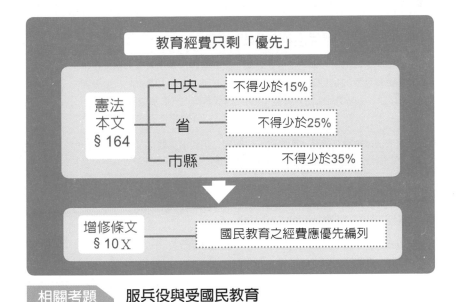

教育經費只剩「優先」

憲法本文§164
- 中央 ── 不得少於15%
- 省 ── 不得少於25%
- 市縣 ── 不得少於35%

↓

增修條文§10 X ── 國民教育之經費應優先編列

相關考題 服兵役與受國民教育

題目	答案
司法院大法官釋字第382號解釋，宣告學校對學生所為退學或類此之處分行為，受處分之學生得提起訴願及行政訴訟，主要係保障學生之何種人權？ (A)受教育權及訴訟權 (B)言論自由權 (C)生存權 (D)參政權 【99鐵路四等員級-法學知識與英文】	(A)
有關受國民教育的保障，下列敘述何項錯誤？ (A)國民接受國家教育主要是一種義務，不是權利，所以一般稱之為國民義務教育 (B)國家應保障教育內容客觀中立，不可強制國民接受特定思想或理念 (C)先進國家對受教育權利已發展為學習權理念 (D)設置並落實國民義務教育 【101三等一般警察-法學知識與英文】	(A)
下列何者非屬憲法規定之人民基本義務？ (A)納稅 (B)服兵役 (C)國民教育 (D)繳納社會保險費 【105四等警察-法學知識】	(D)
依司法院大法官解釋之意旨，下列何者不屬於憲法第19條人民有依法律納稅義務之內涵？ (A)關於租稅主體、租稅客體、稅基、稅率等租稅構成要件，應有法律或法規命令之明文規定 (B)主管機關得依憲法原則、立法意旨及法律一般解釋方法，依職權就租稅相關法律進行闡釋 (C)主管機關課稅時，就執行法律之細節性、技術性等次要事項，得自行發布行政規則為規範 (D)國家給予人民減免稅捐之優惠，係授予人民財產上之利益，不受到憲法第19條規定之拘束 【106高考-法學知識與英文】	(D)

中央警察大學碩士班入學考試招生簡章，以有無色盲決定入學資格之規定，依司法院釋字第626號解釋，此項限制涉及下列何種憲法權利？　(A)學習自由　(B)工作權　(C)受國民教育權　(D)受國民教育以外教育之權利　【107普考-法學知識與英文】	(D)
人民有依法律納稅之義務，而應以法律明定之租稅構成要件，不包括下列何者？(A)稅基 (B)稅率 (C)納稅主體 (D)納稅地點　【109普考-法學知識與英文】	(D)

權利概括條款

● 憲法對於其他權利之保障

凡人民之其他自由及權利，不妨害社會秩序公共利益者，均受憲法之保障。(憲§22) 除了憲法有明文規定的人身自由權、參政權、平等權、宗教自由權、言論自由權、集會結社權等，還有許多是憲法所沒有規範到的權利。例如隱私權、名譽權、姓名權等人格權，只要不妨害社會秩序、公共利益，也都是憲法所保障的權利範疇，並不會因為沒有「明文」而不受到保護。

● 隱私權與其他人格權

許多基本權利憲法未明文保障，例如隱私權，這一項近年來發展最為迅速的權利，隨著「電腦處理個人資料保護法」發展到「個人資料保護法」，國人隱私權的保護受到大幅度的重視，可與其他人格權一同適用憲法第22條之權利概括條款。

● 婚姻自由

婚姻自由權利仍應屬於其他自由及權利，也受到憲法上的保障，但仍無法肆無忌憚地行使而能夠同時婚、重婚，但若是基於信賴保護，過去曾有大法官會議第552號等解釋，例外地允許重婚。現行民法則據此修正規定，依據民法988條規定：「違反第985條規定。但重婚之雙方當事人因善意且無過失信賴一方前婚姻消滅之兩願離婚登記或離婚確定判決而結婚者，不在此限。」並增訂民法第988-1條規定，前婚姻自後婚姻成立之日起視為消滅。

相關考題　隱私權	
更新身分證時，主管機關決定將身分證與健保卡、駕照等合而為一，統一為一種證件。可能涉及下列何種基本權？　(A)職業自由　(B)隱私權　(C)平等權　(D)秘密通訊自由　【106高考-法學知識與英文】	(B)
憲法第22條規定：「凡人民之其他自由及權利，不妨害社會秩序公共利益者，均受憲法之保障」。下列何者非本條規定所保障之權利？　(A)收養子女之權利　(B)受國民教育之權利　(C)隱私權　(D)一般行動自由　【104司法三等-法學知識與英文】	(B)
根據司法院釋字第603號解釋，下列關於資訊隱私權保障內涵之陳述，何者錯誤？　(A)屬人格權之一部分，受憲法第 22 條之保障　(B)人民享有自主控制個人資料是否揭露之決定權　(C)人民享有個人資料記載錯誤之更正權　(D)人民之資訊隱私權係屬憲法保留之基本權，不得以法律限制之　【103高考-法學知識與英文】	(D)
依據司法院解釋，指紋乃重要個人資訊，個人對其指紋資訊之自主控制，受下列何項權利之保障？　(A)資訊公開請求權　(B)資訊隱私權　(C)表意自由　(D)請求人身自由　【99地方特考三等-法學知識與英文】	(B)
依司法院大法官解釋，下列關於隱私權之敘述，何者錯誤？　(A)隱私權非屬憲法明文列舉之權利　(B)個人資料自主控制權亦屬於隱私權　(C)個人指紋受憲法隱私權之保障　(D)隱私權為憲法所保障財產權之一種　【108高考-法學知識與英文】	(D)
依司法院釋字第689號解釋，下列敘述何者錯誤？　(A)依正當法律程序原則，人民權利受侵害時，應有司法救濟之機會　(B)警察機關就無正當理由之跟追行為，經勸阻而不聽者，須由法官核定後，始得裁罰跟追人　(C)新聞採訪自由並非僅保障隸屬於新聞機構之新聞記者之採訪行為　(D)個人縱於公共場域中，亦應享有依社會通念得不受他人持續注視、監看等侵擾私人活動領域之權利　【108普考-法學知識與英文】	(B)
依憲法及司法院大法官解釋，下列何者權利不涉及請求國家給付之實體保障？　(A)請願權 (B)生存權 (C)健康權 (D)受國民教育權【111高考-法學知識與英文】	(A)
下列何者不屬於隱私權之保障範疇？　(A)個人生活私密領域不受行政機關任意侵擾　(B)人民自行決定是否將指紋資料留存於出入境管理機關　(C)人民請求行政機關更正記載錯誤之個人戶籍資料　(D)人民請求記者刪除先前自願接受採訪之影片　【111普考-法學知識與英文】	(D)

相關考題　　隱私權

法律規定請領國民身分證應捺指紋並錄存，否則不發給身分證，涉及何種基本權利？　(A)姓名權　(B)隱私權　(C)名譽權　(D)財產權 【99三等第一次司法人員-法學知識與英文】	(B)
憲法第22條規定凡人民之其他自由及權利，不妨害社會秩序、公共利益者，均受憲法之保障。依大法官解釋，下列何者可列入憲法第22條所保障之基本權利？　(A)隱私權　(B)請願權　(C)訴訟權　(D)工作權 【99高考三級-法學知識與英文】	(A)
依司法院釋字第603號解釋，「指紋乃重要之個人資訊，個人對其指紋資訊之自主控制」受下列何項權利之保障？　(A)人身自由　(B)生存權　(C)財產權　(D)資訊隱私權　　　　　　　　　　　【99四等關務-法學知識】	(D)
依司法院釋字第603號解釋，下列有關隱私權之敘述，何者為錯誤？　(A)基於個人主體性之維護，隱私權乃為不可或缺之基本權利　(B)個人自主控制個人資料之情形屬所謂資訊隱私權　(C)隱私權屬憲法上明文列舉權利　(D)憲法對資訊隱私權之保障，並非絕對　　　　　　【98普考-法學知識與英文】	(C)

相關考題　　婚姻自由權

依司法院釋字第552號等解釋，關於婚姻自由的敘述，下列何者錯誤？　(A)婚姻自由係受憲法保障　(B)法律禁止重婚，係為維護一夫一妻之社會制度　(C)為維護婚姻與家庭之社會功能，應受憲法上制度性之保障　(D)結婚當事人只要有一方是善意且無過失而構成重婚，基於信賴保護，後婚仍屬有效 【99四等關務-法學知識】	(D)
關於司法院釋字第748號解釋之敘述，下列何者錯誤？　(A)相同性別二人成立永久結合關係，亦受憲法第22條婚姻自由之保障　(B)現行民法第4編親屬第2章婚姻規定，侵害憲法第22條保障之隱私權　(C)以何種形式保障相同性別二人成立永久結合關係，以達婚姻自由之平等保護，屬立法形成之範圍　(D)以性傾向為分類標準所為之差別待遇，亦屬憲法第7條平等權規範之範圍 【107普考-法學知識與英文】	(B)

相關考題　人格權

某甲認為自己姓名粗俗不雅，希望能改名，此項舉動是受到何種基本權利之保護？　(A)人格權　(B)隱私權　(C)言論自由　(D)請願權 【99四等關務-法學知識】	(A)
依司法院大法官解釋，子女獲知其血統來源，確定其真實父子關係，為憲法所保障之何種基本權利？　(A)財產權　(B)人身自由　(C)工作權　(D)人格權 【98高考三級-法學知識與英文】	(D)
有關姓名權之保障，下列陳述何者錯誤？　(A)姓名為人格之表現　(B)姓名權係親權之一部分　(C)姓名文字字義粗俗不雅，得申請改名　(D)姓名讀音會意不雅，得申請改名 【98高考三級-法學知識與英文】	(B)
下列何者非特別人格權？　(A)信用　(B)信仰　(C)姓名　(D)自由 【99普考-法學知識與英文】	(B)
名譽權旨在維護個人之主體性，為實現人性尊嚴所必要，受下列何規定所保障？　(A)憲法第11條言論自由　(B)憲法第22條憲法非明文列舉權利　(C)憲法第8條人身自由　(D)憲法第15條生存權 【101三等一般警察-法學知識與英文】	(B)

相關考題

某女性外籍勞工如廁時，遭甲拍攝裙下內褲，該勞工與甲發生爭執。下列敘述何者正確？　(A)外籍勞工非國民，不受憲法保障　(B)外籍勞工只能因工作因素在我國居留，故僅享有工作權之保障　(C)題示情形，該外籍勞工亦享有隱私權之保障　(D)若當事人不服民事法院判決聲請釋憲，司法院大法官必須受理其聲請 【105四等警察-法學知識】	(C)
關於憲法第 23 條規定之敘述，下列何者錯誤？　(A)比例原則之依據　(B)法律保留之依據　(C)自由權並非絕對保障　(D)基本權概括條款之規定 【105三等警察-法學知識與英文】	(D)

權利衡平、比例原則

　　以上各條列舉之自由權利，除為防止妨礙他人自由、避免緊急危難、維持社會秩序，或增進公共利益所必要者外，不得以法律限制之。(憲§23) 本條的核心概念包括法律保留原則以及比例原則。

● 權利可以無限上綱嗎？

　　常聽到許多當事人罵人之後，主張這是我的言論自由，受到憲法的保障，怎麼可以科刑處罰！事實上這是錯誤的觀念，本書前面介紹許多憲法的保障，如果讓每個權利都能夠無限擴大，則最後連殺人都變成是憲法保障的範圍，因為殺人也是一種行動的自由。

　　所以，權利還是應該要加以限制，應該在影響他人權利的最小限度範圍內，找到權利與權利衝突間的一個平衡點，而憲法第23條就是規範這個平衡點所在的規定。

● 大法官會議解釋的架構

　　大法官會議在決定爭點法令是否違憲時，主要就是依據憲法第23條規定來論述，例如釋字第666號解釋，針對社會秩序維護法只罰娼妓不罰嫖客是否違憲？會先探討平等權的概念，接著探究罰娼不罰嫖立法之目的是否正當 (維護社會秩序善良風俗)，以及手段是否符合必要性，是否具備目的關聯性，最後作出違憲與否之結論。以此三段論法的格式，就是大法官會議的架構，也是撰寫申論題的基本格式。

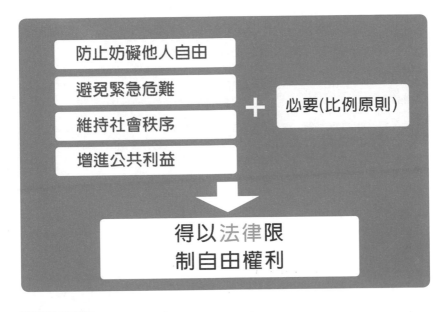

防止妨礙他人自由
避免緊急危難
維持社會秩序
增進公共利益

＋ 必要(比例原則)

得以**法律限**制自由權利

相關考題 權利衡平、比例原則

依司法院釋字第551號解釋，倘有法律規定捏造證據誣告他人犯罪者，處以其所誣告之罪之刑，此舉是否符合比例原則？ (A)符合，此係以其人之道還治其人之身 (B)符合，誣告行為係嚴重浪費司法資源，應以嚴刑峻罰防堵之 (C)不符合，刑事責任應以行為本身之惡害程度予以非難評價，以所誣告罪名反坐，有失均衡 (D)不符合，以所誣告罪名反坐，違反言論自由保障【99地方特考四等-法學知識與英文】	（C）

【解析】

釋字第551號解釋：「有關栽贓誣陷或捏造證據誣告他人犯該條例之罪者，固亦得於刑法普通誣告罪之外，斟酌立法目的而為特別處罰之規定。然同條例第16條規定：『栽贓誣陷或捏造證據誣告他人犯本條例之罪者，處以其所誣告之罪之刑』，未顧及行為人負擔刑事責任應以其行為本身之惡害程度予以非難評價之刑法原則，強調同害之原始報應刑思想，以所誣告罪名反坐，所採措置與欲達成目的及所需程度有失均衡；其責任與刑罰不相對應，罪刑未臻相當，與憲法第23條所定比例原則未盡相符。」

權利衡平、比例原則

衛生主管機關對藥商刊播廣告之審查核准行為，依司法院大法官釋字第414號解釋，認為是： (A)侵害憲法第11條之言論、出版自由權 (B)侵害人民之經濟活動自由 (C)合乎憲法第23條規定意旨 (D)違反憲法第15條人民之財產權應予保障規定 【98三等地方特考-法學知識與英文】	(C)
法律規定人民請領國民身分證必須按捺指紋，對此規定，依司法院大法官解釋，下列敘述何者錯誤？ (A)法律應明定蒐集人民指紋之目的 (B)法律應明文禁止法定目的外之使用 (C)強制按捺指紋與達國民身分證防偽之目的間損益均衡 (D)主管機關對蒐集之指紋檔案，應採取組織上與程序上必要之防護措施 【99三等關務-法學知識】	(C)

【解析】

釋字第603號解釋：「……對於未依規定捺指紋者，拒絕發給國民身分證，形同強制按捺並錄存指紋，以作為核發國民身分證之要件，其目的為何，戶籍法未設明文規定，於憲法保障人民資訊隱私權之意旨已有未合。縱用以達到國民身分證之防偽、防止冒領、冒用、辨識路倒病人、迷途失智者、無名屍體等目的而言，亦屬損益失衡、手段過當，不符比例原則之要求。」

槍砲彈藥刀械管制條例規定，在犯特定規定之罪，經判處有期徒刑者，應於刑之執行完畢或赦免後，一律令入勞動場所強制工作。以下何者為大法官之見解？ (A)此種保安處分之措施含有社會隔離、拘束身體自由之性質，故其規定之內容，應受比例原則之規範 (B)此乃為維護社會秩序，保障人民之生命財產所必須，與比例原則未有牴觸 (C)強制工作旨在強制其從事勞動，學習一技之長及正確之謀生觀念，使其日後重返社會，能適應社會生活，並未牴觸憲法第23條之比例原則 (D)與行為人有無預防矯治其社會危險性之必要無涉 【100三等海巡-法學知識與英文】	(A)

【解析】

參照釋字第471號解釋。

相關考題　權利衡平、比例原則

依司法院釋字第558號解釋，法律若規定國民入出境均應經許可，且對未經許可入境者予以刑罰制裁，係違反何種原則？　(A)誠信原則　(B)比例原則　(C)明確性原則　(D)不當聯結禁止原則　【99-地方特考三等-法學知識與英文】

(B)

【解析】

釋字第558號解釋：「動員戡亂時期國家安全法制定於解除戒嚴之際，其第3條第2項第2款係為因應當時國家情勢所為之規定，適用於動員戡亂時期，雖與憲法尚無牴觸，惟中華民國81年修正後之國家安全法第3條第1項仍泛指人民入出境均應經主管機關之許可，未區分國民是否於臺灣地區設有住所而有戶籍，一律非經許可不得入境，並對未經許可入境者，予以刑罰制裁，違反憲法第23條規定之比例原則，侵害國民得隨時返回本國之自由。」

依司法院大法官釋字第531號解釋意旨，法律規定因駕車逃逸而受吊銷駕駛執照之處分者，終身不得考領駕駛執照，與下列何種原則有關？　(A)明確性原則　(B)信賴保護原則　(C)不當聯結禁止原則　(D)比例原則　【100三等海巡-法學知識與英文】

(D)

司法院大法官解釋：槍砲彈藥刀械管制條例第8條第1項：未經許可製造、販賣、運輸具殺傷力之空氣槍，不論情節輕重，處以無期徒刑或5年以上有期徒刑之規定違憲。係因違反下列何項法律原則？　(A)平等原則(B)比例原則　(C)法律保留原則　(D)法律優位原則　【101高考-法學知識與英文】

(B)

總統制與內閣制

● 總統制

總統制,行政、立法各自獨立,總統與立法機關中的民意代表,各自透過不同的選舉機制選出,並且透過立法機關來監督以總統為首的行政機關。一般來說,總統制的特色如下:

一、總統向全民負責,也受到立法機關之監督。

二、為全民直選,具有固定任期,為國家最高行政首長,負有實際行政責任。

三、總統籌組政府,內閣由總統任免。

四、有覆議制度,但沒有副署制度。

五、無不信任投票與解散制度。

● 內閣制

內閣制,行政立法合一,也就是由國會選出之議員,其中的多數黨或少數黨組合的聯盟,推選出內閣,內閣首相 (常見者尚有總理) 進而組成政府,另有一虛位元首,不負責實際政治責任。其特色如下:

一、內閣向國會負責。

二、內閣首相 (總理) 掌控行政上的實權。

三、內閣由國會內部產生。

四、公佈法令必須經由內閣副署,以示負責。

五、有不信任投票與解散制度。

相關考題

下列何國屬於總統制國家? (A)英國 (B)美國 (C)日本 (D)德國 【103普考-法學知識與英文】	(B)

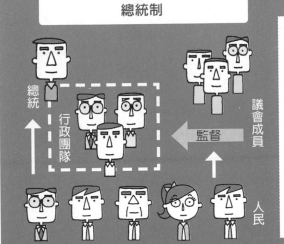

總統制

總統與議會成員，分別由人民所選出，議會成員是人民代行監督與制定規則的機關，而總統及其所率領的行政團隊，則是執行機關。兩者有如公司的監察人與董事會。

內閣成員，通常均由國會議員出任，是具備實質權利的行政組織。日本、英國尚有所謂的天皇、國王，但只是時代下殘存的產物，作為彰顯過去光榮歷史的虛幻事物，並沒有實際上的權力。

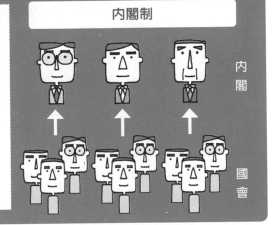

內閣制

相關考題

依憲法及憲法增修條文規定，下列何者不具有內閣制特色？　(A)行政院向立法院負責　(B)立法委員不得兼任閣員　(C)行政院院長之法令公布副署權　(D)行政院院長為全國最高行政機關首長　【99三等關務-法學知識】 ... (B)

總統

● 刑事豁免權

總統除犯內亂或外患罪外，非經罷免或解職，不受刑事上之訴究。(憲 § 52) 此條文本來就經釋字第388號解釋在案，後來又在前總統陳水扁涉及相關弊案時，因其對抗及拖延司法審判，又有釋字第627號解釋。

一、總統職位的尊崇與保障

憲法第52條規定，總統除犯內亂或外患罪外，非經罷免或解職，不受刑事上之訴究。此係憲法基於總統為國家元首，對內肩負統率全國陸海空軍等重要職責，對外代表中華民國之特殊身分所為之尊崇與保障，業經釋字第388號解釋在案。擔任總統之個人不能拒絕此一尊崇與保障，因為這是對「總統職位」而非「總統個人」。

二、暫時性的程序障礙

依本院釋字第388號解釋意旨，總統不受刑事上之訴究，乃在使總統涉犯內亂或外患罪以外之罪者，暫時不能為刑事上訴究，並非完全不適用刑法或相關法律之刑罰規定，故為一種暫時性之程序障礙，而非總統就其犯罪行為享有實體之免責權。是憲法第52條規定「不受刑事上之訴究」，係指刑事偵查及審判機關，於總統任職期間，就總統涉犯內亂或外患罪以外之罪者，暫時不得以總統為犯罪嫌疑人或被告而進行偵查、起訴與審判程序而言。但對總統身分之尊崇與職權之行使無直接關涉之措施，或對犯罪現場之即時勘察，不在此限。

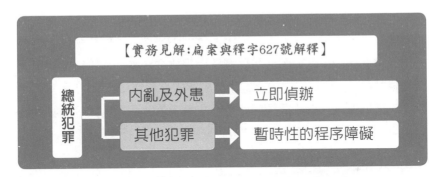

【實務見解:扁案與釋字627號解釋】

總統犯罪
- 內亂及外患 → 立即偵辦
- 其他犯罪 → 暫時性的程序障礙

①
大法官解釋說不能搜身,你不知道嗎?

因為偵查竊案需要,所以必須對您搜身!

總統

②
我怎麼會犯偷竊的小罪,我都在賣國啊!

007

．．．．．．．．．

總統

三、他案可以對總統為證據調查與證據保全

　　總統之刑事豁免權，不及於因他人刑事案件而對總統所為之證據調查與證據保全。惟如因而發現總統有犯罪嫌疑者，雖不得開始以總統為犯罪嫌疑人或被告之偵查程序，但得依本解釋（釋627）意旨，為必要之證據保全，均不得限制總統之人身自由，例如拘提或對其身體之搜索、勘驗與鑑定等，不得妨礙總統職權之正常行使。

四、搜索總統處所及總統拒絕之事由

　　其有搜索與總統有關之特定處所以逮捕特定人、扣押特定物件或電磁紀錄之必要者，立法機關應就搜索處所之限制、總統得拒絕搜索或扣押之事由，及特別之司法審查與聲明不服等程序，增訂適用於總統之特別規定。於該法律公布施行前，除經總統同意者外，無論上開特定處所、物件或電磁紀錄是否涉及國家機密，均應由該管檢察官聲請高等法院或其分院以資深庭長為審判長之法官五人組成特別合議庭審查相關搜索、扣押之適當性與必要性，非經該特別合議庭裁定准許，不得為之，但搜索之處所應避免總統執行職務及居住之處所。其抗告程序，適用刑事訴訟法相關規定。

五、總統當證人之義務

　　總統之刑事豁免權，亦不及於總統於他人刑事案件為證人之義務。惟以他人為被告之刑事程序，刑事偵查或審判機關以總統為證人時，應準用民事訴訟法第304條：「元首為證人者，應就其所在詢問之」之規定，以示對總統之尊崇。

　　例如阿珍被審問，阿扁應該去當證人，不可以主張刑事豁免權，而拒絕履行為證人之義務。畢竟作證是國民應盡之義務，既然偵查之案件與總統無關，就不會影響總統此一職務之尊崇。

● 罷免

　　總統、副總統之罷免案，須經全體立法委員四分之一之提議，全體立法委員三分之二之同意後提出，並經中華民國自由地區選舉人總額過半數之投票，有效票過半數同意罷免時，即為通過。(憲增§2 Ⅸ)

相關考題　刑事豁免權

司法院釋字第627號解釋對總統刑事豁免權之見解，下列何者正確？ (A)若發現總統有犯罪嫌疑，雖得進行偵查程序，但不得提起公訴　(B)因總統本身或他人刑事案件均不得對總統為證據調查與證據保全　(C)因他人刑事案件可對總統為搜索或扣押，但非經由最高法院法官5人組成合議庭裁定准許不得為之　(D)因他人刑事案件而以總統為證人時，應準用民事訴訟法第304條規定就其所在詢問之　　　　　　　　　　　　　　【99四等關務-法學知識】	(D)
依憲法第52條規定，總統之法律責任豁免權，以下何者錯誤？　(A)係指刑事豁免權　(B)也包含民事責任之豁免　(C)犯內亂罪、外患罪不得豁免　(D)豁免權不及於副總統　　　　　　　　　　　　　　【99四等海巡-法學知識與英文】	(B)
有關總統、副總統罷免案之敘述，下列何者錯誤？ (A)須經全體立法委員三分之一之提議　(B)全體立法委員三分之二之同意後提出　(C)經中華民國自由地區選舉人總額過半數之投票　(D)選舉人投票之有效票過半數同意罷免為通過　　　　　　　　　　　　　　【104司法三等-法學知識與英文】	(A)
依憲法增修條文第2條之規定，總統、副總統之罷免案，須經全體立法委員至少何比例之提議？ (A)二分之一　(B)三分之一　(C)四分之一　(D)五分之一　　　　　　　　　　　　　　【103普考-法學知識與英文】	(C)
依憲法或憲法增修條文規定，有關總統刑事豁免權，下列敘述何者錯誤？　(A)總統除犯內亂或外患罪外，非經罷免或解職，不受刑事上之訴究　(B)總統之刑事豁免權，為憲法基於總統作為國家元首特殊身分所為之尊崇與保障，乃一種暫時性之程序障礙　(C)總統之刑事豁免權，亦及於因他人刑事案件而對總統所為之證據調查與證據保全　(D)發現總統有犯罪嫌疑者，雖得為必要之證據保全，但不得限制總統之人身自由　　　　　　　　　　　　　　【110高考-法學知識與英文】	(C)

● **總統其他重要職權**

一、三軍統帥：總統統率全國陸海空軍。(憲§36)

二、公布法律，發布命令：與副署權之關聯性，請參考本書第174頁。

三、締結條約及宣戰、媾和之權：總統依本憲法之規定，行使締結條約及宣戰、媾和之權。(憲§38)

四、戒嚴權：總統依法宣布戒嚴，但須經立法院之通過或追認。立法院認為必要時，得決議移請總統解嚴。(憲§39)

五、赦免權。(參照本書第162～163頁)

六、任免文武官員：總統依法任免文武官員。(憲§41)

七、授與榮典：總統依法授與榮典。(憲§42)

八、發布緊急命令權：總統為避免國家或人民遭遇緊急危難或應付財政經濟上重大變故，得經行政院會議之決議發布緊急命令，為必要之處置，不受憲法第43條之限制。但須於發布命令後10日內提交立法院追認，如立法院不同意時，該緊急命令立即失效。(憲增§2Ⅲ)

九、院際協調：總統對於院與院間之爭執，除本憲法有規定者外，得召集有關各院院長會商解決之。(憲§44)

十、提名權。

相關考題	院際協調

| 有關憲法第44條賦予總統的權限爭議處理權，下列敘述何者錯誤？ (A)此項職權未經憲法增修條文凍結或另為規定 (B)大法官解釋曾指出，將此職權定位為元首中立權，是否符合民主政治、權力分立等原則，有商榷餘地 (C)如副總統兼任行政院院長，總統在行使本條職權時，將發生協調者與被協調者相同的矛盾 (D)經過憲法第44條之程序所獲得的解決方法對總統與各院院長均無法律拘束力　　　　　　　　　　　　　　【109高考-法學知識與英文】 | (C) |

反攻大陸示意圖

相關考題　總統職權

依現行法之規定，下列何者之任命，非由總統提名？　(A)審計長　(B)考試委員　(C)國家通訊傳播委員會委員　(D)監察委員 【101三等一般警察-法學知識與英文】	(C)
有關憲法所規定的總統職權，下列敘述何者正確？　(A)總統統率陸海空三軍，是為最高統帥權，所指僅為軍令權，不包括軍政權　(B)依據憲法增修條文相關規定，總統依法公布法律、發布命令，不須行政院院長之副署　(C)總統可拒絕公布法律　(D)總統行使締約、宣戰等權，仍須經行政院會議通過及經立法院決議 【99地方特考三等-法學知識與英文】	(D)
總統為國家元首，行政院院長為國家最高行政機關之首長，有關總統與行政院院長之職權，下列敘述何者錯誤？　(A)總統依法公布法律，發布命令，須經行政院院長及有關部會首長之副署　(B)行政院院長依法任免文武官員　(C)總統依法宣布戒嚴，但須經立法院之通過或追認　(D)行政院院長為行政院會議主席 【110高考-法學知識與英文】	(B)

● 大赦、特赦、減刑、復權

總統依法行使大赦、特赦、減刑及復權之權。(憲§40) 這樣子的制度，還是存在著些許王權的思想，實際施行卻可能破壞既有的正義與公平。例如詐欺犯、殺人犯，因為減刑而提早放了出來，被釋放者認為理所當然，受害人又氣得牙癢癢的，這就是讓人詬病的帝王恩典啊！例如立法委員邱毅曾因陳水扁的減刑而提早放出來，但卻從來未曾感謝過陳水扁。

這四者之定義，規範在赦免法。大赦，罪與刑之宣告無效，尚未宣告者，追訴權也消滅。特赦，則只是刑消滅，罪依然存在，但是若情節特殊者，則罪刑均無效。減刑，就是減輕其所宣告之刑，目前減刑的次數，迄今共有五次之多，都有其時代的背景與特殊的意涵。至於復權，如受褫奪公權宣告之人經復權者，回復其所褫奪之公權。(如右頁圖)

● 直接民選制與間接民選制

中華民國國民年滿40歲者，得被選為總統、副總統。(憲§45) 原本憲法第27條規定，總統由國民大會選舉之。此一規定，讓總統並不是直接透過人民選舉出來，而是人民選舉出國民大會代表後，再由這些代表選出總統、副總統。但是自國民大會廢止之後，則改為由人民直接選舉之。(憲增§2Ⅰ) 任期4年，連選得連任一次。(憲增§2Ⅵ) 原憲法第47條規定之任期6年，並不適用。

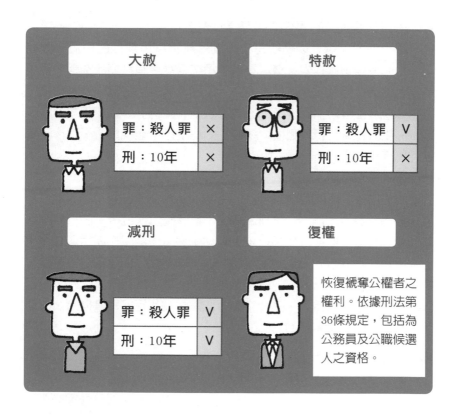

大赦

罪：殺人罪 ×
刑：10年 ×

特赦

罪：殺人罪 V
刑：10年 ×

減刑

罪：殺人罪 V
刑：10年 V

復權

恢復褫奪公權者之權利。依據刑法第36條規定，包括為公務員及公職候選人之資格。

相關考題

依憲法本文規定，總統行使下列何種赦免權，須經行政院會議議決，並經立法院審議通過？　(A)大赦　(B)特赦　(C)減刑　(D)復權　　　　　　　　　　　　　　　【99鐵路高員三級人事行政-法學知識與英文】	(A)
我國在那一年舉行第一次總統直接民選？　(A)民國36年　(B)民國52年　(C)民國85年　(D)民國89年　　　　　　【98四等地方特考-法學知識與英文】	(C)
總統對於刑事犯罪之罪名與刑罰加以赦免，稱為：　(A)大赦　(B)褒揚　(C)假釋　(D)復權　　　　　　　　　　　　　【103四等司特-法學知識與英文】	(A)

● 總統、副總統之不能視事及缺位

國家的運作還是以總統為主，副總統應該是無聲的角色。陳水扁、呂秀蓮競選過程中，陳水扁原本承諾讓女性有發揮的空間，但是等到上台後，呂秀蓮卻被打入冷宮，深表不滿，卻忘記憲法本來就是讓副總統沒什麼事情做。唯一的事情就是「等待」。總統因故不能視事時，由副總統代行其職權。總統、副總統均不能視事時，由行政院院長代行其職權。

當總統缺位時，由副總統繼任，至總統任期屆滿為止。(憲§49)副總統缺位時，總統應於3個月內提名候選人，由立法院補選，繼任至原任期屆滿為止。(憲增§2Ⅶ) 總統、副總統均缺位時，由行政院長代行其職權，並進行補選總統、副總統，繼任至原任期屆滿為止，不適用憲法第49條之有關規定。(憲增§2Ⅷ) 總統於任滿之日解職，如屆期次任總統尚未選出，或選出後總統、副總統均未就職時，由行政院院長代行總統職權。(憲§50) 行政院院長代行總統職權時，其期限不得逾3個月。(憲§51)

● 國家安全會議

除了任命權之外，總統另外一支掌控行政院的大手，大概就是國家安全會議了。總統為決定國家安全有關大政方針，得設國家安全會議及所屬國家安全局，其組織以法律定之。(憲增§2Ⅳ)

哪些國家安全的大政方針呢？

其範圍包括了國防、外交兩岸關係及國家重大變故之相關事項。(國家安全會議組織法§2Ⅱ) 再由於行政院長及與國家安全相關聯之部會首長也要出席 (國家安全會議組織法§4)，所以，圓桌會議就幾乎能決定國家大大小小的事情了。

再加上國家安全會議，只是總統決定國家安全有關之大政方針之諮詢機關。(國家安全會議組織法§2Ⅰ) 國家安全會議之決議，作為總統決策之參考。(國家安全會議組織法§5) 所以，總統是決定者，國家安全會議也不是合議制。

相關考題

依憲法第49條及增修條文第2條規定，有關總統、副總統缺位，下列何者錯誤？ (A)總統任期末屆滿而缺位，由副總統繼任 (B)副總統缺位時，總統應於3個月內提名候選人，由立法院補選之 (C)副總統僅係備位，副總統缺位不必補選 (D)總統、副總統均缺位，由行政院院長代行職權，至總統、副總統補選產生為止 【99四等關務-法學知識】	(C)
下列憲法機關的關係中，何者彼此間不具有組織人事上民主正當性之連結？ (A)總統與行政院 (B)總統與立法院 (C)立法院與監察院 (D)立法院與考試院 【98三等司法特考-法學知識與英文】	(B)
下列何種情形，尚非行政院院長代行總統職權之時機？ (A)總統、副總統之罷免案經立法院提議時 (B)總統、副總統選出後均未就職時 (C)總統、副總統皆因故不能視事時 (D)總統、副總統均缺位時 【98高考三級-法學知識與英文】	(A)
有關國家安全會議之敘述，下列何者錯誤？ (A)國家安全會議置秘書長1人，特任 (B)國家安全會議置副秘書長1人至3人，職務比照簡任第14職等 (C)國家安全會議及其所屬國家安全局直屬總統，不受立法院之監督 (D)國家安全會議置諮詢委員5人至7人，由總統特聘之 【98調查局-法學知識與英文】	(C)

【解析】

(C) 國家安全會議組織法第8條規定：「國家安全會議及其所屬國家安全局應受立法院之監督，國家安全局組織另以法律定之。」

有關總統國家機密特權之敘述，下列何者錯誤？ (A)總統之國家機密特權以其依憲法及憲法增修條文所享有之行政權範圍內，有關國家安全、國防及外交資訊為限 (B)國家機密特權非憲法明文規定，屬行政首長固有權能，其依據為權力分立與制衡原則 (C)總統依其國家機密特權，就國家機密事項於刑事訴訟程序應享有拒絕證言權，並於拒絕證言權範圍內，有拒絕提交相關證物之權 (D)總統陳述涉及國家機密事項之證言或提交相關證物，如經保密程序進行，即不能認為有妨害國家利益之虞 【105三等警察-法學知識與英文】	(D)

【解析】

釋字第627號解釋。

2 - 10

行政

● 行政院長之任命與任期

憲法增修條文第3條第1項規定：「行政院院長由總統任命之。」
也就是行政院長依舊由總統任命，只是不需要立法院同意，所以行政
院長似乎已經變成總統的「幕僚長」，或者說難聽一些，只是一名
「管家」。而且，行政院長沒有任期的保障，總統要換人，隨時都可
以換人。在前總統陳水扁任內，換了好幾次行政院長，造成政局不穩
定，也難以建立政策之一貫性。

● 行政院院長辭職或出缺

行政院院長由總統任命之。行政院院長辭職或出缺時，而總統未
任命行政院院長前，由行政院副院長暫行代理。憲法第55條之規定，
停止適用。(憲增修§3Ⅰ)

● 行政院成員與行政院會議

依據行政院組織法第3、4條之規定，設有十四部九會。另外，依
據同法第5條規定，並設有7至9人之政務委員，政務委員得兼任前條
委員會之主任委員。如果沒有兼任之政務委員，過去稱之為不管部會
之政務委員。

行政院設行政院會議，由行政院院長、副院長、各部會首長及不
管部會之政務委員組織之，以院長為主席。(憲§58Ⅰ)

相關考題

依司法院釋字第419號解釋，立法院下列何項行為逾越憲法所定職權，無憲法上之拘束力？　(A)議決中央政府總預算案　(B)決議咨請總統提名行政院院長　(C)議決行政院組織法修正案　(D)決議請行政院院長到院備詢　【99四等關務-法學知識】	(B)
依憲法與行政院組織法規定，行政院院長之任期為何？　(A)一任3年　(B)一任4年　(C)一任6年　(D)均未規定其任期　【99三等關務-法學知識】	(D)
下列行政院之官員中，所謂「不管部部長」的稱呼，指的是下列何者？　(A)行政秘書長　(B)行政院副院長　(C)行政院政務委員　(D)行政院主計長　【99鐵路四等員級-法學知識與英文】	(C)
依憲法增修條文規定，當行政院院長辭職或出缺時，應如何處理？　(A)在總統未任命新任行政院院長之前，由副總統先行兼任　(B)在總統未任命新任行政院院長之前，可由立法院院長兼任　(C)由行政院副院長兼任至立法院改選為止　(D)在總統未任命新任行政院院長之前，由行政院副院長暫行代理　【99三等關務-法學知識】	(D)
關於行政院會議，下列敘述何者正確？　(A)行政院會議之決議係由行政院院長與其他閣員共同決定　(B)行政院會議僅有向行政院院長提出諮詢之權　(C)行政院會議得議決各院共同關係之事項　(D)行政院會議雖屬合議制，但在爭議時，行政院院長有最後決定權　【104司法四等-法學知識與英文】	(D)
關於行政院之敘述，下列何者正確？　(A)行政院對於立法院決議之法律案，如認為窒礙難行時，經行政院會議之決議後，即得移請立法院覆議　(B)立法院通過對行政院院長之不信任案後，行政院院長得解散立法院　(C)覆議時，如經全體立法委員二分之一以上決議維持原案，行政院院長應即辭職　(D)行政院院長辭職或出缺時，由行政院副院長暫行代理，直至總統任命新行政院院長為止　【107普考-法學知識與英文】	(D)
下列人員之任命，何者不須經立法院同意？　(A)行政院院長　(B)司法院大法官　(C)考試委員　(D)監察委員　【107普考-法學知識與英文】	(A)

● 不信任投票與解散國會

一、不信任投票

立法院得經全體立法委員三分之一以上連署，對行政院院長提出不信任案。不信任案提出72小時後，應於48小時內以記名投票表決之。如經全體立法委員二分之一以上贊成，行政院院長應於10日內提出辭職，並得同時呈請總統解散立法院；不信任案如未獲通過，1年內不得對同一行政院院長再提不信任案。(憲增§3Ⅱ③)

二、解散立法院

總統於立法院通過對行政院院長之不信任案後10日內，經諮詢立法院院長後，得宣告解散立法院。但總統於戒嚴或緊急命令生效期間，不得解散立法院。立法院解散後，應於60日內舉行立法委員選舉，並於選舉結果確認後10日內自行集會，其任期重新起算。(憲增§2Ⅴ)

立法院通過對行政院長之不信任案，往往發生在於立法院是在野黨掌控的情況，對於總統與行政院長 (通常同屬執政黨) 往往以各種名義拉其二人下台，雖然兩邊都是具有民意基礎，但可能是不同時期選出來的結果，相差個幾年 (我國幾乎每年都有選舉)，所以總統有權解散立法院，讓立法委員重選，聽聽看最新的民意到底支持哪一方！

「戒嚴或緊急命令生效期間，不得解散立法院」，主要是擔心如果解散了立法院，對於總統頒布戒嚴令或緊急命令，就沒有民意機關可以追認或不追認該等命令之效力，則總統可以任意地發布各種命令，導致獨裁發生的可能性。(憲增§2Ⅴ)

相關考題　不信任案

立法院對行政院院長提出不信任案，應於下列何種時程決定之？ (A)不信任案提出 36 小時後，應於 48 小時內以記名投票表決之 (B)不信任案提出 72 小時後，應於 24 小時內以記名投票表決之 (C)不信任案提出 72 小時後，應於 48 小時內以記名投票表決之 (D)不信任案提出 72 小時後，應於 36 小時內以記名投票表決之 　　　　　　　　　　　　　　　　　　【103高考-法學知識與英文】	(C)
依憲法增修條文第3條規定，立法院通過對行政院院長之不信任案時，以下何者正確？　(A)行政院院長應於10日內辭職　(B)行政院院長應於12日內辭職 (C)行政院院長應於15日內辭職　(D)行政院院長可以先不辭職，經總統核可於15日內移請立法院覆議　　　　　　　　【99四等關務-法學知識】	(A)
下列何者是憲法增修條文就立法院對行政院院長提出不信任案的要求？　(A)行政院院長就任未滿1年前，不得提出不信任案　(B)總統就任未滿1年前，不得提出不信任案　(C)不信任案須由立法委員以記名投票表決　(D)不信任案提出前應先徵詢總統意見　　　　　　【98三等地方特考-法學知識與英文】	(C)
依憲法增修條文之規定，立法院通過對行政院院長之不信任案後10日內，總統應經諮詢下列何者後，得宣告解散立法院？　(A)行政院院長　(B)司法院院長 (C)立法院院長　(D)監察院院長　　　　【98三等地方特考-法學知識與英文】	(C)
依憲法增修條文規定，立法院對於行政院院長提出不信任案通過之議決人數為何？　(A)全體立法委員二分之一以上贊成　(B)全體立法委員三分之二以上贊成　(C)全體立法委員三分之一以上出席，出席委員二分之一以上贊成　(D)全體立法委員二分之一以上出席，出席委員三分之二以上贊成 　　　　　　　　　　　　　　　　　　【101高考-法學知識與英文】	(A)
依憲法增修條文之規定，立法院對行政院院長提出不信任案，應如何作成決定？ (A)立法院於不信任案提出36小時後，至遲應於24小時內以記名投票表決之 (B)立法院於不信任案提出36小時後，至遲應於24小時內以不記名投票表決 (C)立法院於不信任案提出72小時後，應於48小時內以記名投票表決 (D)立法院於不信任案提出72小時後，應於48小時內以不記名投票表決 　　　　　　　　　　　　　　　　　　【105三等警察-法學知識與英文】	(C)

相關考題　解散立法院

有關總統宣告解散立法院，下列敘述何者錯誤？　(A)限於立法院通過對行政院院長之不信任案後30日內為之　(B)應經諮詢立法院院長　(C)總統於戒嚴期間，不得解散立法院　(D)總統於緊急命令生效期間，不得解散立法院 【103高考-法學知識與英文】	（A）

相關考題　不得解散立法院之期間

依憲法增修條文之規定與司法院解釋，行政院院長何時應提出辭職？　(A)立法院未通過行政提出之預算案時　(B)總統對於行政院所提出之覆議案不予核可時　(C)立法院對行政院院長所提出之不信任案通過時　(D)行政院向立法院提出之覆議案，經全體立法委員二分之一以上決議維持原案時 【99地方特考三等-法學知識與英文】	（C）
依憲法增修條文第2條規定，總統之立法院解散權，以下何者正確？　(A)在立法院通過行政院院長之不信任案後7日內　(B)戒嚴或緊急命令生效期間，不得解散立法院　(C)立法院解散後，應於90日內舉行立法委員選舉　(D)立法委員選舉結果確認後，應於7日內自行集會　　【99四等海巡-法學知識與英文】	（B）
依憲法增修條文規定，總統於下列何種情況下，不得解散立法院？　(A)國家慶典期間　(B)立法委員任期未滿1年　(C)於戒嚴或緊急命令生效期間　(D)立法院院長不同意時　　【98高考三級-法學知識與英文】	（C）
依憲法增修條文規定，總統於下列那個期間內不得解散立法院？　(A)立法院休會　(B)緊急命令生效　(C)國家財政危機　(D)外來武力威脅 【99地方特考四等-法學知識與英文】	（B）
下列何者並非行政院對立法院負責的方式？　(A)因施政方針變更涉及法定預算之停止執行，行政院院長或部會首長應向立法院提出報告並備質詢　(B)行政院對立法院決議之條約案移請立法院覆議　(C)立法院對行政院院長提出不信任案　(D)立法院於每年集會時，得聽取行政院院長國情報告 【101普考-法學知識與英文】	（D）

● 副總統兼任行政院長

1996年間，連戰擔任副總統時兼任行政院長，致使立法委員提出釋憲，認為不應同時兼任二職，但是總統府認為並無兼任限制的規定，因此連戰仍身兼二職。最後，大法官作出釋字第419號解釋，見解如下：

> 「副總統得否兼任行政院院長憲法並無明文規定，副總統與行政院院長二者職務性質亦非顯不相容，惟此項兼任如遇總統缺位或不能視事時，將影響憲法所規定繼任或代行職權之設計，與憲法設置副總統及行政院院長職位分由不同之人擔任之本旨未盡相符。引發本件解釋之事實，應依上開解釋意旨為適當之處理。」

這號解釋的結果好像違憲，又好像沒有違憲，只說應「適當之處理」，對於極具政治性之釋憲議題，也有個極具政治性之解釋。最後，連戰有辭職其中之一嗎？沒有，直到白曉燕命案才交卸行政院長職務，或許是因為總統缺位的機率很低，至少還有一個副總統(兼任行政院長)，兩人同時缺位的可能性更低，卸任8個月後，也沒有發生任何不幸，才由蕭萬長先生接任，整起事件也就不了了之。

相關考題

依司法院釋字第419號解釋，下列敘述，何者正確？　(A)副總統不得兼任行政院院長為憲法所明文規定　(B)副總統與行政院院長二者職務性質顯不相容(C)副總統如兼任行政院院長，於總統缺位或不能視事時，將影響憲法所規定繼任或代行職權之設計　(D)副總統得兼任行政院院長，與憲法設置副總統及行政院院長職位分由不同之人擔任之本旨並無相符	(C)

【99三等關務-法學知識】

● 覆議

　　行政院對於立法院決議之<u>法律案、預算案、條約案</u>，如認為有窒礙難行時，得經總統之核可，於該決議案送達行政院**10日內**，移請立法院覆議。立法院對於行政院移請覆議案，應於送達**15日內**作成決議。如為休會期間，立法院應於**7日內**自行集會，並於開議**15日內**作成決議。覆議案逾期未議決者，<u>原決議失效</u>。覆議時，如經全體立法委員二分之一以上決議維持原案，行政院院長應即接受該決議。(憲增§3Ⅱ)

　　例如美國牛肉進口案，引發許多爭議，立法院更通過食品衛生管理法的修正案，引發臺美關係緊張。如果行政院認為此項修正案有窒礙難行之處，可以移請立法院覆議。

相關考題

下列何者不屬於行政院可提出覆議之對象？　(A)預算案　(B)戒嚴案　(C)法律案　(D)條約案　【99三等第一次司法人員-法學知識與英文】	(B)
依憲法增修條文第3條規定，行政院移請立法院覆議之覆議案，如經立法委員決議維持原案，行政院院長應如何處理？　(A)辭職　(B)接受該決議　(C)再提覆議　(D)呈請總統召開院際協調會　【99四等關務-法學知識】	(B)
依憲法增修條文第3條規定，立法院對行政院移請之覆議案，至遲應於送達幾日內作成決議？　(A)7日　(B)10日　(C)15日　(D)20日　【99四等海巡-法學知識與英文】	(C)
依憲法增修條文規定，行政院移請覆議案，立法院未於期限內作成決議者，原決議之效力為何？　(A)無效　(B)不生效力　(C)失效　(D)定期失效　【99地方特考四等-法學知識與英文】	(C)
依憲法增修條文第3條之規定，立法院對覆議案逾期未議決者，原決議之效力為何？　(A)失效　(B)繼續有效　(C)由總統決定其效力　(D)由司法院大法官認定其效力之有無　【98四等司法特考-法學知識與英文】	(A)
依憲法增修條文規定，行政院對於立法院決議之條約案，於立法院休會期間提出覆議案時，立法院應如何處理？　(A)立法院應於該覆議案送達30日內作成決議　(B)立法院應於該覆議案送達7日內自行集會，並於開議15日內作成決議　(C)該覆議案無效而不須處理　(D)將該覆議案保留至下一會期再行決議　【99三等關務-法學知識】	(B)

覆議流程

立法院對於行政院移請覆議案,應於送達15日內作成決議。如為休會期間,立法院應於7日內自行集會,並於開議15日內作成決議。覆議案逾期未議決者,原決議失效。覆議時,如經全體立法委員二分之一以上決議維持原案,行政院院長應即接受該決議。

依憲法增修條文之規定,關於行政院覆議權之敘述,下列何者正確? (A)覆議案之範圍為法律案、預算案、條約案與重要政策變更 (B)行政院對窒礙難行之法律案決議,直接向立法院提出覆議 (C)立法院逾期未議決覆議案,原決議失效 (D)覆議時,如經全體立法委員二分之一以上決議維持原案,行政院院長應即接受或辭職 【108高考-法學知識與英文】 (C)

● **副署權**

副署制度源自於英國，總統依法公布法律，發布命令，須經行政院院長之副署，或行政院院長及有關部會首長之副署。(憲法§37) 但是，此舉可能造成總統與行政院長之間的對抗，郝柏村就曾經對於李登輝要升任某位將官為上將，認為資格不符而拒絕副署。為此，憲法增修條文將本條規定實質廢除，剝奪了行政院長的副署權，主要就是掌握行政院長的人事任命權，不需要行政院長的副署，反正不聽話就換一個。其規定為「總統發布行政院院長與依憲法經立法院同意任命人員之任免命令及解散立法院之命令，無須行政院院長之副署，不適用憲法第37條之規定。」(憲增§2Ⅱ)

● **預算案與決算之提出**

政府收了稅金，要把這些錢花在國家建設或其他經營國家的刀口上，因此行政院必須提出年度預算，決定明年要花什麼錢，並由立法院來議決。行政院於會計年度開始3個月前，應將下年度預算案提出於立法院。(憲§59)

但是，錢怎麼花，執行成效如何，則除了立法院加以監督之外，監察院之審計部也要善盡其職權，嚴密審核財務收支，督促落實開源節流措施。依據憲法規定，行政院於會計年度結束後4個月內，應提出決算於監察院。(憲§60) 審計長應於行政院提出決算後3個月內，依法完成其審核，並提出審核報告於立法院。(憲§105) 另外，訂有決算法規範有關決算之事項。

相關考題　副署制度

副署制度係源自那一國？　(A)英國　(B)德國　(C)法國　(D)日本 【98三等司法特考-法學知識與英文】	(A)
憲法本文與增修條文關於副署的規定不盡相同，下列何者屬於增修條文之特別規定？　(A)總統宣布戒嚴，無須行政院院長之副署　(B)總統發布緊急命令，無須任何人之副署　(C)總統發布解散立法院之命令，無須行政院院長之副署　(D)總統發布總統府秘書長之任免命令，無須行政院院長之副署 【98普考-法學知識與英文】	(C)
總統所發布的下列命令中，何者須經行政院院長之副署？　(A)解散立法院　(B)任命行政院院長　(C)公布法律發布命令　(D)依憲法經立法院同意任命人員 【99四等關務-法學知識】	(C)
依憲法、憲法增修條文及司法院大法官解釋意旨，關於總統之職權，下列敘述何者正確？　(A)總統不得以有妨礙國家安全為由，拒絕公開其職權範圍內有關之外交資訊　(B)總統對內政部部長之任命，須經行政院院長之副署　(C)總統為避免國家或人民遭遇緊急危難，得經立法院同意後發布緊急命令以為必要之處置　(D)總統為決定國家內政有關大政方針，得設國家發展委員會為其諮詢機關 【105四等警察-法學知識】	(B)

相關考題　決算

依憲法第60條規定，行政院於會計年度結束後幾個月內，應提出決算於監察院？　(A) 1個月　(B) 2個月　(C) 3個月　(D) 4個月 【99三等第一次司法人員-法學知識與英文】	(D)
下列敘述，何者牴觸我國關於預算案的現行憲法規範及憲法實踐？　(A)預算案僅得由行政院提出　(B)立法院對於行政院所提預算案，不得為增加支出之提議　(C)行政院不得針對立法院決議之預算案提出覆議　(D)立法院於審議預算時，不得移動或增減預算項目 【111高考-法學知識與英文】	(C)

立法

● 立法委員之人數與任期

原第四屆立法委員是225人，但是因為立委功能不彰，讓民眾質疑養那麼多冗員，實在是浪費國家的資源，所以在民意的壓力下，大砍一半，變成113人，任期4年，連選得連任。(憲增§4Ⅰ) 有關婦女保障名額，由於立法委員席次減半及區域立委選舉改採單一選區制，原婦女保障名額之規定在此種情形下難以落實執行，爰加以修正，明定各政黨全國不分區與僑居國外國民立委當選名單中，婦女名額不得低於二分之一。(憲增§4Ⅱ)

● 單一選區兩票制

立法委員選舉制度，依據憲法增修條文第4條第2項規定，採「單一選區兩票制」，一票選人、一票選政黨，不分區席次由政黨票依比例分配。例如某位選民是支持國民黨，但是其鄰居為民進黨的候選人，為了讓其鄰居有機會當選，遂投票給該位鄰居，也就是民進黨的候選人，但是另外一張政黨選票是投給國民黨。

在第七次修憲過程中，曾有如下說明：

「立法委員選舉改採單一選區兩票制，即單一選區制與比例代表制混合之兩票制。直轄市、縣市選出之區域立法委員部分，係『依各直轄市、縣市人口比例分配，並按應選名額劃分同額選舉區選出之』，採行單一選區制選舉，每一選區選出立委一人。全國不分區及僑居國外國民立法委員部分，係『依政黨名單投票選舉，由獲得百分之五以上政黨選舉票之政黨依得票比率選出之』，採比例代表制選舉，且設有百分之五之席次分配門檻，獲得政黨選舉票百分之五以上的政黨，始得分配全國不分區及僑居國外國民立委之席次。」

單一選區兩票制

單一選區制選舉　　　比例代表制選舉

● **酬勞與待遇：避免自肥條款**

增修條文中最短的條文，應該就是第8條，其內容為「立法委員之報酬或待遇，應以法律定之。除年度通案調整者外，單獨增加報酬或待遇之規定，應自次屆起實施。」

這一條規定是為了避免立法委員自肥，例如立委本來月薪20萬元，選上了之後，為了讓自己的口袋麥可麥可，居然聯合其他立法委員，修正立法委員薪水支給條例，從20萬元大幅調高到200萬元，即便有這種調整報酬或待遇的規定，也不能適用到修法的這一屆立法委員，而應該從下一屆的立法委員開始實施。

相關考題

依憲法規定下列事項之變更，何者無須經我國自由地區選舉人投票複決通過： (A)憲法修正案 (B)領土變更案 (C)總統、副總統之罷免案 (D)法律案　　　【103三等地特-法學知識與英文】	(D)
立法院法律案通過後，移送總統及行政院，總統應於收到後至遲幾日內公布： (A)5日 (B)10日 (C)15日 (D)30日　　　【103三等地特-法學知識與英文】	(B)

相關考題 定期改選

下列關於民意代表定期改選之敘述，何者錯誤？　(A)為反映民意，貫徹民主憲政之途徑　(B)容許有因正當理由不能改選之例外情形　(C)依司法院大法官釋字第31號解釋，國家發生重大變故得作為不依法辦理改選之正當理由　(D)立法委員任期為憲法重要事項，不得以修憲方式延長之

【98三等司法特考-法學知識與英文】

(D)

【解析】

釋字第499號解釋：「……代議民主之正當性，在於民意代表行使選民賦予之職權須遵守與選民約定，任期屆滿，除有不能改選之正當理由外應即改選，乃約定之首要者，否則將失其代表性。本院釋字第261號解釋：『民意代表之定期改選，為反映民意，貫徹民主憲政之途徑』亦係基於此一意旨。所謂不能改選之正當理由，須與本院釋字第31號解釋所指：『國家發生重大變故，事實上不能依法辦理次屆選舉』之情形相當。……」

依憲法增修條文第8條規定，有關立法委員報酬或待遇的敘述，下列何者正確？　(A)應以命令定之　(B)於個案特殊考量，得隨時調整實施　(C)除年度通案調整者外，單獨增加報酬或待遇之規定，應自次屆起實施　(D)只要是增加立法委員的報酬或待遇，一律均須自次屆起實施

【99四等海巡-法學知識與英文】

(C)

依據司法院大法官解釋之意旨，下列何項規定，違反現行憲法賴以存立之自由民主憲政秩序？　(A)立法委員選舉採用一選區兩票制之並立制　(B)全國不分區及僑居國外國民立法委員席次，以政黨比例代表制選出　(C)獲得政黨選舉票百分之五以上之政黨，始得分配全國不分區及僑居國外國民立法委員席次之規定　(D)無憲政上不能依法改選之正當理由，逕行延長立法委員任期

【109普考-法學知識與英文】

(D)

相關考題 比例代表制選舉

下列那一項選舉中，採用由政黨依政黨選舉票得票比率選出之方法？　(A)直轄市議會議員　(B)立法委員　(C)縣市議會議員　(D)鄉鎮市民代表

【98四等司法特考-法學知識與英文】

(B)

依現行規定，有關立法委員之選舉，下列敘述何者正確？　(A)一人一票，票票等值，故當選人之得票數必須相同才能當選　(B)政黨必須獲得百分之三以上之選票才能分配不分區席次　(C)原住民僅以山地原住民為限　(D)不論縣市人口多少，至少應選一人　　　【111高考-法學知識與英文】

(D)

相關考題　比例代表制選舉

關於我國立法委員產生方式之敘述，下列何者正確？　(A)立法委員由人民直接選出，係採取單一大選區聯立兩票制　(B)由自由地區直轄市、縣市人口比例分配所選出之區域立法委員，應有73人　(C)全國不分區及僑居國外國民代表之立法委員，係由獲得百分之3以上政黨選舉票之政黨依得票比例選出　(D)各政黨所提全國不分區及僑居國外國民之立法委員候選名單中，婦女不得低於2分之1　　【111普考-法學知識與英文】	(B)

相關考題　婦女保障

依憲法增修條文第4條之規定，各政黨當選名單中，婦女不得低於多少比例？　(A)二分之一　(B)三分之一　(C)四分之一　(D)五分之一　【98四等司法特考-法學知識與英文】	(A)
在憲法增修條文中，下列何者在立法委員的選舉中，有當選名額保障的規定？　(A)農人　(B)勞工　(C)婦女　(D)商人【98高考三級-法學知識與英文】	(C)
關於立法委員選舉，下列何者正確？　(A)立法委員全國不分區候選人須年滿30歲　(B)投票日得從事助選活動　(C)有婦女保障名額之規定　(D)雙重國籍者仍可出任立法委員，不受影響　　【98三等地方特考-法學知識與英文】	(C)
憲法關於選舉之規定，下列敘述何者正確？　(A)全國不分區立法委員名額及選舉，其辦法另以法律定之　(B)各種選舉，應規定婦女當選名額　(C)國家對於僑居國外國民之政治參與，應予保障，故各種選舉，亦應規定其當選名額　(D)為保障原住民族之政治參與，立法委員選舉之各政黨不分區立法委員當選名單中，其比例不得低於三分之一　　【107普考-法學知識與英文】	(B)
依憲法增修條文第4條之規定，下列關於立法委員選舉制度之敘述，何者錯誤？　(A)合格選民可以投兩票　(B)直轄市、縣市之選舉區，每區只能選出一名立法委員　(C)得到超過百分之五以上政黨選舉票之政黨，才能分配全國不分區立法委員席次　(D)各政黨提出之不分區立法委員候選名單，婦女不得低於二分之一　　【108普考-法學知識與英文】	(D)

相關考題　單一選區兩票制

依憲法增修條文之規定，現行立法委員之選舉採下列何種制度？　(A)單一選舉一票制　(B)單一選區兩票制　(C)複數選區一票制　(D)複數選區兩票制　　【101高考-法學知識與英文】	(B)

● **總統副總統之彈劾**

　　立法院對於總統、副總統之彈劾案，須經全體立法委員二分之一以上之提議，全體立法委員三分之二以上之決議，聲請司法院大法官審理，不適用憲法第90條、第100條及增修條文第7條第1項有關規定。(憲增§4Ⅶ) 所以，總統、副總統之彈劾權屬於立法院，監察院雖有彈劾權，但並不包括總統、副總統。

● **言論免責權與人身自由之保障**

　　立法委員在院內所為之言論及表決，對院外不負責任。(憲§73)立法委員除現行犯外，在會期中，非經立法院許可，不得逮捕或拘禁。憲法第74條之規定，停止適用。(憲增§4Ⅷ)

相關考題　　**立法院職權行使**

有關立法院職權之行使，下列敘述何者錯誤？　(A)考試院有向立法院提出法律案之權限　(B)法律案必須經過立法院三讀通過總統公布始得正式成為法律　(C)第三讀會，除發現議案內容有互相牴觸，或與憲法其他法律牴觸者外，僅得為文字之修正　(D)所有議案皆須經過三讀會議決始得通過　　　　　　　　　　　　　　　　　　　　【105司特四等-法學知識與英文】	(D)
依憲法規定及司法院大法官解釋意旨，下列何者逾越立法院職權行使之界線？ (A)就公務員退休金制度進行修法　(B)議決非核家園之能源政策　(C)調閱偵查終結起訴案件之卷證　(D)組成調查委員會，瞭解司法院執行預算之情形　　　　　　　　　　　　　　　　　　　　　【111高考-法學知識與英文】	(C)

相關考題　　**言論免責**

下列有關立法委員之敘述，何者錯誤？　(A)立法委員不得兼任官吏　(B)立法委員於院內所為之表決，對院外不負責任　(C)立法委員，除現行犯外，非經立法院許可，不得逮捕拘禁　(D)立法委員互選立法院副院長　　　　　　　　　　　　　　　　　　　　　　　　　【99四等關務-法學知識】	(C)
倘若在警匪槍戰中，無法突困脫圍的匪徒，表明是現任立法委員，且身分被證實，此時檢警應如何處置？　(A)立即放行　(B)立即逮捕　(C)經立法院許可後逮捕之　(D)聲請法院許可拘提之 【99地方特考四等-法學知識與英文】	(B)

相關考題 **言論免責**

依司法院釋字第401號解釋，有關立法委員言論免責權範圍之敘述，下列何者正確？　(A)所免除之「法律責任」，不僅不受刑事追訴，也免除民事責任　(B)所免除之「法律責任」，僅排除刑事責任之訴追　(C)免除一切法律責任，因此也不受任何形式之懲戒處分　(D)免除一切法律責任，故不得以免責之言論作為罷免之事由　　　　　　　　　　　【99高考三級-法學知識與英文】	(A)

有關立法委員言論免責權，下列敘述何者正確？　(A)立法委員在立法院內所為之言論及表決，不受刑事訴追，亦不負民事賠償責任　(B)立法委員於院內之言行，縱違反立法院內部所訂自律之規則，亦無須負責　(C)舉凡立法委員在院會或委員會之發言、質詢、提案、表決以及與此直接相關之附隨行為，均屬應予保障之事項；但如院內黨團協商、公聽會之發言等則不屬之　(D)立法委員行使職權時所為蓄意肢體動作，縱符合表達意見之適當情節，亦非應予保障之事項　　　　　　　　　　　　【110普考-法學知識與英文】	(A)

相關考題 **彈劾**

立法院提出總統、副總統彈劾案，經下列何者判決成立時，被彈劾人應即解職？　(A)最高法院　(B)最高行政法院　(C)懲戒法院　(D)憲法法庭　　　　　　　　　　　　　　　　　　　　　　　　　【111高考-法學知識與英文】	(D)

相關考題 **特權**

下列何者為憲法所規定立法委員之特權？　(A)可無息向公立銀行進行融資貸款　(B)可無條件保釋經法院羈押之嫌疑犯　(C)除現行犯外，無論任何時間，不得逮捕或拘禁　(D)在院內所為之言論及表決，對院外不負責　　　　　　　　　　　　　　　　　　　　　　　　【100三等海巡-法學知識與英文】	(D)

相關考題 **總統副總統彈劾**

依憲法增修條文之規定，總統、副總統之彈劾案，經立法院決議通過後，由下列何者審理之？　(A)監察院　(B)高等法院　(C)司法院大法官　(D)公務員懲戒委員會　　　　　　　　　　　　　　　【99普考-法學知識與英文】	(C)

依憲法增修條文第 5 條之規定，副總統之彈劾案由下列何者負責審理？　(A)立法院　(B)監察院　(C)憲法法庭　(D)最高法院　　　　　　　　　　　　　　　　　　　　　　　　　【105四等警察-法學知識】	(C)

相關考題　　　總統副總統彈劾

依憲法增修條文之規定，立法院提出之總統、副總統彈劾案，由下列何者審理？　(A)國民大會　(B)監察院　(C)司法院憲法法庭　(D)全國人民　【99四等海巡-法學知識與英文】	(C)
依憲法增修條文規定，下列何項提案之決定，毋須經由公民投票或複決之程序？　(A)總統、副總統之罷免案　(B)總統、副總統之彈劾案　(C)領土變更案　(D)憲法修正案　【98高考三級-法學知識與英文】	(B)
依憲法增修條文之規定，有關罷免與彈劾總統之程序，下列何者正確？(A)兩者均由立法委員提議　(B)均須經司法院大法官審理　(C)最後均須人民複決通過　(D)罷免總統與彈劾總統之程序完全相同　【98普考-法學知識與英文】	(A)
依憲法增修條文之規定，總統、副總統之彈劾案最後須由何機關審理？　(A)憲法法庭　(B)考試院　(C)立法院　(D)監察院　【98普考-法學知識與英文】	(A)
下列那個機關有審理彈劾總統案之職權？　(A)監察院　(B)考試院　(C)司法院　(D)行政院　【103普考-法學知識與英文】	(C)

● 邀請政府官員到會備詢

憲法第67條：「立法院得設各種委員會。各種委員會得邀請政府人員及社會上有關係人員到會備詢。」

● 聽取總統國情報告

立法院於每年集會時，得聽取總統國情報告。(憲增§4Ⅲ)

立法院職權行使法第15-1至15-5條亦有相關規定。立法院得經全體立法委員四分之一以上提議，院會決議後，由程序委員會排定議程，就國家安全大政方針，聽取總統國情報告。總統就其職權相關之國家大政方針，得咨請立法院同意後，至立法院進行國情報告。(職行§15-2) 不過，這種聽取國情報告的權力並沒有特別的意義，亦無實際制衡的效果，就很像聽場演講一樣。

● 緊急命令

一、基本規定

為了加速面對危難或重大變故之應變速度與能力，增修條文修正取代了憲法第43條之規定，即便立法院開議期間，還是可直接由行政

院會議以決議發布緊急命令。其次，也增加發布緊急命令之原因，依據增修條文第2條第3項之規定：「總統為避免國家或人民遭遇緊急危難或應付財政經濟上重大變故，得經行政院會議之決議發布緊急命令，為必要之處置，不受憲法第43條之限制。但須於發布命令後10日內提交立法院追認，如立法院不同意時，該緊急命令立即失效。」總統於立法院解散後發布緊急命令，立法院應於3日內自行集會，並於開議7日內追認之。但於新任立法委員選舉投票日後發布者，應由新任立法委員於就職後追認之。如立法院不同意時，該緊急命令立即失效。(憲增§4Ⅵ)

二、緊急命令得再為補充規定

因九二一地震所發布之緊急命令，是修憲後的首例，但也引發憲政上之疑義，大法官會議曾針對此一議題做出解釋如下：

> 憲法增修條文第2條第3項規定：「總統為避免國家或人民遭遇緊急危難或應付財政經濟上重大變故，得經行政院會議之決議發布緊急命令，為必要之處置，不受憲法第43條之限制。但須於發布命令後10日內提交立法院追認，如立法院不同意時，該緊急命令立即失效。」由此可知，緊急命令係總統為應付緊急危難或重大變故，直接依憲法授權所發布，具有暫時替代或變更法律效力之命令，其內容應力求周延，以不得再授權為補充規定即可逕予執行為原則。若因事起倉促，一時之間不能就相關細節性、技術性事項鉅細靡遺悉加規範，而有待執行機關以命令補充，方能有效達成緊急命令之目的者，則應於緊急命令中明文規定其意旨，於立法院完成追認程序後，再行發布。此種補充規定應依行政命令之審查程序送交立法院審查，以符憲政秩序。又補充規定應隨緊急命令有效期限屆滿而失其效力，乃屬當然。(釋543)

相關考題 備詢與國情報告

依司法院釋字第 461 號解釋，除具有正當理由外，下列何人有義務到立法院委員會備詢？ (A)縣(市)長 (B)參謀總長 (C)司法院院長 (D)考試院院長【104司法三等-法學知識與英文】	(B)

相關考題　備詢與國情報告

立法院於每年集會時，得聽取總統之何種報告？　(A)施政報告　(B)預算報告　(C)國情報告　(D)法律報告　【99四等關務-法學知識】	(C)
下列何者就其職務相關事項，有出席立法院委員會接受質詢或備詢之義務？　(A)司法院秘書長　(B)監察院院長　(C)地方自治團體首長　(D)考試院院長　【111普考-法學知識與英文】	(A)

相關考題　緊急命令

對於下列何項事件，總統曾發布緊急命令為必要處置？　(A) 921地震　(B) 911 世貿恐怖攻擊　(C) 2008 金融海嘯　(D) 2009 莫拉克颱風　【104司法三等-法學知識與英文】	(A)
依司法院釋字第543號解釋，下列有關緊急命令授權之補充規定的敘述，何者正確？　(A)因事出突然，故原則上可再授權行政機關訂立補充規定　(B)若於緊急命令中明定意旨，行政機關即可於緊急命令發布後發布補充規定　(C)補充規定應依行政命令之審查程序送立法院審查　(D)補充規定之效期依補充規定本身所定，與緊急命令之效期無關　【98四等司法特考-法學知識與英文】	(C)

【解析】

釋字第543解釋文：「……若因事起倉促，一時之間不能就相關細節性、技術性事項鉅細靡遺悉加規範，而有待執行機關以命令補充，方能有效達成緊急命令之目的者，則應於緊急命令中明文規定其意旨，於立法院完成追認程序後，再行發布。……」

依憲法增修條文第4條規定，總統於立法院解散後發布緊急命令，立法院應於3日內如何集會，以決定是否追認？　(A)由總統召集　(B)由行政院院長召集　(C)由立法院院長召集　(D)自行集會　【99四等海巡-法學知識與英文】	(D)
總統所發布之何種命令，應經行政院會議之議決？　(A)大法官之任免命令　(B)解散立法院之命令　(C)內政部部長之任免命令　(D)緊急命令　【98調查局-法學知識與英文】	(D)
依憲法及增修條文規定、司法院大法官解釋，關於緊急命令，下列敘述何者錯誤？　(A)緊急命令具有暫時變更或代替法律之效力　(B)緊急命令之發布，屬於總統之職權　(C)緊急命令發布前，應諮詢行政院院長　(D)發布後10日內應提交立法院追認　【108普考-法學知識與英文】	(C)
依憲法及司法院大法官解釋，有關緊急命令，下列敘述何者錯誤？　(A)總統發布緊急命令，須經行政院會議之決議方得為之　(B)緊急命令具有暫時替代或變更法律之效力　(C)緊急命令授權為補充規定者，應於立法院完成追認程序後，再行發布　(D)立法院不得制定相關因應措施之法律以取代緊急命令　【110普考-法學知識與英文】	(D)

緊急命令

依憲法增修條文規定，下列關於緊急命令之敘述，何者正確？ (A)總統有發布緊急命令之權，但以立法院休會期間為限 (B)緊急命令發動之要件，以國家遇有天然災害、瘟疫，或國家財政經濟上有重大變故，須急速處分者為限 (C)總統發布緊急命令，須經行政院會議決議，並送立法院事後追認 (D)緊急命令經立法院追認後，於生效期間總統仍得解散立法院　【109普考-法學知識與英文】	(C)

相關考題 **言論保障**

立法委員之言論免責權不及於下列何者？ (A)立法院院會 (B)立法院委員會 (C)立法院院內公聽會 (D)立法院院內記者會　【103普考-法學知識與英文】	(D)

● 權限之界限

通傳會組織法第4條、第16條規定是否違憲？

釋字第613號解釋認為：「關於委員任滿提名及出缺提名之規定，實質上幾近完全剝奪行政院之人事決定權，逾越立法機關對行政院人事決定權制衡之界限，違反責任政治暨權力分立原則。」

相關考題

依憲法增修條文之規定，總統於立法院解散後發布緊急命令，立法院至少須於幾日內自行集會？ (A) 2 日 (B) 3 日 (C) 5 日 (D) 7 日　【101普考-法學知識與英文】	(B)
下列何者非憲法增修條文所定有關總統發布緊急命令之條件？ (A)總統為避免國家或人民遭遇緊急危難或應付財政經濟上重大變故 (B)須經行政院會議之決議 (C)發布緊急命令後20日內，應提交立法院追認 (D)立法院若不追認，該緊急命令失效　【101普考-法學知識與英文】	(C)
依司法院釋字第613號解釋，下列敘述何者正確？ (A)行政院對於獨立行政機關之委員不再具有人事決定權 (B)法律不得規定獨立行政機關委員之任命須經立法院同意 (C)立法機關不得完全剝奪行政院對於獨立行政機關委員之人事決定權 (D)法律得規定，由各政黨依立法院各黨團席次比例提名獨立行政機關之委員　【99三等關務-法學知識】	(C)
依司法院釋字第613號解釋，下列有關「立法院對行政院所屬行政機關之人事決定權加以限制」之敘述，何者正確？ (A)基於權力分立原則，立法院不得加以任何限制 (B)基於國民主權原則，立法院之任何限制皆屬合憲 (C)基於責任政治原則，立法院之限制不得實質上剝奪行政院之決定權 (D)基於行政一體原則，立法院必須將行政機關置於行政院之下，至於人事決定權，立法院之任何限制皆屬合憲　【98四等司法特考-法學知識與英文】	(C)

● 預算審查

　　代議制度中，立法委員是人民的代表，代為監督政府的施政，當然包括預算審查權。只是預算的審查還是有限度的，這也是國家考試常考的題目，預算浮編過於嚴重可以刪減，但不能恣意增加，以免變成喊價競爭。八八水災執政黨編列100億，立法委員為了討好選民，就自動加碼到1,000億，依據是憲法第70條：「立法院對於行政院所提預算案，不得為增加支出之提議。」這樣子是不得為之的提議。

相關考題　預算審查	
關於法定預算之敘述，依司法院大法官解釋，下列何者錯誤？　(A)法定預算為措施性法律　(B)預算案經立法院通過並公布者即為法定預算　(C)倘行政院停止法定預算執行致影響法定機關存續者，即非法之所許　(D)即使行政院重要政策變更涉及法定預算之停止執行時，立法院亦無參與決策權　【101高考-法學知識與英文】	(D)
有關向立法院提出法律案、預算案提案權之敘述，下列何者錯誤？　(A)預算案關係到國家整體運作，僅行政院始得提出　(B)依據憲法規定，針對法律案、戒嚴案、條約案等，行政院有提案權　(C)依據憲法規定，針對所掌事項，考試院得向立法院提出法律案　(D)監察院並無法律案之提案權　【108普考-法學知識與英文】	(D)
依據憲法規定，下列何者為立法院決定國家財政事務的權限？　(A)預算審查權　(B)擬定施政的支出計畫　(C)審計長之提名權　(D)中央銀行總裁之同意權　【98調查局-法學知識與英文】	(A)
依憲法及司法院大法官解釋，立法院對行政院所提出之預算案，下列何者正確？　(A)不得為增加支出之提議　(B)不得刪減公債發行　(C)得移動預算之項目　(D)不得刪減國防預算　【98四等地方特考-法學知識與英文】	(A)
有關立法院對於行政院所提預算案的敘述，下列何者為正確？　(A)立法院可以刪減，但不得為增加支出之提議　(B)立法院可以刪減，亦得為增加支出之提議　(C)立法院不得刪減，但得為增加支出之提議　(D)立法院不得刪減，亦不得為增加支出之提議　【99普考-法學知識與英文】	(A)
立法院的預算審查權係就行政院所提出的預算案為對象，然而下列何者為審查權行使之特別限制？　(A)不得刪除浮濫支出之預算　(B)不得審查立法院之預算　(C)不得為增加支出之提議　(D)不得審查總統府之預算　【99地方特考三等-法學知識與英文】	(C)

預算審查

立法院審查中央政府總預算所為下列何項決議違憲？　(A)刪減國防預算 (B)刪除行政院院長購車預算　(C)軍購預算改為社會福利預算　(D)刪減司法 院專案研究費　　　　　　　　　　　【99四等海巡-法學知識與英文】	(C)

● 書面協定與條約案之審議

　　我國與大陸簽署ECFA後，送請立法院，ECFA是不是條約？如果 是條約，立法院又該如何審議？可以逐條實質地審查嗎？可不可以修 改條文內容？

　　釋字第329號解釋：「憲法所稱之條約係指中華民國與其他國家 或國際組織所締結之國際書面協定，包括用條約或公約之名稱，或用 協定等名稱而其內容直接涉及國家重要事項或人民之權利義務且具有 法律上效力者而言。其中名稱為條約或公約或用協定等名稱而附有批 准條款者，當然應送立法院審議，其餘國際書面協定，除經法律授權 或事先經立法院同意簽訂，或其內容與國內法律相同者外，亦應送立 法院審議。」據此，我國也曾提出「條約締結法」草案。

條約案與書面協定審議

依司法院釋字第329號解釋，我國與外國所締結之何種國際書面協定，應送 立法院審議？　(A)事先經立法院同意簽訂者　(B)經法律授權簽訂者　(C)協 定內容與國內法律相同者　(D)附有批准條款者　【99三等關務-法學知識】	(D)
有關立法院在政府組織中作用之敘述，下列何者錯誤？　(A)立法院是國民的 代表機關，行使立法權　(B)立法院擁有條約締結權　(C)立法院行使監察院 院長人事同意權　(D)立法院有補選副總統的權限 　　　　　　　　　　　　　　　　　　【98三等地方特考-法學知識與英文】	(B)
依司法院釋字第329號解釋，下列有關條約之敘述，何者正確？　(A)我國與 其他國家所締結之任何國際書面協定，均應送立法院審議　(B)我國與國際組 織所締結之任何國際書面協定，均應送立法院審議　(C)未附有批准條款之國 際書面協定，即不須送立法院審議　(D)國際書面協定之內容如與國內法律相 同，則不須送立法院審議　　　　　　【109高考-法學知識與英文】	(D)

● 調查權

　　立法院為有效行使憲法所賦予之立法職權，本其固有之權能自得享 有一定之調查權，主動獲取行使職權所需之相關資訊，俾能充分思辯， 審慎決定，以善盡民意機關之職責，發揮權力分立與制衡之機能。

　　立法院調查權乃立法院行使其憲法職權所必要之輔助性權力，基於權力分立與制衡原則，立法院調查權所得調查之對象或事項，並非毫無限制。除所欲調查之事項必須與其行使憲法所賦予之職權有重大關聯者外，凡國家機關獨立行使職權受憲法之保障者，即非立法院所得調查之事物範圍。又如行政首長依其行政權固有之權能，對於可能影響或干預行政部門有效運作之資訊，均有決定不予公開之權力，乃屬行政權本質所具有之行政特權。(釋585)

【實務見解：319槍擊事件真相調查特別委員會條例】

　　立法院行使調查權如涉及行政特權，即應予以適當之尊重。如於具體案件，是否涉及國家機關獨立行使職權或行政特權之範疇等事項，雙方宜循合理之途徑協商解決，或以法律明定相關要件與程序，由司法機關審理解決之。

　　真調會之委員，因為是委託非立委人士進行調查，調查權發動及行使調查權之組織、個案調查事項之範圍、各項調查方法所應遵守之程序與司法救濟程序等，應以特別法為適當之規範。於特殊例外情形，真調會的組成，須制定特別法妥為詳細規定。各該法律規定之組織及議事程序，必須符合民主原則。其個案調查事項之範圍，不能違反權力分立與制衡原則，亦不得侵害其他憲法機關之權力核心範圍，或對其他憲法機關權力之行使造成實質妨礙。(釋585)

相關考題　　立法院調查權

基於權力分立與制衡原則，關於立法權行使的界限，下列何者錯誤？　(A)立法權只能就不特定之人或抽象之事件作假設性的規範，原則上不得就特定人或具體事件予以處理或專為特定具體事件立法　(B)依據司法院釋字第613號解釋之意旨，行使立法權之立法院，其對行政院有關國家通訊傳播委員會委員之人事決 定權固非不能施以一定限制，以為制衡，惟其仍有界限，不能將人事決定權予以實質剝奪，或逕行取而代之，否則將侵害行政權　(C)依據司法院釋字第585號解釋之意旨，立法院調查權乃立法院行使其憲法職權所必要之主要性權力，基於權力分立與制衡原則，立法院調查權所得調查之對象或事項，應毫無限制　(D)依據司法院釋字第645號解釋之意旨，公民投票法有關公民投票審議委員會委員任命之相關規定，實質上完全剝奪行政院依憲法應享有之人事任命決定權，顯已逾越憲法上權力相互制衡之界限 【106高考-法學知識與英文】	(C)
依憲法、增修條文與司法院大法官解釋，下列關於調查權之敘述，何者錯誤？　(A)立法院有文件調閱權　(B)監察院有調查權　(C)立法院經院長同意，即可要求與調查事項相關之人員陳述意見　(D)立法院行使調查權之程序應以法律定之　【107普考-法學知識與英文】	(C)

依司法院釋字第585號解釋，立法院行使調查權，以下何者錯誤？　(A)立法院欲調查之事項必須與其行使憲法所賦予職權有重大關聯者　(B)國家機關獨立行使職權受憲法之保障者，即不屬立法院所得調查範圍　(C)涉及行政權本質之行政特權，例如不公開特定行政資訊，立法院行使調查權應予尊重　(D)立法院之調查不應加以限制　　　　　【99地方特考四等-法學知識與英文】	(D)
依司法院釋字第325號解釋之見解，下列何者並非立法院調閱文件時應受限制的事項？　(A)審計長對決算案的審核報告　(B)考試機關對於應考人成績之評定　(C)監察委員為糾彈或糾正與否之判斷　(D)司法機關審理案件所表示之法律見解　　　　　【99四等關務-法學知識】	(A)
依司法院大法官釋字第585號解釋，有關立法院之調查權，下列敘述何者錯誤？　(A)立法院為了行使憲法所定之職權，可以行使調查權以獲得必要資訊　(B)立法院可以要求人民及政府官員作證及發表意見　(C)立法院對違反協助調查義務者，不能施予罰鍰之強制處分　(D)立法院行使調查權必須以法律為適當規範　　　　　【98三等司法特考-法學知識與英文】	(C)

● **同意權**

　　增修條文通過後，立法院的同意權範圍如下：

一、審計長：監察院設審計長，由總統提名，經立法院同意任命之。
　　(憲§104)

二、司法院大法官：司法院設大法官15人，並以其中1人為院長、1人為副院長，由總統提名，經立法院同意任命之。(憲增§5Ⅰ)

三、考試院院長、副院長、考試委員：考試院設院長、副院長各1人，考試委員若干人，由總統提名，經立法院同意任命之，不適用憲法第84條之規定。(憲增§6Ⅱ)

四、監察院院長、副院長、監察委員：監察院設監察委員29人，並以其中1人為院長、1人為副院長，任期6年，由總統提名，經立法院同意任命之。憲法第91至93條之規定停止適用。(憲增§7Ⅱ)

● **準則性規定**

　　國家機關之職權、設立程序及總員額，得以法律為準則性之規定。(憲增§3Ⅲ)

● 不得兼任

立法委員不得兼任官吏。(憲§75)

相關考題 同意權

下列何者之任命,係由總統提名,經立法院同意後任命? (A)最高法院院長 (B)銓敘部部長 (C)審計部審計長 (D)考選部部長 【98三等司法特考-法學知識與英文】	(C)
下列何者之任命,不須立法院同意? (A)司法院院長、副院長 (B)司法院大法官 (C)監察院院長、副院長、監察委員 (D)行政院主計長 【98高考三級-法學知識與英文】	(D)
依憲法本文及增修條文之規定,下列何項職位不須經立法院同意? (A)監察院副院長 (B)司法院大法官 (C)行政院副院長 (D)審計長 【104普考-法學知識與英文】	(C)

相關考題 準則性規定

依憲法增修條文規定,對下列何種事項得以法律為準則性規定? (A)擬定課徵稅捐事項 (B)侵害基本權利事項 (C)國家或人民遭遇緊急危難之處置事項 (D)國家機關之職權、設立程序及總員額 【104司法四等-法學知識與英文】	(D)
依據憲法增修條文之規定,下列何者並非立法院之職權? (A)行使考試委員及考選部部長、銓敘部部長之同意權 (B)提出總統、副總統彈劾案 (C)聽取總統國情報告 (D)提出領土變更案 【108普考-法學知識與英文】	(A)
關於立法院職權之敘述,下列何者錯誤? (A)立法院對於總統所提名之司法院大法官有同意權 (B)為有效行使憲法所賦予之立法職權,本其固有之權能,立法院自得享有一定之調查權 (C)總統於立法院解散後發布緊急命令,立法院應於3日內自行集會,並於開議7日內追認之 (D)總統、副總統均缺位時,由行政院院長代行其職權,行政院院長應於3個月內提名候選人,由立法院補 選,繼任至原任期屆滿為止 【109普考-法學知識與英文】	(D)

相關考題 不得兼任

下列何者係立法委員不得兼任之職務? (A)會計師 (B)大學之兼任教授 (C)中華電信公司董事 (D)我國駐外大使 【105司特四等-法學知識與英文】	(D)
立法委員不可兼任下列何項職務? (A)長榮海運總經理 (B)台新銀行董事長 (C)執政黨秘書長 (D)中華郵政股份有限公司董事長 【108高考-法學知識與英文】	(D)

2-12

司法

司法院之定位

司法院為國家最高司法機關，掌理民事、刑事、行政訴訟之審判及公務員之懲戒。(憲§77) 司法院解釋憲法，並有統一解釋法律及命令之權。(憲§78) 雖然憲法規定司法院為國家最高司法機關，但是基於司法獨立之原則，司法院充其量只是一個行政機關，必須尊重各級法院之判決見解，與行政院法務部檢察司著重檢察一體有所不同。

法官獨立審判

法官須超出黨派以外，依據法律獨立審判，不受任何干涉。(憲§80) 可是實際上法官還是人，還是會有自己的喜好，要說不受任何的干涉，恐怕只是一種理想。譬如陳水扁涉及貪污弊案，法官羈押與否，都會被藍綠所攻擊，至於法官到底有沒有超出黨派以外，因為牽涉到內心的活動，難以從外觀判斷，恐怕只有法官自己知道了。

法官終身職

法官為終身職，非受刑事或懲戒處分，或禁治產之宣告，不得免職。非依法律，不得停職、轉任或減俸。(憲§81) 這是法官身分權的保障，讓法官得以獨立審判，不畏權勢。但是法官的選任制度是考試，只要考上幾乎就是終身職，其他幾乎沒有一種良好的過濾機制。可是會考試的人，不一定就是好的法官，所以現在有「法官法」的推動，讓法官也能受到法律制度的過濾與管理。

預算之特別保障

司法院所提出之年度司法概算，行政院不得刪減，但得加註意見，編入中央政府總預算案，送立法院審議。(憲增§5 Ⅵ)

相關考題	司法院掌理事項

憲法第七章所定之「司法」，其掌理之事項不包括下列何者？ (A)民事訴訟 (B)刑事偵查及訴訟 (C)行政訴訟 (D)公務員懲戒【108高考-法學知識與英文】	(B)

相關考題　司法院掌理事項

下列何者非屬司法院大法官得實質審查之標的？ (A)抽象法規範是否違憲 (B)機關權限爭議 (C)政治問題爭議 (D)政黨違憲解散 【111高考-法學知識與英文】　(C)

依現行規定，公務員之懲戒事項，由下列何者掌理？ (A)監察院 (B)行政院 (C)司法院 (D)考試院　【110普考-法學知識與英文】　(C)

下列那一種案件類型，非屬我國憲法中司法權之行使範圍？ (A)訴願之決定 (B)行政訴訟之審判 (C)公務員之懲戒 (D)解釋憲法 【108普考-法學知識與英文】　(A)

下列何者不是司法院之權限？ (A)公務員懲戒 (B)犯罪偵查 (C)統一解釋法律命令 (D)解釋憲法　【109高考-法學知識與英文】　(B)

相關考題　獨立審判

下列何者敘述與司法獨立無關？ (A)法官須超出黨派以外，依據法律獨立審判 (B)法官不受任何形式的干涉，僅受法律拘束 (C)最高司法機關基於司法自主性，得就審理事項發布規則 (D)司法機關公布案件件數統計資料 【104司法四等-法學知識與英文】　(D)

依司法院釋字第530號解釋，下列有關法官依法律獨立審判之敘述，何者正確？ (A)為免妨礙法官獨立審判，最高司法機關不得發布任何有關審理事項之規則 (B)為免妨礙法官獨立審判，最高司法機關無司法行政監督權 (C)最高司法機關所發布涉及審判上之法律見解的命令，法官必須遵守 (D)檢察官須受檢察總長或其所屬檢察長之指揮監督，與法官獨立審判尚屬有別 【98四等司法特考-法學知識與英文】　(D)

關於司法院掌理之事項，下列敘述何者錯誤？ (A)掌理民事訴訟、刑事訴訟、行政訴訟之審判 (B)掌理公務員之懲戒；解釋憲法、統一解釋法令 (C)審理正、副總統罷免案 (D)制定法院審理規則、司法行政監督 【105司特四等-法學知識與英文】　(C)

相關考題　預算特別保障

司法院之年度預算應如何編列？ (A)司法院所提出之年度司法概算，行政院刪減後，編入中央政府總預算案，送立法院審議 (B)行政院所提出之年度司法概算，編入中央政府總預算案，送立法院審議 (C)司法院所提出之年度司法概算，行政院得加註意見，編入中央政府總預算案，送立法院審議 (D)司法院所提出之年度司法概算，行政院得刪減或加註意見，編入中央政府總預算案，送立法院審議 【99高考三級-法學知識與英文】　(C)

● 大法官之職掌

憲法之解釋，由司法院為之。(憲§173)

司法院大法官，除依憲法第78條之規定，具有解釋憲法，並有統一解釋法律及命令之權外，並組成憲法法庭，審理總統、副總統之彈劾及政黨違憲之解散事項。(憲增§5 IV)

政黨之目的或其行為，危害中華民國之存在或自由民主之憲政秩序者為違憲。(憲增§5 V)

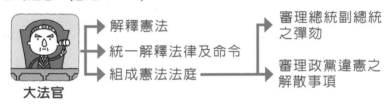

● 解釋憲法

隨著憲法訴訟法於111年1月4日施行，由同樣15名大法官組成的「憲法法庭」將取代「大法官會議」。憲法法庭自111年憲判字第1號為始，作成「憲法法庭判決」取代大法官解釋，繼續職司解釋憲法的權責。

依據憲法訴訟法第1條第1項規定，司法院大法官組成憲法法庭，依本法之規定審理下列案件：

一、法規範憲法審查及裁判憲法審查案件。

二、機關爭議案件。

三、總統、副總統彈劾案件。

四、政黨違憲解散案件。

五、地方自治保障案件。

六、統一解釋法律及命令案件。

● 裁定停止訴訟

憲法之效力既高於法律，法官有優先遵守之義務，法官於審理案件時，對於應適用之法律，依其合理之確信，認為有牴觸憲法之疑義

者，自應許其先行聲請解釋憲法，以求解決。是遇有前述情形，各級法院得以之為先決問題裁定停止訴訟程序，並提出客觀上形成確信法律為違憲之具體理由，聲請本院大法官解釋。(釋371)

● **大法官任期**

憲法增修條文規定修正為：司法院設大法官15人，並以其中1人為院長、1人為副院長，由總統提名，經立法院同意任命之，自中華民國92年起實施，不適用憲法第79條之規定。司法院大法官除法官轉任者外，不適用憲法第81條及有關法官終身職待遇之規定。(憲增§5Ⅰ)

司法院大法官任期8年，不分屆次，個別計算，並不得連任。但並為院長、副院長之大法官，不受任期之保障。(憲增§5Ⅱ) 由於不得連任，所以也不必擔心要再次與立法委員打交道，爭取立法委員的民意支持。不過任期只有8年，與美國大法官終身的任期，顯有相當大的落差。中華民國92年總統提名之大法官，其中8位大法官，含院長、副院長，任期4年，其餘大法官任期為8年，不適用前項任期之規定。(憲增§5 Ⅲ)

相關考題 **大法官之職掌**

依憲法第173條規定，憲法之解釋，由下列何者為之？ (A)司法院 (B)最高法院 (C)最高行政法院 (D)立法院　　　　　【104高考-法學知識與英文】	(A)
大法官之解釋具有拘束全國人民與全國各機關之效力，此種拘束效力出自於下列何者？ (A)憲法增修條文規定 (B)司法院大法官審理案件法規定 (C)大法官之解釋 (D)司法院組織法規定　　　　　【105三等警察-法學知識與英文】	(C)

【解析】
釋字第185號解釋：「憲法第78條規定，司法院解釋憲法，並有統一解釋法律及命令之權，旨在使司法院負闡明憲法及法令正確意義之責，其所為之解釋，自有拘束全國各機關及人民之效力，各機關處理有關事項時，應依解釋意旨為之，違背解釋之判例，當然失其效力。」

關於司法院大法官之職權，下列敘述何者錯誤？ (A)解釋憲法 (B)提出憲法修正案 (C)審理政黨違憲解散事項 (D)國家機關間憲法權限爭議之解決　　　　　【109普考-法學知識與英文】	(B)

● **政黨宣告違憲解散**

　　政黨之目的或其行為，危害中華民國之存在或自由民主之憲政秩序者，主管機關得聲請司法院憲法法庭解散之。(司法院大法官審理案件法§19Ⅰ) 例如溥儀的後代又想要回復清朝的帝制，所以打著「反民復清」的口號成立政黨，內政部就可以檢具相干違憲事實，聲請司法院憲法法庭解散之。

　　憲法法庭應本於言詞辯論而為裁判。但駁回聲請而認無行言詞辯論之必要者，不在此限。(司法院大法官審理案件法§21) 憲法法庭行言詞辯論，須有大法官現有總額四分之三以上出席，始得為之。未參與辯論之大法官不得參與評議判決。(司法院大法官審理案件法§24Ⅰ)

　　被宣告解散之政黨，應即停止一切活動，並不得成立目的相同之代替組織 ，其依政黨比例方式產生之民意代表自判決生效時起喪失其資格。(司法院大法官審理案件法§30Ⅰ)

　　憲法法庭審理政黨違憲解散案件，如認該政黨之行為已足以危害國家安全或社會秩序，而有必要時，於判決前得依聲請機關之請求，以裁定命被聲請政黨停止全部或一部之活動。(司法院大法官審理案件法§31) 這種有點像是假處分，也有點像是家暴令。

相關考題	獨立審判

依司法院大法官解釋意旨，關於法官聲請釋憲之要件，下列何者錯誤？　(A)限於最高法院或最高行政法院繫屬中之案件　(B)聲請解釋之標的，須為法官審理案件時應適用之法律　(C)聲請解釋之法官，須提出客觀上形成確信法律為違憲之具體理由　(D)聲請解釋之法官，得以之為先決問題裁定停止訴訟程序　　　　　　　　　　　　　　　　　　【108高考-法學知識與英文】	（A）
下列何者與審判獨立無關？　(A)法官須依據法律從事審判，不受干涉　(B)法官應超出黨派，不受政黨政治力之影響　(C)對於法官之職務監督不得影響法官所持之法律見解　(D)法官參與研討會並發表評論裁判之報告　　　　　　　　　　　　　　　　　　【111高考-法學知識與英文】	（D）

相關考題　裁定停止訴訟

A男與B男向戶政機關申請結婚登記而遭到否准，兩人遂提起行政爭訟，請問承審法官若認為民法的婚姻登記僅限異性戀婚姻已屬違憲，依司法院釋字第371號解釋之意旨，其應如何處理？　(A)應宣告違憲　(B)應拒絕適用　(C)應以裁定停止訴訟程序，聲請司法院解釋　(D)應以裁定停止訴訟程序，聲請最高法院解釋　　【98四等司法特考-法學知識與英文】　　(C)

相關考題　任期

據憲法本文以及增修條文之規定，下列何者不得連任？　(A)總統　(B)監察委員　(C)考試委員　(D)司法院大法官　　【99鐵路四等員級-法學知識與英文】　　(D)

依依憲法增修條文規定，自民國92年起，下列關於司法院大法官任期的說明，何者正確？　(A)得連任一次　(B)得連任二次　(C)連任並無限制　(D)不得連任　　【98四等地方特考-法學知識與英文】　　(D)

下列何者無固定任期？　(A)大法官　(B)監察委員　(C)最高法院院長　(D)審計長　　【99地方特考四等-法學知識與英文】　　(C)

依中華民國憲法增修條文規定，有關司法院，下列敘述何者錯誤？　(A)司法院設大法官15人，並以其中一人為院長、一人為副院長，由總統提名，經立法院同意任命之　(B)司法院大法官一律適用法官終身職待遇　(C)司法院大法官任期8年，不分屆次，個別計算，並不得連任　(D)司法院之年度司法概算，由司法院提出　　【110普考-法學知識與英文】　　(B)

相關考題　大法官解釋

司法院就人民 A 聲請解釋之案件作成解釋公布前，另一人 B 以同一法令牴觸憲法疑義聲請解釋，經大法官受理但未合併審理，則司法院就 A 之聲請案所為之解釋，對 B 之聲請案件，效力如何？　(A)既未合併審理，即無從適用　(B)雖未合併審理，仍可適用　(C)依個案而定　(D)漏未合併審理 B 之聲請案，對 A 之解釋無效　　【107普考-法學知識與英文】　　(B)

相關考題　暫時處分

依司法院釋字第599號解釋，有關大法官作成暫時處分要件之敘述，下列何者錯誤？　(A)爭議法令之適用可能對人民基本權利造成不可回復或難以回復之重大損害　(B)對人民基本權利損害之防止事實上具急迫必要性　(C)別無其他手段可資防免　(D)暫時處分於本案解釋後仍得作成　　【104司法三等-法學知識與英文】　　(D)

● 暫時處分

如因系爭憲法疑義或爭議狀態之持續、爭議法令之適用或原因案件裁判之執行，可能對人民基本權利、憲法基本原則或其他重大公益造成不可回復或難以回復之重大損害，而對損害之防止事實上具急迫必要性，且別無其他手段可資防免時，即得權衡作成暫時處分之利益與不作成暫時處分之不利益，並於利益顯然大於不利益時，依聲請人之聲請，於本案解釋前作成暫時處分以定暫時狀態。(釋599)

相關考題	賠償請求權時效

依司法院釋字第725號解釋之意旨，下列何者錯誤？　(A)依司法院釋字第185號解釋，司法院解釋憲法，並有統一解釋法律及命令之權，為憲法第78條所明定，故所為之解釋，自有拘束全國各機關及人民之效力，各機關處理有關事項，應依解釋意旨為之，違背解釋之判例，當然失其效力　(B)司法院就人民聲請解釋憲法，宣告確定終局裁判所適用之法令於一定期限後失效者，聲請人就聲請釋憲之原因案件，即得據以請求再審或其他救濟　(C)司法院就人民聲請解釋憲法，宣告確定終局裁判所適用之法令於一定期限後失效者，檢察總長得據以提起非常上訴　(D)司法院宣告違憲之法令定期失效者，係為避免因違憲法令立即失效，造成法規真空狀態或法秩序驟然發生重大之衝擊，並為促使主管機關審慎周延立法，以符合解釋意旨，僅在一定程度、一定時間內，宣告法令違憲　【106高考-法學知識與英文】　　（D）

【解析】

本院宣告違憲之法令定期失效者，係基於對相關機關調整規範權限之尊重，並考量解釋客體之性質、影響層面及修改法令所須時程等因素，避免因違憲法令立即失效，造成法規真空狀態或法秩序驟然發生重大之衝擊，並為促使主管機關審慎周延立法，以符合本院解釋意旨，然並不影響本院宣告法令違憲之本質。本院釋字第177號及第185號解釋，就本院宣告法令違憲且立即失效者，已使聲請人得以請求再審或檢察總長提起非常上訴等法定程序，對其原因案件循求個案救濟，以保障聲請人之權益，並肯定其對維護憲法之貢獻。為貫徹該等解釋之意旨，本院就人民聲請解釋憲法，宣告確定終局裁判所適用之法令定期失效者，聲請人就原因案件應得據以請求再審或其他救濟（例如少年事件處理法第64-1條第1項第1款所規定聲請少年法院重新審理），檢察總長亦得據以提起非常上訴；法院不得以法令定期失效而於該期限內仍屬有效為理由駁回。為使原因案件獲得實質救濟，如本院解釋諭知原因案件具體之救濟方法者，依其諭知；如未諭知，則俟新法令公布、發布生效後依新法令裁判。(釋725)

相關考題 **綜合型**

憲法上規定,非依法律,不得對法官之作為中,下列何者錯誤? (A)調職 (B)轉任 (C)減俸 (D)停職 【103四等地特-法學知識與英文】	(A)
依司法院大法官釋字第601號解釋意旨,下列敘述何者錯誤? (A)法官與國家之職務關係,與一般公務員與國家之職務關係相同 (B)立法院審議94年度中央政府總預算案時,刪除司法院大法官支領司法人員專業加給之預算,不符憲法第81條規定意旨 (C)司法院大法官屬於憲法上之法官 (D)司法院院長、副院長可領取司法人員專業加給 【100三等海巡-法學知識與英文】	(A)

相關考題 **政黨解散**

若有政黨主張將中華民國改變為「專制極權國家」,並積極從事相關活動,請問在憲法上有何方式予以處理? (A)由內政部逕以行政處分撤銷該政黨之設立登記 (B)內政部應轉知監察院,由監察院對該政黨提出糾舉案 (C)不能為任何處理,只能依靠人民選舉時之抉擇 (D)由內政部之「政黨審議委員會」檢具該政黨相關違憲之事證,聲請司法院憲法法庭解散之 【99高考三級-法學知識與英文】	(D)
下列那個機關有權審理政黨違憲之解散事項? (A)內政部 (B)司法院憲法法庭 (C)最高法院 (D)最高行政法院 【99普考-法學知識與英文】	(B)
下列對於現行體制下司法院院長之敘述,何者錯誤? (A)綜理院務及監督所屬機關 (B)司法院人事審議委員會委員 (C)不能參與大法官解釋,以免影響司法獨立 (D)應總統之召,出席院際會議,會商院與院間之爭執 【101三等一般警察-法學知識與英文】	(C)

相關考題 **身分保障**

憲法第81條規定,法官非依法律不得減俸。下列敘述何者錯誤? (A)立法院得以法律通案刪減全國法官之俸給 (B)立法院基於俸給之公平性,得立法或修法刪減退職法官之月退休俸 (C)立法院得以年度預算案刪減大法官之職務加給 (D)立法院得以預算案降低司法院院長與副院長之公務座車等級 【110高考-法學知識與英文】	(C)
下列何者不屬憲法有關法官身分保障之範圍? (A)從地方法院調任高等法院 (B)由刑事庭法官轉任民事庭法官 (C)免兼庭長職務 (D)因積案過多予以減俸 【111普考-法學知識與英文】	(C)

相關考題　違憲審查

有關我國違憲審查制度，下列敘述何者正確？　(A)司法院大法官由總統逕行提名及任命　(B)司法院大法官共計15人，任期8年，期滿並得連任1次　(C)憲法訴訟法規定人民得聲請解釋確定終局裁判違憲　(D)對於裁判上所應適用之法律認為有牴觸憲法而欲聲請解釋憲法之法官，僅限於最高法院及最高行政法院法官　　　　　　　　　　　　　　　　　【110高考-法學知識與英文】	（C）

相關考題　法官

依司法院大法官解釋，下列何者並非憲法第80條所稱之法官？　(A)司法院大法官　(B)行政法院法官　(C)懲戒法院法官　(D)檢察官　　　　　　　　　　　　　　　　　　　　　　　　　【109高考-法學知識與英文】	（D）

相關考題　憲法法庭(憲法訴訟法)

依憲法訴訟法規定，下列何者不符合得聲請憲法法庭判決之要件？　(A)國家最高機關行使職權與其他最高機關之職權，發生適用憲法之爭議者　(B)人民就其依法定程序用盡審級救濟之案件，認所受之不利確定終局裁判有牴觸憲法者　(C)立法委員現有總額4分之1以上，就其行使職權，認法律位階法規範牴觸憲法者　(D)最高法院或最高行政法院就其受理之案件，對所適用之法律或命令，認為有牴觸憲法疑義者　　　　　　　　　【111普考-法學知識與英文】	（D）

＊筆記＊

考試

● 職掌

雖然有眾多質疑認為考試權不應該獨立成為五權之一，但或許是千年來為國舉材主要是依賴考試制度，獨立的考試權業已成為我國政治制度的重要特色。憲法增修條文第6條第1項規定，考試院為國家最高考試機關，掌理考試、公務人員之銓敘、保障、撫卹、退休事項及公務人員任免、考績、級俸、陞遷、褒獎之法制事項。

● 人數與任期

原憲法第84條規定：「考試院設院長、副院長各1人，考試委員若干人，由總統提名，經監察院同意任命之。」但後來修正為考試院設院長、副院長各1人，考試委員若干人，由總統提名，經立法院同意任命之，不適用憲法第84條之規定。(憲增§6Ⅱ) 也就是原本由監察院同意任命，因監察院在增修條文規定中，已經喪失民意的基礎，因此現行增修條文改由立法院同意任命。

考試院另置秘書長、副秘書長各1人。考試院的政策及有關重大事項，都需經過考試院會議討論決定。考試院之組織，以法律定之。(憲§89) 目前則是以考試院組織法，來規範考試院之組織。

● 不受連任之限制

司法院大法官任期8年，不得連任 (憲增§5Ⅱ)，但是考試委員沒有任期之規定，也沒有連任的限制，監察委員、立法委員也沒有連任限制的問題。

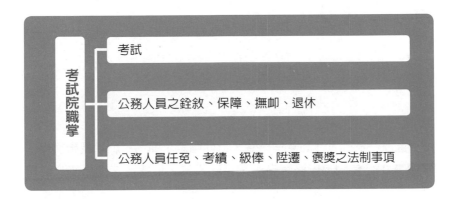

相關考題 考試院職權

下列何者不受連任之限制？ (A)大法官 (B)考試委員 (C)總統 (D)直轄市市長 【99三等關務-法學知識】	(B)
考試院掌理有關公務人員之事項，不包含下列何者？ (A)保障 (B)銓敘 (C)撫卹 (D)彈劾 【107普考-法學知識與英文】	(D)
下列何者不屬於考試院之職權？ (A)公務員之銓敘 (B)公務員之考績 (C)公務員之懲戒 (D)公務員之撫卹 【99普考-法學知識與英文】	(C)
下列何者隸屬於考試院？ (A)公務員懲戒委員會 (B)公務人員保障暨培訓委員會 (C)法官學院 (D)公務人力發展中心 【104高考-法學知識與英文】	(B)
依憲法規定，下列關於考試院之敘述，何者錯誤？ (A)考試院為國家最高考試機關 (B)考試委員須超出黨派以外，依據法律獨立行使職權 (C)考試委員在院內所為之言論及表決，對院外不負責任 (D)考試院關於所掌事項，得向立法院提出法律案 【104普考-法學知識與英文】	(C)
下列何者不須經考試院考選銓定其資格？ (A)公務人員 (B)專門職業人員 (C)技術人員 (D)民意代表 【110普考-法學知識與英文】	(D)

2 - 14

監察

● 監察院的職權

監察院為國家最高監察機關，行使同意、彈劾、糾舉及審計權。(憲§90) 但是因為監察院之民選基礎喪失，依據憲法增修條文之修訂，修正為：監察院為國家最高監察機關，行使彈劾、糾舉及審計權，不適用憲法第90條及第94條有關同意權之規定。(憲增§7 I) 將同意權加以剝奪。

監察院經各該委員會之審查及決議，得提出糾正案，移送行政院及其有關部會，促其注意改善。(憲§97 I) 監察院為行使監察權，得向行政院及其各部會調閱其所發布之命令及各種有關文件。(憲§95)

● 審計權與審計長

監察院設審計長，由總統提名，經立法院同意任命之。(憲§104) 憲法第105條規定：「審計長應於行政院提出決算後3個月內，依法完成其審核，並提出審核報告於立法院。」

我國憲法第90條及增修條文第7條第1項規定，審計權為監察權之一權。又審計職權，依審計法之規定，由審計機關行使之。中央政府及其所屬機關之財務審計，由審計部辦理。地方政府及其所屬機關之財務審計，由審計部於各省 (市) 設審計處，於各縣 (市) 酌設審計室辦理之。

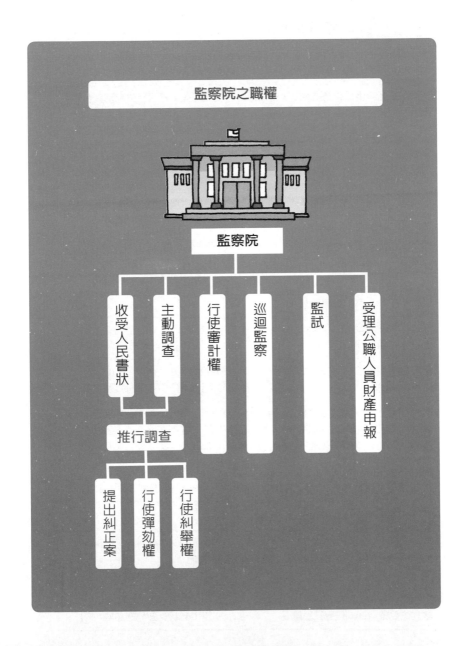

相關考題　監察院職權

依司法院釋字第325號解釋所述，下列何者得行使調查權？　(A)總統　(B)考試院　(C)監察院　(D)行政院　　　　　　　　　　【98地方特考四等-法學知識與英文】	(C)
監察院經各該委員會之審查及決議，得提出下列何者，移送行政院及其有關部會，促其注意改善？　(A)糾正權　(B)審計權　(C)糾舉權　(D)調查權　　　　　　　　　　　　　　　　　　【99四等關務-法學知識】	(A)
有關現行監察院及監察委員之敘述，下列何者正確？　(A)監察委員在院內所為之言論及表決，對院外不負責任　(B)監察院為國家最高監察機關，行使彈劾、糾舉及審計權　(C)監察委員，除現行犯外，非經監察院許可，不得逮捕或拘禁　(D)監察院設監察委員，由各省市議會、蒙古西藏地方議會及華僑團體選舉之　　　　　　　　　　　【99高考三級-法學知識與英文】	(B)
監察院通過糾正案後，應將該案移送何機關促其注意改善？　(A)行政院及其有關部會　(B)立法院　(C)公務員懲戒委員會　(D)法院　　　　　　　　　　　　　　　　　【99地方特考四等-法學知識與英文】	(A)

【解析】憲法第97條第1項規定。

行政院於會計年度結束後4個月內應向何一機關提出決算？　(A)立法院　(B)司法院　(C)監察院　(D)總統府　　　　　　【101普考-法學知識與英文】	(C)
監察委員所提出之彈劾案，須經幾人以上之審查及決定？　(A)9人　(B)7人　(C)5人　(D)3人　　　　　　　　　　　　【101普考-法學知識與英文】	(A)
有關監察院院長、副院長及監察委員之提名及任命程序，下列敘述何者正確？　(A)總統享有主動提名權　(B)總統享有消極不提名權　(C)立法院享有消極不行使之同意權　(D)立法院不得就提名之人選予以審查【105司特四等-法學知識與英文】	(A)
根據憲法增修條文之規定，下列何者之任期為憲法所明文保障？　(A)行政院院長　(B)監察院院長　(C)考試院院長　(D)司法院院長【108普考-法學知識與英文】	(B)

相關考題　監察委員職權

下列何者並非監察委員之職權？　(A)彈劾法官　(B)糾舉衛生福利部所屬公務員　(C)彈劾立法委員　(D)糾正國家發展委員會之施政措施　　　　　　　　　　　　　　　　　　【104司法四等-法學知識與英文】	(C)
下列何者為監察院之職權？　(A)彈劾正副總統　(B)彈劾監察院人員　(C)糾舉立法委員　(D)糾正考試委員　　　　　【104普考-法學知識與英文】	(B)

相關考題　監察委員職權

依憲法之規定與司法院釋字第 33 號及第 262 號解釋，下列何者非監察院彈劾之對象？ (A)中央與地方民意代表 (B)軍人 (C)司法院人員 (D)考試院人員 【105四等警察-法學知識】	(A)
下列有關監察院之敘述，何者正確？ (A)修憲後，監察院仍相當於民主國家之國會 (B)監察院不得對軍人提出彈劾案 (C)監察院院長由監察委員互選之 (D)監察委員獨立行使職權 【107普考-法學知識】	(D)
下列有關司法權之敘述，何者錯誤？ (A)法官為終身職，非受刑事或懲戒處分，或禁治產之宣告，不得免職 (B)法官須超出黨派以外，依據法律獨立審判，不受任何干涉 (C)司法院解釋憲法，並有統一解釋法律及命令之權 (D)司法院掌理公務員之懲戒及公職人員之財產申報事項 【107普考-法學知識與英文】	(D)
依憲法增修條文規定，監察院不再行使下列何種職權？ (A)糾舉權 (B)糾正權 (C)同意權 (D)審計權 【109高考-法學知識與英文】	(C)
依憲法增修條文規定，下列何者並非監察院彈劾之對象？ (A)總統 (B)法官 (C)監察院院長 (D)考試委員 【110高考-法學知識與英文】	(A)
依憲法增修條文規定，關於監察院之敘述，下列何者正確？ (A)監察院行使同意、彈劾、糾舉及審計權 (B)監察院設院長、副院長各1人，由監察委員互選之 (C)監察院設監察委員29人，任期6年 (D)監察院之彈劾案，須經監察委員1人以上之提議，9人以上之審查決定，始得提出 【111普考-法學知識與英文】	(C)

相關考題　審計部及審計長

在我國負責監督政府所屬全國各機關預算之執行機關為下列何者？ (A)行政院金融監督管理委員會 (B)財政部 (C)經濟部 (D)審計部 【99地方特考三等-法學知識與英文】	(D)
有關立法院與監察院之關係，下列敘述何者錯誤？ (A)監察院關於所掌事項，得向立法院提出法律案 (B)監察院設審計長，由行政院院長提名，經立法院同意任命之 (C)監察院及其所屬人員，得應立法院各委員會之邀請，到會備詢 (D)立法院一般職員如有違法失職情事，監察院得對之提出糾舉案或彈劾案 【100三等海巡-法學知識與英文】	(B)
依現行憲法之規定，審計長設於： (A)監察院 (B)立法院 (C)司法院 (D)行政院 【101三等一般警察-法學知識與英文】	(A)

2 - 15

中央與地方之權限

● 中央與地方權限的分配

一、中央立法及執行的事項

　　中央立法並執行的事項，相對來說，當然是要具備重要性、原則性之事項，若是交由省、縣立法或執行，恐怕會欠缺通盤性之考量，而且可能會因為省、縣政府與地方關係密切，而有許多人情包袱之考量。例如兩岸航空之規劃，到底要給哪一個縣市較多的航班，每個縣市政府都有不同的考量與要求，因此還是要回歸到中央來立法與執行。又如電政，如果是交由新竹市政府立法與執行，可能會囿於新竹科學園區中廠商的壓力，導致電價一降再降，反而不利於整體國家的電政規劃。

二、中央立法執行，或交由省縣執行

　　但是，有些中央立法之事項，為因應實際執行層面之便利或其他理由，可以交由省縣執行之，但是原則性的立法工作，還是不能下放給省縣，例如地方官吏之銓敘、任用、糾察及保障即屬之。又如縣市警察局長的派任，也常常是政黨角力的重點，尤其是當不同政黨的時候，更是吵得一團混亂，我國憲法第108條規定，有關「警察制度」由中央立法並執行之，或交由省縣執行之。換言之，可以中央一手掌握，也可以下放給地方。

　　但是，憲法文字固然如此規定，還是有可能存在著模糊空間，有些透過立法來解決，例如教育基本法第9條即規範中央與地方的教育權限內容，關於中央與地方權限分配遇有爭議時，由立法院解決之。

中央立法及執行事項

憲法第107條

左列事項，由中央立法並執行之：

一　　外交

二　　國防與國防軍事

三　　國籍法及刑事、民事、商事之法律

四　　司法制度

五　　航空、國道、國有鐵路、航政、郵政及電政

六　　中央財政與國稅

七　　國稅與省稅、縣稅之劃分

八　　國營經濟事業

九　　幣制及國家銀行

十　　度量衡

十一　國際貿易政策

十二　涉外之財政經濟事項

十三　其他依本憲法所定關於中央之事項

相關考題

下列何事項僅能由中央立法並執行，而不可交由省縣執行之？　(A)司法制度 (B)教育制度　(C)警察制度　(D)全國戶口調查及統計 【98高考三級-法學知識與英文】	(A)
依據憲法第107條規定，下列何者是專屬於中央立法並執行之事項？(A)公共衛生　(B)警察制度　(C)教育制度　(D)司法制度 【99鐵路高員三級-法學知識與英文】	(D)
憲法上規定，直轄市之自治，以下列那一項方式定之？　(A)內政部發布之命令　(B)行政院發布之命令　(C)法律　(D)自治條例 【99地方特考四等-法學知識與英文】	(C)

【解析】

憲法第118條規定。

● 權限爭議

關於中央與地方權限，如果相當明確，分配遇有爭議時，其事務有全國一致之性質者屬於中央，有全省一致之性質者屬於省，有一縣之性質者屬於縣。但是如果並不明確，在政黨政治的基礎下，當然很容易就會產生衝突與爭議，這時候就由「立法院」出面解決。(憲§111)

然而，為何是立法院，而非司法院或考試院？

主要的原因還是在於立法院是具有民意基礎的民意機關，對於中央與地方職權的分配，比較沒有統一解釋或法律命令之必要性，所以並不需要透過司法院大法官會議的介入，直接由有民意基礎的立法院出面解決即可。

● 介入處理機關

但也並非皆由立法院介入處理，依據地方制度法第77條規定，中央與直轄市、縣 (市) 間，權限遇有爭議時，由立法院院會議決之；縣與鄉 (鎮、市) 間，自治事項遇有爭議時，由內政部會同中央各該主管機關解決之。

同條另規定，直轄市間、直轄市與縣 (市) 間，事權發生爭議時，由行政院解決之；縣 (市) 間，事權發生爭議時，由內政部解決之；鄉 (鎮、市) 間，事權發生爭議時，由縣政府解決之。」

相關考題

依憲法第 107 條規定，下列何者非專屬中央立法並執行之？　(A)公用事業 (B)國稅與省稅、縣稅之劃分　(C)國營經濟事業　(D)幣制及國家銀行　　　　　　　　　　　　　　　　　　　　　　【105四等警察-法學知識】	(A)
下列何者並非構成我國現行地方制度之法規範依據？　(A)憲法本文　(B)憲法增修條文　(C)省縣自治通則　(D)地方制度法　【108普考-法學知識與英文】	(C)

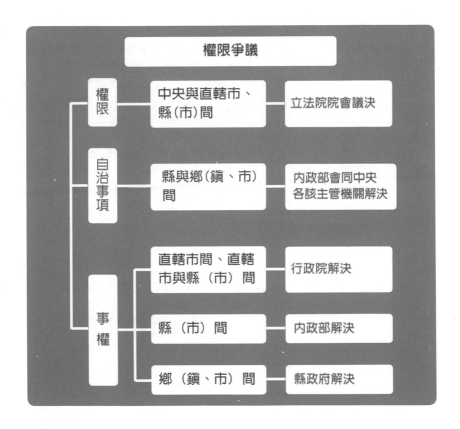

相關考題

依據憲法規定，下列何者並非專屬中央立法並執行，且不得交由地方執行之事項？　(A)電政　(B)司法制度　(C)教育制度　(D)商事法律 【109高考-法學知識與英文】	（C）
有關徵收之憲法規定，下列敘述何者正確？　(A)憲法第15條明文規定有徵收必有補償　(B)憲法第15條明文規定徵收須以公益為目的　(C)憲法第108條第1項提到「公用徵收」屬中央立法並執行或交由省縣執行之事項　(D)憲法增修條文第10條第1項規定，國家為促進產業升級得徵收土地設置科學工業園區或產業園區　【111普考-法學知識與英文】	（C）

臺北市與臺北縣發生事權爭議時，由下列何機關解決？　(A)總統　(B)法院 (C)行政院　(D)內政部　　　　　　　【98三等司法特考-法學知識與英文】	(C)

【備註】

臺北縣2010年升格為直轄市，更名為「新北市」。

依地方制度法第77條規定，下列有關事權發生爭議之敘述，何者錯誤？　(A)縣與鄉（鎮、市）間，自治事項遇有爭議時，由內政部會同中央各該主管機關解決之　(B)直轄市間、直轄市與縣（市）間，事權發生爭議時，由內政部解決之　(C)縣（市）間，事權發生爭議時，由內政部解決之　(D)鄉（鎮、市）間，事權發生爭議時，由縣政府解決之　　【100三等海巡-法學知識與英文】	(B)

【解析】

依據地方制度法第77條第2項規定，直轄市間、直轄市與縣（市）間，事權發生爭議時，由行政院解決之。

憲法第111條之規定，關於中央與地方權限分配遇有爭議時，由下列何者解決？　(A)行政院　(B)立法院　(C)司法院　(D)公民投票　　　　　　　　　　　　　　　　　　　　【99初等人事行政-法學大意】	(B)
依據憲法第111條規定，中央與地方權限之分配，遇有爭議時，如何解決？(A)由立法院解決之　(B)由行政院解決之　(C)由行政院報請總統解決之　(D)由司法院解決之　　　　　　　【99鐵路四等員級-法學知識與英文】	(A)
依我國憲法第111條規定，若中央與地方權限分配，遇有爭議時，由下列何者解決之？　(A)總統　(B)行政院　(C)立法院　(D)司法院　　　　　　　　　　　　　　　　　　　　【98調查局-法學知識與英文】	(C)
關於中央與地方之權限爭議，憲法規定由何一機關解決之？　(A)總統　(B)司法院大法官　(C)立法院　(D)行政院　　　【99普考-法學知識與英文】	(C)

依據憲法第111條規定，中央與地方權限分配遇有爭議時，由下列何機關解決？(A)總統府　(B)行政院　(C)立法院　(D)監察院　　【101高考-法學知識與英文】	(C)
依憲法第111條規定，有關中央與地方剩餘權之爭議，由何機關解決之？(A)行政院　(B)立法院　(C)司法院　(D)監察院【104普考-法學知識與英文】	(B)

相關考題

依據司法院釋字第769號解釋意旨，下列敘述何者正確？(A)縣地方制度事項如遇爭議，依憲法第 111 條規定應由立法院解決 (B)縣議會組織及其運作有關之重要事項，是屬地方自治事項，中央自不得以法律規範侵害自治權限 (C)地方議會正副議長選舉採取記名投票方式進行，不違反秘密選舉之憲法規定 (D)涉及中央或地方權限劃分之爭議時，應依事務本質判斷權限歸屬【111普考-法學知識與英文】	(C)
依司法院釋字第553號解釋，有關中央與地方權限爭議及地方自治之監督，下列敘述何者錯誤？ (A)涉及中央與地方權限劃分之爭議，是大法官得以解釋之事項 (B)地方自治團體處理自治事項，中央僅能為適法性監督 (C)地方自治團體辦理委辦事項，中央得為適法性與合目的性監督 (D)地方自治事項如涉及不確定法律概念，上級監督機關即不得撤銷或變更地方自治團體所為合法性之判斷 【109高考-法學知識與英文】	(D)

●跨區域自治事務之處理

直轄市、縣（市）、鄉（鎮、市）為處理跨區域自治事務、促進區域資源之利用或增進區域居民之福祉，得與其他直轄市、縣（市）、鄉（鎮、市）成立區域合作組織、訂定協議、行政契約或以其他方式合作，並報共同上級業務主管機關備查。（地方制度法§24-1 I）

前項情形涉及直轄市議會、縣（市）議會、鄉（鎮、市）民代表會職權者，應經各該直轄市議會、縣（市）議會、鄉（鎮、市）民代表會同意。（地方制度法§24-1 II）

第1項情形涉及管轄權限之移轉或調整者，直轄市、縣（市）、鄉（鎮、市）應制（訂）定、修正各該自治法規。（地方制度法§24-1 III）共同上級業務主管機關對於直轄市、縣（市）、鄉（鎮、市）所提跨區域之建設計畫或第1項跨區域合作事項，應優先給予補助或其他必要之協助。（地方制度法§24-1 IV）

相關考題　　**跨區域自治事務之處理**

依地方制度法之規定，地方自治團體為處理跨區域自治事務得採行之合法方式，不包括下列何者？ (A)訂定協議 (B)締結行政契約 (C)成立區域合作組織 (D)共同上級機關協調 【107高考-法學知識與英文】	(D)

地方制度

● 省

　　省，實質上已經算是不存在了，所以依據憲法增修條文第9條第1、2款之規定，均由行政院院長提請總統任命，不需要透過選舉制度，也不需要經過立法院的同意，所以省主席、委員、省諮議會議員只要形式上的存在意義，業已欠缺實質上的功能。所以憲法第108條第1項第1款、第109條、第112條至第115條都已算是實質上的停止適用。

　　省設省政府，置委員9人，其中1人為主席，均由行政院院長提請總統任命之。(憲增§9Ⅰ①) 省設省諮議會，置省諮議會議員若干人，由行政院院長提請總統任命之。(憲增§9Ⅰ②) 省承行政院之命，監督縣自治事項。(憲增§9Ⅰ⑦) 目前有關省政府與省諮議會，規定在地方制度法第8至13條規定。

● 縣

　　縣設縣議會，縣議會議員由縣民選舉之。屬於縣之立法權，由縣議會行之。(憲§124) 縣設縣政府，置縣長1人，由縣民選舉之。

● 其他自治區

　　蒙古各盟旗地方自治制度，以法律定之。(憲§119) 西藏自治制度，應予以保障。(憲§120) 如果我國對於蒙古及西藏地區還有實質的統治權，此種規定還有意義，但現在連中國大陸對於蒙古也沒有統治權，而西藏雖然動盪不斷，但早就獨立了，也與我國無實質上的關聯性，頂多很政治性地請達賴來臺訪問一下，這些憲法上規定的實質意義趨近於零。

相關考題

依憲法增修條文規定及司法院大法官解釋，關於「省」之設計，下列何者錯誤？　(A)省已喪失地方自治團體地位　(B)省承行政院之命，監督縣自治事項　(C)省設省主席及省政府委員　(D)省仍然保留省議會，由省民直接選出省議員　【98高考三級-法學知識與英文】	（D）
相較於憲法本文之規定，憲法增修條文針對我國地方制度所為之重大變革為：　(A)廢除省之組織　(B)廢除省自治　(C)增列鄉（鎮、市）之組織　(D)增列鄉（鎮、市）之自治　【99高考三級-法學知識與英文】	（B）
有關地方自治，下列敘述何者正確？　(A)不為憲法所保障　(B)與住民自治之理念無關　(C)具有垂直分權之功能　(D)立法院有權強制地方自治團體行政機關之有關人員到會備詢　【99地方特考三等-法學知識與英文】	（C）

【解析】

考釋字第498號解釋：「地方自治為憲法所保障之制度。基於住民自治之理念與垂直分權之功能……立法院所設各種委員會，依憲法第67條第2項規定，雖得邀請地方自治團體行政機關有關人員到會備詢，但基於地方自治團體具有自主、獨立之地位，以及中央與地方各設有立法機關之層級體制，地方自治團體行政機關公務員，除法律明定應到會備詢者外，得衡酌到會說明之必要性，決定是否到會。……」

下列何者不屬於地方制度法所稱之地方自治團體？　(A)臺灣省　(B)高雄市　(C)花蓮縣　(D)嘉義市　【108高考-法學知識與英文】	（A）
下列何者為地方制度法所稱之自治團體？　(A)鄉、鎮、市　(B)農田水利會　(C)行政法人　(D)大學法人　【109普考-法學知識與英文】	（A）

有關省政府之敘述，下列何者錯誤？　(A)省政府接受行政院指揮監督，執行省政府行政事務　(B)省政府置委員9人，組成省政府委員會議，連同主席及各委員均為無給職　(C)省政府之預算，由行政院納入中央政府總預算　(D)省政府為行政院派出機關　　　　　　　　　【104高考-法學知識與英文】	(B)

相關考題

依憲法增修條文第9條第1項之規定，臺灣省省諮議會議員之產生方式，為下列何者？　(A)總統任命　(B)行政院院長提請總統任命　(C)總統提名，經立法院同意任命　(D)總統提名，經監察院同意任命　　　　　　【105三等警察-法學知識與英文】	(B)

依憲法增修條文之規定，關於省政府委員以及省諮議會議員之提名及任命，下列敘述何者正確？　(A)省政府委員以及省諮議會議員均由行政院院長提請總統任命　(B)行政院院長直接任命　(C)省政府委員由內政部部長提名，行政院院長任命　(D)省政府主席由省政府委員互選，省諮議會議員由行政院院長提請總統任命　　　　　　　　　　　　　　　　　【105四等警察-法學知識】	(A)

●自治條例規定事項

下列事項以自治條例定之：(地方制度法§28)

一、法律或自治條例規定應經地方立法機關議決者。

二、創設、剝奪或限制地方自治團體居民之權利義務者。

三、關於地方自治團體及所營事業機構之組織者。

四、其他重要事項，經地方立法機關議決應以自治條例定之者。

依據地方制度法規定，下列何者非屬應以自治條例規定之事項？　(A)法律或自治條例規定應經地方立法機關議決者　(B)創設、剝奪或限制地方自治團體居民之權利義務者　(C)關於地方自治團體及所營事業機構之組織者　(D)關於地方自治團體其內部行政事務之分工者　　　【108高考-法學知識與英文】	(D)

相關考題　**基本原則**

關於地方自治，下列敘述何者錯誤？　(A)地方自治須於憲法及法律規定的範圍內實施　(B)地方自治團體有一定的事務管轄權來顯現與國家管轄領域的不同　(C)地方自治團體之組織型態不一定要是法人　(D)地方自治團體在自治事項範圍內可自主決定　【110普考-法學知識與英文】	（C）
對於地方自治之本質，下列敘述何者錯誤？　(A)地方自治是藉由憲法位階的保障，以避免立法者透過法律架空地方自治，這是屬於制度性保障說　(B)地方自治保障地方住民得決定地方事務，屬於住民主權說　(C)地方自治係由憲法明文保障，屬於規範承認說　(D)地方自治權係基於國家法律承認授權而來，此說法是屬於固有權說　【111高考-法學知識與英文】	（D）

相關考題　**監督方式**

下列何者不是地方自治事前監督之方式？　(A)核定　(B)宣告無效　(C)核備 (D)備查　【111普考-法學知識與英文】	（B） （D）

基本國策

● 教育經費──教育經費之排擠

在教育經費方面，原憲法第164條規定：「教育、科學、文化之經費，在中央不得少於其預算總額百分之十五，在省不得少於其預算總額百分之二十五，在市縣不得少於其預算總額百分之三十五，其依法設置之教育文化基金及產業，應予以保障。」但是，增修條文第10條第10項規定，則使憲法第164條停止適用，僅規定教育、科學、文化之經費，尤其國民教育之經費「應優先編列」，不再採用最低預算總額之比例。

● 教育均衡發展

國家應注重各地區教育之均衡發展，並推行社會教育，以提高一般國民之文化水準，邊遠及貧瘠地區之教育文化經費，由國庫補助之。其重要之教育文化事業，得由中央辦理或補助之。(憲§163)

● 適當之工作機會

人民具有工作能力者，國家應予以適當之工作機會。(憲§152) 此為貫徹禮運大同篇中「壯有所用」，也是憲法第15條人民之生存權、工作權及財產權，應予保障規定之延伸。所以金融海嘯的時候，失業率大幅攀高，許多剛畢業的學子都找不到工作，政府遂推出22K實習方案，只要企業給予畢業學子實習的機會，政府就補助2萬2千元，但也因此招致許多的批評，認為降低起薪的標準。

● 土地分配

國家對於土地之分配與整理，應以扶植自耕農及自行使用土地人為原則，並規定其適當經營之面積。(憲§143 IV)

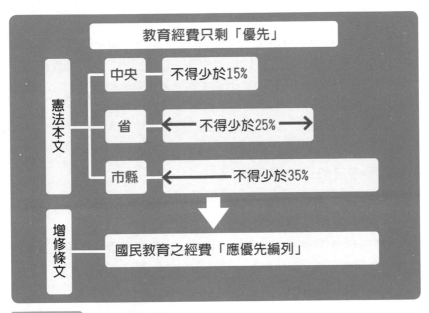

相關考題　教育文化

依據憲法增修條文之規定，下列關於教育、科學、文化經費之敘述，何者正確？　(A)國民教育之經費應優先編列　(B)須達預算總額至少百分之二十　(C)應保留特別預算編列　(D)立法院對相關預算不能刪減 【99鐵路四等員級-法學知識與英文】	(A)
依憲法第163條之規定，邊遠地區之教育文化經費如何籌措？　(A)由縣補助之　(B)由省補助之　(C)由國庫補助之　(D)由地方自籌經費 【98三等地方特考-法學知識與英文】	(C)
下列何者與現行憲法增修條文第10條規定之意旨不符？　(A)國家應重視醫療保健、福利服務等社會福利工作　(B)社會救助和國民就業等救濟性支出應優先編列　(C)教育科學文化經費中，國民教育之經費應優先編列　(D)中央政府教育科學文化之經費不得少於預算總額百分之十五【104普考-法學知識與英文】	(D)

相關考題　補習教育

甲已滿20歲，卻未受基本教育，依憲法本文規定，應一律受下列何種教育？ (A)補習教育　(B)國民教育　(C)成人教育　(D)社區教育 【110高考-法學知識與英文】	(A)

● **原住民**

　　憲法增修條文第10條第11項規定：「國家肯定多元文化，並積極維護發展原住民族語言及文化。」同條第12項規定：「國家應依民族意願，保障原住民族之地位及政治參與，並對其教育文化、交通水利、衛生醫療、經濟土地及社會福利事業予以保障扶助並促其發展，其辦法另以法律定之。對於澎湖、金門及馬祖地區人民亦同。」基於對於少數原住民之保護，訂有原住民基本法、原住民教育法等法規。

● **僑居國外國民之政治參與**

　　國家對於僑居國外國民之政治參與，應予保障。(憲增§10 Ⅷ)

● **獎勵科技發展、產業升級**

　　國家應獎勵科學技術發展及投資，促進產業升級，推動農漁業現代化，重視水資源之開發利用，加強國際經濟合作。(憲增§10 Ⅰ)

● **環境與生態兼顧**

　　最受到矚目的環保議題，在憲法增修條文第10條第2項也有規範，經濟及科學技術發展，應與環境及生態保護兼籌並顧，經濟及科學技術發展，難免會有環境及生態保護遭到破壞的疑慮，例如蘇花高速公路，固然能夠提供花東地區便捷的交通服務，但是相對而言，也會造成自然生態及景觀難以復原的嚴重破壞。

● **全民健康保險**

　　國家為謀社會福利，應實施社會保險制度。人民之老弱殘廢，無力生活，及受非常災害者，國家應予以適當之扶助與救濟。(憲§155) 國家為增進民族健康，應普遍推行衛生保健事業及公醫制度。(憲§157) 國家應推行全民健康保險，並促進現代和傳統醫藥之研究發展。(憲增§10Ⅴ) 依司法院釋字第550號解釋，關於國家推行全民健保之義務，係兼指中央與地方而言。

相關考題	社會保險

下列何者非屬憲法增修條文所稱之社會保險？　(A)勞工保險　(B)全民健康保險　(C)農民保險　(D)存款保險　　　　　【104司法四等-法學知識與英文】	(D)

相關考題 　**原住民保障**

依憲法增修條文第10條之規定,有關國家應保障原住民族之政治參與之敘述,下列何者正確? 　(A)國家依法要求各私營企業須僱用一定比例之原住民,即為直接保障原住民族之政治參與之表現 　(B)為突顯國家保障原住民族之政治參與,國家不得保障其他特定群體之政治參與 　(C)原住民族政治參與之保障,應於其整體教育水準達一定程度以上方得開始 　(D)國家應依民族意願,保障原住民族之政治參與 　　　　　　　　　　　【99普考-法學知識與英文】	(D)

相關考題 　**僑居國外國民之政治參與**

依憲法增修條文之規定,對何者之政治參與應予保障? 　(A)僑居國外國民 (B)身心障礙者 　(C)大陸地區人民 　(D)在臺之外國人士 　　　　　　　　　　　　　　　　【104司法三等-法學知識與英文】	(A)

相關考題 　**全民健康保險**

我國實施全民健保制度。依司法院大法官之見解,下列敘述何者正確? 　(A)全民健保為社會福利,應由國家給予人民保障,法律強制全民參加全民健保,與憲法意旨不符 　(B)全民健保費具有分擔金性質,依投保薪資而非將來受領給付之多寡計算保費,符合量能負擔之公平性 　(C)全民健保為社會保險,無論國民有無資力均應繳納保費,未繳納保費者拒絕給付,符合憲法意旨 　(D)全民健保整合公、勞、農保之醫療給付,已依法參加各保險之被保險人亦須加入全民健保,違反信賴保護原則 　【105司特四等-法學知識與英文】	(B)
依憲法增修條文第10條第5項之規定,國家應推行全民健康保險,大法官認為此處之「國家」所指為何? 　(A)專指中央而言 　(B)專指地方而言 　(C)兼指中央及地方而言 　(D)尚待大法官解釋 　【99地方特考三等-法學知識與英文】	(C)
依憲法增修條文之相關規定,下列何者之支出不屬於國家預算應優先編列之項目? 　(A)對於失業者提供就業服務 　(B)對於勞工提供全民健保補助 　(C)對於低入入者提供生活扶助 　(D)對於國民教育經費之提供 　　　　　　　　　　　　　　　　　　　【106高考-法學知識與英文】	(B)
依司法院釋字第767號解釋,對於常見且可預期之藥物不良反應不得申請藥害救濟,該規定與憲法保障人民下列何種權利或規範意旨無關? 　(A)生存權 　(B)健康權 　(C)保障身心障礙者就醫權利 　(D)國家應重視醫療保健社會福利工作 　　　　　　　　　　　　　　　　【110普考-法學知識與英文】	(C)

環境與生態兼顧

依據憲法增修條文之明定,經濟及科學技術發展應與下列何者兼籌並顧? (A)國防 (B)社會救助 (C)環境與生態保護 (D)社會保險 【99鐵路四等員級-法學知識與英文】	(C)
憲法增修條文中明確揭示,經濟及科學技術發展,應與環境及生態保護之間處於何種關係? (A)經濟及科學技術發展優先 (B)環境及生態保護優先 (C)兩者兼籌並顧 (D)遇有爭議時交由人民公決【98四等司法特考-法學知識與英文】	(C)
憲法本文及憲法增修條文所採有關國民經濟之基本國策,下列敘述何者錯誤? (A)應以民生主義為基本原則 (B)公用事業及其他有獨占性之企業,以公營為原則 (C)環境及生態保護,應優先於經濟及科學技術發展 (D)公營金融機構應以企業化經營為原則 【98普考-法學知識與英文】	(C)
依憲法增修條文第10條之規定,下列之敘述何者錯誤? (A)國家應保障僑民之政治參與 (B)經濟發展與環境保護相衝突時以環境保護為優先 (C)國民就業之救濟性支出應優先編列 (D)教育、科學、文化之經費應優先編列 【98三等地方特考-法學知識與英文】	(B)

基本國策

依憲法增修條文第10條之規定,下列何者並非我國之基本國策? (A)重視水資源之開發利用 (B)禁止開發山坡地 (C)加強國際經濟合作 (D)推動農漁業現代化 【99地方特考四等-法學知識與英文】	(B)
下列關於憲法中基本國策條款效力之敘述,何者正確? (A)基本國策條款是國家的施政方針,都沒有強制性質 (B)國家對於基本國策之實施,應盡力為之,即使因客觀上資源不足而未達成目標,仍然違憲 (C)基本國策規定中有若干條文屬憲法委託,立法者對於如何實現,沒有任何裁量權 (D)大法官得引用基本國策規定,宣告法令違憲 【108普考-法學知識與英文】	(D)
下列關於基本國策的敘述,何者正確? (A)基本國策皆為具體的社會權,可以作為人民對國家給付請求權的基礎 (B)基本國策所揭示的各種國家目標,都是憲法所承認的制度性保障 (C)基本國策中的憲法委託條款,若立法者不積極履行,會構成立法怠惰 (D)基本國策中的國家目標條款,都是單純政策目標的宣示,對立法者不具有拘束力 【109普考-法學知識與英文】	(C)

相關考題　土地分配

憲法規定，國家對於土地之分配與整理，應以何者為原則？　(A)發展高科技科學園區　(B)促進人民就業　(C)扶植自耕農以及自行使用土地人　(D)國民生產事業以及對外貿易　【99地方特考四等-法學知識與英文】	(C)
平均地權條例規定，土地所有權移轉時，須依法申報現值，其憲法上之理由為何？　(A)因勞力資本投入而增值土地，應課徵土地增值稅　(B)履行人民之協力義務，以符漲價歸公目的　(C)中華民國領土內之土地屬於國民全體　(D)附著土地之礦隨同移轉　【111普考-法學知識與英文】	(B)

相關考題　平民金融機構

憲法第150條規定國家應普設平民金融機構，其目的為何？　(A)防止通貨膨脹　(B)促進產業升級　(C)實現住者有其屋的理想　(D)救濟失業　【101普考-法學知識與英文】	(D)

相關考題　私人財富及私營事業之限制

依憲法第145條第1項之規定，國家對於私人財富及私營事業，認為有妨害國計民生之平衡發展者，應以何種規範限制之？　(A)行政規則　(B)法規命令　(C)法律　(D)自治條例　【108普考-法學知識與英文】	(C)

相關考題　國家安全會議

依憲法增修條文規定，國家安全會議由誰所設置？　(A)總統　(B)行政院院長　(C)立法院　(D)司法院　【103四等地特-法學知識與英文】	(A)

相關考題　獎勵補助

對於下列何種工作者，憲法未明文規定國家應予以獎勵或補助？　(A)國內私人經營之教育事業成績優良者　(B)僑居國外國民之教育事業成績優良者　(C)從事教育久於其職而成績優良者　(D)文化事業採企業化經營創新卓有成效者　【105三等警察-法學知識與英文】	(D)

相關考題　現役軍人不得兼任文官

依憲法第140條之規定，現役軍人不得兼任文官，故現役軍人不得擔任下列何種職務？　(A)總統府戰略顧問　(B)國防部參謀本部次長　(C)國家安全局局長　(D)國家安全會議秘書長　【103高考-法學知識與英文】　(D)

相關考題　國防

我國憲法第137條規定，中華民國之國防，以保衛國家安全，維護世界和平為目的。國防之組織，以法律定之。因此立法院乃據之訂定下列何者？　(A)國家安全法　(B)國家總動員法　(C)國防法　(D)國防安全法　【107高考-法學知識與英文】　(C)

相關考題　特別扶助與保障

關於憲法及憲法增修條文明定應給予特別保障與扶助之對象，不包括下列何者？　(A)藝術工作者　(B)學行俱優無力升學之學生　(C)軍人　(D)政黨　【109高考-法學知識與英文】　(D)

相關考題　工作機會

依憲法規定，人民具有工作能力者，國家應予以適當之工作機會。下列何種措施與此規定之精神有關？　(A)實施就業輔導制度　(B)實施失業保險制度　(C)訂定最低工資制度　(D)訂定基本工時制度　【104司法四等-法學知識與英文】　(A)

政府為幫助失業者而採取下列措施，何者非屬憲法之要求？　(A)政府廣設職業訓練中心，增加失業者之職業專長　(B)政府設置創業補助基金，以鼓勵失業者積極創業　(C)政府給予失業者失業救助，保障其基本生活需求　(D)失業者請求政府給付特定工作時，政府不得拒絕　【106普考-法學知識與英文】　(D)

憲法第152條規定：「人民具有工作能力者，國家應予以適當之工作機會。」下列敘述何者正確？　(A)人民得依據本條規定，請求國家保障其不被雇主解僱　(B)人民失業時，得依據本條規定，請求國家讓其在國營事業從事短期性工作　(C)人民失業時，得依據本條規定，請求國家給付失業救濟金　(D)本條規定，並未保障人民享有向國家主張給予一定工作之請求權　【110普考-法學知識與英文】　(D)

相關考題　公營金融機構之企業化經營

依據憲法增修條文第10條第4項規定，國家對公營金融機構之管理應本下列何項原則？ (A)節制資本原則　(B)社會國原則　(C)民生主義原則　(D)企業化經營原則　【111高考-法學知識與英文】　(D)

相關考題　婦女特別保障

下列何者並非憲法及增修條文對於婦女之特別保護？　(A)保障婦女之參政權 (B)對婦女從事勞動者之特別保護　(C)消除性別歧視，促進兩性地位之平等 (D)保障婦女之生育自主權　【109普考-法學知識與英文】　(D)

相關考題　兩性平等

關於憲法對性別平等之保障，下列何者尚未被司法院大法官援引為國家促進兩性實質平等之依據或參考？　(A)憲法第156條：國家應保護母性並實施婦女福利政策　(B)憲法增修條文第10條第6項：國家應消除性別歧視，促進兩性地位之實質平等　(C)憲法第7條：中華民國人民無分男女在法律上一律平等　(D)聯合國消除對婦女一切形式歧視公約第2條與第5條　【110高考-法學知識與英文】　(A)

關於經濟安全與社會福利領域之性別平等實踐，下列敘述何者錯誤？　(A)憲法增修條文規定，國家應對特殊境遇之婦女提供社會扶助　(B)鑑於男性單親家庭逐漸增加，「特殊境遇婦女家庭扶助條例」已修正為「特殊境遇家庭扶助條例」　(C)配偶得在其配偶死亡之後取得社會保險之遺屬津貼　(D)勞工保險條例、勞工退休金條例和國民年金法都將配偶納入遺屬津貼之範圍　【110普考-法學知識與英文】　(A)

第 3 章

行政法

章節大綱

　　行政法的範圍相當廣泛，除了基本原理原則外，還有行政程序法。近年來考題並不會太多，大概都在基本原則、行政程序法第1條至第10條的範圍打轉，以命題大綱為核心出題，在訴願、行政訴訟方面，則另外與民事訴訟與刑事訴訟之考題相整合。在時事議題方面，組織四法修正，也有一些相對應的考題，六都改選的地方制度法考題，則配合命題大綱，整合第一章基本法學概說。

3-1

行政法之基本原則

● 信賴保護原則

一、信賴保護之要件

信賴保護之構成要件須符合：(釋589)

(一) 信賴基礎：即行政機關表現在外具有法效性之決策。

(二) 信賴表現：即人民基於上述之法效性決策宣示所形成之信賴，實際開始規劃其生活或財產之變動，並付諸實施，此等表現在外之實施行為乃屬「信賴表現」。

(三) 有客觀上值得保護之信賴利益存在等要件。

二、釋字第525號解釋

信賴保護原則攸關憲法上人民權利之保障，公權力行使涉及人民信賴利益而有保護之必要者，不限於受益行政處分之撤銷或廢止 (行政程序法第119條、第120條及第126條參照)，即行政法規之廢止或變更亦有其適用。行政法規公布施行後，制定或發布法規之機關依法定程序予以修改或廢止時，應兼顧規範對象信賴利益之保護。除法規預先定有施行期間或因情事變遷而停止適用，不生信賴保護問題外，其因公益之必要廢止法規或修改內容致人民客觀上具體表現其因信賴而生之實體法上利益受損害，應採取合理之補救措施，或訂定過渡期間之條款，俾減輕損害，方符憲法保障人民權利之意旨。

至經廢止或變更之法規有重大明顯違反上位規範情形，或法規（如解釋性、裁量性之行政規則）係因主張權益受害者以不正當方法或提供不正確資料而發布者，其信賴即不值得保護；又純屬願望、期待而未有表現其已生信賴之事實者，則欠缺信賴要件，不在保護範圍。

主張信賴保護之類型

受益行政處分之撤銷（行政程序法§120）

受益行政處分之廢止（行政程序法§126）

行政法規之廢止或變更（釋字第525號）

波蘭醫生與信賴保護原則

我相信政府的法律制度，波蘭醫生不必經過學歷甄試，就可以在臺執業。為何我剛畢業，制度又改了。

你未經過扎實的實習過程，就在臺灣上陣，恐怕會鬧出人命吧！

波蘭醫生

原針對歐盟地區國家之醫學系學生，醫師法所採行之學歷甄試鑑定制度較為寬鬆，也因此許多臺灣學生轉赴波蘭就讀醫學系，造成國內醫學系學生之不滿與抗議。

基於醫師水準之維持，主管機關遂欲修改相關規範，致使波蘭醫學系學生也須經由一定的學歷甄試鑑定制度，才能在臺執業，但也引發違反信賴保護原則之質疑。

相關考題　信賴保護原則

下列何者，人民不得主張信賴保護？　(A)對合法行政處分之信賴　(B)對違法行政處分之信賴　(C)對政府所為政策宣示的信賴　(D)對行政規則之信賴 【98三等司法特考-法學知識與英文】	(C)
當行政機關欲修改或廢止某一授予人民利益之法規時，首應留意那一項原則之遵守？　(A)比例原則　(B)平等原則　(C)信賴保護原則　(D)合義務裁量原則 【99高考三級-法學知識與英文】	(C)
有關司法院釋字第589號解釋對於信賴保護原則的適用要件，下列何者錯誤？ (A)須在法規施行而產生信賴基礎之存續期間之內　(B)應衡酌國家財政負擔能力 (C)要有客觀具體表現之行為　(D)須有值得保護之利益 【99三等第一次司法人員-法學知識與英文】	(B)
有關國家強制全民參加全民健康保險及繳納保費之規定，依司法院大法官解釋，下列敘述何者錯誤？　(A)係國家為達成全民納入健康保險，以履行對全體國民提供健康照護之責任所必要之手段　(B)雖對人民的自我決定權以及財產權構成限制，但仍合於憲法第23條之要求　(C)增加原來參加勞保、公保、農保等被保險人之保費負擔，已違反信賴保護原則而違憲　(D)對於無力繳納保費者，國家仍應給予適當之救助，不得逕行拒絕給付，此乃基於國家的保護義務 【99第二次司法特考-法學知識與英文】	(C)

【解析】
釋字第472號解釋。

下列何種情形，人民得主張信賴保護？　(A)行政處分之作成係因當事人所提錯誤資訊所作成　(B)對合法行政處分之信賴　(C)對政府經濟政策的信賴　(D)當事人明知行政處分違法　【100三等海巡-法學知識與英文】	(B)
違法之授益行政處分經撤銷後，行政機關於特定條件下應補償受益人財產上之損失，與下列何種原則有關？　(A)法律保留原則　(B)信賴保護原則　(C)明確性原則　(D)不當連結禁止原則　【103普考-法學知識與英文】	(B)

相關考題 **信賴保護原則**

下列有關信賴保護原則的敘述，何者錯誤？ (A)信賴保護原則係源於法治國原則對於人民權利與法律秩序安定之維護 (B)行政機關可對人民主張信賴利益保護 (C)倘法規預先定有施行期間者，尚不發生信賴保護問題 (D)因公益之必要廢止法規，導致人民因信賴而生之利益受損害時，應採取合理之補救措施，或訂定過渡期間之條款 【101普考-法學知識與英文】	(B)
下列何者非屬信賴保護原則之要件？ (A)信賴基礎 (B)信賴表現 (C)值得保護之信賴利益 (D)信賴利益應大過於公共利益 【109高考-法學知識與英文】	(D)

相關考題 **行政國原則**

依司法院釋字第499號解釋，下列何者不屬於憲法中「具有本質之重要性而為規範秩序存立之基礎」而不得任意修改者？ (A)人民基本權利的保障 (B)行政國原則 (C)國民主權原則 (D)權力分立與制衡原則 【101高考-法學知識與英文】	(B)

● **管轄法定原則**

　　行政機關之管轄權，依其組織法規或其他行政法規定之。(行政程序法§11 I) 此即為管轄法定原則之規定。簡單來說，臺北市政府原則上不會管轄新北市的案件，澎湖縣政府也不能管花蓮縣的案件。

● **法安定性原則**

　　國家權力的運作之所以必須具有可預測性，為的自然是保障人民的權益，此所以法安定性原則旨在保護人民的權益，法秩序的安定不是目的，落實人民權益的保護才是目的，如果不能落實人民權益的保護，法的安定性並沒有意義。(釋574—許玉秀部分協同意見書)

　　所以，法安定性原則相對應之概念包括信賴保護原則、不溯及既往原則，人民信賴法律規範，就應該受到保護，除非所欲維護的公益大於信賴利益，否則行政機關不予以撤銷，即便公益大於信賴利益而予以撤銷，也要加以補償。相關規定，請參照行政程序法第117條至第126條規定。

● **處罰法定原則**

　　依法始得處罰，為民主法治國家基本原則之一，對於違反社會性程度輕微之行為，處以罰鍰、沒入或其他種類行政罰，雖較侵害國家、社會法益等科以刑罰之行為情節輕微，惟本質上仍屬對於人民自由或權利之不利處分，其應適用處罰法定主義，仍無不同。為使行為人對其行為有所認識，進而擔負其在法律上應有之責任，自應以其違反行政法上義務行為時之法律有明文規定者為限，爰予明定。我國行政罰法第4條規定：「違反行政法上義務之處罰，以行為時之法律或自治條例有明文規定者為限。」

依司法院釋字第313號、第394號及第402號等解釋意旨，對於違反行政法上義務之行為，法律得就其處罰之構成要件或法律效果授權以法規命令訂之。故本條所指之「法律」，解釋上包含經法律就處罰之構成要件或法律效果為具體明確授權訂定之法規命令。

相關考題 **管轄法定原則**

行政機關之管轄權，依其組織法規或其他行政法規定之，此乃指下列那一項原則？ (A)權力分立原則 (B)法律保留原則 (C)管轄法定原則 (D)法律優位原則 【99四等基警行政警察-法學緒論】	(C)

相關考題 **法安定性原則**

人民信賴授益之違法行政處分，其信賴利益顯然大於撤銷所欲維護之公益者，行政機關不得予以撤銷，係基於何種法理？ (A)法安定性原則 (B)平等原則 (C)比例原則 (D)公益原則 【99四等海巡-法學知識與英文】	(A)

相關考題 **處罰法定原則**

違反行政法上義務之處罰，以行為時之法律或自治條例有明文規定者為限，此乃下列那一項原則的說明？ (A)處罰法定原則 (B)處罰便宜原則 (C)從新從輕原則 (D)誠實信用原則 【98四等司法特考-法學知識與英文】	(A)

3-2

行政組織

一、行政組織之概念

行政組織之定義，有學者認為「以憲法及法規為依據而成立，為管理國家事務之核心，實現國家目標之最主要手段，對其他社會單位或組織體而言，具有監督及協調之功能。」(吳庚，第171頁)

行政組織之態樣繁多，例如行政程序法第2條第2項有對行政機關加以定義，其規定為「本法所稱行政機關，係指代表國家、地方自治團體或其他行政主體表示意思，從事公共事務，具有單獨法定地位之組織。」其他如行政法人，於行政法人法第2條第1項規定中亦有規範，即「本法所稱行政法人，指國家或地方自治團體以外，由中央目的事業主管機關，為執行特定公共事務，依法律設立之公法人。」

二、政府再造，組織四法修正

民國(下同)99年1月12日立法院三讀通過修正「行政院組織法」、「中央行政機關組織基準法」，並增訂「中央政府機關總員額法」、「行政院功能業務與組織調整暫行條例」，讓喊了數十年的組織再造，終於有了初步也是首次的成果，實在值得鼓勵。

改革，總是會遇到各種反彈，但是如果一直不改革，組織的成長將畸形化。這次連新聞局、青輔會都已不再存在，既有業務合併至其他單位，顯見應有向組織改造的方向前進，雖然遲至99年才修法，但總比不來還好，未來還是應該要持續視政經社會環境，而隨時予以修正變動。

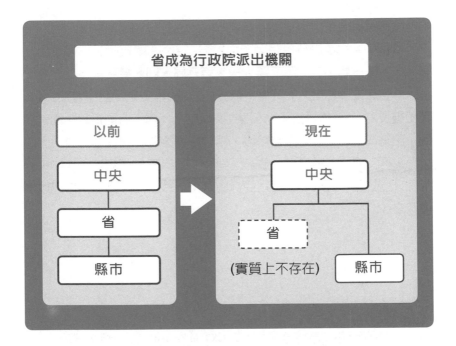

其中依據憲法增修條文第3條第3項規定，國家機關之職權、設立程序及總員額，得以法律為準則性之規定。我國逐於93年6月23日修正通過「中央行政機關組織基準法」，並分別於97、99及111年修訂。依據該法第1條規定，以達到建立中央行政機關組織共同規範，提升施政效能之目的。

依據行政院組織法，行政院下的組織有14部、9會、3獨立機關、中央銀行及故宮博物院，以及主計總處、人事行政總處。另外，依據中央政府機關總員額法，人數上限將限制在16萬零9百人，有助公務人力運用效率及提升素質，降低未來員額成長對政府財政健全的衝擊。

三、總統府組織

依據中華民國總統府組織法第2條規定：「總統府設下列各局、室：一、第一局。二、第二局。三、第三局。四、機要室。五、侍衛室。六、公共事務室。」另外，依據同法第9條規定，設秘書長1人、副秘書長2人。依據同法第15條第1項規定：「總統府置資政、國策顧問，由總統遴聘之，均為無給職，聘期不得逾越總統任期，對於國家大計，得向總統提供意見，並備諮詢。」同法第17條規定：「中央研究院、國史館、國父陵園管理委員會隸屬於總統府，其組織均另以法律定之。」

相關考題

下列何者屬行政程序法第2條第2項所稱之行政機關？　(A)新竹市地價及標準地價評議委員會　(B)行政院公平交易委員會　(C)行政院衛生署醫事審議委員會　(D)內政部訴願審議委員會　　　　　　【98普考-法學知識與英文】	(B)
依據憲法增修條文第3條第3項規定，國家機關之職權、設立程序及總員額，得以法律為準則性之規定。下列何者係依據上述規定所制定？　(A)行政院組織法　(B)行政院及各級行政機關訴願審議委員會組織規程　(C)中央法規標準法　(D)中央行政機關組織基準法　　　　　　【98三等司法特考-法學知識與英文】	(D)
下列機關之隸屬何者正確？　(A)中央研究院隸屬於總統府　(B)審計部隸屬於行政院　(C)公務人員保障暨培訓委員會隸屬於考選部　(D)公務員懲戒委員會隸屬於法務部　　　　　　【99高考三級-法學知識與英文】	(A)
下列何者非行政院會議之組織成員？　(A)交通部部長　(B)銓敘部部長　(C)政務委員　(D)行政院副院長　　　　　　【98普考-法學知識與英文】	(B)
下列何者隸屬於總統府？　(A)國史館　(B)故宮博物院　(C)國父紀念館　(D)文建會　　　　　　【98三等地方特考-法學知識與英文】	(A)

行政院組織法

14 部	9 會
內政部	國家發展委員會
外交部	國家科技及技術委員會
國防部	大陸委員會
財政部	金融監督管理委員會
教育部	海洋委員會
法務部	僑務委員會
經濟及能源部	國軍退除役官兵輔導委員會
交通及建設部	原住民族委員會
勞動部	客家委員會
農業部	**3 獨立機關**
衛生福利部	中央選舉委員會
環境資源部	公平交易委員會
文化部	國家通訊傳播委員會
數位發展部	**其他單位**
	中央銀行
	國立故宮博物院
	2 總處
	主計總處
	人事行政總處

（參照行政院組織法）

● 行政院長不能視事

行政院院長因事故不能視事時，由副院長代理其職務。

● 列席行政院會議

行政院院長得邀請或指定有關人員列席行政院會議。

＊筆記＊

3-3

行政程序法

一、行政程序法之目的

為使行政行為遵循公正、公開與民主之程序，確保依法行政之原則，以保障人民權益，提高行政效能，增進人民對行政之信賴，特制定本法。(行政程序法§1)

二、行政程序之概念

本法所稱行政程序，係指行政機關作成行政處分、締結行政契約、訂定法規命令與行政規則、確定行政計畫、實施行政指導及處理陳情等行為之程序。(行政程序法§2Ⅰ)

三、行政程序法適用之範圍

行政機關為行政行為時，除法律另有規定外，應依本法規定為之。(行政程序法§3Ⅰ)下列機關之行政行為，不適用本法之程序規定：(一)各級民意機關、(二)司法機關、(三)監察機關。(行政程序法§3Ⅱ)

下列事項，不適用本法之程序規定：(行政程序法§3Ⅲ)

(一)有關外交行為、軍事行為或國家安全保障事項之行為。

(二)外國人出、入境、難民認定及國籍變更之行為。

(三)刑事案件犯罪偵查程序。

(四)犯罪矯正機關或其他收容處所為達成收容目的所為之行為。

(五)有關私權爭執之行政裁決程序。

(六)學校或其他教育機構為達成教育目的之內部程序。

(七)對公務員所為之人事行政行為。

(八)考試院有關考選命題及評分之行為。

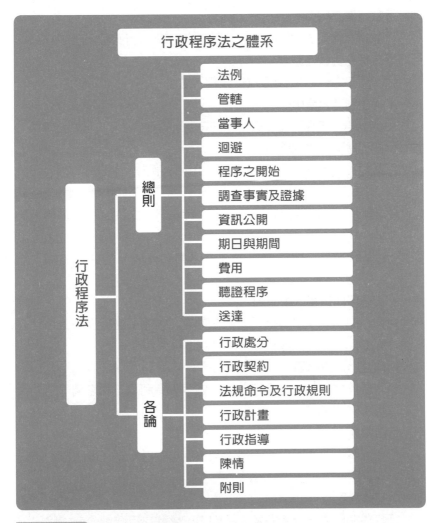

行政程序法之體系

行政程序法
├─ 總則
│   ├─ 法例
│   ├─ 管轄
│   ├─ 當事人
│   ├─ 迴避
│   ├─ 程序之開始
│   ├─ 調查事實及證據
│   ├─ 資訊公開
│   ├─ 期日與期間
│   ├─ 費用
│   ├─ 聽證程序
│   └─ 送達
└─ 各論
    ├─ 行政處分
    ├─ 行政契約
    ├─ 法規命令及行政規則
    ├─ 行政計畫
    ├─ 行政指導
    ├─ 陳情
    └─ 附則

相關考題 **行政裁量**

依廢棄物清理法規定,在指定清除地區內丟煙蒂者,處新臺幣1,200元以上6,000元以下罰鍰。今甲丟煙蒂,行政機關以其在夜間丟煙蒂而處其較重之新臺幣6,000元罰鍰。則行政機關之行為屬: (A)裁量逾越 (B)裁量怠惰 (C)適法裁量 (D)裁量濫用 【99四等基警行政警察-法學緒論】 （C）（D）

四、行政行為之拘束

行政行為應受法律及一般法律原則之拘束。(行政程序法§4)

五、行政行為明確性原則

行政行為之內容應明確。(行政程序法§5)

六、不得差別待遇原則

行政行為，非有正當理由，不得為差別待遇。(行政程序法§6)

七、行政程序法之比例原則

行政行為，應依下列原則為之：(行政程序法§7)

(一)採取之方法應有助於目的之達成。

(二)有多種同樣能達成目的之方法時，應選擇對人民權益損害最
　　少者。

(三)採取之方法所造成之損害不得與欲達成目的之利益顯失均
　　衡。

八、誠實信用與信賴保護原則

行政行為，應以誠實信用之方法為之，並應保護人民正當合理之
信賴 (行政程序法§8)

九、行政程序注意事項

行政機關就該管行政程序，應於當事人有利及不利之情形，一律
注意。(行政程序法§9)

十、行政裁量

行政機關行使裁量權，不得逾越法定之裁量範圍，並應符合法規
授權之目的。(行政程序法§10)

十一、陳述意見

行政機關作成限制或剝奪人民自由或權利之行政處分前，除已依
第39條規定，通知處分相對人陳述意見，或決定舉行聽證者外，
應給予該處分相對人陳述意見之機會。但法規另有規定者，從其
規定。(行政程序法§102)

有下列各款情形之一者，行政機關得不給予陳述意見之機會：

(一)大量作成同種類之處分。

(二)情況急迫,如予陳述意見之機會,顯然違背公益者。

(三)受法定期間之限制,如予陳述意見之機會,顯然不能遵行者。

(四)行政強制執行時所採取之各種處置。

(五)行政處分所根據之事實,客觀上明白足以確認者。

(六)限制自由或權利之內容及程度,顯屬輕微,而無事先聽取相對人意見之必要者。

(七)相對人於提起訴願前依法律應向行政機關聲請再審查、異議、復查、重審或其他先行程序者。

(八)為避免處分相對人隱匿、移轉財產或潛逃出境,依法律所為保全或限制出境之處分。

當事人於聽證時,得陳述意見、提出證據,經主持人同意後並得對機關指定之人員、證人、鑑定人、其他當事人或其代理人發問。(行政程序法§61)

相關考題　行政程序法之規範範圍

行政程序法所規定之行政程序,並不包括行政機關為下列何種行為之程序? (A)締結私法契約　(B)作成行政處分　(C)實施行政指導　(D)處理陳情 【99四等關務-法學知識】	(A)
下列何者適用行政程序法之程序規定?　(A)主管機關與公費生簽訂行政契約 (B)考選部關於國家考試之命題行為　(C)外國人出入境事項　(D)行政機關對所屬公務人員為記過一次之懲處 【108高考-法學知識與英文】	(A)
下列何者的行政行為,不適用行政程序法的程序規定?　(A)經濟部智慧財產局否准商標之登記　(B)考選部審查國家考試報考資格　(C)公平交易委員會調查事業聯合行為　(D)審計部審查政府財務決算【110高考-法學知識與英文】	(D)

相關考題　　比例原則

行政程序法第7條規定，行政機關有多種同樣能達成目的之方法時，應選擇對人民權益損害最少者。此係指下列何者？　(A)適合性原則　(B)必要性原則　(C)狹義比例原則　(D)特定性原則　　　【107普考-法學知識與英文】	(B)
依據行政程序法之規定，關於比例原則，下列敘述何者錯誤？　(A)行政行為對人民權益之侵害不得遠大於所達成之利益　(B)行政行為採取之手段應有助目的達成　(C)行政行為應選擇對人民權益侵害最小者　(D)行政行為應明確說明理由　　　【110普考-法學知識與英文】	(D)

相關考題　　行政機關

行政程序法所稱行政機關，除了指代表國家、地方自治團體或其他行政主體表示意思，從事公共事務，具有單獨法定地位之組織外，尚包括：　(A)各級民意機關　(B)司法機關　(C)監察機關　(D)受託行使公權力之個人或團體，在其接受委託的範圍內　　　【101普考-法學知識與英文】	(D)

相關考題　　差別待遇之禁止

行政程序法第6條規定：「行政行為，非有正當理由，不得為差別待遇。」係何種基本權利的表現？　(A)生存權　(B)參政權　(C)平等權　(D)訴訟權　　　【103普考-法學知識與英文】	(C)

相關考題　　陳述意見

下列何種行政處分應給予相對人陳述意見之機會？　(A)經聽證程序而作成之土地徵收處分　(B)核發公費獎學金之決定　(C)處分機關大量作成之超速違規處分　(D)學校對違反校規之學生處以退學處分　　　【111普考-法學知識與英文】	(D)

相關考題　　行政機關適用法律

有關行政機關適用法律之敘述，下列何者錯誤？　(A)依法行政原則　(B)不受上級機關之指揮監督　(C)得為合義務性之裁量　(D)有依法訂定行政命令之權　　　【103普考-法學知識與英文】	(B)

相關考題　信賴保護

依司法院大法官之解釋，信賴保護原則之適用，必須符合三要件，下列何者屬於所謂之信賴基礎？　(A)行政機關訂定之法規命令　(B)人民提出之證據　(C)行政機關訂定之人員管理規定　(D)人民提出之申請 【104司法四等-法學知識與英文】	(A)
下列何種情形，人民不得主張信賴保護原則？　(A)甲提供正確資料申請農地農用證明書，後因不可抗力無法繼續耕種而遭廢止證明書　(B)乙明知不符合醫師考試應考資格之規定，而報名參加考試，及格後被發覺而被撤銷考試及格資格　(C)軍人丙因相信行政機關「轉任公務員併計算年資」函釋，經參加轉任考試及格錄取後，行政機關廢止該函釋　(D)遊民丁交代其財產所得，主管機關不察發給救助金，稍後發現，丁拒絕退還救助 【104普考-法學知識與英文】	(B)

3-4

私經濟行政

一、基本概念

現代行政事務日趨繁複，加以高度抽象性及多樣性，出現難於判斷究竟係公權力行政抑或私經濟行政之情形，並非罕見。所謂公權力行政，又稱之為高權行政，是指國家居於統治主體適用公法規定所為之各種行政行為。大部分的行政作為均屬公權力行政，占有相當重要的地位。(吳庚，第10頁)

所謂私經濟行政，亦即國庫行政，指國家並非居於公權力主權地位行使其統治權，而係處於與私人相當之法律地位，並在私法支配下所為之各種行為。(吳庚，第12頁)

行政機關從事私經濟行政時，較公權力行政享有較多之行動自由，但一般而言其本身仍需受組織法及內部作業法規之規範。(吳庚，第16頁)

例如對清寒學生給予助學貸款；由隸屬於各級政府之自來水廠、醫院、療養院、鐵路局、公共汽車管理處等機構對大眾提供生活上之服務等，均屬於私法上之行為。(97裁3877)

私經濟行政（國庫行政），有區分為行政輔助行為、行政營利行為，以及私法形式的給付行政行為。

政府出售公營事業持股，並非行使公權力對外發生法律上效果之單方行政行為，因此並不具備行政處分之性質，而是基於私法上之地位，所從事形式上屬於私法之財產權買賣行為，性質上屬於國庫行政行為。

二、區別實益

公權力行政所衍生的爭議，應循行政訴訟程序加以救濟；私經濟行政 (國庫行政) 衍生之爭議，因其爭議導因於私經濟活動之事項，應循民事訴訟程序加以救濟。

基本權利的第三人效力

憲法是防止政府機關侵害人民之最終防線，然而有些情況，卻不是政府機關侵害人民，而是人民透過私法自治的方式，加諸於他人基本權利行使之限制。此時，究竟是憲法可以直接約制，還是透過現有的立法體制，規範違反憲法基本權利保障之行為，也引發學說上的諸多討論。

相關考題

下列何者屬於私經濟行政？ (A)授予專利 (B)處以罰鍰 (C)供應水電 (D)拆除違建 【98三等司法特考-法學知識與英文】	(C)

3-5

行政罰

● **行政罰之概念**

　　行政罰,是指為了維持行政上之秩序,達成國家行政目的,未違反行政上義務者,所科之制裁,又稱之為秩序罰。(吳庚,第479頁) 行政罰,原則上由行政機關對於一般民眾所為之制裁。行政罰原本散見各個法令,直至民國94年才立法通過,但是仍屬於總則之性質,其他具體的處罰要件,還是由各個法規自行規範。行政罰法的主要架構,包括法例、責任、共同違法及併同處罰、裁處之審酌加減及擴張、單一行為及數行為之處罰、時效,這些屬於實體法之規範,至於程序法之規範,則包括管轄機關、裁處程序。

【案例:大學生罰款未交,可不可以畢業?】

　　大學生違規停車、圖書逾期、學費逾期未繳,大學向學生開罰的性質是什麼?是行政罰?還是校園自治的契約自由行為?

　　大學處分的內容,如果不涉及學生的身分關係,則應該屬於校園自治的契約自由行為,即所謂的場所契約,通常是依據定型化契約所建立的契約關係。進一步探討者,如果因罰鍰未繳而扣留學生的畢業證書,則屬於不當連結。蓋因學生畢業與否,與畢業學分數是否修業完成,以及成績是否達到一定標準有關,與學費、罰鍰是否繳納無關。換言之,將原本授予利益之行政處分(核發畢業證書,這是教育部發的),以不當連結的方式,增加不必要的負擔。

行政罰之案例：超速、闖紅燈

① 好爽！

②

③ 啊！被開罰單了。

④ 這是您超速和闖紅燈的罰單唷。

有關超速、闖紅燈等，其具體之違法構成要件及法律效果，是依據「道路交通管理處罰條例」之規定。

相關考題　　**行政罰**

我國以往對於違反行政法上義務的處罰散見於各個特別法，為了使機關在解釋與適用上有其原則與標準，遂於民國94年2月制定公布下列那一部法律？ (A)行政罰法　(B)行政執行法　(C)行政行為罰法　(D)行政處罰法 【99三等關務-法學知識】	(A)
行政罰法第18條規定，裁處罰鍰，應審酌違反行政法上義務行為應受責難程度、所生影響及因違反行政法上義務所得之利益，並得考量受處罰者之資力。此屬下列何種原則？　(A)比例原則　(B)平等原則　(C)行政保留原則 (D)誠實信用原則 【111高考-法學知識與英文】	(A)

3-6

總統副總統選舉罷免法

● 選舉人與被選舉人

　　總統副總統選舉罷免法 (以下簡稱本法)第11條規定：「中華民國自由地區人民，年滿20歲，除受監護宣告尚未撤銷者外，有選舉權。」

　　同法第20條規定：「在中華民國自由地區繼續居住6個月以上且曾設籍15年以上之選舉人，年滿40歲，得申請登記為總統、副總統候選人。回復中華民國國籍、因歸化取得中華民國國籍、大陸地區人民或香港、澳門居民經許可進入臺灣地區者，不得登記為總統、副總統候選人。」若有本條情形，選舉罷免機關、檢察官或候選人得以當選人為被告，於其任期屆滿前，向管轄法院提起當選無效之訴。(本法§28、105)

● 安全維護

　　自候選人完成登記日起，至選舉投票日之翌日止，國家安全局應協同有關機關掌理總統、副總統候選人在中華民國自由地區之安全維護事項；其安全維護實施辦法，由國家安全局定之。(本法§114)

● 競選經費之補貼

　　同一組候選人競選經費最高金額，由中央選舉委員會訂定，並於發布選舉公告之日同時公告之。(本法§38Ⅰ)

　　各組候選人選舉得票數達當選票數三分之一以上者，應補貼其競選費用，每票補貼新臺幣30元。但其最高額，不得超過候選人競選經費最高金額。(本法§41Ⅰ)

相關考題　　總統副總統選舉罷免法

中華民國國民至少年滿多少歲，得被選為總統、副總統？　(A)30歲　(B)35歲　(C)40歲　(D)45歲　　　　　　　　　　　【98四等地方特考-法學知識與英文】	(C)
甲當選總統後，才被發現其在登記為總統候選人時具有外國國籍，則此時應如何處理？　(A)選民一定人數的連署得提起選舉無效之訴　(B)由中央選舉委員會撤銷其當選資格　(C)得由中央選舉委員會對其提起當選無效之訴　(D)法律對此應如何處理並無具體之規定　　　　　【99鐵路高員三級人事行政-法學知識與英文】	(C)
依總統副總統選舉罷免法之規定，有關總統、副總統候選人之安全維護事項，係由何機關協同有關機關掌理？　(A)內政部警政署　(B)法務部調查局　(C)國防部軍事情報局　(D)國家安全局【99鐵路高員三級人事行政-法學知識與英文】	(D)
對於總統、副總統之選舉，下列敘述何者錯誤？　(A)回復中華民國國籍者，不得為總統、副總統候選人　(B)投票日前10日內，不得發布有關候選人之民意調查資料　(C)無競選經費上限之規定　(D)不得接受大陸地區人民之競選經費補助　　　　　　　　　　　　　　　　【98三等地方特考-法學知識與英文】	(C)
在總統、副總統選舉中，各組候選人選舉得票數至少須達到多少時，應補貼其競選經費？　(A)選舉區人口總數三分之一以上者　(B)選舉人總數三分之一以上者　(C)有效票數三分之一以上者　(D)當選票數三分之一以上者　　　　　　　　　　　　　　　　　　　　【99三等關務-法學知識】	(D)
總統副總統選舉罷免法中有關候選人資格之規定，下列何者錯誤？　(A)候選人須年滿40歲　(B)候選人應經由政黨推薦或連署人連署　(C)因歸化取得中華民國國籍者，不得登記為候選人　(D)候選人須為在中華民國自由地區繼續居住4個月以上且曾設籍10年以上　　【101三等一般警察-法學知識與英文】	(D)

● **總統副總統選舉投票之期限**

　　總統、副總統選舉，應於總統、副總統任期屆滿30日前完成選舉投票。但重行選舉、重行投票或補選之投票完成日期，不在此限。(本法§35) 所以，每年總統副總統就職日為5月20日，但是選舉大約是抓2個月前，比規定日期還要早完成選舉。這些日期很好記，只要記得319槍擊案發生在選舉前一天即可。

● **撤回登記與撤回推薦**

　　經登記為總統、副總統候選人者，不得撤回其總統、副總統候選人登記。經政黨推薦為總統、副總統候選人者，其推薦之政黨，不得撤回其推薦。(本法§30)

● **保證金**

　　登記為總統、副總統候選人時，各組應繳納保證金新臺幣1,500萬元。前項保證金，應於公告當選人名單後10日內發還。但得票數不足選舉人總數百分之五者，不予發還。(本法§31)

● **總統副總統選舉訴訟**

　　選舉罷免機關辦理選舉、罷免違法，足以影響選舉或罷免結果，檢察官、候選人、被罷免人或罷免案提議人，得自當選人名單或罷免投票結果公告之日起15日內，以各該選舉罷免機關為被告，向管轄法院提起選舉或罷免無效之訴。(本法§102) 選舉或罷免無效之訴，經法院判決無效確定者，其選舉或罷免無效，並定期重行選舉或罷免。其違法屬選舉或罷免之局部者，局部之選舉或罷免無效，並就該局部無效部分，定期重行投票。(本法§103) 另依據本法第104條第1項規定：「當選人有下列情事之一者，選舉罷免機關、檢察官或候選人得以當選人為被告，自公告當選之日起30日內，向管轄法院提起當選無效之訴：……」

● **投票處所**

　　選舉人，除另有規定外，應於戶籍地投票所投票。返國行使選舉權之選舉人，應於最後遷出國外時之原戶籍地投票所投票。(本法§13Ⅰ、Ⅱ)

● **身心障礙無法圈選投票**

　　依據本法第14條第4項規定：「選舉人領得選舉票後，應自行圈投。但因身心障礙不能自行圈投而能表示其意思者，得依其請求，由家屬或陪同之人1人在場，依據本人意思，眼同協助或代為圈投；其無家屬或陪同之人在場者，亦得依其請求，由投票所管理員及監察員各1人，依據本人意思，眼同協助或代為圈投。」

依總統副總統選舉罷免法第35條規定，總統、副總統選舉，應於總統、副總統任期屆滿多久前完成選舉投票？　(A)30日　(B)45日　(C)50日　(D)2個月 【99三等第一次司法人員-法學知識與英文】	(A)
有關總統、副總統選舉之敘述，下列何者錯誤？　(A)登記為總統、副總統候選人時，各組應繳納保證金新臺幣1,500萬元　(B)得票數不足選舉人總數百分之六者，保證金不予發還　(C)經登記為總統候選人者，不得撤回其總統候選人登記　(D)經政黨推薦為總統、副總統候選人者，其推薦之政黨，不得撤回其推薦 【99三等關務-法學知識】	(B)
有關總統副總統選舉訴訟之敘述，下列何者錯誤？　(A)檢察官、候選人得以選舉機關為被告，向管轄法院提起選舉無效或當選無效之訴　(B)選舉無效之訴，經法院判決無效確定者，應定期重行選舉　(C)其違法屬選舉之局部者，應就該局部無效部分，定期重行投票　(D)選舉無效或當選無效之判決，不影響原當選人就職後職務上之行為　【98調查局-法學知識與英文】	(A)
現住國外，返國行使總統副總統選舉權之人民，應在何處投票？　(A)最後遷出國外時之原戶籍地投票所　(B)返國後居所地之投票所　(C)其所選定之投票所　(D)主管機關指定之投票所　【98調查局-法學知識與英文】	(A)
總統副總統選舉，選舉人領得選舉票後，因身心障礙不能自行圈投時，下列處理方式何者正確？　(A)選票之圈投應親自為之，故應收回其選票　(B)得依其請求，由家屬1人在場，依據本人意思代為圈投　(C)其無家屬在場者，得依其請求，由投票所管理員1人，依據本人意思代為圈投　(D)其無家屬在場者，得依其請求，由投票所監察員1人，依據本人意思代為圈投 【99地方特考三等-法學知識與英文】	(B)
總統、副總統當選人之當選票數不實，足認有影響選舉結果之虞者，候選人得提起何種訴訟？　(A)撤銷當選公告之訴　(B)撤銷選舉公告之訴　(C)當選無效之訴　(D)選舉無效之訴　【101高考-法學知識與英文】	(C)

相關考題　總統副總統選舉罷免法

依總統副總統選舉罷免法之規定，下列何者在選舉公告發布後，非屬為候選人站台限制之列？　(A)行政院院長　(B)中央選舉委員會之委員　(C)外國人民 (D)大陸地區人民　　　　　　　　　　　　　　　　【104高考-法學知識與英文】	(A)

【解析】
總統副總統選舉罷免法第43條
各級選舉委員會之委員、監察人員、職員、鄉 (鎮、市、區) 公所辦理選舉事務人員，於選舉公告發布後，不得有下列行為：
……
二、為候選人站台或亮相造勢。
……
第 50 條
政黨及任何人，不得有下列情事：
四、邀請外國人民、大陸地區人民或香港、澳門居民為第43條各款之行為。

依憲法增修條文及相關法律之規定，關於總統、副總統之敘述，下列何者正確？　(A)副總統缺位時，總統應於3個月內提名候選人，由全體人民補選之　(B)總統、副總統之彈劾案，由立法院提出後交由全體人民投票表決之　(C)總統、副總統就職未滿2年者，不得對之進行罷免　(D)總統、副總統之罷免案經通過者，被罷免人自解除職務之日起4年內不得為總統、副總統之候選人　　　　　　　　　　　　　　　　　　　　　【105司特四等-法學知識與英文】	(D)

依據憲法與總統副總統選舉罷免法，關於罷免總統之敘述，下列何者錯誤？ (A)罷免案經由立法院提議與同意後提出　(B)任何人不得宣傳罷免與阻止罷免之宣傳活動　(C)總統就職滿1年後，方得提出罷免案　(D)罷免案經投票否決後，在任期內得再次為罷免案之提議　　　　　　　【108高考-法學知識與英文】	(B) (D)

【解析】
總統副總統選舉罷免法第78條第2項：「罷免案否決者，在該被罷免人之任期內，不得對其再為罷免案之提議。」

3-7

公職人員選舉罷免法

● **競選廣告物之限制**

公職人員選舉罷免法 (以下簡稱本法) 第52條第2項規定：「政黨及任何人不得於道路、橋樑、公園、機關 (構)、學校或其他公共設施及其用地，懸掛或豎立標語、看板、旗幟、布條等競選或罷免廣告物。」同條第4項規定：「廣告物之懸掛或豎立，不得妨礙公共安全或交通秩序，並應於投票日後7日內自行清除；違反者，依有關法令規定處理。」

● **候選人之資格**

選舉人年滿23歲，得於其行使選舉權之選舉區登記為公職人員候選人。但直轄市長、縣 (市) 長候選人須年滿30歲；鄉 (鎮、市) 長、原住民區長候選人須年滿26歲。(本法§24Ⅰ)

● **不得登記候選人之情況**

有下列情事之一者，不得登記為候選人：

一、動員戡亂時期終止後，曾犯內亂、外患罪，經依刑法判刑確定。

二、曾犯貪污罪，經判刑確定。

三、曾犯刑法第142條、第144條之罪，經判刑確定。

四、犯前三款以外之罪，判處有期徒刑以上之刑確定，尚未執行或執行未畢。但受緩刑宣告者，不在此限。

五、受保安處分或感訓處分之裁判確定，尚未執行或執行未畢。

六、受破產宣告確定，尚未復權。

七、依法停止任用或受休職處分，尚未期滿。

八、褫奪公權，尚未復權。

九、受監護或輔助宣告，尚未撤銷。(本法§26)

下列人員不得登記為候選人：(本法§27Ⅰ)

一、現役軍人。

二、服替代役之現役役男。

三、軍事學校學生。

四、各級選舉委員會之委員、監察人員、職員、鄉（鎮、市、
區）公所辦理選舉事務人員及投票所、開票所工作人員。

五、依其他法律規定不得登記為候選人者。

前項第1款之現役軍人，屬於後備軍人或補充兵應召者，在應召未
入營前，或係受教育、勤務及點閱召集，均不受限制。第2款服替代役
之現役役男，屬於服役期滿後受召集服勤者，亦同。(本法§27Ⅱ)

● **選舉人資格**

中華民國國民，年滿20歲，除受監護宣告尚未撤銷者外，有選舉
權。(本法§14) 有選舉權人在各該選舉區繼續居住4個月以上者，為
公職人員選舉各該選舉區之選舉人。(本法§15Ⅰ) 原住民公職人員選
舉，以具有原住民身分並有前條資格之有選舉權人為選舉人。(本法
§16)

選舉人，除另有規定外，應於戶籍地投票所投票。(本法§17Ⅰ)
因為選舉人必須要在選區居住4個月以上的期間，所以並沒有像總統、
副總統選舉，有所謂返國投票應在哪一個投票所投票的問題。

● **選舉訴訟之審理**

　　選舉訴訟制度採二審制，受理法院應於6個月內審理終結，不得延宕時日，以保護當事人權益。其訴訟共分為二種：

一、**選舉無效之訴**：選舉委員會辦理選舉違法，足以影響選舉結果者，檢察官、候選人以各該選舉委員會為被告，得自當選人名單結果公告之日起15日內，以各該選舉委員會為被告，向管轄法院提起選舉無效之訴。(本法§118Ⅰ)

二、**當選無效之訴**：當選人有（一）當選票數不實，足以影響選舉結果之虞者。（二）以強暴、脅迫或其他非法之方法介入選舉之情事者，選舉委員會、檢察官或同一選舉區之候選人得以當選人為被告，自公告當選人名單之日起30日內，向該管轄法院提起當選無效之訴。當選人參選資格不符者，於任期屆滿前，均得提起當選無效之訴。(本法§120)

● **隸屬行政院**

　　中央選舉委員會隸屬行政院，置委員若干人，由行政院院長提請總統派充之，並指定1人為主任委員；其組織另以法律定之。(本法§8Ⅰ)

● **不得罷免**

　　公職人員之罷免，得由原選舉區選舉人向選舉委員會提出罷免案。但就職未滿1年者，不得罷免。(本法§75Ⅰ)

相關考題　　隸屬機關	
選舉訴訟由下列何者審理？　(A)公務員懲戒委員會　(B)智慧財產法院　(C)憲法法庭　(D)依其性質，由行政法院或普通法院審理 【99鐵路四等員級-法學知識與英文】	(D)
依公職人員選舉罷免法之規定，中央選舉委員會隸屬於下列何機關？　(A)總統府　(B)行政院　(C)考試院　(D)監察院　　【104高考-法學知識與英文】	(B)

相關考題　選舉訴訟

公職人員選舉罷免法規定候選人懸掛標語、旗幟、布條等廣告物之限制，下列敘述何項正確？　(A)不得妨礙市容　(B)不得妨礙交通秩序　(C)不得批評基本國策　(D)不得主張共產主義　　【98三等地方特考-法學知識與英文】	(B)
某甲從臺北市搬到嘉義縣居住，請問甲須於嘉義縣設籍至少滿幾個月，才可以行使對該縣立法委員之選舉權？　(A)1個月　(B)3個月　(C)4個月　(D)6個月　　【99鐵路高員三級人事行政-法學知識與英文】	(C)
依公職人員選舉罷免法之規定，有下列何種情事者，不得登記為公職人員選舉之候選人？　(A)動員戡亂時期終止前，曾犯內亂、外患罪，經依刑法判刑確定　(B)曾犯貪污罪，經判刑確定　(C)判處有期徒刑以上之刑確定，受緩刑宣告　(D)曾受禁治產宣告但已撤銷　　【99高考三級-法學知識與英文】	(B)

【解析】
(D)現已無「受禁治產宣告」，業已修正為「受監護宣告」。

相關考題　不得罷免

依憲法規定，被選舉人得依法罷免。惟公職人員選舉罷免法規定，公職人員就職未滿多少時間，不得罷免？　(A) 2 年 3 個月　(B) 1 年 6 個月　(C) 1 年　(D) 2 年　　【104司法三等-法學知識與英文】	(C)

相關考題　競選活動之禁止

依公職人員選舉罷免法規定，任何人及政黨不得於下列何種時間從事公職人員選舉之競選活動？　(A)投票日　(B)週休二日　(C)上班時間　(D)國定假日　　【103三等司特-法學知識與英文】	(A)

相關考題　選舉人資格

依公職人員選舉罷免法之規定，下列何人得登記為候選人？　(A)現役軍人　(B)國民兵應教育召集者　(C)替代役男　(D)辦理選舉事務人員　　【107高考-法學知識與英文】	(B)

3-8

公民投票法

● 類型與適用事項

本法所稱公民投票，包括全國性及地方性公民投票。(公投§2Ⅰ)

全國性公民投票，依憲法規定外，其他適用事項如下：(公投§2Ⅱ)

一、法律之複決。
二、立法原則之創制。
三、重大政策之創制或複決。

地方性公民投票適用事項如下：(公投§2Ⅲ)

一、地方自治法規之複決。
二、地方自治條例立法原則之創制。
三、地方自治事項重大政策之創制或複決。

● 公民投票法是否違憲？

憲法第136條規定：「創制、複決兩權之行使，以法律定之。」足見憲法亦明定人民得經由創制、複決權之行使，參與國家意志之形成。

在不改變我國憲政體制係採代議民主之前提下，立法機關依上開規定之意旨，制定公民投票法，提供人民對重大政策等直接表達意見之管道，以協助人民行使創制、複決權，與憲法自屬無違。(釋645)

相關考題　公民投票法

有關公民投票法中公民投票訴訟之敘述，下列何者正確？　(A)以二審終結，且不得提起再審之訴　(B)以二審終結，但得提起再審之訴　(C)以一審終結，且不得提起再審之訴　(D)以一審終結，但得提起再審之訴 【99高考三級-法學知識與英文】	(A)
人民以公民投票方式，議決國家重要事項，依司法院釋字第645號解釋，其憲法上法源基礎為何？　(A)憲法第7條平等權　(B)憲法第17條人民有創制、複決之權　(C)憲法第18條人民有應考試服公職之權　(D)憲法第22條一般行為自由與第23條比例原則　【99普考-法學知識與英文】	(B)
公民投票法的制定是為了實現下列何種基本權利？　(A)選舉權　(B)罷免權　(C)創制及複決權　(D)請願權　【98四等司法特考-法學知識與英文】	(C)
下列何者，非公民投票法所規定公民投票之類型？　(A)法律之創制　(B)法律之複決　(C)重大政策之創制　(D)重大政策之複決　【104普考-法學知識與英文】	(A)

3-9

地方制度法

● 自治法規

一、自治法規之制定程序

直轄市、縣 (市) 、鄉 (鎮、市) 得就其自治事項或依法律及上級法規之授權，制定自治法規。自治法規經地方立法機關通過，並由各該行政機關公布者，稱自治條例；自治法規由地方行政機關訂定，並發布或下達者，稱自治規則。(地方制度法§25)

上開分類，有些類似中央法規標準法中，有關法律、法規命令，以及行政規則之分類。自治條例應分別冠以各該地方自治團體之名稱，在直轄市稱直轄市法規，在縣 (市) 稱縣 (市) 規章，在鄉 (鎮、市)稱鄉 (鎮、市) 規約。(地方制度法§26 I)

二、牴觸之效力

(一) 自治條例與憲法、法律或基於法律授權之法規或上級自治團體自治條例牴觸者，無效。(地方制度法§30 I) 分別由行政院、中央各該主管機關、縣政府予以函告。(地方制度法§30Ⅳ前段)

(二) 自治規則與憲法、法律、基於法律授權之法規、上級自治團體自治條例或該自治團體自治條例牴觸者，無效。(地方制度法§30Ⅱ)分別由行政院、中央各該主管機關、縣政府予以函告。(地方制度法§30Ⅳ前段)

(三) 委辦規則與憲法、法律、中央法令牴觸者，無效。(地方制度法§30Ⅲ) 由委辦機關予以函告無效。(地方制度法§30Ⅳ後段)

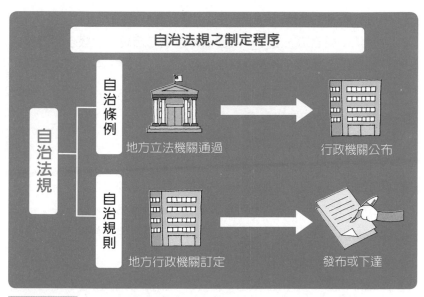

自治法規之制定程序

| 自治法規 | 自治條例 | 地方立法機關通過 | 行政機關公布 |
| 自治法規 | 自治規則 | 地方行政機關訂定 | 發布或下達 |

相關考題　**自治法規**

下列法規中，哪一個法規居於最高位階？　(A)鄉（鎮、市）自治規則　(B)縣（市）自治規則　(C)鄉（鎮、市）自治條例　(D)縣（市）自治條例 【98調查局-法學知識與英文】	(D)
地方行政機關所訂定的自治法規為：　(A)自律規則　(B)自治條例　(C)自治規則　(D)中央命令　　　　　　　　　　　　　　　　　　【99三等關務-法學知識】	(C)
關於自治法規之制定，下列何者錯誤？　(A)地方自治團體就委辦事項所為　(B)地方自治團體依法律及上級法規授權所為　(C)包含自治條例及自治規則　(D)自治條例應冠以各該地方自治團體之名稱　　【99四等基警行政警察-法學緒論】	(A)
高雄縣殯葬管理自治條例是由哪一個機關所通過？　(A)立法院　(B)高雄縣議會　(C)高雄縣政府　(D)行政院　　　　　　　　　　　　　【99三等關務-法學知識】	(B)
某縣政府為保障觀光客之安全，擬規定該縣內觀光用漁業舢舨，必須提供救生衣，違反者處5萬元以下之罰鍰。依據地方制度法之規定，此一法規應屬下列何者？　(A)自治條例　(B)委辦規則　(C)自律規則　(D)自治規則 【110高考-法學知識與英文】	(A)

三、是否牴觸發生疑義

自治法規與憲法、法律、基於法律授權之法規、上級自治團體自治條例或該自治團體自治條例有無牴觸發生疑義時，得聲請司法院解釋之。(地方制度法§30Ⅴ)

四、應以自治條例訂定之事項

下列事項以自治條例定之：(地方制度法§28)

(一)法律或自治條例規定應經地方立法機關議決者。

(二)創設、剝奪或限制地方自治團體居民之權利義務者。

(三)關於地方自治團體及所營事業機構之組織者。

(四)其他重要事項，經地方立法機關議決應以自治條例定之者。

五、委辦規則及自律規則

直轄市政府、縣 (市) 政府、鄉 (鎮、市) 公所為辦理上級機關委辦事項，得依其法定職權或基於法律、中央法規之授權，訂定委辦規則。委辦規則應函報委辦機關核定後發布之；其名稱準用自治規則之規定。(地方制度法§29)

地方立法機關得訂定自律規則。自律規則除法律或自治條例另有規定外，由各該立法機關發布，並報各該上級政府備查。自律規則與憲法、法律、中央法規或上級自治法規牴觸者，無效。(地方制度法§31)

六、核定與備查

自治條例經各該地方立法機關議決後，如規定有罰則時，應分別報經行政院、中央各該主管機關核定後發布；其餘除法律或縣規章另有規定外，直轄市法規發布後，應報中央各該主管機關轉行政院備查；縣 (市) 規章發布後，應報中央各該主管機關備查；鄉 (鎮、市) 規約發布後，應報縣政府備查。(地方制度法§26Ⅳ)

　　自治法規、委辦規則須經上級政府或委辦機關核定者，核定機關應於1個月內為核定與否之決定；逾期視為核定，由函報機關逕行公布或發布。但因內容複雜、關係重大，須較長時間之審查，經核定機關具明理由函告延長核定期限者，不在此限。(地方制度法§32 Ⅲ)

七、行政罰之種類

　　行政罰之種類，依據地方制度法第26條規定，包括罰鍰或其他種類之行政罰。罰鍰之處罰，最高以新臺幣10萬元為限；並得規定連續處罰之。其他行政罰之種類限於勒令停工、停止營業、吊扣執照或其他一定期限內限制或禁止為一定行為之不利處分。

● 首長辭職、去職、死亡與停職

　　直轄市長、縣 (市) 長、鄉 (鎮、市) 長及村 (里) 長辭職、去職、死亡者，直轄市長由行政院派員代理；縣 (市) 長由內政部報請行政院派員代理；鄉 (鎮、市) 長由縣政府派員代理；村 (里) 長由鄉 (鎮、市、區) 公所派員代理。(地方制度法§82Ⅰ)

　　如果是直轄市長、縣 (市) 長停職，則原則上由副首長代理，例外副首長出缺或不能代理者，才由內政部報請行政院派員代理。鄉 (鎮、市) 長停職者，由縣政府派員代理，置有副市長者，由副市長代理。村 (里) 長停職者，由鄉 (鎮、市、區) 公所派員代理。(地方制度法§82Ⅱ)

相關考題

地方自治之法規中，自治規則得依其性質，定名為何者？ (A)法律、命令、條例 (B)通則、地方命令、自治條例 (C)規程、規則、辦法 (D)地方通則、地區命令、自治通則 　　　　　　　　　　　　　【101高考-法學知識與英文】	(C)

【解析】
地方制度法第27條第2項：「前項自治規則應分別冠以各該地方自治團體之名稱，並得依其性質，定名為規程、規則、細則、辦法、綱要、標準或準則。」

前二項之代理人，不得為被代理者之配偶、前配偶、四親等內之血親、三親等內之姻親關係。(地方制度法§82Ⅲ)

直轄市長、縣(市)長、鄉(鎮、市)長及村(里)長辭職、去職或死亡者，應自事實發生之日起3個月內完成補選。但所遺任期不足2年者，不再補選，由代理人代理至該屆任期屆滿為止。(地方制度法§82Ⅳ)

● **直轄市人口數**

人口聚居達125萬人以上，且在政治、經濟、文化及都會區域發展上，有特殊需要之地區得設直轄市。(地方制度法§4Ⅰ)

● **地方自治團體人民之權利**

直轄市民、縣(市)民、鄉(鎮、市)民之權利如下：(地方制度法§16)

一、對於地方公職人員有依法選舉、罷免之權。

二、對於地方自治事項，有依法行使創制、複決之權。

三、對於地方公共設施有使用之權。

四、對於地方教育文化、社會福利、醫療衛生事項，有依法律及自治法規享受之權。

五、對於地方政府資訊，有依法請求公開之權。

六、其他依法律及自治法規賦予之權利。

● **副市長**

直轄市政府置市長1人，對外代表該市，綜理市政，由市民依法選舉之，每屆任期4年，連選得連任一屆。置副市長2人，襄助市長處理市政；人口在250萬以上之直轄市，得增置副市長1人，職務均比照簡任第十四職等，由市長任命，並報請行政院備查。(地方制度法§55Ⅰ)

副市長及職務比照簡任第十三職等之主管或首長，於市長卸任、辭職、去職或死亡時，隨同離職。(地方制度法§55Ⅲ)

● 代行處理

直轄市、縣（市）、鄉（鎮、市）依法應作為而不作為，致嚴重危害公益或妨礙地方政務正常運作，其適於代行處理者，得分別由行政院、中央各該主管機關、縣政府命其於一定期限內為之；逾期仍不作為者，得代行處理。但情況急迫時，得逕予代行處理。(地方制度法§76Ⅰ)

直轄市、縣（市）、鄉（鎮、市）對於代行處理之處分，如認為有違法時，依行政救濟程序辦理之。(地方制度法§76Ⅴ)

相關考題	副市長	
下列有關直轄市副市長之職務敘述，何者正確？　(A)由市民依法選舉之　(B)職務比照簡任第十三職等　(C)由市議員選舉之　(D)市長卸任，隨同離職　　　　　　　　　　　　　　　　【104司法三等-法學知識與英文】		(D)

相關考題	地方自治團體人民之權利	
依地方制度法第 16 條規定，有關直轄市民、縣（市）民、鄉（鎮、市）民之權利，下列何者非屬該權利之一？　(A)對於地方議會之議長，有依法行使同意之權　(B)對於地方公共設施有使用之權　(C)對於地方政府資訊，有依法請求公開之權　(D)對於地方自治事項，有依法行使創制、複決之權　　　　　　　　　　　　　　　　【104司法三等-法學知識與英文】		(A)

相關考題	核定	
上級政府對於下級政府所陳報之事項，加以審查，並作成決定，以完成該事項之法定效力。依地方制度法之規定，此種情形屬於：　(A)備查　(B)通知　(C)核定　(D)查照　　　　　　　　　　　　　　【104司法四等-法學知識與英文】		(C)
下列何者屬於中央對於地方自治之事前監督？　(A)核定　(B)撤銷　(C)備查　(D)函告無效　　　　　　　　　　　　　　　　　　【104普考-法學知識與英文】		(A)
地方制度法第 2 條將「上級政府或主管機關，對於下級政府或機關所陳報之事項，加以審查，並作成決定，以完成該事項之法定效力」稱為：　(A)特許　(B)核定　(C)準用　(D)報備　　　　　　　　　　【103高考-法學知識與英文】		(B)

相關考題　核定

委辦規則應函報下列何機關核定後發布之？　(A)委辦機關核定　(B)一律由內政部核定　(C)地方立法機關核定　(D)一律由行政院核定 【99四等基警行政警察-法學緒論】	(A)
自治法規須經上級政府核定，核定機關若未於法定期限內核定，且未依法函告延長核定期限者，其法定效果如何？　(A)視為核定　(B)原案視為撤回　(C)函報機關得依法訴請核定　(D)全案無限期擱置 【98三等地方特考-法學知識與英文】	(A)

相關考題　首長辭職等

直轄市長有辭職、去職或死亡之情形時，所遺任期若不足2年，其遺缺應如何遞補？　(A)由副市長代理至新任市長補選選出為止　(B)由市議會議長代理至新任市長補選選出為止　(C)由內政部派員代理至新任市長補選選出為止　(D)由行政院派員代理至該屆任期屆滿為止 【99三等第一次司法人員-法學知識與英文】	(D)
有關直轄市長辭職、去職或死亡時，所遺任期補選之敘述，下列何者正確？ (A)所遺任期不足2年者，不再補選，由代理人代理至該屆任期屆滿為止　(B)所遺任期不足3年者，不再補選，由代理人代理至該屆任期屆滿為止　(C)不管所遺任期多久均須再補選　(D)不管所遺任期多久均不再補選 【104高考-法學知識與英文】	(A)

相關考題　應以自治條例定之事項

依地方制度法第30條規定，自治法規與憲法、法律或該自治團體自治條例有無牴觸發生疑義時，得聲請下列何機關解釋之？　(A)立法院　(B)司法院　(C)行政院　(D)考試院　　　【99三等第一次司法人員-法學知識與英文】	(B)
依地方制度法之規定，自治規則牴觸下列何種規範者，無效？　(A)下級地方自治團體之自治條例　(B)下級自治團體之自治規則　(C)同自治團體之自治條例　(D)同自治團體之自治規則　　　【99四等基警行政警察-法學緒論】	(C)

相關考題　應以自治條例定之事項

依地方制度法規定，下列何者非「應以自治條例定之」之事項　(A)法律或自治條例規定應經地方立法機關議決者　(B)地方行政首長認為屬於重要之事項　(C)創設、剝奪或限制地方自治團體居民之權利義務者　(D)關於地方自治團體及所營事業機構之組織者　　【104司法三等-法學知識與英文】	(B)
某地方自治法規明訂對於拒絕裝設再生能源系統者，主管機關得處新臺幣1萬元以上10萬元以下罰鍰。上述自治法規除須經地方立法機關議決外，尚須經何種程序始能生效？　(A)應報經司法院備查後發布　(B)無須呈送中央，直接由地方行政首長發布　(C)應報經立法院核定後發布　(D)應分別報經行政院、中央各該主管機關核定後發布　　【110高考-法學知識與英文】	(D)

【解析】
(D) 參照地方制度法第26條規定。

相關考題　行政罰

依地方制度法第26條第3項規定，下列哪一種行政罰，非屬直轄市或縣（市）之自治條例所能規定者？　(A)勒令停工　(B)強制拆除　(C)停止營業　(D)吊扣執照　　【99三等第一次司法人員-法學知識與英文】	(B)
直轄市所訂定之何種法規，須經行政院核定後始得發布？　(A)市議會所訂定之自律規則　(B)規定有罰則之自治條例　(C)市政府依法定職權所訂定之自治規則　(D)市政府依法律授權所訂定之自治規則　　【99四等基警行政警察-法學緒論】	(B)
下列有關自治條例之敘述，何者正確？　(A)不得有罰鍰之規定　(B)應冠以各該地方自治團體之名稱　(C)不得規定勒令停工之不利處分　(D)應報經總統核定後發布　　【99三等第一次司法人員-法學知識與英文】	(B)
依地方制度法之規定，下列敘述何者錯誤？　(A)自治法規經地方立法機關通過，並由各該行政機關公布者，稱自治條例　(B)直轄市法規、縣（市）規章就違反地方自治事項之行政業務者，得規定處以罰鍰或其他種類之行政罰。但法律另有規定者，不在此限　(C)直轄市法規、縣（市）規章就違反地方自治事項之行政業務者，得規定處以罰鍰，但最高以新臺幣20萬元為限　(D)自治條例經各該地方立法機關議決後，如規定有罰則時，應分別報經行政院、中央各該主管機關核定後發布　　【104司法四等-法學知識與英文】	(C)

相關考題　代行處理

有關地方制度法第76條代行處理之規定，下列敘述何者錯誤？　(A)須地方自治團體依法應作為而不作為，致嚴重危害公益或妨礙地方政務正常運作　(B)代行處理所支出之費用，應由被代行處理之機關負擔　(C)應先命地方自治團體於一定期限內作為，但情況急迫者，得逕予代行處理　(D)地方自治團體對於代行處理之處分，如認為有違法時，得聲請司法院解釋之　【111普考-法學知識與英文】	(D)
依地方制度法規定，應由被代行處理機關支出之費用，被代行處理機關拒絕支付時，應如何解決？　(A)上級政府自行吸收該費用　(B)上級政府拒絕發補助款　(C)上級政府得自以後年度之補助款中扣減抵充　(D)上級政府得自以後年度之統籌分配款中扣減抵充　【110高考-法學知識與英文】	(C)

相關考題　停止職務

依地方制度法規定，直轄市長有下列何種事由時，得停止其職務？　(A)曾犯刑法過失傷害罪經判刑確定者　(B)依刑事訴訟程序被檢察機關拘提者　(C)因積欠稅捐遭限制出境者　(D)依刑事訴訟程序被通緝者　【110高考-法學知識與英文】	(D)

【解析】
參照地方制度法第79條規定。

相關考題　其他

下列法令，何者位階最高？　(A)自治規則　(B)下級自治團體自治條例　(C)上級自治團體自治條例　(D)自律規則　【101普考-法學知識與英文】	(C)
依地方制度法規定，人口聚居達多少人以上，且在政治、經濟、文化及都會區域發展上，有特殊需要之地區得設直轄市？　(A)50萬　(B)100萬　(C)125萬　(D)150萬　【101普考-法學知識與英文】	(C)

＊筆記＊

第 **4** 章
訴訟法制

章節大綱

　　訴訟法制的內容甚少出現在法學緒論的考題中，但難免有時候還會出現，畢竟在命題大綱中所要求的「專業知識及核心能力」中，還是有所謂的我國司法組織架構、司法制度、司法救濟程序等要求，故仍有編列在本書範圍之必要。

　　另外，國家賠償法之考題也常出現，除了憲法有專門條文外，眾多時事議題與之有關係，諸如走山事件、江國慶遭軍法誤判冤殺案、陸正案，也可能成為出題的重點所在，因此也將國家賠償法納入本章範圍中介紹。

4-1

民事訴訟法簡介

　　民事訴訟法向來是最難學習的法律科目，近幾年來，在部分教授的推動之下，將「訴訟經濟」與「真實發現」兩大核心概念落實於歷次修法之中，透過許多訴訟機制的設計，例如集中審理、事證開示、準備程序等方式，讓民事訴訟程序更能接受時代變化產生的考驗。

● 原則採三級三審制

　　民事訴訟，是解決發生民事關係產生的糾紛，諸如買賣、租賃等常見的訴訟糾紛，當然也包括刑事案件所衍生的損害賠償事件。基本上採取「三級三審」的制度，一般案件中，分別由地方法院、高等法院與最高法院，分別掌理第一、二、三審之案件審理。不服第一審之案件可上訴第二審，不服第二審之案件可上訴第三審，第一、二審是事實審，第三審則為法律審，必須以判決違背法令為理由，始得上訴之。判決確定後，尚有再審的制度以為救濟。

● 不告不理原則

　　法院受理案件，以原告有依法定程序提起訴訟為前提，如果沒有依法提起訴訟，法院不可以基於正義之心，而「雞婆」地主動審理案件。換言之，對於權利睡覺之當事人，也不能夠主動地加以介入，才能夠真正地讓法院成為雙方當事人公平使用的對象。

民事訴訟三角關係

法官

原告及律師　　雙方進行攻防　　被告及律師

相關考題

某中央政府機關委託民間印刷廠印製政令宣導手冊，於遲延給付約定報酬時，廠商應循何種程序請求救濟？　(A)訴願　(B)行政訴訟　(C)國家賠償 (D)民事訴訟　　　　　　　　　　　　　　【99四等基警行政警察-法學緒論】	（D）
有關「不告不理原則」的敘述，下列何者正確？　(A)法院受理案件，以原告有依法定程序提起訴訟為前提　(B)法律只適用於其有效施行後的事件　(C)有疑義時，應對被告作有利的推定　(D)行政機關無人民之申請，不應啟動行政程序　　　　　　　　　　　　　　　　　　　　　　【99四等關務-法學知識】	（A）
人民如果對於下級法院的判決不服，則可以在法定期間內向上級法院提起下列那一種行為？　(A)抗議　(B)上訴　(C)舉發　(D)訴願　　　　　　　　　　　　　　　　　　【101三等一般警察-法學知識與英文】	（B）
下列何者非屬法院適用法律必須遵循之原則？　(A)上下命令服從之原則　(B)不告不理原則　(C)獨立審判原則　(D)一事不再理原則　　　　　　　　　　　　　　　　　　　　　　【109高考-法學知識與英文】	（A）

4-2

法院基本介紹

● 不同性質的法院

　　民事、刑事法院均由相同之法院加以審理，分別由各地之地方法院，高等法院及其分院，以及最高法院，掌理不同審級之案件；行政案件則由高等行政法院以及最高行政法院管轄。另外，尚有針對公務員懲戒之公務員懲戒委員會。

● 智慧財產法院

　　我國於2002年1月1日加入世界貿易組織（World Trade Organization，WTO），成為該組織第144個會員國，並受世界貿易組織協定附件之一：「與貿易有關之智慧財產權協定」（Agreement on Trade-Related Aspects of Intellectual Property Rights，TRIPS）之拘束。事實上，早在正式加入WTO之前，我國已陸續著手修正智慧財產權之相關法律，使得我國相關智慧財產之法律規範基本上已符合世界主要條約或協定之標準。為因應近年來國際上保護智慧財產權之浪潮，並提升我國司法機關處理智慧財產案件之專業性及效率，逐設立智慧財產專業法院，2021年7月1日改制為智慧財產及商業法院，並設置智慧財產法庭。

● 訴訟外紛爭解決機制

　　除了打官司之外，還是有許多訴訟以外的紛爭解決機制，例如和解、調解、仲裁、裁決等均屬之。

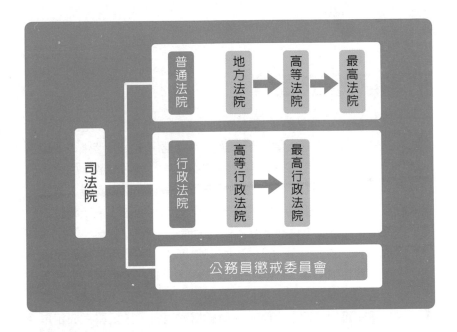

相關考題

突破我國傳統各種訴訟之分野就特定類型案件，可以綜理其民、刑事訴訟及行政訴訟，於97年7月全新設置之專業法院為： (A)交通事件法院 (B)智慧財產法院 (C)行政法院 (D)行政執行法院 【101高考-法學知識與英文】	（B）
依司法院釋字第442號解釋，對於訴訟救濟應循之審級制度有何要求？ (A)至少應有一級一審 (B)至少應有二級二審 (C)屬立法機關之自由形成範圍 (D)一律三級三審 【98四等司法特考-法學知識與英文】	（C）
某縣市政府如果與人民因民法上之租賃契約及賠償費用問題發生爭執時，應由下列何者審理？ (A)普通法院 (B)行政法院 (C)公務員懲戒委員會 (D)行政院 【99四等基警行政警察-法學緒論】	（A）
下列何者非屬訴訟外紛爭解決（ADR）的方式之一？ (A)勞資爭議處理法的調解 (B)政府採購法的仲裁 (C)公害糾紛處理法的裁決 (D)稅捐稽徵法的復查 【98三等地方特考-法學知識與英文】	（D）

4-3

刑事訴訟法簡介

　　刑事訴訟法，是針對刑事案件所進行之訴訟程序，由於形式處罰較為嚴苛，所以也必須要以更嚴謹的訴訟程序，保障涉嫌人、被告的人身自由與基本訴訟權之保障。我國偏向於「寧可縱放一百，不可錯殺一人」的立法制度，或許對於司法正義有時候會覺得難以實踐，但是假設有一天變成被告，卻也不希望自己成為刑求、違法羈押的對象，也不希望在證據不足的情況下被判有罪。

　　犯罪事實發生後，基本刑事訴訟的流程，可以分成偵查起訴、審判，以及執行的階段。我國犯罪偵查程序，是在檢察官的指揮下，通常由調查局、警方、海巡署及憲兵單位，針對各自職掌進行犯罪調查。當犯罪調查到一定程度時，移送給檢察官後，由檢察官決定是否起訴、不起訴或緩起訴。如進入到起訴階段，則由法院進行審理，公訴程序中，檢察官代表原告之一方，與被告利於平等之地位。

　　審判階段原則上與民事訴訟制度類似，也是原則上採行「三級三審」制度，一般案件中，分別由地方法院、高等法院與最高法院，掌理第一、二、三審之案件審理。判決確定之後，除了再審的機制外，還有非常上訴的制度。

　　執行階段，則是依據執行刑之內容，分別依據死刑、無期徒刑，或者是需要施以感化教育、監護、禁戒、強制工作、強制治療、保護管束等為之。

相關考題　　犯罪偵查

國家為犯罪偵查目的，而有監察人民秘密通訊之需要時，應向何者聲請核發通訊監察書： (A)法官　(B)檢察官　(C)司法警察機關　(D)行政執行官 【103高考-法學知識與英文】	(A)

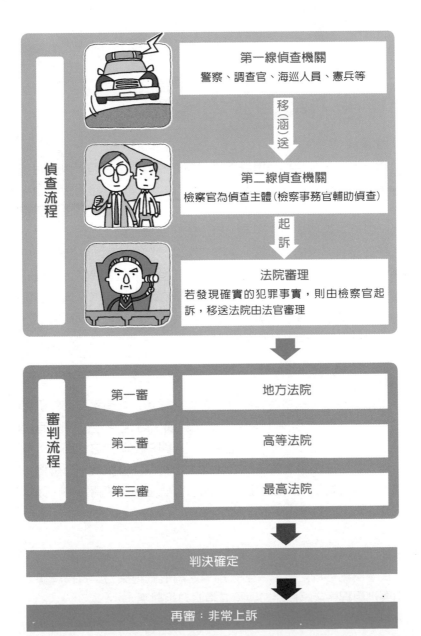

4-4

證據能力與證據證明力

● 證據能力

　　證據能力，又可稱為證據資格。證據能力是指具有得以證明被告犯罪證據的資格，若無證據能力，毋庸探討次階段之證據證明力。實施刑事訴訟程序之公務員因違背法定程序取得之證據，除法律另有規定外，其有無證據能力之認定，應依照「權衡理論」加以判斷之，並不會絕對沒有證據能力。曾有某強盜案件，警方違背指認程序，只提供被告一人的照片供指認，屬於一對一的指認，並沒有採取選擇式指認，顯然違反指認程序。高等法院認為指認無證據能力，最高法院則認為應依「權衡理論」，審酌人權保障及公共利益之均衡維護，不應率斷認為指認無證據能力。(96台上4563)

● 證據證明力

　　證據證明力，指證據對於待證事實之認定，具有實質上的價值。對於有證據能力之證據，須經由法院評價，才能認定是否具有證明力，以及證明力之強弱程度。證據之取捨與其證明力之判斷，以及事實有無之認定，屬事實審法院之職權，苟其取捨證據與判斷證據證明力並不違背經驗法則及論理法則，即不容任意指為違背法令，而執為第三審適法之上訴理由。(96台上4392)

● 形式證據力與實質證據力

　　民事訴訟等同之概念，則分別稱之為形式證據力與實質證據力，分別與刑事程序之證據能力與證據證明力相對應。

證據能力及證據證明力

第一階段：
證據能力

可不可以採用？

第二階段：
證據證明力

OK

與案件事實是
否相符？

認定事實、適用法律之前，證據必須具備有證據能力，才能進行第二階段證據證明力之判斷。根本沒有證據能力之證據，則不必進入第二階段證據證明力之判斷。

相關考題

證據證明力在訴訟上，應如何認定？　(A)法律如無特別規定，應由法官依自由心證判斷之　(B)應依當事人聲請判斷之　(C)各種證據的證明力，必須有法律規定才可以判斷　(D)證據證明力可以由法官依院長指示判斷之 【98三等司法特考-法學知識與英文】	(A)

4-5

請願與訴願

● 請願

請願，非屬行政法上之救濟途徑，只是一種表達意願、想法之程序。人民對國家政策、公共利害或其權益之維護，得向職權所屬之民意機關或主管行政機關請願。(請願法§2)

● 訴願

人民對於中央或地方機關之行政處分，認為違法或不當，致損害其權利或利益者，得依本法提起訴願。但法律另有規定者，從其規定。(訴願法§1Ⅰ)人民因中央或地方機關對其依法申請之案件，於法定期間內應作為而不作為，認為損害其權利或利益者，亦得提起訴願。前項期間，法令未規定者，自機關受理申請之日起為2個月。(訴願法§2)

除人民外，公法人也可以提起訴願。在本法通過之前，實務上曾針對鄉鎮對省縣政府關於公有財產為處分，能否提出訴願作出解釋，認為若鄉鎮係以一般人民同一地位而受處分，不能以其為公法人，而剝奪其訴願之權。(34院解2990) 現行法規定：「各級地方自治團體或其他公法人對上級監督機關之行政處分，認為違法或不當，致損害其權利或利益者，亦同。」(訴願法§1Ⅱ)

相關考題

人民對國家機關就特定公共議題表達希望的權利，稱之為： (A)請願權 (B)訴願權 (C)訴訟權 (D)參政權 【100三等海巡-法學知識與英文】	(A)

4-6

行政訴訟

● 二級二審制

行政訴訟案件由行政法院審理，行政訴訟的審級原採二級二審制，也就是將行政法院區分為高等行政法院及最高行政法院二級。高等行政法院受理第一審之行政訴訟事件，如果不服高等行政法院的裁判，除了法律另有規定之外，可以向最高行政法院上訴或抗告，因此以高等行政法院為第一審，最高行政法院為第二審，也是最終審。現修法改採三級二審制，部分類型之案件可就近向地方法院行政訴訟庭(簡易訴訟程序)提起。

近期修法原本分散在各地方法院的行政訴訟庭，將改為集中於高等行政法院內增設「地方行政訴訟庭」，在訴訟法上相當於「地方行政法院」的審級，以專責辦理部分第一審通常訴訟程序事件、簡易訴訟程序事件、交通裁決事件、收容聲請事件及其他法律規定等行政訴訟事件。本次修法，仍然維持兩個審級，不會影響人民的審級利益，並藉由「遠距審理」、「巡迴法庭」等方式，兼顧各地民眾起訴、應訴的便利性。

另為因應行政訴訟事件類型的複雜性及專業性，修法採行「漸進擴大強制律師代理制度」，明定高等行政法院管轄之環境保護、土地爭議的第一審通常訴訟程序事件及都市計畫審查程序等事件，原則上當事人應委任律師為訴訟代理人。當事人無資力委任訴訟代理人時，得聲請訴訟救助，以促進訴訟並保護當事人權益。

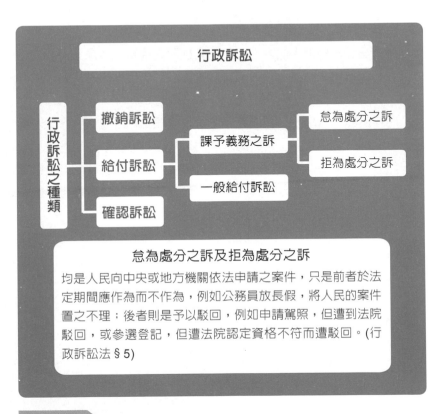

相關考題

兵役體位判定後，受判定之役男如認為有違法情事，經訴願後依法得提起何種訴訟？ (A)行政訴訟 (B)民事訴訟 (C)請願 (D)刑事訴訟 【98四等地方特考-法學知識與英文】	（A）
有關法規命令之敘述，下列何者錯誤？ (A)人民可直接針對法規命令之合法性逕向行政法院起訴請求審查 (B)行政法院得於撤銷訴訟中，附帶審查行政處分所適用法規命令之合法性 (C)行政法院審理時，若認為法規命令違法，得不待聲請大法官解釋，逕行拒絕適用該法規命令 (D)受不利裁判之人民，對於行政法院確定終局裁判所適用之法規命令，得向司法院聲請解釋，進行違憲審查 【107普考-法學知識與英文】	（A）

行政訴訟之種類

撤銷訴訟，係指人民因中央或地方機關之違法行政處分，認為損害其權利或法律上利益，經提起訴願後不服其決定或不為決定，或延長訴願決定期間逾2個月不為決定者，得提起撤銷訴訟。

給付訴訟，可以分為課予義務之訴及一般給付訴訟兩種。課予義務之訴又稱「義務之訴」、「請求應為行政處分之訴」、「應為行政處分之訴訟」，係指請求行政法院令行政機關應作成行政處分，或應作成特定內容之行政處分之訴訟，又可分為怠為處分之訴及拒為處分之訴(駁回處分之訴)。

確認訴訟，係指由行政法院確認行政處分無效及確認公法上法律關係成立或不成立之訴訟，或確認已執行而無回復原狀可能之行政處分或已消滅之行政處分為違法之訴訟。(行政訴訟法§6Ⅰ)

＊筆記＊

4-7

國家賠償法

● 國家賠償之概念

一、認識國家賠償法的制度

為了保障人民因為國家的措施所造成的損害可以得到賠償，所以我國立法通過「國家賠償法」，明文規定人民在什麼情況下可以獲得國家的賠償。一般人常會用到國家賠償法，例如馬路挖水管，結果沒有回填好，導致機車騎士經過摔倒。

二、國家賠償之類型

(一)公務員侵權：

公務員於執行職務行使公權力時，因故意或過失不法侵害人民自由或權利者，國家應負損害賠償責任。公務員怠於執行職務，致人民自由或權利遭受損害者亦同。(國家賠償法§2Ⅱ)

(二)公共設施瑕疵：

公共設施因設置或管理有欠缺，致人民生命、身體、人身自由或財產受損害者，國家應負損害賠償責任。(國家賠償法§3Ⅰ)

類　型	法　條	賠償義務機關
公務員於執行職務行使公權力時，因故意或過失不法侵害人民自由或權利者	國家賠償法第2條第2項、第9條第1項	公務員所屬機關
公共設施因設置或管理有欠缺，致人民生命、身體、人身自由或財產受損害者	國家賠償法第3條第1項、第9條第2項	公共設施之設置或管理機關

相關考題

下列何種情形當事人得請求國家賠償？ (A)在麥當勞用餐的小妹妹跌倒撞到麥當勞叔叔塑像致額頭受傷 (B)戶政事務所供民眾使用的飲水機，其冷水出口冒出滾燙熱水致民眾發生燙傷意外 (C)民眾誤信廣告購買藥品使用後發生嚴重副作用而休克 (D)民眾於百貨公司搭乘電扶梯時，因地面濕滑跌倒致頭部外傷 【98三等司法特考-法學知識與英文】 (B)

相關考題　　過失責任

依國家賠償法規定，國家於公務員有下列何種情形下對之有求償權？ (A)無過失 (B)抽象輕過失 (C)具體輕過失 (D)重大過失 【98高考三級-法學知識與英文】 (D)

● 國家賠償之方式及求償權

一、金錢賠償為原則

國家負損害賠償責任者，應以金錢為之。但以回復原狀為適當者，得依請求，回復損害發生前原狀。(國家賠償法§7Ⅰ)

二、假處分

依本法請求損害賠償時，法院得依聲請為假處分，命賠償義務機關暫先支付醫療費或喪葬費。(國家賠償法§11Ⅱ)

三、求償權

公務員於執行職務行使公權力時，因故意或過失不法侵害人民自由或權利者，國家應負損害賠償責任。公務員有故意或重大過失時，賠償義務機關對之有求償權。(國家賠償法§2Ⅱ、Ⅲ) 受委託行使公權力之團體，其執行職務之人，或受委託行使公權力之個人有故意或重大過失時，賠償義務機關對受委託之團體或個人有求償權。(國家賠償法§4)

四、審理機關

損害賠償之訴，除依本法規定外，適用民事訴訟法之規定。(國家賠償法§12) 所以，現行國家賠償案件之訴訟，由普通法院負責審理。

● 審判或追訴職務之公務員之侵權賠償

有審判或追訴職務之公務員，因執行職務侵害人民自由或權利，就其參與審判或追訴案件犯職務上之罪，經判決有罪確定者，適用本法規定。(國家賠償法§13)

相關考題　適用順序

國家賠償，其所應適用之法律，依國家賠償法第5條及第6條之規定，除國家賠償法本身外，尚有民法及其他特別法；至於其適用之順序，則為何？　(A)先適用國家賠償法，再適用民法，最後適用特別法　(B)先適用特別法，再適用國家賠償法，最後適用民法　(C)先適用國家賠償法，再適用特別法，最後適用民法　(D)先適用特別法，再適用民法，最後適用國家賠償法 【101高考-法學知識與英文】	(B)

相關考題　國家賠償之方式

關於我國國家賠償之內容，下列敘述何者錯誤？　(A)公有公共設施設置或管理之缺失的國家賠償責任，係採無過失責任賠償之原則　(B)國家賠償以回復原狀為原則，如回復顯有困難時則以金錢賠償　(C)國家賠償所需之經費，由各級政府編列預算支應　(D)賠償義務機關之確定，遇有爭議時，由上級機關定之　　【98高考三級-法學知識與英文】	(B)

相關考題　公務員責任

憲法第24條規定國家賠償責任，公務員在國家賠償法上所應負的責任為： (A)無過失責任　(B)過失責任　(C)推定過失責任　(D)危險責任 【99四等海巡-法學知識與英文】	(B)

相關考題　求償權

有關公務員侵權行為所生國家賠償責任之敘述，下列何者正確？　(A)依國家賠償法規定，公務員係指依公務人員任用法任用之人員　(B)公務員侵權之成立係採無過失責任　(C)國家對於因輕過失而侵權之公務員無求償權　(D)國家賠償責任是因為國家合法的行為所致　　【103三等司特-法學知識與英文】	(C)

相關考題　時　效

依國家賠償法第8條之規定，賠償義務機關對於實際加害人之求償權的消滅時效為：　(A)2年　(B)5年　(C)10年　(D)15年 【101三等一般警察-法學知識與英文】	(A)

第 **5** 章

民法

章節大綱

　　學習民法之初，先瞭解並建構整部民法的體系，可以加快學習的效率，也能瞭解為什麼民法總則經常是熱門考題的範圍，這是因為民法總則是將其他章節中的共同事項抽離出來的內容。

　　所以，打好民法總則的基礎後，對於學習債篇、物權、親屬、繼承時就會達到事半功倍之效果。做考題時如果遇到一些很難的實例題目，分則的概念沒有唸到，或者是忘光了，至少還可以運用通則的基本理論推理一下，或許還可以拿到基本的分數。

【財產法】

　　民法分成兩大領域，財產法以及身分法，財產法討論兩大議題，第一是「債權」，第二是「物權」。「債權」的部分，主要是探討各種契約類型，較為常見者當屬買賣，例如某甲在菜市場向菜販某乙購買青菜，兩人之間就成立以青菜為標的物之買賣契約。至於「物權」方面，主要是針對權利人與特定物之關係，例如某甲買了青菜之後，即取得青菜的所有權，若有小偷丙將某甲的青菜偷走，則某甲可以依據物權篇之第767條所有物返還請求權之規定，向丙主張返還其所有的青菜。由於債權與物權的規範繁多，為了避免許多概念重複規定，所以，債有「通則」，物權也有「通則」之規定，將相同之規定抽離出來，以通則之方式加以共同規範。

【身分法】

　　身分法，主要可以分成「親屬」以及「繼承」兩大部分。「親屬」的部分，主要是在探討夫妻關係以及親子關係，以及其他家庭成員間的法律議題，例如因結婚而建立夫妻關係，因離婚而結束婚姻關係。而「繼承」的部分，則是探討被繼承人死亡後的財產繼承關係、被繼承訂定遺囑等問題。

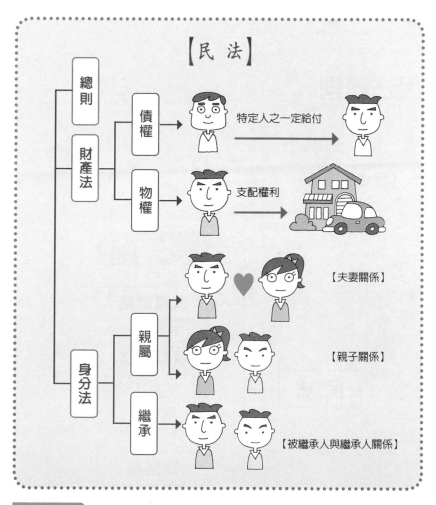

【民法】

我國現行的民法是在何時公布施行？ (A)民國18年至20年間公布施行 (B)臺灣光復之後，民國34年公布施行 (C)政府遷臺之後，民國38年公布施行 (D)民國80年之後，重新制定公布施行 【98四等司法特考-法學知識與英文】	（A）

5-1

民法總則

【民法的架構】

民 法
- 總則
- 債篇總論
- 債篇各論
- 物權篇
- 親屬篇
- 繼承篇

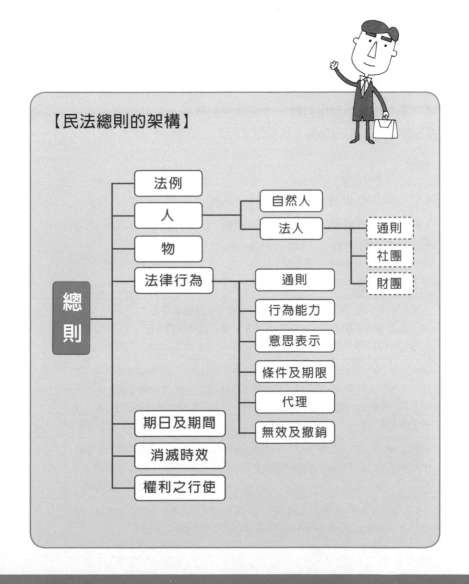

法律／習慣／法理

● **適用順序**

關於民事之適用所應注意的原則，原則上首先適用法律，法律所未規定者，依習慣，無習慣者，依法理。此順序於民法第1條有明文規定：「法律所未規定者，依習慣；無習慣者，依法理。」

習慣，是指社會上普通一般的多數人，長期反覆實施的同一行為，使一般人確信具有法之效力，且不違背公共秩序或善良風俗。習慣，僅於法律沒有規定時，才有補充的效力。如果連習慣亦無，則依據法律的基本原理原則，也就是法理加以判斷。

【實務見解】

　　早年土地買賣之居間，到底可以抽多少佣金，法律沒有規定，一般習慣都是最高以成交價買方3％，賣方5％，總額不得超過成交價的6％。(86台上280)

相關考題

習慣能成為法源，但有幾項要件，下列何者不包括在這些要件之列？　(A)社會上必須有反覆實施的行為　(B)必須是法律已經規定的事項　(C)必須有法的確信　(D)必須不違背善良風俗　　　　　　【96高考三級-法學知識與英文】	(B)
關於民事之適用所應注意的原則，下列敘述何者為是？　(A)原則上首先適用法律，法律所未規定者，依習慣，無習慣者，依法理　(B)禁止類推適用　(C)一律不得溯及既往　(D)原則上首先適用法律，法律所未規定者，依法理，無法理者，依習慣　　　　　　【96三等關務特考-法學知識】	(A)
有關法律上承認之「習慣」，下列敘述何者錯誤？　(A)必須有反覆慣行之事實　(B)必須不背於公序良俗　(C)必須民眾對其有相當於法之確信　(D)必須有法律依據　　　　　　【99三等關務-法學知識】	(D)
下列何者非民法第1條習慣的成立要件？　(A)社會一般人確信其有法之效力　(B)必須通行全國　(C)須為多年慣行的事實　(D)成文法所未規定的事項　　　　　　【103高考-法學知識與英文】	(B)

記憶小訣竅（諧音法）：綠蜥蜴（各挑選一個字——律習理）

【時事案例：不是處女不分家】

網路上流傳一篇「重慶荒唐村規，不是處女不分地」的文章。內容指出「重慶大足縣B村二社出台村規：外出未婚打工女要想領到土地轉讓補償金，要先到醫院做『貞潔鑒定』，不是處女不分地。」經查這個村規早就流傳出來，而且因為遭到大量批評，在2005年就停止該村規。

雖然不瞭解這篇文章所謂的土地轉讓補償金，是不是遺產分配，還是其他法律關係？是不是指稱當嫁作他人婦，或者是離婚後，在父系的社會中，已經非屬同一家族體系，就不允許取得土地所有權。

這在臺灣也有類似的現象，女兒不能分遺產。但是依據民法第1條規定：「法律所未規定者，依習慣；無習慣者，依法理。」因為此一習慣與法律產生衝突，法律規定女兒也能分配遺產，甚至於還有特留分之規定，此一習慣也沒有適用上的餘地。所以，臺灣很多女兒就依據民法主張其應享有的權利，有土地也要一份，有財產也要分錢。

相關考題

關於民法第1條規定之習慣成立要件，下列敘述何者錯誤？ (A)須有慣行多年之事實 (B)必須已有法院透過判決予以承認 (C)須為成文法未規定之事項 (D)須為社會一般大眾確信其有法之效力 　【110高考-法學知識與英文】	（B）

文字與數字

● 文字及號碼不符合

關於一定之數量，同時以文字及號碼表示者，文字與號碼有不符合時，如法院不能決定何者為當事人之原意，應以文字為準。(民§4)

● 文字數次或號碼數次不符合

關於一定之數量，以文字或號碼為數次之表示者，其表示有不符合時，如法院不能決定何者為當事人之原意，應以最低額為準。(民§5)

● 探求當事人之原意

無論是文字及號碼不符合，或者是文字數次或號碼數次不符合的情況，法院在審理案件時，均應先行詢問當事人之原意，以確定法律行為關係所涉及之數量。如果雙方當事人還是有所爭議，或者是因為其他因素，導致法院最後不能決定當事人的原意時，則依據上列民法第4、5條規定。

● 票據記載金額不符

一般票據法較常會出現的情況是文字與數字並存，依據票據法第7條規定：「票據上記載金額之文字與號碼不符時，以文字為準。」與民法第4條之規定相類似。所不同之處，在於法院直接以文字為準，並無探求當事人原意之規定。究其原因，主要是因為票據法著重於流通性，若動輒探求當事人之原意，恐難以達成票據流通之目的。

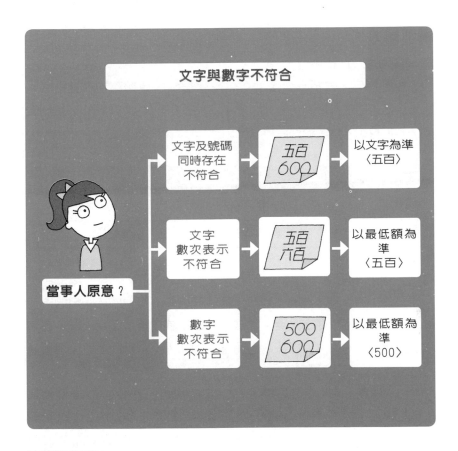

相關考題

甲向乙購買貨物一批，帳單上記載的金額為：新臺幣伍萬陸仟捌佰柒拾（65870）元整，如法院無法決定當事人的原意時，甲應支付乙多少錢？ (A)65870 元　(B)65078 元　(C) 56870 元　(D)56078 元 【96三等司法-法學知識與英文】	（C）

權利能力

● 權利能力

　　權利能力,是指在法律上可以享受權利、負擔義務的資格或地位。自然人的權利能力,始於出生,終於死亡。(民§6) 法人的權利能力,起於登記完成,終於清算終結。

權利能力之始終期	始期	終期
自然人	出生	死亡
法人	登記完成	清算終結

● 出生的判斷

　　何謂自然人呢?自卵子受精成為受精卵後,經過懷胎十月的漫長歲月,最後分娩,嚎啕大哭,才成為嗷嗷待哺的懷中嬰兒。哪一個階段才算是「出生」,而能夠成為民法上的「人」?學說上對於是否為人,主要有右頁的學說區分:

　　目前實務上都以獨立呼吸說為標準。胎兒仍在母體中,雖然還無法獨立呼吸,民法基於保障胎兒的立場,只要將來能夠順利生產,有關其個人利益的保護,視為既已出生。(民§7) 例如:胎兒的生父死亡,胎兒若未來非死產,仍能享有繼承權。所謂「視為」,不能舉反證推翻,「推定」則可以。

相關考題

現行民法上有關人之權利能力的規定,下列中何者的敘述是錯誤的? (A)始於出生　(B)法人亦得享有　(C)無論是否死產,胎兒之權利能力皆受保護 (D)終於死亡　　　　　　　　　　　【101三等一般警察-法學知識與英文】	(C)

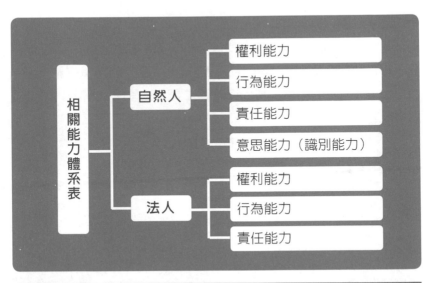

	出生判斷之學說	
	分娩開始說	從進行分娩過程開始，就屬於民法的自然人。
	一部露出說	只有胎兒的一部分，經由分娩過程後，露出母體之外。
	全部露出說	必須要胎兒的全部，通通露出母體之外。
V	獨立呼吸說	除了全部離開母體之外，還要等到胎兒能夠獨立不依賴母體呼吸，才屬於民法的自然人，這也是目前的通說。

相關考題

下列何者無權利能力？　(A)植物人　(B)獨居老人　(C)腦性麻痺者　(D)小狗【99三等關務-法學知識】	(D)
受監護宣告而意識清醒之人，關於其能力，下列敘述何者正確？　(A)有權利能力，無行為能力　(B)無權利能力，有行為能力　(C)有權利能力，無侵權行為能力　(D)無權利能力，有侵權行為能力【99四等基警行政警察-法學緒論】	(A)

死亡的判斷

死亡，如何判斷呢？傳統學說上向來有脈搏終止說、呼吸停止說、綜合判斷說及腦死說等見解，實務上採取腦死說，以腦波是否完全停止，作為死亡與否的判斷標準。死亡認定的學說，如下表：

脈搏終止說	以脈搏是否終止為判斷之依據。	
呼吸停止說	以呼吸是否停止為判斷依據。	
綜合判斷說	綜合判斷瞳孔是否放大、呼吸及心跳是否停止，作為判斷是否死亡的依據。	
✓ 腦死說	以腦是否停止運作，也就是醫學所謂的腦死，作為判斷是否死亡的依據。	

● **死亡宣告**

某些特定情況下，當事人因為失蹤的緣故，無法判斷其腦波是否停止，則設立的「死亡宣告」的制度，藉此確定懸而未決的法律關係。九二一地震，某甲疑似因地震而埋在地底，或某乙因東南亞海嘯而失蹤，只要達到1年的法定期間，都可以由利害關係人或檢察官向法院聲請死亡宣告。(民§8Ⅲ)

● **同時死亡**

2人以上同時遇難，不能證明其死亡之先後時，推定其為同時死亡。(民§11)所謂推定，是指可以舉反證推翻。

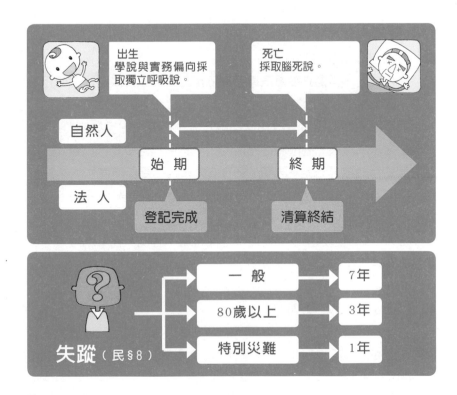

下列關於「死亡宣告」的敘述何者錯誤？ (A)「死亡宣告」必須由法院以判決為之 (B)「死亡宣告」確定之後，不得再撤銷或推翻 (C)80歲的老人失蹤時，跟18歲的人失蹤相較，前者的家人可以在比較短的期間過後聲請死亡宣告 (D)遭遇空難而失蹤的人，跟一般情形失蹤的人相較，前者的家人可以在比較短的期間過後聲請死亡宣告 【98四等基層警察-法學緒論】	(A)(B)
40歲之甲於80年8月8日在海邊戲水時，遭海浪捲走，自此不見蹤影。其妻於90年8月8日向法院聲請死亡宣告，除有反證外，法院應於判決內宣告甲之死亡時間為： (A)81年8月8日午夜12時 (B)87年8月8日午夜12時 (C)91年8月8日午夜12時 (D)97年8月8日午夜12時 【99地方特考四等-法學知識與英文】	(B)

行為能力

● 財產法上之行為能力

行為能力，指獨立從事法律行為的能力，可以分成財產上的行為能力，以及身分上的行為能力。

財產上的行為能力，滿18歲為成年人，有完全的行為能力。滿7歲以上之未成年人，為限制行為能力人，其所為之單獨行為無效，所為之契約行為效力未定。未滿7歲的未成年人及受監護宣告人，屬於無行為能力人，由法定代理人代為意思表示及受意思表示。(民§13、15)

法人，必須透過董事才能從事法律行為。因此，董事就法人一切事物，對外代表法人。(民§27 II)

● 身分上之行為能力

身分上的行為能力，可以分成訂婚、結婚與遺囑等三種情況。其與財產上的行為能力有所不同，基本年齡的要求較高。

男女未滿17歲者，不得訂定婚約。(民§973)

男女未滿18歲者，不得結婚。(民§980)

雖然已經達到訂婚的年齡，但是若仍未滿18歲，未成年人訂定婚約，應得法定代理人之同意。(民§974)

遺囑的部分，無行為能力人，不得為遺囑。限制行為能力人，已滿16歲者，即便尚未成年，但所為遺囑，仍然無須經法定代理人允許，即可為之。(民§1186)

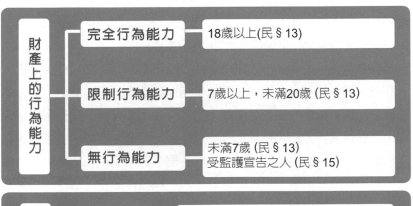

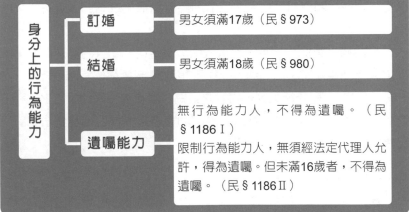

相關考題

依民法之規定，下列有關死亡宣告之敘述，何者正確？ (A)始受死亡宣告者，以判決內所確定死亡之時，視為死亡 (B)死亡宣告在於剝奪失蹤人之權利能力 (C)失蹤人為80歲以上者，得於失蹤滿2年後，為死亡之宣告 (D)失蹤人為遭遇特別災難者，得於特別災難終了滿1年後，為死亡之宣告 【110普考-法學知識與英文】	(D)
民國（以下同）99年10月10日上午，83歲的甲男失蹤。法院於受理其親屬的死亡宣告聲請，經法定公示催告程序後，應裁判宣告甲於何時死亡？ (A)100年10月9日下午12時 (B)102年10月10日下午12時 (C)104年10月10日下午12時 (D)106年10月9日下午12時 【108普考-法學知識與英文】	(B)

● 受監護宣告之人

受監護宣告之人，無行為能力。(民§15)

受輔助宣告之人為下列行為時，應經輔助人同意。但純獲法律上利益，或依其年齡及身分、日常生活所必需者，不在此限：一、為獨資、合夥營業或為法人之負責人。二、為消費借貸、消費寄託、保證、贈與或信託。三、為訴訟行為。四、為和解、調解、調處或簽訂仲裁契約。五、為不動產、船舶、航空器、汽車或其他重要財產之處分、設定負擔、買賣、租賃或借貸。六、為遺產分割、遺贈、拋棄繼承權或其他相關權利。七、法院依前條聲請權人或輔助人之聲請，所指定之其他行為。(民§15-2Ⅰ)

第78條至第83條規定，於未依前項規定得輔助人同意之情形，準用之。第85條規定，於輔助人同意受輔助宣告之人為第1項第1款行為時，準用之。第1項所列應經同意之行為，無損害受輔助宣告之人利益之虞，而輔助人仍不為同意時，受輔助宣告之人得逕行聲請法院許可後為之。(民§15-2Ⅱ、Ⅲ、Ⅳ)

● 受監護宣告之程序

舊法為規定為「禁治產人」，但此一用語並不符合新修正之「成年監護制度」，重在保護受監護宣告之人，維護其人格尊嚴，並確保其權益，因此修正名稱為「受監護宣告之人」。

舊法「心神喪失或精神耗弱致不能處理自己事務」語意不明確，新修正條文為「因精神障礙或其他心智缺陷，致不能為意思表示或受意思表示，或不能辨識其意思表示之效果」之情況，法院得因本人、配偶、四親等內之親屬、最近1年有同居事實之其他親屬、檢察官、主管機關或社會福利機構、輔助人、意定監護受任人或其他利害關係人之聲請，為監護之宣告。受監護之原因消滅時，法院應依前項聲請權人之聲請，撤銷其宣告。

　　法院對於監護之聲請，認為未達第14條第1項之程度者，得依第15-1條第1項規定，為輔助之宣告。受監護之原因消滅，而仍有輔助之必要者，法院得依第15-1條第1項規定，變更為輔助之宣告。(民§14)

● 輔助宣告之程序

　　對於因精神障礙或其他心智缺陷，致其為意思表示或受意思表示，或辨識其意思表示效果之能力，顯有不足者，法院得因本人、配偶、四親等內之親屬、最近1年有同居事實之其他親屬、檢察官、主管機關或社會福利機構之聲請，為輔助之宣告。受輔助之原因消滅時，法院應依前項聲請權人之聲請，撤銷其宣告。受輔助宣告之人有受監護之必要者，法院得依第14條第1項規定，變更為監護之宣告。(民§15-1)

相關考題

下列法律行為中，那一項為無效？　(A)19歲之小陳未得父母同意與50歲之麗麗結婚　(B)17歲之阿西自書遺囑　(C)30歲受監護宣告之王先生，意識突然清醒，隨即自行購買一本英漢字典　(D)16歲之東東不讓父母知道，單獨至機車行購買機車　【99高考三級-法學知識與英文】	(C)
依民法之規定，有關新監護制度之敘述，下列何者錯誤？　(A)監護人未依法開具財產清冊視為拒絕就職　(B)監護人不得受讓受監護人之財產　(C)監護人非有正當理由並經法院許可不得辭任　(D)監護人之行為與受監護人利益相反時，得選任特別代理人　【100三等海巡-法學知識與英文】	(A)
對於因精神障礙或其他心智缺陷，致其為意思表示或受意思表示，或辨識其意思表示效果之能力，顯有不足者，法院得因特定人之聲請，而為：　(A)保護措施　(B)即時強制　(C)監護宣告　(D)輔助宣告　【101高考-法學知識與英文】	(D)

法人

● 法人的本質與類型

　　法人，是指自然人以外，由法律創設，得享受權利、負擔義務之權利主體。

　　法人分成公法人及私法人。私法人又分成社團法人及財團法人，社團法人又可分成營利社團法人及公益社團法人，一般公司行號都屬於營利社團法人，公益社團法人是以公益為目的所組成，例如××智能發展中心，但一定比例的公益性組織是以基金會模式成立，也就是財團法人，如財團法人台灣兒童暨家庭扶助基金會。

● 法人的成立

　　法人非經向主管機關登記，不得成立。(民§30) 此一規定是採取行政許可主義。法人登記後，有應登記之事項而不登記，或已登記之事項有變更而不為變更之登記者，不得以其事項對抗第三人。(民§31) 不管是不是善意或惡意，都不得對抗，與前述董事代表權所加之限制，僅限於不得對抗善意第三人有所不同。

● 法人之能力

　　法人的權利能力，是指法人能成為法律上權利及義務的主體。依據民法第26條規定：「法人於法令限制內，有享受權利、負擔義務之能力。但專屬於自然人之權利義務，不在此限。」

　　法人之侵權責任，法人對於其董事或其他有代表權之人因執行職務所加於他人之損害，與該行為人連帶負賠償之責任。(民§28) 若非董事或其他有代表權之人，則依據民法第188條，負賠償責任。

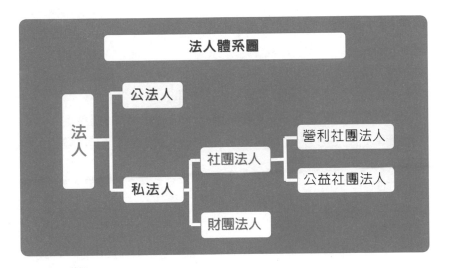

相關考題

我國對於財團法人之成立，原則上採下列何種主義？　(A)立法特許主義 (B)行政許可主義　(C)準則主義　(D)強制主義　【99四等關務-法學知識】	(B)
下列關於法人之敘述，何者是錯誤的？　(A)法人原則上具有權利能力　(B)法人具有民事責任能力　(C)法人不具有刑事責任能力　(D)法人可能具有憲法基本權能力　　　　　　　　　　　　　　　　　　【99三等關務-法學知識】	(C)
下列何一組織係屬法人，得以自己名義，享受權利並負擔義務？　(A)獨資商號 (B)普通合夥　(C)隱名合夥　(D)有限公司　【98三等司法特考-法學知識與英文】	(D)
下列何者不是法人？　(A)某某股份有限公司　(B)馬偕醫院　(C)北港朝天宮　(D)合會　　　　　　　　　　　　　　　　　　【104高考-法學知識與英文】	(D)
下列關於財團法人之敘述，何者錯誤？　(A)屬於他律法人　(B)屬於公益法人 (C)重要管理方法不具備時，由目的事業主管機關酌定之　(D)於登記前，應得主管機關之許可　　　　　　　　　　　　　【108普考-法學知識與英文】	(C)
關於社團法人的事項，依民法規定，下列何者須經過總會特別決議？　(A)開除社員　(B)任免監察人　(C)變更章程　(D)終任免董事　　　　　　　　　　　　　　　　　　　　　　　　　　　【109普考-法學知識與英文】	(C)

動產與不動產

● **不動產**

　　稱不動產者，謂土地及其定著物。(民§66Ⅰ)不動產之出產物，尚未分離者，為該不動產之部分。(民§66Ⅱ)

　　不動產的物權變動，採登記主義。依據民法第758條規定：「不動產物權，依法律行為而取得設定、喪失、及變更者，非經登記，不生效力。」其類型包括：

一、土地

　　土地，包括地上、地面及地下。

二、定著物

　　定著物，是指非土地的構成部分，繼續密切附著於土地，不易移動，具有一定的經濟上效用之物。例如紀念碑、橋樑等。還在蓋的房屋，如果已經足以遮蔽風雨，達到經濟上使用的目的，也是屬於定著物。

三、不動產之出產物

　　不動產之出產物，尚未分離者，為該不動產之部分。(民§66Ⅱ)例如種植樹木、稻米等，並非定著物。所以，出產物屬於土地所有權人所有，如果是承租人種植的，也只有收取權，沒有所有權。若趁別人不在家，在他人土地上偷種農作物，因為既非所有權人，也沒有收取權，不能夠隨便採收，否則會構成侵權行為。

● **動產**

　　稱動產者，為前條所稱不動產以外之物。(民§67) 動產的變動採取「交付主義」，依據民法第761條第1項規定：「動產物權之讓與，非將動產交付，不生效力。」

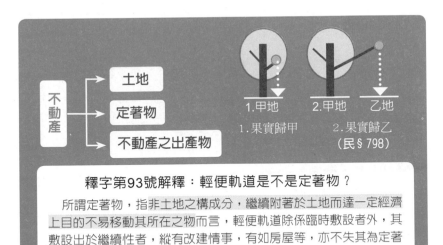

釋字第93號解釋：輕便軌道是不是定著物？

所謂定著物，指非土地之構成分，繼續附著於土地而達一定經濟上目的不易移動其所在之物而言，輕便軌道除係臨時敷設者外，其敷設出於繼續性者，縱有改建情事，有如房屋等，亦不失其為定著物之性質，故應認為不動產。

相關考題

違章建築之性質，在我國民法屬於： (A)動產 (B)不動產 (C)土地之成分 (D)土地之從物 【99四等關務-法學知識】	(B)
甲將乙寄託的樹苗種植於丙之土地上，附合成為土地之一部分，依民法規定該樹苗所有權歸屬於： (A)甲所有 (B)乙所有 (C)丙所有 (D)乙丙共有 【98三等地方特考-法學知識與英文】	(C)
下列何者並非不動產？ (A)辦公大樓 (B)農舍 (C)土地 (D)為供表演臨時搭建的舞台 【97四等關務警特-法學知識與英文】	(D)
下列關於「動產」與「不動產」的敘述，何者錯誤？ (A)土地上長出的花草在與土地分離之前，屬於土地的部分 (B)無論動產或是不動產，一個物只有一個所有權 (C)主物是指不動產，從物是指動產 (D)家裡養的狗屬於動產 【98四等退除役轉任公務-法學知識與英文】	(C)
下列何者是定著物？ (A)還長在土地裡的地瓜 (B)固定在土地上的高鐵軌道 (C)挖掘的池塘 (D)廟前臨時搭架的歌仔戲臺 【104普考-法學知識與英文】	(B)

主物與從物

● 主物

主物與從物，兩者之區別，是基於兩者在效用上彼此之關係，可以分為主物與從物而言。主物，是指具有獨立經濟效用之物，此採相較於從物之定義而言，我國對於主物並無加以定義。

● 從物

非主物之成分，常助主物之效用，而同屬於一人者，為從物。但交易上有特別習慣者，依其習慣。(民§68Ⅰ)主物與從物都必須是實體存在，如果是主物的成分，例如鉛筆與筆芯、茶壺與壺蓋，都是一物，只是物品成分的名稱有所不同，並不具備主物與從物之間的關係。

所謂「常助主物之效用」，是指應以有輔助主物之經濟目的，與之相依為用，客觀上具恆久之功能性關聯，而居於從屬關係者，始足當之。倘僅具暫時輔助他物之經濟目的，或縱與之分離亦不致喪失他物之利用價值或減損其經濟效用者，均難認為係該物之從物。

● 處分主物之效力

主物之處分，及於從物。(民§68Ⅱ)

處分，包括債權行為與物權行為。民法第118條第1項規定之「無權利人就權利標的物所為之處分，經有權利人之承認始生效力。」此一規定之處分，是指物權行為及準物權行為(指非民法上的物權，而在法律上視為物權，準用民法關於不動產物權的規定者。例如礦業權、漁業權)，並不包括負擔行為。

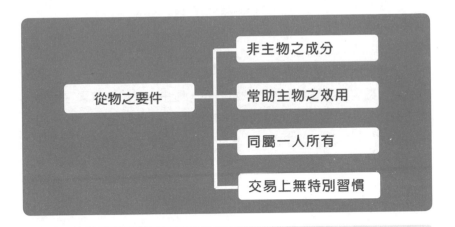

【實務見解：附屬建物】

　　所謂附屬建物，係指依附於原建築以助其效用而未具獨立性之次要建築而言。系爭第四層建築是否為三層樓房之附屬建物，應以該第四層建築是否依附於三層樓房，常助三層樓房之經濟效用，在一般交易觀念上，咸認與三層樓房有繼續的主從關係，以為斷。(最高法院84年台上字第714號民事判決)

相關考題

以下之物中，具有主物與從物關係的是：　(A)汽車與駕照　(B)原子筆與筆芯　(C)電視機與電視遙控器　(D)腳踏車與腳踏車的輪胎 【99四等海巡-法學知識與英文】	(C)
所有人甲的下列二物之間，何者不具民法規定之主物與從物的關係？　(A)筆記型電腦與隨身碟　(B)電視機與遙控器　(C)汽車與備胎　(D)眼鏡與眼鏡盒 【107普考-法學知識與英文】	(A)
下列何者不是羊的天然孳息？　(A)已排放之羊糞　(B)已剪取之羊毛　(C)已烹飪之羊肉　(D)已汲取之羊乳　【102四等地方特考-民法概要】	(C)

法律行為

● 法律行為之定義

　　法律上所討論的行為包括適法與違法的行為。法律行為，是適法行為之一種，指基於當事人的意思表示，產生一定法律效果之行為。準法律行為，包括「意思通知」，是指表示一定期望的行為，如催告、請求；其次是「觀念通知」，表示對一定事實之觀念或認識，如社員總會的通知、債權讓與之通知；以及「感情表示」，表示一定感情之行為，例如老虎伍茲發生婚外情，其妻子對其表示原諒之意，即所謂的「宥恕」。

　　有些法律上行為，是指自然人的事實上動作，產生一定法律效果的行為，稱之為「事實行為」，例如無主物之先占(民§802)、遺失物的發現(民§803)，不必有內部的效果意思，與法律行為必須具備效果意思有所不同，也不需要有行為能力。

● 負擔行為與處分行為

　　負擔行為，又有稱為債權行為，指當事人間以發生權利內容變動為目的之法律行為，但負擔行為完成後，尚未發生具體權利義務變動。處分行為，有稱之為物權行為及準物權行為，以移轉、設定特定權利變動關係之法律行為，物權行為完成生效後，當事人間權利義務即發生創設、變更、移轉或消滅之效果。

　　民法第118條無權處分之規定中，「處分」二字是指處分行為，包括物權行為及準物權行為，但不包括負擔行為，例如出賣別人的物品，則非屬本條所稱的「處分」，應該是屬有效。

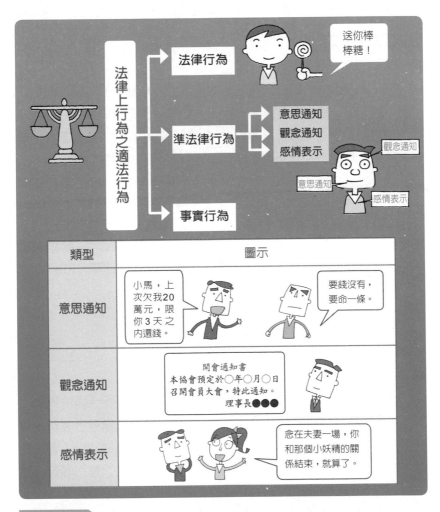

相關考題

下列何者為負擔行為？ (A)債務承擔 (B)債務免除 (C)債權讓與 (D)不良債權之拍賣 【98四等地方特考-法學知識與英文】	(D)
無權利人就權利標的物所為之處分，效力如何？ (A)無效 (B)有效 (C)得撤銷 (D)效力未定 【96高考三級-法學知識與英文】	(D)

要式與不要式

● 要式行為

　　意思表示須依一定方式為之，始能成立的法律行為，稱之為要式行為。例如繼承權之拋棄為要式行為，如不依法定方式為之，依民法第73條之規定自屬無效。又如背書為要式行為，背書人非在票據之背面或其黏單上為之，並由背書人簽名或蓋章，不生背書效力。

一、以書面為之者：例如社團章程、財團捐助行為，或不動產之租賃契約期限逾1年者、不動產物權之移轉或設定。

二、以書面及二人以上證人：如結婚、兩願離婚。

三、遺囑：民法第1189條規定：「遺囑應依左列方式之一為之：(1)自書遺囑、(2)公證遺囑、(3)密封遺囑、(4)代筆遺囑、(5)口授遺囑。」

四、向法院表示：限定繼承之陳報法院(民§1156)；拋棄繼承，以書面向法院為之。(民§1174)

● 不要式行為

　　意思表示不須依一定方式為之的法律行為，稱之為不要式行為，例如一般的買賣契約即屬不要式行為，口頭上要約承諾意思表示一致時，買賣契約即告成立。當事人締結不動產買賣之債權契約，固非要式行為，惟對於買賣契約必要之點，即價金與標的物之意思表示必須一致，否則其契約即難謂已成立。

　　一般不要式之契約，只要口頭上意思表示一致即成立，書面則是證據的型態，作為在訴訟程序上主張之用，不影響實體法上契約之成立。

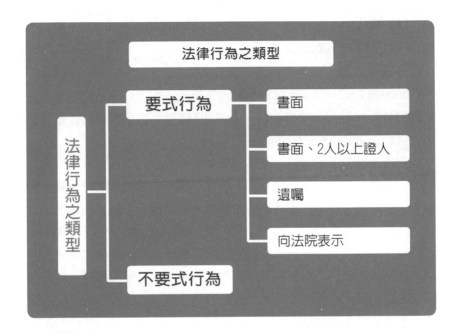

相關考題

下列何者為要式契約？ (A)終身定期金 (B)保證契約 (C)旅遊契約 (D)和解契約 　　　　　　　　　【99三等第一次司法人員-法學知識與英文】	(A)

【解析】
民法第730條規定：「終身定期金契約之訂立，應以書面為之。」

下列何種法律行為僅須當事人意思表示合致，民法並未規定尚須以書面為之？ (A)捐助章程 (B)動產買賣契約 (C)兩願離婚 (D)不動產租賃契約期限逾1年者 　　　　　　　　　【97基層警察-法學緒論】	(B)

【解析】
民法第422條：「不動產之租賃契約，其期限逾1年者，應以字據訂立之，未以字據訂立者，視為不定期限之租賃。」

無行為能力

● 無行為能力之法律效果

　　有關無行為能力人之範圍，業已說明如前文「行為能力」章節(第306至307頁)，接下來是探討無行為能力人之意思表示的效果。從年齡的判斷來說，無行為能力人是未滿7歲者，通常都還須要把屎把尿，當然更需要特別的保護。

　　無行為能力人不能自己為意思表示，必須由法定代理人代為意思表示，並代受意思表示。(民§76) 因此，無行為能力人之意思表示，無效，無論是否為單獨行為或契約行為，都是無效；雖非無行為能力人，而其意思表示，係在無意識或精神錯亂中所為者亦同。(民§75)

　　無行為能力人不能自為意思表示或受意思表示，必須透過法定代理人代為或代受之。與限制行為能力人的情況不同，限制行為能力人可以為意思表示或受意思表示，只是效力未定，必須經法定代理人事前同意或事後承認始生效力。(民§79)

● 法律行為無效

　　法律行為之一部分無效者，全部皆為無效。但除去該部分亦可成立者，則其他部分，仍為有效。(民§111)

　　無效之法律行為，若具備他法律行為之要件，並因其情形，可認當事人若知其無效，即欲為他法律行為者，其他法律行為，仍為有效。(民§112)

　　無效法律行為之當事人，於行為當時知其無效，或可得而知者，應負回復原狀或損害賠償之責任。(民§113)

相關考題

對於未滿7歲的人，下列敘述何者正確？　(A)不得為契約當事人　(B)不得自行締結契約　(C)不得繼承財產　(D)不得占有動產【97基層警察-法學緒論】	(B)

相關考題

6歲小孩得其父母之允許自行至車行購買腳踏車後興高采烈騎回家。其法律關係之效力為何？　(A)買賣契約、物權契約均有效　(B)買賣契約、物權契約均無效　(C)買賣契約有效、物權契約無效　(D)買賣契約無效、物權契約有效 【96調查特考-法學知識與英文】	(B)
依民法之規定，下列就無償契約之敘述，何者正確？　(A)無行為能力人為意思表示及受意思表示，應得法定代理人之允許與同意，但純獲法律上利益者不在此限　(B)不當得利受領人，以其所受者，無償讓與第三人，第三人一律免負返還責任　(C)受任人處理委任事物，未受有報酬者，應以善良管理人之注意為之　(D)債務人所為之無償行為，有害及債權者，債權人得聲請法院撤銷之 【108高考-法學知識與英文】	(D)

【條號記憶法】

　　民法第75條「無行為能力人之意思表示，無效。」可以利用75的諧音「欺侮」，代表無行為能力人會被欺侮，藉此來連結兩者間的關係。

限制行為能力人

● 基本概念

　　限制行為能力人雖然仍受到民法相當的保護，但相較於無行為能力人，存在著較大的自主空間。但是，仍透過法定代理人之事前允許或事後承認，作為保護限制行為人的重要防線。基本上，只要法定代理人允許，就可以為意思表示或受意思表示。(民§77) 如果沒有獲得允許，單獨行為無效，契約行為效力未定。契約在效力未定的情況之下，須經過法定代理人之承認，始生效力。(民§78、79) 經承認之法律行為，如無特別訂定，溯及為法律行為時發生效力。(民§115)

● 例外情況

　　在某些情況下，限制行為能力人所為之法律行為是有效的。如純獲法律上之利益，或依其年齡及身分、日常生活所必需者，並不需要得到法定代理人之允許。(民§77但) 例如，送玩具給10歲的小孩，屬於純獲法律上的利益；國中生購買飲料，則為依其年齡及身分、日常生活所必需者。

　　其次，限制行為人用詐術使人信其為有行為能力人或已得法定代理人之允許者，其法律行為為有效。(民§83) 例如16歲的黃姓少年欺騙阿扁，讓阿扁誤以為他已成年，而將玩具高價賣給阿扁，本來契約因其為未成年人而效力未定，但是因為其使用詐術，已無保護必要，所以買賣契約有效成立。

　　有關特定財產之處分，法定代理人允許限制行為能力人處分之財產，限制行為能力人，就該財產有處分之能力。(民§84) 最後，有關「獨立營業之允許」，法定代理人允許限制行為能力人獨立營業者，諸如開一家公司，則讓限制行為能力人關於其營業之部分，有行為能力。(民§85)

● 錯誤

意思表示之內容有錯誤，或表意人若知其事情即不為意思表示者，表意人得將其意思表示撤銷之。但以其錯誤或不知事情，非由表意人自己之過失者為限。(民§88Ⅰ)

當事人之資格或物之性質，若交易上認為重要者，其錯誤，視為意思表示內容之錯誤。(民§88Ⅱ)

意思表示，因傳達人或傳達機關傳達不實者，得比照前條之規定撤銷之。(民§89)

前二條之撤銷權，自意思表示後，經過1年而消滅。(民§90)

依第88條及第89條之規定撤銷意思表示時，表意人對於信其意思表示為有效而受損害之相對人或第三人，應負賠償責任。但其撤銷之原因，受害人明知或可得而知者，不在此限。(民§91)

相關考題	錯誤	
甲將其收藏之臺灣畫家陳澄波的畫作出賣與乙，乙非因過失不知該畫係屬贋品，惟甲可得而知其事。越1年，乙發現上開情事，擬撤銷其意思表示，下列何者正確？ (A)乙得以物之性質，在交易上認為重要者為由，於發現錯誤後1年內，撤銷其錯誤之意思表示 (B)乙依民法錯誤之規定撤銷其意思表示後，對於甲應負損害賠償責任 (C)乙就該錯誤或不知事情，沒有過失，其撤銷權自意思表示後，經過10年而消滅 (D)乙不得依民法詐欺之規定撤銷其意思表示 【108普考-法學知識與英文】	(D)

＊筆記＊

詐欺與脅迫

● 詐欺與脅迫之概念

　　詐欺，民法上所謂詐欺，係指欲表意人陷於錯誤，故意示以不實之事，令其因錯誤而為意思表示而言。刑法上也有所謂的詐欺罪，規範在刑法第339條之規定。脅迫，則是指以預告危害他人，使他人心生恐怖而為之意思表示。刑法上也有所謂的恐嚇罪及恐嚇取財罪。

● 詐欺與脅迫之法律效果

　　因被詐欺或被脅迫而為意思表示者，表意人得撤銷其意思表示。但詐欺係由第三人所為者，以相對人明知其事實或可得而知者為限，始得撤銷之。被詐欺而為之意思表示，其撤銷不得以之對抗善意第三人。(民§92)

　　舉個第三人詐欺之例子，例如甲要賣花瓶給乙，甲的老媽跟乙說此乃稀世真品「蟠龍花瓶」，乙相信甲的老媽的話，然後跟甲高價買了花瓶，實際上只是一個很普通的花瓶，必須要甲明知或可得而知此一詐欺的過程，乙才能夠撤銷之。

　　脅迫，因為當事人權利被侵害之情況，比詐欺來得嚴重，所以第三人脅迫，表意人亦得撤銷其意思表示。如前例：甲的老媽威脅乙說：「不買，就砍死你！」甲雖不知情，乙仍得撤銷之。

　　被脅迫所為之意思表示，雖然亦有背於公共秩序或善良風俗，依據民法第72條規定，應屬無效。但民法第92條針對脅迫之意思表示有規定，僅得由表意人撤銷其意思表示，並非當然無效。(最高法院60台上584)

　　詐欺或脅迫之撤銷，應於發見詐欺或脅迫終止後，1年內為之。但自意思表示後，經過10年，不得撤銷。(民§93)

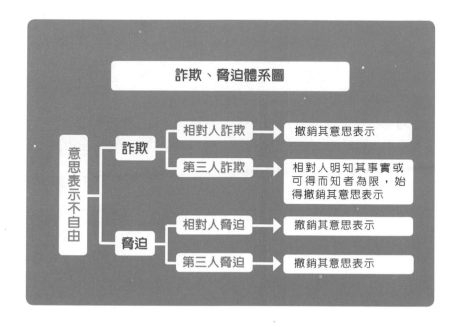

詐欺、脅迫體系圖

意思表示不自由

詐欺
- 相對人詐欺 → 撤銷其意思表示
- 第三人詐欺 → 相對人明知其事實或可得而知者為限，始得撤銷其意思表示

脅迫
- 相對人脅迫 → 撤銷其意思表示
- 第三人脅迫 → 撤銷其意思表示

相關考題

甲捏造事實，宣稱其能量水有治療肝病的療效，乙深信後與甲成立買賣契約。則買賣契約的效力如何？　(A)無效　(B)不成立　(C)效力未定　(D)得撤銷　　　　　　　　　　　　　　　　　　　　　【96四等地方公務-法學知識與英文】	（D）
甲至乙開設之二手車行買車，適逢乙出國，遂由店員丙接待。甲有意購買展售之A車，遂問丙A車是否為泡水車，丙隱匿A車為泡水車之事實，甲在不知情下買A車。1年2個月後，好友丁向甲借A車，發現該車為泡水車，馬上告知甲。甲當天至乙之車行，要求撤銷該車之買賣契約。請問下列敘述何者正確？　(A)甲不得撤銷該買賣契約，因過了除斥期間　(B)甲不得撤銷該買賣契約，因係第三人丙詐欺，乙當時並不知情　(C)甲不得撤銷該買賣契約，因消極隱匿事實並非詐欺　(D)甲得向乙撤銷該買賣契約　　　　　　　　　　　　　　　　　　　　【99地方特考三等-法學知識與英文】	（D）

法律行為附款

● **條件**

以將來不確定客觀事實之成就與否，作為法律行為效力之發生或消滅之付款，稱之為條件，可分為停止條件與解除條件。

附停止條件之法律行為，於條件成就時，發生效力。(民§99Ⅰ)是指本來沒有存在一定的法律關係，當一定條件成就時，法律行為始發生效力，才產生一定的法律關係。

例如「如果你考上高考，我就買間房子送你。」買間房子送人，是贈與行為，但是發生效力的前提，在於受贈人能夠考上高考，考上高考，就是停止條件。

附解除條件之法律行為，於條件成就時，失其效力。(民§99Ⅱ)是指本來存在著一種法律關係，於條件成就時，法律行為失其效力而言。

例如在你唸大學的時候，我每個月支助你5,000元，等你畢業找到工作後，就停止支助。所以，在唸大學的時候，一直存在著每個月5,000元的贈與關係，當畢業找到工作後，贈與關係就不再存在，所以畢業找到工作，就是解除條件。

● **期限**

期限，是以將來確定日期的到來，作為法律行為效力發生或消滅的附款。期限，可以分為始期及終期。

附始期之法律行為，於期限屆至時，發生效力。(民§102Ⅰ)

附終期之法律行為，於期限屆滿時，失其效力。(民§102Ⅱ)

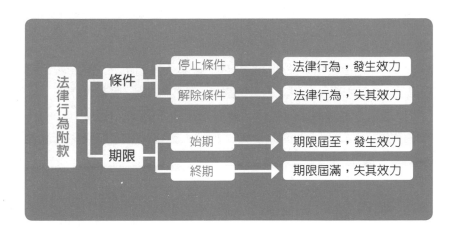

相關考題

以下法律行為何者是附停止條件？　(A)甲於5月1日已通過考試取得駕照，乙不知，於5月3日見甲時，向甲表示：若甲取得駕照，即送甲一台二手轎車　(B)我的兒子結婚時，您應即返還所借公寓　(C)租約中約定，終止租約應早1個月通知　(D)甲向乙批發運動服，約定月底結算貨款，有出售者算錢，未出售者退還　【98四等地方特考-法學知識與英文】	(D)
甲向乙說：乙考上高考時，甲即送乙汽車一部，乙感謝再三。關於甲乙的贈與契約，下列何者敘述正確？　(A)贈與契約附停止條件　(B)贈與契約效力未定　(C)贈與契約無效　(D)贈與契約得撤銷　【97民航人員-法學知識】	(A)
乙向甲承租房屋，同時約定乙高考考上時，即不再承租。關於甲乙的租賃契約，下列敘述何者正確？　(A)租賃契約附解除條件　(B)租賃契約無效　(C)租賃契約效力未定　(D)租賃契約不成立　【97基層警察-法學緒論】	(A)
下列法律行為，何者為附解除條件之情形？　(A)甲向乙借10萬元，約定乙每月支付利息1千元　(B)父親甲與就讀小學的兒子乙約定，乙如月考有一科考100分，甲就給乙100元　(C)甲、乙約定於民國106年12月初，開設自助餐廳　(D)當甲考上公務員高普考時，乙的房屋就不再續租給甲　【111高考-法學知識與英文】	(D)

代理

● 代理

代理，是指代理人於代理權限內，以本人名義所為之意思表示或受第三人之意思表示，其效力直接對本人發生效力。(民§103)

代理權之消滅原因，包括「授與法律關係終了」(民§108Ⅰ)、「代理權撤回」(民§108Ⅱ)，及「代理人或本人死亡或喪失行為能力」。

● 代表

代表是法人的機關，與法人是一個權利主體關係，其所為之行為，就視為法人本人自己的行為，此與代理則是兩個權利主體間的關係，有所不同。

代表人所為之行為，不論為法律行為、事實行為或侵權行為，均為法人的行為；代理人僅得代為法律行為及準法律行為。

● 有權代理

有權代理有兩種，一為「意定代理」，一為「法定代理」，例如民法第1003條夫妻日常家務代理人、第1086條父母為未成年子女法定代理人，但是身分行為的代理不被允許，如：早期的指腹為婚風俗。

隱名代理，代理人雖未以本人名義或明示以本人名義為法律行為，惟實際上有代理本人之意思，且為相對人所明知或可得而知者，自仍應對本人發生代理之效力。(最高法院92台上1064)

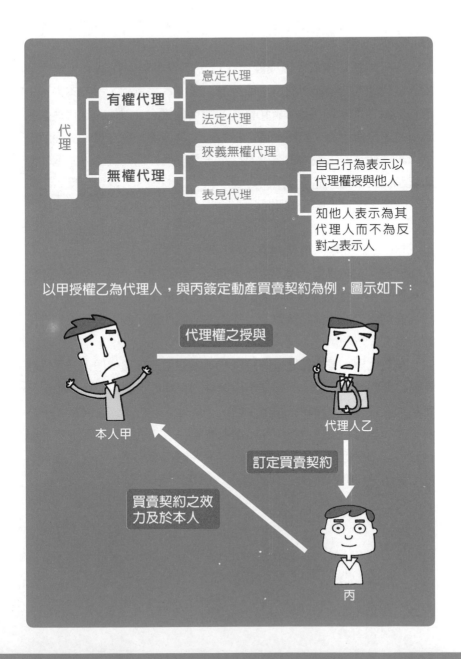

● 無權代理

可分成狹義無權代理與表見代理，「狹義無權代理」：無代理權人以代理人之名義所為之法律行為，非經本人承認，對於本人不生效力。(民§170Ⅰ) 民法第110條：「無代理權人，以他人之代理人名義所為之法律行為，對於善意之相對人，負損害賠償之責。」而所謂的「表見代理」，是指由自己之行為表示以代理權授與他人，或知他人表示為其代理人而不為反對之表示者，對於第三人應負授權人之責任。但第三人明知其無代理權或可得而知者，不在此限。(民§169)

● 自己代理與雙方代理的禁止

自己代理，是指代理人為本人與自己而為法律行為，例如某甲代理某乙銷售一台中古車，某甲認為該車的車況不錯，遂自行買入。自己代理的效力並非當然無效，而是屬於無權代理行為，須經本人之承認，始生效力。

雙方代理，是指代理人同時身兼本人與第三人之代理人，而代理為雙方間的法律行為。例如某甲代理某乙在網路上賣化妝品一箱，又為某丙之代理人，購買該箱化妝品。「代理人非經本人之許諾，不得為本人與自己之法律行為，亦不得既為第三人之代理人，而為本人與第三人之法律行為。但其法律行為，係專履行債務者，不在此限。」此為民法第106條有關雙方代理禁止之規定。

訂定買賣契約

自己代理

小毛畫了一幅畫，委託小花代為尋找買主。小花覺得這幅畫很美，價格又很實惠，所以就自己買了下來。
此種自己代理的情況，顯然與本人之利益相衝突。

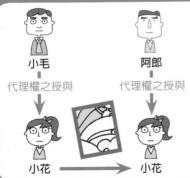

雙方代理

小毛畫了一幅畫，委託小花代為尋找買主，高價賣出。阿郎也在找可以投資的畫，也是委託小花代為尋找，希望低價買入。
此種雙方代理的情況，難以為本人忠實處理事務，本人與相對人間也會產生利益衝突。

相關考題

下列有關無權代理之敘述，何者錯誤？ (A)無權代理之效力非經本人承認，對本人不生效力 (B)無權代理之效力為效力未定，經本人承認為有效 (C)無權代理之效力為效力未定，經本人拒絕承認為無效 (D)無權代理雖本人未為授權仍應負授權人責任 【99鐵路高員三級人事行政-法學知識與英文】	(D)
關於民法上的「代理」，下列敘述何者錯誤？ (A)限制行為能力人亦得為代理人 (B)代理人必須以本人名義為意思表示 (C)未受委任之無權代理一律無效 (D)同一個本人可以有數個代理人，其代理行為原則上應共同為之 【98四等基層警察-法學緒論】	(C)

消滅時效與除斥期間

● 消滅時效與除斥期間

　　消滅時效，是指因長時間不行使權利，致使請求權效力減損之時效制度。所以，實際上不是消滅，而只是效力減損，權利本身依舊可以主張，只是變成自然權利。被主張權利者，得主張消滅時效抗辯，故屬「抗辯權發生主義」，得拒絕給付。但是，若債務人仍為履行之給付者，不得以不知時效為理由，請求返還。其以契約承認該債務，或提出擔保者，亦同。(民§144)

　　除斥期間，是指因為法律行為有瑕疵或其他不正常之情形，以致於影響法律行為之效力，當事人得於一定期間內，行使撤銷權或其他補救行為，例如錯誤、詐欺、脅迫所為之意思表示，而得行使撤銷權。

● 拋棄時效利益之意思表示

　　債務人欠債不還，本已罹15年之消滅時效，但債務人並沒有主張時效消滅，而只是單方面承認其債務，債權人是否還可以行使其權利？

　　實務見解認為「按法律並無強制債務人享受時效利益之規定，故債務人苟於時效完成後，以單方行為承認其債務，即無庸再以時效業經完成而限制債權人行使其權利之必要，是以債務人於時效完成後，以單方行為所為之債務承認，應解為係屬拋棄時效利益之默示意思表示，不得再以時效業經完成拒絕給付。」(最高法院92台上1851)

項目	消滅時效	除斥期間
適用權利類型	請求權	形成權，主要為撤銷權
時效中斷或不完成	有	無
起算時間	作　為：自請求權可行使時起算 不作為：自行為時起算	自權利成立時起算
期間過後之效力	請求權並未消滅，他造當事人得以時效消滅為抗辯。	期間經過後則消滅
時效完成後之拋棄	當事人得拋棄時效之利益	形成權業已消滅，故無拋棄可言。
期間長短	最長15年。	較短，一般而言不超過10年。

相關考題

下列何種權利適用消滅時效？　(A)姓名權受侵害之除去妨害請求權　(B)因詐欺而請求撤銷之權　(C)占有人之物上請求權　(D)已登記不動產之物上請求權　　　　　　　　【98調查局-法學知識與英文】	(C)
以下對於除斥期間與消滅時效之敘述，何者為錯誤？　(A)消滅時效適用於請求權，除斥期間適用於形成權　(B)消滅時效有中斷或不完成，除斥期間也有中斷或不完成　(C)消滅時效完成後請求權不消滅，僅發生抗辯問題；除斥期間完成後，形成權則消滅　(D)消滅時效自請求權可行使時起算；除斥期間則自權利成立時起算　　　　　　　　【98三等地方特考-法學知識與英文】	(B)

● 消滅時效期間

一、一般時效期間

　　請求權，因15年間不行使而消滅。但法律所定期間較短者，依其規定。(民§125)常見的借貸關係，其請求權的時效就是15年，超過15年，債務人得主張時效消滅。

二、特別時效期間

　　(一)5年短期時效

　　利息、紅利、租金、贍養費、退職金及其他1年或不及1年之定期給付債權，其各期給付請求權，因5年間不行使而消滅。(民§126)

　　(二)2年短期時效

　　民法第127條規定如下：

　　左列各款請求權，因2年間不行使而消滅：

1. 旅店、飲食店及娛樂場之住宿費、飲食費、座費、消費物之代價及其墊款。

2. 運送費及運送人所墊之款。

3. 以租賃動產為營業者之租價。

4. 醫生、藥師、看護生之診費、藥費，報酬及其墊款。

5. 律師、會計師、公證人之報酬及其墊款。

6. 律師、會計師、公證人所收當事人物件之交還。

7. 技師、承攬人之報酬及其墊款。

8. 商人、製造人、手工業人所供給之商品及產物之代價。

(三)其他時效

1. 因侵權行為所生之損害賠償請求權，自請求權人知有損害及賠償義務人時起，2年間不行使而消滅。自有侵權行為時起，逾10年者亦同。(民法§197Ⅰ)

2. 貸與人就借用物所受損害，對於借用人之賠償請求權、借用人依第466條所定之賠償請求權、第469條所定有益費用償還請求權及其工作物之取回權，均因6個月間不行使而消滅。前項期間，於貸與人，自受借用物返還時起算。於借用人，自借貸關係終止時起算。(民§473)

3. 定作人之瑕疵修補請求權、修補費用償還請求權、減少報酬請求權、損害賠償請求權或契約解除權，均因瑕疵發見後1年間不行使而消滅。承攬人之損害賠償請求權或契約解除權，因其原因發生後，1年間不行使而消滅。(民§514)

4. 依民法第606至608條之規定所生之損害賠償請求權，自發見喪失或毀損之時起，6個月間不行使而消滅。自客人離去場所後，經過6個月者亦同。(民§611)

5. 占有人，其占有被侵奪者，得請求返還其占有物；占有被妨害者，得請求除去其妨害；占有有被妨害之虞者，得請求防止其妨害。(民§962)前條請求權，自侵奪或妨害占有或危險發生後，1年間不行使而消滅。(民§963)

相關考題

債權人於民國60年5月1日借款給債務人時未約定清償期，故債權人於民國70年3月2日以存證信函限債務人於10日內清償，但債務人仍未清償，時至民國101年6月3日債權人又向債務人起訴清償此筆借款，債務人主張不予清償，法律上的依據為何？　(A)送達期間　(B)除斥期間　(C)取得時效　(D)消滅時效　　　　　　　　　　　　　　　【101三等一般警察-法學知識與英文】	（D）

時效中斷與時效不完成

● 時效中斷

時效進行中，因一定事由之發生，致已進行之期間歸於無效，並自中斷之事由終止時，重新起算之制度。例如債權人某甲向債務人某乙於接近15年的時候，以存證信函請求某乙返還100萬元之借款，消滅時效及因請求而中斷。

消滅時效中斷之事由，包括請求、承認、起訴，以及與起訴有同一效力之事項。所謂與起訴有同一效力，是指支付命令、調解仲裁、申報和解債權或破產債權、告知訴訟，及開始執行行為或聲請強制執行。(民§129)

法律不保護權利睡覺者，雖說前述因權利人之主張，而使消滅時效中斷，可是權利人還是有可能發生權利睡覺之事由，就不宜對之加以保護。例如時效因請求而中斷者，若於請求後6個月內不起訴，視為不中斷。(民§130) 其他如撤回其訴、聲請發支付命令受駁回之裁判、聲請調解不成立、撤回破產債權之申報等，都視為不中斷。(民§131～136)

● 時效不完成

時效不完成，是指時效期間行將完成之際，有不能或難於中斷時效之事由發生，使時效於該事由終止後一定期間內，暫緩完成，俾請求權人得於此一定期間內行使權利，以中斷時效之制度。(80台上2497) 例如，某乙欠某甲100萬元，在15年的時效快要完成之際，某甲正準備要下山到法院提出訴訟，但突然發生九二一地震之類的天災或其他不可避之事變，導致山路不通1個月，待山路通暢後，1個月內，時效不完成。(民§139) 其他如繼承人未確定、法定代理人欠缺、代理關係存續、婚姻關係存續，而導致在6月及1年的期限內，時效不完成。(民§140～143)

相關考題

下列關於民法「消滅時效」的敘述，何者正確？　(A)父母對於子女之親權會因時效而消滅　(B)一般請求權因10年不行使而消滅　(C)請求權已經時效消滅，債務人仍不慎為給付者，事後得請求返還　(D)消滅時效得因債權人之請求履行而中斷　　　　　　　　　　　【98四等基層警察-法學緒論】	(D)

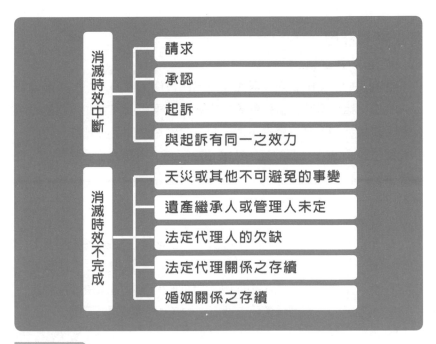

相關考題

下列有關消滅時效完成的敘述，何者正確？ (A)時效完成後，債務人得拋棄時效之利益 (B)以抵押權、質權或留置權擔保之請求權，經時效消滅者，抵押物、質物或留置物之所有人得拒絕債權人之取償 (C)請求權已經時效消滅，債務人以契約承認該債務或提出擔保者，其承認或擔保無效 (D)主權利因時效消滅者，從權利不因此而受影響 【99第二次司法特考-法學知識與英文】	(A)
關於民法之消滅時效制度，下列敘述何者錯誤？ (A)經確定判決所確定的請求權，其原有時效期間短於5年者，重行起算的期間為5年 (B)時效期間得以法律行為加長或減短 (C)僅適用於請求權 (D)消滅時效完成，義務人取得拒絕給付的抗辯權 【109普考-法學知識與英文】	(B)
依民法之規定，關於消滅時效之敘述，下列敘述何者正確？ (A)請求權已經時效消滅，債務人以單方行為承認該債務者，即不得以不知時效為由，而拒絕履行該債務 (B)時效期間得以法律行為加長或減短之 (C)請求權於時效完成後，請求權歸於消滅 (D)時效完成後，因時效受利益之人得拋棄時效之利益 【110高考-法學知識與英文】	(D)

禁止權利濫用

● 權利濫用之禁止

　　權利人於法律限制內，雖然可以自由行使其權利，但是不能違反公共利益，這是權利社會化的基本內涵；如果專以損害他人利益為目的者，其權利的行使，實為不法行為，自然為法律所不允許。因此，我國民法第148條第1項規定：「權利之行使，不得違反公共利益，或以損害他人為主要目的。」

> 【實務見解】
>
> 　　甲向法院訴請乙返還9平方公尺的土地，法院認為要回這土地，需拆除被告所有六層樓房中央部分，勢必影響大樓結構安全，而且甲要回土地後，也難以從事其他利用，顯然是以損害他人為主要目的，有權利濫用之情形，判決甲之請求敗訴。(86台上1840)

● 誠實信用原則

　　誠實信用原則，是在具體的權利義務關係，依正義公平之方法，確定並實現權利之內容，避免當事人間犧牲他方利益以圖利自己，自應以權利及義務人雙方利益為衡量依據，並應考察權利義務之社會上作用，於具體事實妥善運用之方法。(86台上64) 另外，有最高法院認為「債權人行使權利，依公正客觀之方法衡量雙方之利益，顯然失衡而不公平者，則超過正當期待利益部分即不受法律保護而言，非謂當事人之正當期待利益，亦不得請求，或不受法律保護。」(最高法院95年台上字第2900號判決) 民法第148條第2項規定：「行使權利，履行義務，應依誠實及信用方法。」

（覆蓋到9坪的土地）

相關考題　　**特留分**

甲受僱於乙銀行，雙方為甲結婚時即需辭職的約定。下列敘述何者錯誤？ (A)僱傭契約仍然有效　(B)辭職的約定無效　(C)雙方需受約定的拘束　(D)辭職的約定違反公序良俗　　　　　　　【97鐵公路人員-法學知識與英文】	(C)
甲乙雙方簽訂人口買賣契約，此買賣契約的效力如何？　(A)有效　(B)無效 (C)效力未定　(D)得撤銷　　　　　　　　　　　【96普考-法學知識與英文】	(B)
民法諸原則中，最能顯現法律與道德相關聯者，係下列那一項？　(A)契約自由原則　(B)損害填補原則　(C)誠信原則　(D)無過失責任原則　　　　　　　　　　　　　　　　　　　　　【96三等司法-法學知識與英文】	(C)

5-2

債篇總論

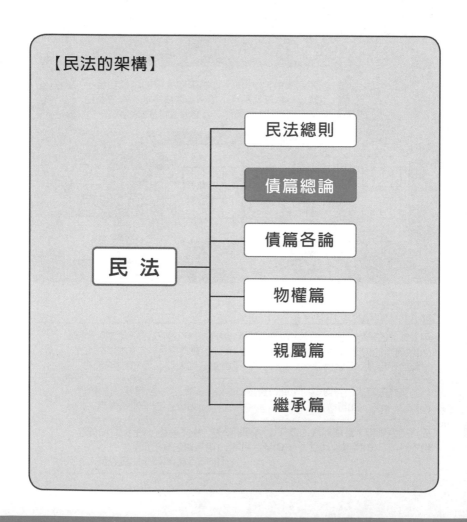

【民法的架構】

民法
- 民法總則
- 債篇總論
- 債篇各論
- 物權篇
- 親屬篇
- 繼承篇

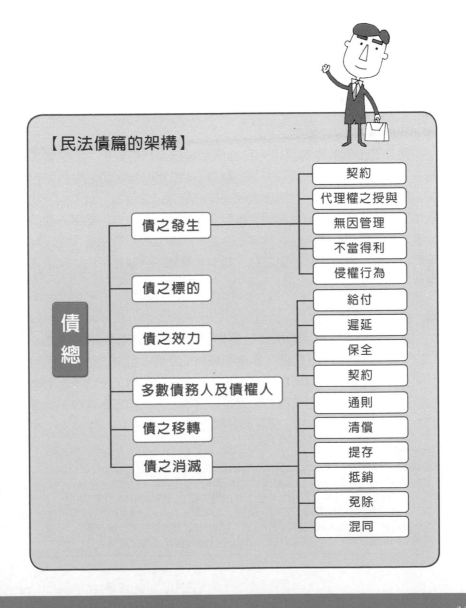

【民法債篇的架構】

債總
- 債之發生
  - 契約
  - 代理權之授與
  - 無因管理
  - 不當得利
  - 侵權行為
- 債之標的
- 債之效力
  - 給付
  - 遲延
  - 保全
  - 契約
- 多數債務人及債權人
- 債之移轉
- 債之消滅
  - 通則
  - 清償
  - 提存
  - 抵銷
  - 免除
  - 混同

契約

● 契約自由原則

在私法關係中，個人之取得權利、負擔義務，純由個人之自由意思，國家不得干涉，從而基此自由意思，締結任何契約，不論其內容如何、方式如何，法律應要加以保護。但是，隨著生活型態之演進、交易複雜之趨勢，契約自由原則也逐漸修正，例如定型化契約之規範、競業禁止條款之限制等均屬之。

● 契約與契約之成立

契約有所謂的廣義契約，包括債權契約與物權契約，而狹義契約，則僅是指債權契約而言。債權契約，是指以發生債之關係為目的，而由兩個以上對立之意思表示達成一致之法律行為。當事人互相表示意思一致者，無論其為明示或默示，契約即為成立。當事人對於必要之點，意思一致，而對於非必要之點，未經表示意思者，推定其契約為成立，關於該非必要之點，當事人意思不一致時，法院應依其事件之性質定之。(民§153)

● 要約與承諾

為了締結契約為目的所為之意思表示，待他方為承諾而達成一致時，契約即告成立。因此，承諾是指對於要約人所為之意思表示內容，在承諾期限內表達同意之意思表示。要約之引誘，是指一方所為的意思表示，欠缺締約之意思，只是希望他方來向自己為要約，如價目表之寄送，不視為要約，僅屬於要約之引誘。(民§154Ⅱ)

相關考題

下列有關契約成立之敘述，何者錯誤？　(A)甲向乙發出要約，乙向甲作出承諾，甲乙間之契約即為成立　(B)甲向乙發出要約，乙亦同時向甲作出相同之要約，契約亦為成立　(C)甲向乙發出要約，乙未作出承諾，但變更甲之要約後另發出要約，甲雖未承諾亦可成立契約　(D)甲向乙發出要約，乙變更甲之要約後另發出要約，經甲承諾後契約即為成立【96升官等-法學知識與英文】	(C)

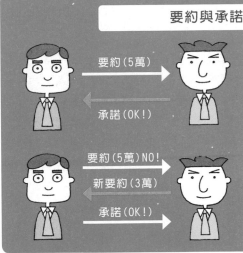

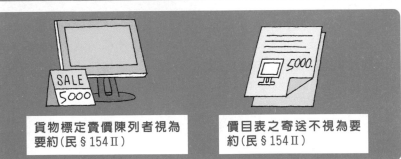

相關考題

下列有關要約之敘述，何者錯誤？　(A)要約經拒絕者，失其拘束力　(B)對話為要約者非立時承諾，失其拘束力　(C)要約之要約人因要約而受拘束，故要約時不得預先聲明不受拘束　(D)要約定有承諾期限者，非於其期限內為承諾，失其拘束力　　　　　　　　　　　【97四等關務-法學知識】	(C)
民法第154條第2項規定「貨物標定賣價陳列者，視為要約。」此處所稱之「視為」可否以證據推翻之？　(A)可以　(B)不可以　(C)視情況而定　(D)由法官決定　　　　　　　　　　　　　　　【96三等司法-法學知識與英文】	(B)

無因管理

● 無因管理的定義

　　所謂無因管理，是指未受委任，並無義務，而為他人管理事務者。其管理應依本人明示或可得推知之意思，以有利於本人之方法為之。(民§172) 無因管理的制度，主要是衡平獎勵人類互助精神以及禁止干預他人事物，為其立法之核心理念。例如某甲家中著火，因出國旅遊無人在家，因此，鄰居某乙打電話給119，或者是拿滅火器幫忙滅火，屬於為他人管理事務，可以推知某甲也會認可此一做法，某乙行為的結果，當然也有利於某甲的作為，即屬於無因管理。

● 管理人之權利

一、適法管理

　　管理事務，利於本人，並不違反本人明示或可得推知之意思者，管理人為本人支出必要或有益之費用，或負擔債務，或受損害時，得請求本人償還其費用及自支出時起之利息，或清償其所負擔之債務，或賠償其損害。第174條第2項有關「公益管理」之情形，管理人管理事務，雖違反本人之意思，仍有費用、利息、清償債務、賠償損害之請求權。(民§176)

二、不適法管理

　　又稱之為不當管理，管理事務不合於民法第176條規定時，本人仍得享有因管理所得之利益，而本人所負對於管理人之費用及利息之償還、清償債務、賠償損害之義務，以其所得之利益為限。(民§177 I)

三、不真正無因管理

　　不真正無因管理，又稱之為準無因管理，可分成不法管理及誤信管理。所謂不法管理，是指若管理人明知為他人之事務，而為自己之利益管理之者，本應依據侵權行為或不當得利主張權利，但是為了避

免不法管理人不當取得利益，準用民法第177條第1項不適法管理之規定，讓本人得主張因不法管理所取得到的利益。(民§177Ⅱ)

例如甲明知賓士車為乙所有，價值50萬元，仍加以改裝修理，再轉賣給第三人丙，賣得100萬元，乙得主張無因管理。(侵權行為或不當得利，均僅能主張50萬元，讓甲獲得多出來的50萬元利益)

誤信管理，是指誤信他人之事務為自己的事務，而為管理者，不能類推適用無因管理之規定。

相關考題

管理人明知為他人之事務，而為自己之利益管理者，稱之為： (A)誤信管理 (B)不法管理 (C)適法的無因管理 (D)不適法的無因管理 【96四等關務-法學知識】	(B)
甲基於無因管理，幫乙對丙清償債務。事後發現，其實乙對丙的債務根本不存在，丙應將所得金錢，向誰返還？ (A)甲 (B)乙 (C)向甲乙任一人為返還，因為甲乙為連帶債權人 (D)向甲乙共同返還，因為甲乙為不可分債權人 【103三等地特-法學知識與英文】	(A)
甲為自己利益，擅自以自己名義將乙所有、市值100萬（新臺幣，以下同）之A古玩，以150萬出賣並交付予善意無過失之丙。下列敘述何者正確？ (A)乙得對丙主張所有權人之物上返還請求權 (B)乙得依侵權行為請求權向甲請求150萬 (C)乙得依不當得利返還請求權向甲請求150萬 (D)乙得請求甲因不法管理行為所得之全部利益150萬 【109高考-法學知識與英文】	(D)

不當得利

不當得利之概念

不當得利，是指無法律上之原因而受利益，致他人受損害者，應返還其利益。雖有法律上之原因，而其後已不存在者，亦同。(民§179)

不當得利之效力

不當得利之受領人，除返還其所受之利益外，如本於該利益更有所取得者，並應返還。但依其利益之性質或其他情形不能返還者，應償還其價額。(民§181)不當得利之受領人，以其所受者，無償讓與第三人，而受領人因此免返還義務者，第三人於其所免返還義務之限度內，負返還責任。(民§183)

不當得利之受領人，如果是善意的情況，不知無法律上之原因，而其所受之利益已不存在者，免負返還或償還價額之責任。如果是惡意的情況，受領人於受領時，知無法律上之原因或其後知之者，應將受領時所得之利益，或知無法律上之原因時所現存之利益，附加利息，一併償還；如有損害，並應賠償。(民§182)

相關考題

甲無法律上原因由乙處取得 A 屋。嗣後甲因 A 屋都市更新計畫而取得更高價的 B 屋，甲並仍居住該屋中，下列敘述何者正確？ (A)甲應返還 A 屋價額 (B)甲應返還 B 屋價額 (C)甲可以主張所得 A 屋利益已不存在 (D)甲應返還 B 屋　　　　　　　　　　　　　　　【103四等地特-法學知識與英文】	(D)
下列有關不當得利之敘述何者錯誤？ (A)給付係履行道德義務者，不得以不當得利請求返還 (B)未到期之債務，提前清償者，得以不當得利請求返還 (C)因清償債務於給付時明知無給付義務者，不得以不當得利請求返還 (D)因賭債而為給付者，不得以不當得利請求返還　　　　　　　　　　　　　　　【97三等關務警特-法學知識】	(B)

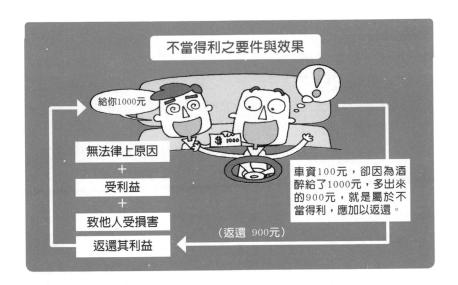

不當得利之要件與效果

給你1000元

無法律上原因
+
受利益
+
致他人受損害

返還其利益

（返還 900元）

車資100元，卻因為酒醉給了1000元，多出來的900元，就是屬於不當得利，應加以返還。

● **不得主張不當得利之情形（民§180）**

編號	條文	實際案例
一	給付係履行道德上之義務者	父親替非婚生子女給付安親班費用(非以贈與為之)
二	債務人於未到期之債務因清償而為給付者	10月31日才到期的債務，5月31日就先償還
三	因清償債務而為給付，於給付時明知無給付之義務者	債權人免除債務後，還是以清償為目的而返還債務
四	因不法之原因而為給付者。但不法之原因僅於受領人一方存在時，不在此限	賭債

侵權行為

● 侵權行為之概念

　　因故意或過失，不法侵害他人之權利者，負損害賠償責任。故意以背於善良風俗之方法，加損害於他人者亦同。違反保護他人之法律，致生損害於他人者，負賠償責任。但能證明其行為無過失者，不在此限。(民§184) 損害賠償之債，以有損害之發生及有責任原因之事實，並二者之間，有相當因果關係為成立要件。 (48台上481)

● 背於善良風俗

　　實務上曾發生一起案例，甲男與乙女為夫妻，但又與丙女有外遇行為，法院認為甲男違反夫妻忠貞義務，故意以背於善良風俗之方法侵害乙女基於配偶關係之身分法益，且情節重大，得請求非財產上之損害（精神慰藉金）。(95台上234)

● 違反保護他人之法律

　　所謂「違反保護他人之法律」，係指違反一般防止妨害他人權益或禁止侵害他人權益之法律而言。例如實務上曾發生某甲明知系爭大樓建造過程中有基礎放樣偏差之情形，卻未依建築技術規定修正，對大樓之安全性造成重大危害，致於九二一地震時震毀，則某甲違反保護他人之法律，即刑法第193條關於違背建築術成規罪，與被害人之損害間具有相當因果關係。

侵權行為型態	侵害客體	主觀責任	條文
因故意或過失，不法侵害他人之權利者，負損害賠償責任。	權利	故意、過失	民§184 I 前段
故意以背於善良風俗之方法，加損害於他人者。	一般法益	故意以背於善良風俗之方法，加損害於他人	民§184 I 後段
違反保護他人之法律，致生損害於他人者，負賠償責任。但能證明其行為無過失者，不在此限。	一般法益		民§184 II

相關考題

設甲為乙之員工，某日為乙送貨至客戶丙處時，不小心撞毀丙之自用車，下列敘述何者正確？　(A)甲之侵權行為由甲負責，應由甲賠償丙之損失，與乙無關　(B)侵權行為人是甲，但如由乙賠償丙損失後，乙得全額向甲求償　(C)侵權行為人雖是甲，由乙賠償丙之損失不得向甲求償，因甲是為乙工作，由乙負責乃理所當然　(D)侵權行為人是甲，仍由乙賠償丙之損失而且不得向甲求償，因甲是不小心的　　【96升官等-法學知識與英文】	(B)
甲客運公司僱用乙為司機駕駛公車，某日，乙不慎開公車撞傷某丙。丙欲請求損害賠償，則下列敘述何者正確？　(A)丙僅得向甲請求損害賠償　(B)丙僅得向乙請求損害賠償　(C)丙得選擇向甲或向乙其中一人請求全部之損害賠償　(D)丙只能向甲及乙各請求一半之損害賠償　【98四等基層警察-法學緒論】	(C)

無行為能力人或限制行為能力人侵權

　　無行為能力人或限制行為能力人，不法侵害他人之權利者，以行為時有識別能力為限，與其法定代理人連帶負損害賠償責任。行為時無識別能力者，由其法定代理人負損害賠償責任。前項情形，法定代理人如其監督並未疏懈，或縱加以相當之監督，而仍不免發生損害者，不負賠償責任。(民§187Ⅰ、Ⅱ) 如不能依前述規定受損害賠償時，法院因被害人之聲請，得斟酌行為人及其法定代理人與被害人之經濟狀況，令行為人或其法定代理人為全部或一部之損害賠償。(民§187Ⅲ)

受僱人侵權

　　受僱人因執行職務，不法侵害他人之權利者，由僱用人與行為人連帶負損害賠償責任。但選任受僱人及監督其職務之執行，已盡相當之注意或縱加以相當之注意而仍不免發生損害者，僱用人不負賠償責任。如被害人因僱用人已盡監督之責而免負損害賠償責任時，法院因其聲請，得斟酌僱用人與被害人之經濟狀況，令僱用人為全部或一部之損害賠償。(民§188Ⅰ、Ⅱ)僱用人賠償損害時，對於為侵權行為之受僱人，有求償權。(民§188Ⅲ)

相關考題

甲欠乙新臺幣5百萬元，為了逃避乙之查封拍賣，乃與丙通謀虛偽意思表示，將甲自己之房子登記於丙名下，實際上丙並未出任何價金。結果，丙趁機將登記於其名下之該房子賣給不知情之丁。請問甲有何權利可以主張？ (A)甲可向丁要回房子　(B)甲可向丁索取房價　(C)甲可向丙請求損害賠償 (D)甲可要求乙直接查封丁之房子　　【98三等地方特考-法學知識與英文】	(C)

民法第187條與第188條之區別		
項目	187	188
侵權行為人	無行為能力人或限制行為能力人	受僱人
	法定代理人	僱用人
連帶賠償	識別能力→連帶賠償 無識別能力→法定代理人賠償	執行職務→連帶賠償
不負賠償責任	監督並未疏懈，或縱加以相當之監督，而仍不免發生損害	選任受僱人及監督其職務之執行，已盡相當之注意或縱加以相當之注意而仍不免發生損害
酌定賠償	斟酌行為人及其法定代理人與被害人之經濟狀況，令行為人或其法定代理人為全部或一部之損害賠償。	斟酌僱用人與被害人之經濟狀況，令僱用人為全部或一部之損害賠償。
求償權	無	有 僱用人賠償損害時，對於為侵權行為之受僱人，有求償權。

損害賠償之內容及方法

● 損害賠償請求之內容

損害賠償之範圍，主要是探討，何人、何種權利，以及請求的項目，以下針對幾項重點討論。

一、財產上之損害賠償

被害人遭他人侵害身體或健康，除可依據民法第184條主張損害賠償外，如醫藥費的負擔，還可以主張喪失或減少勞動能力或增加生活上之需要。(民§193) 例如某甲被某乙開車撞傷，2個月無法工作，損失6萬元。

不法侵害他人致死者，雖然被害人已經死亡，對於支出醫療及增加生活上需要之費用或殯葬費之人，還是應負損害賠償責任。(民§192Ⅰ)被害人對於第三人負有法定扶養義務者，加害人對於該第三人亦應負損害賠償責任。(民§192Ⅱ) 例如，被害人死亡後，留有3歲小孩，加害人就應該賠償此依法定之扶養義務。

二、非財產上之損害賠償

不法侵害他人致死者，被害人之父、母、子、女及配偶，雖非財產上之損害，亦得請求賠償相當之金額。(民§194) 若是身體、健康、名譽、自由、信用、隱私、貞操之七大類型，或侵害他人格法益而情節重大者，被害人雖非財產上之損害，亦得請求賠償相當之金額。(民§195Ⅰ)

前述七大類型外之其他人格法益，必須具備情節重大之要件，才能主張非財產上之損害賠償。名譽遭侵害，並得請求回復名譽之適當處分。例如登報道歉，就是最常見的適當處分，有時候登報道歉的費用，比賠償的金額還要高。

客體	類型		請求項目	法條依據
人	死亡	所受損害	醫療費	184+192
			增加生活上需要費用	
			殯葬費	
		所失利益	法定扶養義務	
		精神損害	慰撫金	184+194
	身體或健康	所受損害	醫療費	184
			喪失或減少勞動能力	184+193
			增加生活上之需要	
		精神損害	慰撫金	184+195
	名譽、自由、信用、隱私、貞操	精神損害	慰撫金	184+195
	其他人格法益而情節重大	精神損害	慰撫金	
	他人基於父、母、子、女或配偶關係之身分法益而情節重大	精神損害	慰撫金	
物	不法毀損他人之物		其物因毀損所減少之價額	184+196

相關考題

下列何種情形，被害人乙不得請求甲賠償慰撫金？　(A)甲綁架乙之小孩 (B)甲不法侵害孕婦乙之胎兒致死　(C)甲不法侵害乙公司之信譽　(D)甲將乙送修電腦中硬碟所儲存的私密淫照曝光　　【99普考-法學知識與英文】　(C)

● 損害賠償之債

一、損害賠償之方法

損害賠償之方法，以回復原狀為原則，例外則可採金錢賠償。

二、損害賠償之範圍

損害賠償，除法律另有規定或契約另有訂定外，應以填補債權人所受損害及所失利益為限。依通常情形，或依已定之計畫、設備或其他特別情事，可得預期之利益，視為所失利益。(民§216) 損害非因故意或重大過失所致者，如其賠償致賠償義務人之生計有重大影響時，法院得減輕其賠償金額。(民§218)

關於物或權利之喪失或損害，負賠償責任之人，得向損害賠償請求權人，請求讓與基於其物之所有權或基於其權利對於第三人之請求權。第264條有關同時履行抗辯權之規定，於前述情形準用之。(民§218-1) 所謂準用「同時履行抗辯權」之規定，損害賠償請求權人在未獲得負賠償責任之人的全額賠償時，得拒絕讓與基於其物之所有權或基於其權利對於第三人之請求權予被告。

● 損益相抵和過失相抵

所謂損益相抵，是指基於同一原因事實受有損害並受有利益者，其請求之賠償金額，應扣除所受之利益。(民§216-1) 所謂過失相抵，是指損害之發生或擴大，被害人與有過失者，法院得減輕賠償金額，或免除之。重大之損害原因，為債務人所不及知，而被害人不預促其注意或怠於避免或減少損害者，為與有過失。於被害人之代理人或使用人與有過失者，準用之。(民§217)

相關考題

甲加害乙致死，則下列敘述，何者正確？　(A)丙雖然不是乙的親人，但為乙支出殯葬費，故可請求甲賠償殯葬費　(B)乙妻之胎兒尚未出生，故不可請求甲賠償損害　(C)丁乃乙之胞弟，故可向甲請求精神上損害賠償　(D)乙之老父雖不能維持生活，但尚有謀生能力，故不可請求甲賠償扶養費　【99四等身障特考一般行政-法學知識】	(A)
設甲駕車不慎撞到乙車，乙不幸罹難，下列說明何者錯誤？　(A)乙之祖父母不得對甲請求非財產上的損害賠償　(B)乙之子女包括非死產之胎兒得對甲請求非財產上的損害賠償　(C)乙之配偶係再婚之配偶得對甲請求非財產上損害賠償　(D)乙之獨生女已經出嫁，不得對甲請求非財產上損害賠償　【97四等關務-法學知識】	(D)
關於「隱私權」概念在我國法律發展上的變遷，以下敘述何者錯誤？　(A)「隱私權」是憲法上的概念，不是民法上的概念　(B)我國憲法條文當中，並沒有明文列舉「隱私權」的規定　(C)民法侵權行為的規定，在民國88年修法公布之前，並未明文列舉「隱私權」之侵害　(D)我國憲法上的「隱私權」包括個人自主控制個人資料之資訊隱私權　【96四等關務-法學知識】	(A)
下列何種人格權受侵害時，以情節重大者為限，方得請求非財產之損害賠償？　(A)身體權　(B)名譽權　(C)隱私權　(D)肖像權　【96四等關務-法學知識】	(D)
下列有關民事損害賠償之敘述，何者錯誤？　(A)民事損害賠償之範圍以被害人所受之損害為限，所失之利益不包括在內　(B)民事損害賠償之範圍，被害人所受之損害及所失之利益皆包括在內　(C)民事損害之發生或擴大，被害人與有過失時，法院得減輕賠償金額　(D)民事損害之發生或擴大，被害人與有過失時，法院得免除賠償金額　【97海巡-法學知識與英文】	(A)
歌星甲因乙之故意妨礙，以致於無法登臺演唱，而喪失報酬，乙主張對甲之賠償應扣除甲往返之交通費及住宿費，此為：　(A)過失相抵　(B)損益相抵　(C)以新替舊　(D)損害酌減　【99四等身障特考一般行政-法學知識】	(B)

契約之確保

● 定金

　　為要物的從契約，指以確保契約之履行為目的，由當事人一方交付於他方之金錢或其他代替物。實務上，常見當事人購買物品，為了保留物品的購買權利，會先支付定金。以避免契約當事人間「口說無憑」，事後若翻臉不認帳，還要打官司實在很麻煩，所以透過定金的制度，讓給付定金的一方，為了避免定金的損失，願意完成契約關係，取得定金的一方，也可以取得最基本的保障。因此，民法第248條規定：「訂約當事人之一方，由他方受有定金時，推定其契約成立。」當事人若毀約，可歸責付受定金之一方，則可以要求加倍返還。

● 違約金

　　違約金屬於從契約，指為了確保契約履行為目的，當事人約定債務人於債務不履行時，應支付之金錢。(民§250 I)

　　違約金之類型可分為兩類：一為賠償性違約金，原則上，除非當事人間另有約定，違約金視為因不履行而生損害之賠償總額（民§250 II）；一為懲罰性違約金，是指當事人約定，當債務不履行之際，違約金之金額，主要是針對違約的行為，具有懲罰性之作用。

　　違約金的約定，有時候金額過高（過高酌減），或者是不符合比例原則（比例減低），則可能透過法院介入的機制，予以適度的減少。例如約定之違約金額過高者，法院得減至相當之數額（民§252）；如果契約只是一部分未履行，若給付約定的全部違約金，似乎又失之過苛，因此，債務已為一部履行者，法院得比照債權人因一部履行所受之利益，減少違約金。(民§251)

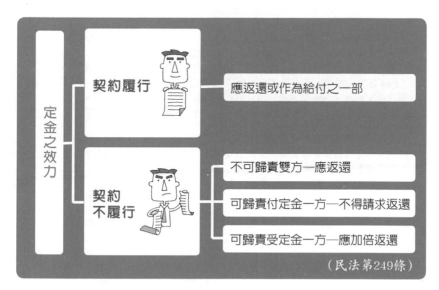

（民法第249條）

● 不安抗辯權

　　當事人之一方，應向他方先為給付者，如他方之財產，於訂約後顯形減少，有難為對待給付之虞時，如他方未為對待給付或提出擔保前，得拒絕自己之給付。(民§265)此一權利，稱之為不安抗辯權，以他方之財產於訂約後顯形減少，致有難為對待給付之虞為要件。(93台上291)

依民法規定，下列有關定金效力之敘述，何者錯誤？　(A)契約履行時，定金應返還或作為給付之一部　(B)契約因可歸責於付定金當事人之事由，致不能履行時，定金不得請求返還　(C)契約因可歸責於受定金當事人之事由，致不能履行時，該當事人不須返還定金　(D)契約因不可歸責於雙方當事人之事由，致不能履行時，定金應返還之　【103三等司特-法學知識與英文】	(C)
甲與乙訂立 A 畫買賣契約，價金 2 百萬元，乙先交付定金 20 萬元，該畫在交付前因不可歸責於雙方之事由焚燬。有關定金之效力甲乙間並無約定，下列敘述何者正確？　(A)甲不須返還定金　(B)甲應返還定金　(C)定金作為乙應支付價金之一部　(D)甲應加倍返還定金予乙　【103三等地特-法學知識與英文】	(B)
確保契約之履行為目的而交付之定金，於契約履行時，該定金應如何處理？(A)定金應返還當事人不得作為給付之一部　(B)定金應作為給付之一部，不得返還當事人　(C)定金返還或作為給付之一部　(D)契約因不可歸責於雙方當事人之事由，致履行不能時，定金不得請求返還　【97國安人員-法學知識與英文】	(C)

【解析】
(A)、(B)都不對，因為可以作為給付之一部，也可以返還當事人；(D)如果不可歸責於雙方當事人，定金應返還之。

甲出賣汽車零件一批予乙，買賣契約中約定「甲未能於今年 5 月 5 日如期交貨，應賠償乙 5 萬元之違約金。」甲無法如期交貨，致乙損失 15 萬元，乙得向甲請求賠償之範圍為：　(A)15 萬元之損害賠償　(B)15 萬元之損失與違約金 5 萬元　(C)違約金 5 萬元　(D)10 萬元　【103四等地特-法學知識與英文】	(C)

相關考題　　詐害債權

債權人對於詐害債權之撤銷訴權,自知有撤銷原因時起,最遲應於幾年內行使?　(A)1 年　(B)3 年　(C)5 年　(D)10 年 【103四等地特-法學知識與英文】	(A)

相關考題　　不安抗辯權

民法第 265 條規定:「當事人之一方,應向他方先為給付者,如他方之財產,於訂約後顯形減少,有難為對待給付之虞時,如他方未為對待給付或提出擔保前,得拒絕自己之給付。」此種權利稱為:　(A)不安抗辯權　(B)同時履行抗辯權　(C)過失相抵抗辯權　(D)先訴抗辯權 【103普考-法學知識與英文】	(A)

給付不能、給付遲延及不完全給付

● 給付不能之概念

給付不能，是指債之發生原因成立後，債務人不能依債之本旨而為給付之債務不履行類型。其具體類型如下：

一、自始不能

(一) 自始主觀不能：例如無權出賣他人之物。自始主觀不能的契約有效。債權人得向債務人要「履行利益」的損害賠償。

(二) 自始客觀不能：例如出賣一棟早就燒掉的房子。若加上原本出賣人就「明知或可得而知」其契約無法履行，出賣人要負「信賴利益」的損害賠償。

二、嗣後不能

(一) 嗣後主觀不能：如贈與物於贈與時，在贈與人所有並占有中，嗣後贈與人將該贈與物賣給他人，導致不能對受贈人為給付。

(二) 嗣後客觀不能：例如出賣之標的物於訂約時尚存在，交付前夕被火燒毀。

● 給付不能之效果

以不能之給付為契約標的者，其契約為無效。(民§246本文) 因不可歸責於債務人之事由，致給付不能者，債務人免給付義務。(民§225Ⅰ) 前述債務人免給付義務之情況，若係因可歸責於他方之事由，得請求對待給付。(民§267)

因不可歸責於雙方當事人之事由，致一方之給付全部不能者，他方免為對待給付之義務。(民§266Ⅰ) 因可歸責於債務人之事由，致給付不能者，債權人得請求賠償損害。給付一部不能者，若其他部分之履行，於債權人無利益時，債權人得拒絕該部之給付，請求全部不履行之損害賠償。(民§226) 此種情況，債權人還可以解除契約。(民§256)

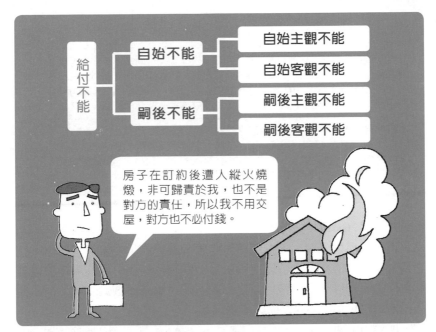

　　契約解除時，當事人雙方回復原狀之義務，除法律另有規定或契約另有訂定外，依左列之規定：(民§259)

　　一、由他方所受領之給付物，應返還之。

　　二、受領之給付為金錢者，應附加自受領時起之利息償還之。

　　三、受領之給付為勞務或為物之使用者，應照受領時之價額，以金錢償還之。

　　四、受領之給付物生有孳息者，應返還之。

　　五、就返還之物，已支出必要或有益之費用，得於他方受返還時所得利益之限度內，請求其返還。

　　六、應返還之物有毀損、滅失或因其他事由，致不能返還者，應償還其價額。

相關考題　　解除契約

以自始客觀不能之給付為契約標的者，契約效力如何？　(A)有效　(B)無效 (C)效力未定　(D)得撤銷　　　　　　　　　　　【96三等警特-法學知識與英文】	(B)

設甲向乙購買一輛機車已經簽約，約定第二天交車並交付價金，未料當天晚上機車被無名火波及致全毀。下列敘述何者正確？　(A)甲仍應支付價金給乙　(B)乙仍應交付機車給甲　(C)若甲已支付價金給乙時，不得請求返還　(D)甲乙皆可免交車及交付價金之義務　　　　　【97高考三級-法學知識與英文】	(D)
契約解除時，當事人雙方負回復原狀之義務。關於回復原狀之敘述，何者錯誤？　(A)應返還之物有毀損，致不能返還者，應償還其價額　(B)受領之給付物生有孳息者，應返還之　(C)受領之給付為金錢者，應附加自解除契約時之利息償還之　(D)由他方所受領之給付物，應返還之　　　　　【111普考-法學知識與英文】	(C)

● 債務人給付延遲

　　債務人給付延遲，係指該給付內容尚屬可能，並未存有給付不能之情形，而是債務人未依約定或法定時間履行債務。債務人給付遲延之要件，其要件有四，包括給付仍屬可能、債務已屆清償期，而債務人尚未給付、遲延係可歸責於債務人。

　　所謂清償期，給付有確定期限者，債務人自期限屆滿時起，負遲延責任。給付無確定期限者，債務人於債權人得請求給付時，經其催告而未為給付，自受催告時起，負遲延責任。其經債權人起訴而送達訴狀，或依督促程序送達支付命令，或為其他相類之行為者，與催告有同一之效力。催告定有期限者，債務人自期限屆滿時起負遲延責任。(民§229)

　　所謂遲延係以可歸責於債務人為要件，因不可歸責於債務人之事由，致未為給付者，債務人不負遲延責任。(民§230) 債務人遲延者，債權人得請求其賠償因遲延而生之損害。(民§231Ⅰ)債務人在遲延中，對於因不可抗力而生之損害，亦應負責。但債務人證明縱不遲延給付，而仍不免發生損害者，不在此限。(民§231Ⅱ)

● 債務人給付遲延之法律效果

　　給付遲延法律效果，包括遲延賠償、債務人責任加重 (不可抗力)、給付義務不消滅。若遲延後之給付，於債權人無利益者，債權人得拒絕其給付，並得請求賠償因不履行而生之損害。(民§232)

　　契約當事人之一方遲延給付者，他方當事人得定相當期限催告其履行，如於期限內不履行時，得解除其契約。(民§254) 依契約之性

【訂購豬腳事件】

　　曾有三十多人團購萬巒豬腳，並要求業者小年夜送達，結果除夕才到貨，其中甲男已請假返鄉。「為了豬腳，要不要多留一天」？一再思量，最後決定先返鄉，「年菜豬腳白訂了」。通常這種事件都有確定的給付期限者，自期限屆滿時起負遲延責任。訂購者也可以請求其賠償因遲延而生之損害，或者是除夕夜才送到，人都已經回鄉了，送到也沒有意義，就可以拒收，甚至於不符當初契約的目的，還可以解除契約。

質或當事人之意思表示，非於一定時期為給付不能達其契約之目的，而契約當事人之一方不按照時期給付者，他方當事人得不為前條之催告，解除其契約。(民§255)

● **不完全給付**

　　是指債務人雖為給付，但未依債之本旨而為給付，或債務人違反因債之關係所生的附隨義務。因可歸責於債務人之事由，致為不完全給付者，債權人得依關於給付遲延或給付不能之規定行使其權利。因不完全給付而生前項以外之損害者，債權人並得請求賠償。(民§227)

相關考題

因可歸責於債務人之事由，致為不完全給付，但其瑕疵可為補正者，債務人應依何規定負其責任？　(A)依給付不能負責　(B)依給付遲延負責　(C)依受領遲延負責　(D)依侵權行為負責　【98四等地方特考-法學知識與英文】	(B)
甲和乙在修剪花草契約中約定，由乙負責使丙為甲修剪花草。有關甲、乙、丙間之權利義務關係，下列敘述何者正確？　(A)甲乙間契約內容涉及第三人，違反契約相對性原則，其契約無效　(B)丙不為給付時，甲乙間之契約失其效力　(C)甲乙間契約有效成立，丙不為給付時，丙應對甲負賠償責任　(D)甲乙間契約有效成立，丙不為給付時，乙應對甲負賠償責任　【103四等司特-法學知識與英文】	(D)
A透過網路向B訂購飛機模型一盒（種類之債），並約定送至便利超商，貨到付款。但B卻逾期遲遲未發貨，終於在超出約定期限後發貨至便利超商。詎當夜因便利超商大火，飛機模型燒毀。下列敘述何者正確？　(A)因不可歸責B而致給付不能，故A須給付價金　(B)因貨品尚未特定，無給付不能之情況，故A無須給付價金　(C)因B須對不可抗力事件負責，故B須對A負賠償責任　(D) B須再給付一次飛機模型　【109普考-法學知識與英文】	(C)

債之消滅

● 債之消滅的種類

債之消滅，是指因為某種原因，而使債之關係歸於消滅。民法債篇總論中，提到清償、提存、抵銷、免除及混同五種情況。

一、清償

以欠錢為例，欠債還錢，還錢之後，債自然就消滅了。因此，民法第309條第1項規定：「依債務本旨，向債權人或其他有受領權人為清償，經其受領者，債之關係消滅。」債之清償，得由第三人為之。(民§311Ⅰ) 例如大陸富豪標哥幫臺灣貧窮人還錢。

二、提存

所謂提存，是指清償人為消滅債務，為債權人而將其給付物寄託於提存所。債權人受領遲延，或不能確知孰為債權人而難為給付者，清償人得將其給付物，為債權人提存之。(民§326) 宋楚瑜於民國88年參選總統時興票案纏身，為表清白，他委託律師提存2億4700餘萬元給當時國民黨主席李登輝。

提存，債之關係消滅。給付物危險移轉：提存後，給付物毀損、滅失之危險，由債權人負擔，債務人亦無須支付利息，或賠償其孳息未收取之損害。(民§328) 提存拍賣及出賣之費用，由債權人負擔。(民§333) 給付物不適於提存，或有毀損滅失之虞，或提存需費過鉅者，清償人得聲請清償地之法院拍賣，而提存其價金。(民§331) 債權人享有提存物受取權：債權人得隨時受取提存物，如債務人之清償，係對債權人之給付而為之者，在債權人未為對待給付或提出相當擔保前，得阻止其受取提存物。(民§329)

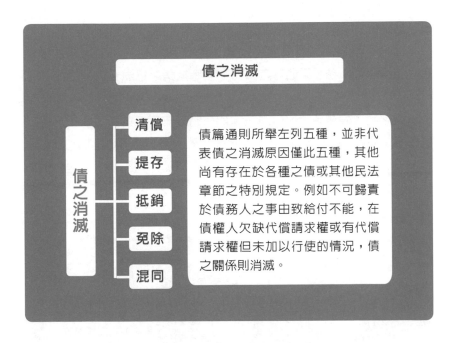

債之消滅

債之消滅	清償	債篇通則所舉左列五種，並非代表債之消滅原因僅此五種，其他尚有存在於各種之債或其他民法章節之特別規定。例如不可歸責於債務人之事由致給付不能，在債權人欠缺代償請求權或有代償請求權但未加以行使的情況，債之關係則消滅。
	提存	
	抵銷	
	免除	
	混同	

相關考題

下列何者非債之消滅原因？　(A)清償　(B)提存　(C)免除　(D)互易　【97消防不動產-民法概要】	(D)
甲欲清償對乙積欠之貨款，乙卻藉故受領遲延，甲應如何處置其給付之貨款以消滅該債務？　(A)拋棄該貨款　(B)提存該貨款　(C)逕自投入乙之住宅　(D)公示催告　【97初等人事經建政風-法學大意】	(B)
下列有關提存之敘述，何者錯誤？　(A)債權人受領遲延時，債務人可將給付物提存　(B)債務人不能確知孰為債權人而難為給付者，債務人可將給付物提存　(C)提存後債權人受領前，給付物毀損滅失之危險，仍應由債務人負擔　(D)提存拍賣及出賣之費用，應由債權人負擔　【97不動產經紀人-民法概要】	(C)

三、抵銷

抵銷，是指二人互負債務，而其給付種類相同，並均屆清償期者，各得以其債務，與他方之債務，互為抵銷之意思表示。(民§334)(如右頁上圖)

債之請求權雖經時效而消滅，如在時效未完成前，其債權已適於抵銷者，亦得為抵銷。(民§337) 所謂時效消滅，並不是指權利已經消滅，只是權利有所減損，前文時效消滅之章節已有論述。但是，適於抵銷的狀態，如果是在時效完成之後，債權人就不能主張抵銷。

四、免除

你不必還錢了！

你真是好人，一定有好報。

債權人向債務人表示免除其債務之意思者，債之關係消滅。(民§343)

五、混同

債權

債務

債權與其債務同歸一人時，債之關係消滅。但其債權為他人權利之標的或法律另有規定者，不在此限。(民§344)

【不得抵銷之債】

禁止扣押之債 → 債務人不得主張抵銷(民§338)

因故意侵權行為而負擔之債 → 債務人不得主張抵銷(民§339)

相關考題

依民法規定，下列有關抵銷之敘述，何者錯誤？　(A)禁止扣押之債，其債務人不得主張抵銷　(B)因故意侵權行為而負擔之債，其債權人不得主張抵銷　(C)清償地不同之債務，亦得為抵銷　(D)約定應向第三人為給付之債務人，不得以其債務，與他方當事人對於自己之債務為抵銷 　　　　　　　　　　　　　　　　　　　　　　　【103四等地特-法學知識與英文】	（B）
下列債之消滅原因中，何者不須任何意思表示？　(A)提存　(B)抵銷　(C)免除　(D)混同 　　　　　　　　　　　　　　　　【99鐵路四等員級-法學知識與英文】	（D）

連帶債務

● 連帶債務

　　數人負同一債務,明示對於債權人各負全部給付之責任者,為連帶債務。無明示時,連帶債務之成立,以法律有規定者為限。(民§272)「明示」是指債務人很明確地意思表示,向債權人表達願意與其他債務人就同一債務,負起連帶債務責任。其法律效力如右頁表。

● 我要誰給付,就是誰!

　　我要誰給付,就是誰!是指債權人得選擇要哪一位連帶債務人給付。

　　民法第273條的規定:「連帶債務之債權人,得對於債務人中之一人或數人或其全體,同時或先後請求全部或一部之給付。連帶債務未全部履行前,全體債務人仍負連帶責任。」

　　由這法條的規定來看,連帶債務對債權人來說,是絕對有利的。所以跟銀行借錢,銀行總會要求找一位保證人來連帶保證,用來保護自己的債權。

● 連帶債務之牽連關係

　　連帶債務人中的一人所生的事項,效力是否及於其他連帶債務人?

　　原則上,是沒有的。

　　參照民法第279條規定:「就連帶債務人中之一人所生之事項,除前五條規定或契約另有訂定者外,其利益或不利益,對他債務人不生效力。」

　　債務人所生之事項,效力及於他人者,是絕對效力事項,反之,不及於他人者,則為相對效力事項。

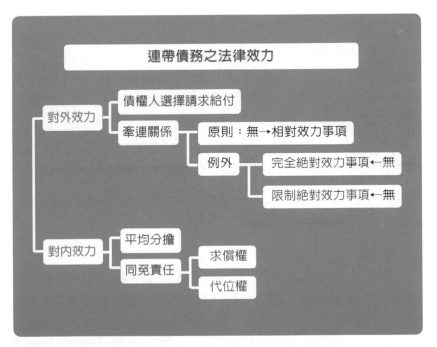

牽連關係	原則	相對效力事項：不及於其他連帶債務人	§279
	例外	完全絕對效力事項	一人使債務消滅者，其他債務人亦免其責任。	§274
			一人受確定判決，非基於該債務人之個人關係者，為他債務人之利益，亦生效力。	§275
			債權人對債務人之一人遲延，為他債務人之利益，亦生效力。	§278
		限制絕對效力事項	債權人向連帶債務人中之一人免除債務，而無消滅全部債務之意思表示者，除該債務人應分擔之部分外，他債務人仍不免其責任。	§276
			連帶債務人中之一人，對於債權人有債權者，他債務人以該債務人應分擔之部分為限，得主張抵銷。	§277

● 對內效力

一、債務平均分擔

內部效力原則上,連帶債務人應該平均分擔債務。但有三種例外:(一)法律規定、(二)契約訂定,以及(三)因債務人中之一人應單獨負責之事由所致之損害及支付之費用,由該債務人負擔。

二、求償權

連帶債務人中之一人,因清償、代物清償、提存、抵銷或混同,致他債務人同免責任者,得向他債務人請求償還各自分擔之部分,並自免責時起之利息。(民§281Ⅰ)

三、代位權

誰先幫忙償還債務,誰就是老大 (債權人),可以向其他人請求償還應負擔的連帶債務。(民§281Ⅱ) 但是,這位讓債務消滅的人,並不承受「連帶」二字,也就是不可以對其他債務人主張負連帶清償責任。另外,該債務人除了代位權之外,也可以主張求償權,二者擇一。

● 連帶債權

連帶債權是指數人依法律或法律行為,有同一債權,而各得向債務人為全部給付之請求者。(民§283) 連帶債權大多數發生的原因都是法律行為,例如甲、乙、丙共同借錢給丁,並與丁約定得由甲、乙、丙三人單獨請求借款債權之清償,或是甲、乙,以其同有之房屋一棟,共同租予丙,甲、乙均為租賃契約之出租人,於租期屆滿時,各得向丙請求租賃物之返還。又債權人之更替,原則上不損及債務人之權利、利益,縱有移轉之情形,應屬法律之所許,只是債務人得以是否有對他為通知,作為抗辯之事由。

相關考題

甲、乙、丙三人向債權人丁借了90萬元，並願共負連帶債務之責，其後甲已經償還30萬元給丁，試問丁應向何人要求剩餘款項之返還？　(A)乙　(B)丙　(C)乙、丙　(D)甲、乙、丙　【97公務初等一般行政-法學大意】	(D)
甲、乙、丙、丁經法院判決須對戊連帶負100萬元之損害賠償責任，但甲於賠償100萬元後，欲請求乙、丙、丁各自償還25萬元之分擔額時，乙已不能償還，就乙不能償還之部分，應由何人承擔？　(A)由甲自行承擔　(B)由甲與丙、丁按照比例分擔　(C)由戊與甲、丙、丁按照比例分擔　(D)由戊與丙、丁按照比例分擔　【97初等人事經建政風-法學大意】	(B)
甲、乙、丙共同將丁毆打成傷，丁花費醫療費用新臺幣15萬元，嗣後丁免除其對甲之債務，請問乙、丙應如何負責？　(A)乙、丙共同承擔15萬元責任　(B)乙、丙共同承擔10萬元責任　(C)乙、丙共同承擔5萬元責任　(D)乙、丙均同時免責　【97消防不動產-民法概要】	(B)
連帶債務人中一人，受確定判決敗訴，而其判決非基於該債務人之個人關係者，對於其他債務人之效力如何？　(A)同樣有效　(B)不生效力　(C)效力未定　(D)視判決內容而定　【98四等司法特考-法學知識與英文】	(B)

【解析】

依據民法第275條規定，確定判決為他債務人之利益始生效力。如果是敗訴判決，則屬於不利益，不生效力。

債權讓與及債務承擔

● **債權讓與**

債權人得將債權讓與於第三人。(民§294 I 本文)

一、債權讓與之方法

(一) 交付文件與告知相關事項：讓與人應將證明債權之文件，交付受讓人，並應告以關於主張該債權所必要之一切情形。(民§296)

(二) 債權讓與之通知：債權之讓與，非經讓與人或受讓人通知債務人，對於債務人不生效力。但法律另有規定者，不在此限。受讓人將讓與人所立之讓與字據提示於債務人者，與通知有同一之效力。(民§297)

二、債權移轉之效力

(一) 債權之擔保與從權利：債權讓與後，債權之擔保及其他從屬之權利，隨同移轉於受讓人。(民§295 I 本文)

(二) 債權之利息：如果利息還沒有付呢？推定隨同原本移轉於受讓人。(民§295 II)

(三) 債務人對抗事由：讓與人已將債權之讓與通知債務人者，縱未為讓與或讓與無效，債務人仍得以其對抗受讓人之事由，對抗讓與人。前項通知，非經受讓人之同意，不得撤銷。(民§298)

● **債務承擔**

一、債務承擔之方式

第三人與債務人訂立契約承擔其債務者，非經債權人承認，對於債權人不生效力。(民§301) 蓋因債務承擔，也要看承擔人有沒有資力或履行能力。如果是郭台銘欠錢，然後將債務移轉給遊民甲承擔，債

權人想必也不會答應。因此,法律規定,如果是債務人與第三人訂定債務移轉契約,必須要經過債權人承認,否則對於債權人不生效力。

　　如果債權人不承認他們之間的債務承擔契約,債務人或承擔人得撤銷其承擔之契約。(民§302Ⅱ) 但是,如果是第三人與債權人訂立契約承擔債務人之債務者,就沒有前述的擔憂事由存在,其債務於契約成立時,移轉於該第三人。(民§300)

二、債務承擔之效力

　　債務人因其法律關係所得對抗債權人之事由,承擔人亦得以之對抗債權人。但不得以屬於債務人之債權為抵銷。承擔人因其承擔債務之法律關係所得對抗債務人之事由,不得以之對抗債權人。(民§303) 從屬於債權之權利,不因債務之承擔而妨礙其存在。但與債務人有不可分離之關係者,不在此限。由第三人就債權所為之擔保,除該第三人對於債務之承擔已為承認外,因債務之承擔而消滅。(民§304)

相關考題 　**債權讓與**

甲對乙有新臺幣100萬元之債權,甲擅自將該債權讓與丙,乙不知悉,甲、丙間之債權讓與效力如何? (A)有效 (B)無效 (C)效力未定 (D)須通知乙始生效力 　【99地方特考三等-法學知識與英文】	(A)
甲對乙有貨款債權50萬元,甲將對乙之50萬元債權讓與於丙。關於甲和丙之債權讓與契約之敘述,下列何者正確? (A)因未經乙事前同意,故不生效力 (B)須經乙事後同意,方生效力 (C)不論乙是否同意,均為無效 (D)甲和丙合意時,即生效力,但非通知乙,對乙不生效 【103普考-法學知識與英文】	(D)
下列關於民法上債權讓與的敘述,何者錯誤? (A)屬於處分行為 (B)債權讓與,非經債務人同意,對於債務人不生效力 (C)當事人得為禁止債權讓與的約定 (D)已起訴的非財產上損害賠償請求權,得為讓與 　【110高考-法學知識與英文】	(B)

5-3

債篇各論

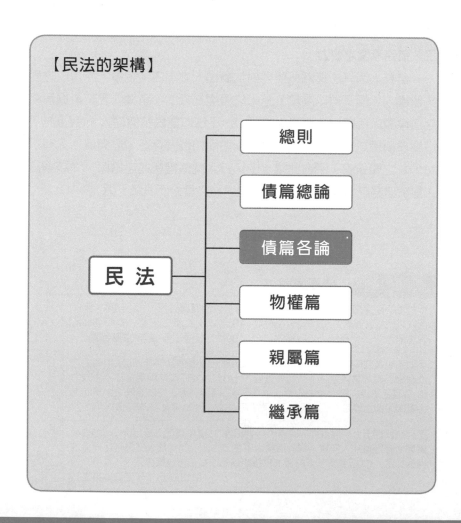

【民法的架構】

民　法
- 總則
- 債篇總論
- 債篇各論
- 物權篇
- 親屬篇
- 繼承篇

【債篇各論的架構】

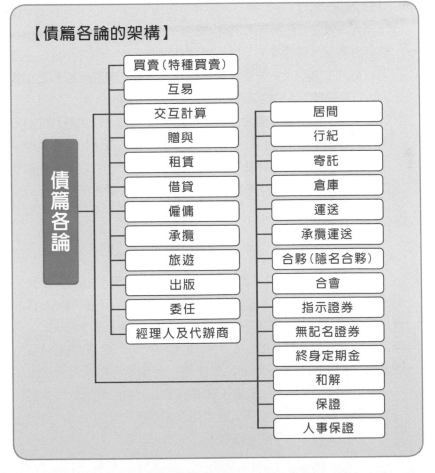

債篇各論

- 買賣（特種買賣）
- 互易
- 交互計算
- 贈與
- 租賃
- 借貸
- 僱傭
- 承攬
- 旅遊
- 出版
- 委任
- 經理人及代辦商

- 居間
- 行紀
- 寄託
- 倉庫
- 運送
- 承攬運送
- 合夥（隱名合夥）
- 合會
- 指示證券
- 無記名證券
- 終身定期金
- 和解
- 保證
- 人事保證

買賣

● 買賣之定義

買賣，指當事人約定一方（出賣人）移轉財產於他方（買受人），而他方支付價金之契約。(民§345Ⅰ) 當事人間就財產權標的及其價金互相同意時，買賣契約即告成立。(民§345Ⅱ)

● 出賣人之效力

出賣人之效力，包括下列內容：

一、移轉財產權：買賣契約，以移轉財產權為目的，物之出賣人，負有物交付於買受人，並使其取得該物所有權之義務；權利之出賣人，負有使買受人取得其權利之義務。(民§348)

二、瑕疵擔保：指出賣人應擔保買賣標的完整無缺，包括權利的瑕疵擔保及物的瑕疵擔保。什麼是物之瑕疵擔保責任？如果你買輛新車，結果引擎一直有雜音，業者就必須對此車的物之瑕疵負擔保責任。當事人可以主張解除契約、減少價金、損害賠償、另行交付等選項。

【瑕疵車可以求償嗎？】

以買到瑕疵車為例，如果這台車怎麼修都修不好，要求另外給付一台新車（另行交付），但是經銷商通常都不願意換一台新車，畢竟車子的成本太高了，不像是飲料、零嘴，換一包就好，所以一般都是擔保修到好。此外，可否解除契約(退車還錢)，或者是減少價金呢？解除契約比較困難，必須要符合「非顯失公平」之要件 (民§359)，若車子的瑕疵已經嚴重影響到當事人的安全或其他重大情況，當事人還是可以主張解除契約，以及減少價金，若有損害，亦可請求賠償。

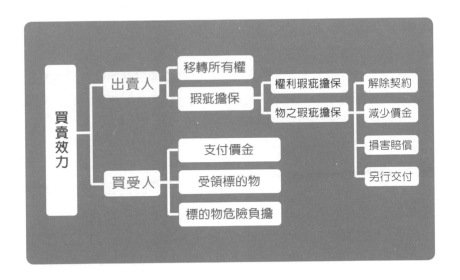

相關考題

甲到乙所經營之雜貨店購買A廠商製造之麵包，甲將購買的麵包拿給其妻丙吃，結果丙吃了上吐下瀉，經檢查發現該麵包製造過程不潔所致，下列敘述何者為錯誤？　(A)甲對乙可主張物之瑕疵擔保責任　(B)丙對A廠商可依消費者保護法第7條之規定，請求負商品製造者之責任　(C)丙對A廠商可依民法第191-1條侵權行為之規定，請求負商品製造者之責任　(D)丙對乙可主張物之瑕疵擔保責任　　　　　　　　　　【98高考三級-法學知識與英文】	(D)
下列何種契約，原則上債務人不負物之瑕疵擔保責任？　(A)買賣　(B)互易　(C)租賃　(D)使用借貸　　　　　【99鐵路高員三級人事行政-法學知識與英文】	(D)
關於承攬契約與買賣契約之比較，下列何者錯誤？　(A)均為有償契約　(B)均為繼續性契約　(C)均有物之瑕疵擔保責任之規定　(D)均為不要式契約　　　　　　　　　　　【99鐵路高員三級人事行政-法學知識與英文】	(B)
依民法規定，下列有關出賣人責任之敘述，何者錯誤？　(A)出賣人應擔保第三人就買賣之標的物，對於買受人不得主張任何權利　(B)買受人於契約成立時，知有權利之瑕疵者，出賣人不負擔保之責　(C)特定物買賣之出賣人，如買賣標的物有瑕疵，應即另行交付無瑕疵之物　(D)債權或其他權利之出賣人，應擔保其權利確係存在　　　　　　　　　【111高考-法學知識與英文】	(C)

贈與

● 贈與之概念

贈與,指當事人約定,一方以自己之財產無償給與他方,他方允受之契約。(民§406)贈與是一種無償給付,贈與人並未獲得利益,所以民法對於贈與人之責任要求較低。

● 較低責任

贈與人之給付義務,只要權利未移轉之前、並非經公證之贈與,或為履行道德上義務而為贈與者,得撤銷其贈與;(民§408)

經公證之贈與,或為履行道德上義務而為贈與者,受贈人得請求交付贈與物;其因可歸責於自己之事由致給付不能時,受贈人得請求賠償贈與物之價額。(民§409Ⅰ)前開情形,受贈人不得請求遲延利息或其他不履行之損害賠償。(民§409Ⅱ) 贈與人僅就其故意或重大過失,對於受贈人負給付不能之責任。(民§410)

● 贈與可以撤銷嗎?

贈與人之撤銷權,自贈與人知有撤銷原因之時起,1年內不行使而消滅。贈與人對於受贈人已為宥恕之表示者,亦同。(民§416Ⅱ)

右圖第三種情況,贈與人之繼承人,得撤銷其贈與。但其撤銷權自知有撤銷原因之時起,6個月間不行使而消滅。(民§417)

贈與人撤銷贈與後之效力,得依關於不當得利之規定,請求返還贈與物。(民§419Ⅱ) 贈與之撤銷,應向受贈人以意思表示為之。(民§419Ⅰ) 贈與之撤銷權,因受贈人之死亡而消滅。(民§420)

受贈人對於贈與人，有下列情事之一者，贈與人得撤銷其贈與：	
一	對於贈與人、其配偶、直系血親、三親等內旁系血親或二親等內姻親，有故意侵害之行為，依刑法有處罰之明文者。(民§416 Ⅰ ①)	
二	對於贈與人有扶養義務而不履行者。(民§416 Ⅰ ②)	誰來照顧我？
三	受贈人因故意不法之行為，致贈與人死亡或妨礙其為贈與之撤銷者。(民§417)	逆子敢殺我

相關考題

設甲贈與乙某一棟房子，乙亦允受之，在移轉登記前，因地震倒塌。下列敘述何者正確？　(A)乙運氣欠佳，只能望倒塌房子興嘆，別無它法　(B)乙可請求甲交付房子之價額　(C)乙不可請求甲交付房子亦不得請求房子之價金，但可請求贈與未履行之損害賠償　(D)乙可請求甲另行交付房子　【97三等關務警特-法學知識】	（A）
甲將其受贈之腳踏車，轉贈給乙作為生日禮物，乙立即騎出去兜風，因無法煞車而跌倒受傷，但甲贈與時不知該車無法煞車。下列敘述何者正確？　(A)乙得向甲主張權利瑕疵擔保責任　(B)乙得向甲請求不完全給付之損害賠償　(C)乙為無償取得，故不得請求甲負物之瑕疵擔保責任　(D)乙得向甲請求侵權行為之損害賠償　【104高考-法學知識與英文】	（C）

租賃

● 租賃之概念

　　租賃，是指當事人約定，一方以物租與他方使用收益，他方支付租金之契約。租金得以金錢或租賃物之孳息充之。(民§421) 不動產之租賃契約，其期限逾1年者，應以字據訂立之；未以字據訂立者，視為不定期限之租賃。(民§422)

● 買賣不破租賃

　　買賣不破租賃之原則，規定在民法第425條規定，出租人於租賃物交付後，承租人占有中，縱將其所有權讓與第三人，其租賃契約，對於受讓人仍繼續存在。原本租賃契約屬於債權契約，僅在契約當事人間發生效力，但本條規定讓租賃契約可以對於當事人以外之第三人發生對世效力，故又稱「租賃權之物權化」。本條曾修正過，其修正重點在於新增「承租人占有中」，讓第三人可以明確知悉承租人占有之情況，而不會受到不測之損害。

● 押租金

　　除了租賃契約外，出租者通常還會收「押租金」，實務上認為因擔保承租人之債務而接受押租金，則為另外一個契約，並不包括在民法第425條所稱之「租賃契約」中。(65台上156)

● 修繕費用之負擔

　　基本上，立法是從保護承租人的角度出發，所以修繕費用之負擔，原則上就由出租人負擔。但是，契約可以要求，或者是有習慣的情況，則例外由承租人負擔。(民§429Ⅰ)

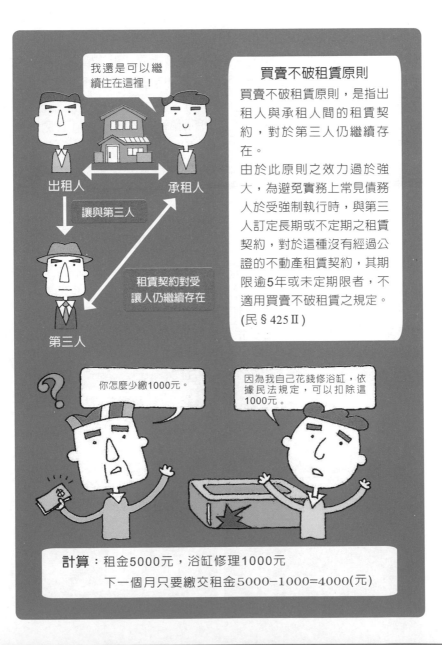

買賣不破租賃原則

買賣不破租賃原則，是指出租人與承租人間的租賃契約，對於第三人仍繼續存在。

由於此原則之效力過於強大，為避免實務上常見債務人於受強制執行時，與第三人訂定長期或不定期之租賃契約，對於這種沒有經過公證的不動產租賃契約，其期限逾5年或未定期限者，不適用買賣不破租賃之規定。(民§425Ⅱ)

我還是可以繼續住在這裡！

出租人　　承租人

讓與第三人

租賃契約對受讓人仍繼續存在

第三人

你怎麼少繳1000元。

因為我自己花錢修浴缸，依據民法規定，可以扣除這1000元。

計算：租金5000元，浴缸修理1000元
　　　下一個月只要繳交租金5000-1000=4000(元)

● 轉租

轉租，是指承租人並未脫離租賃關係，而將租賃物轉租予此承租人，成立租賃契約與轉租契約。另有一個概念是「租賃權之讓與」，並不是成立新的租賃關係，而是承租人退出租賃關係，而將租賃權讓與第三人。

承租人可不可以轉租給第三人，即所謂的「轉租」、「二房東」等概念。此可以分兩種情形：(民§443Ⅰ)

	租賃標的	原則	例外
一	房屋以外之租賃物	不得轉租	須經出租人之承諾
二	房屋	得將一部分轉租於他人	若有反對之約定，則不得轉租

從承租人的角度，如果想要當二房東，在簽契約的時候，一定要看看契約中有沒有限制轉租的規定；如果沒有，就可以當個二房東了。如果原房東是看對象才決定租房子，不喜歡租給不想租的人，通常都會限制轉租。此時，若承租人違反限制轉租的規定，將租賃物轉租於他人者，出租人得終止契約。(民§443Ⅱ)

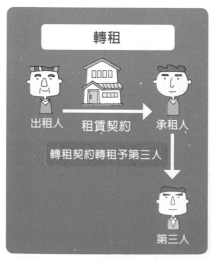

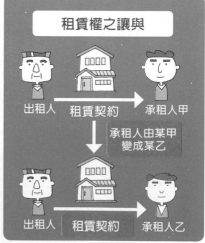

相關考題

下列有關租賃的敘述，何者錯誤？ (A)租賃物有修繕之必要時，應由出租人負擔 (B)租賃物之修繕得約定由承租人負擔 (C)若租金便宜有修繕之必要時，雖未約定，亦應由承租人負修繕之責 (D)未約定租賃物之修繕由何人負責，即使租金便宜亦應由出租人負擔 　　　　　　　　　　【97基層警察-法學緒論】	(C)
下列關於民法上「租賃契約」相關規定的敘述，何者正確？ (A)承租人未經出租人之承諾，原則上得將租賃物之一部分轉租他人 (B)房屋之租賃契約期限超過1年者，若未以書面字據訂立，其契約無效 (C)房屋漏水，經房客催告房東限期修繕，房東卻不為修繕時，房客得自行修繕，然後從租金中將費用扣除之 (D)房客與房東簽約租屋1年，但租期未屆滿之前房東便將房屋轉售他人，新的屋主有權要求房客在租約屆滿前搬遷 　　　　　　　　　　【98四等基層警察-法學緒論】	(C)
下列有關押租金之敘述，何者錯誤？ (A)押租金之金額得由當事人自由約定，因為民法未有規定 (B)押租金係從屬於租賃契約，不得單獨存在 (C)押租金必須現實交付，未交付者不生效力 (D)押租金必須以現金為之，不得為其他代替物 　　　　　　　　　　【97四等關務-法學知識】	(D)
甲將其結婚戒指，放在大華銀行的保管箱中，甲與大華銀行成立何種契約？ (A)委任契約 (B)倉庫契約 (C)租賃契約 (D)混藏寄託 　　　　　　　　　　【99三等第一次司法人員-法學知識與英文】	(C)

● **使用借貸**

　　稱使用借貸者，謂當事人一方以物交付他方，而約定他方於無償使用後返還其物之契約。(民§464)

● **消費借貸**

　　稱消費借貸者，謂當事人一方移轉金錢或其他代替物之所有權於他方，而約定他方以種類、品質、數量相同之物返還之契約。(民§474 I)

相關考題

依民法之規定，下列有關使用借貸契約之敘述，何者正確？ (A)使用借貸契約為要物契約，貸與須交付和移轉借用物之所有權予借用人 (B)貸與未定期限，又不能依借貸之目的而定期限者，貸與人得隨時請求返還借用物 (C)借用物為動物者，其飼養費由貸與人負擔 (D)貸與人故意或重大過失不告知借用物之瑕疵，致借用人受損害者，負賠償責任 　　　　　　　　　　【108高考-法學知識與英文】	(B)

關於使用借貸契約之敘述,下列何者錯誤? (A)使用借貸契約預約成立後,無論如何預約貸與人均不得撤銷該約定 (B)使用借貸為無償契約 (C)使用借貸為要物契約 (D)原則上借用人不得將借用物允許他人使用 【107高考-法學知識與英文】	(A)

【解析】

使用借貸預約成立後,預約貸與人得撤銷其約定。但預約借用人已請求履行預約而預約貸與人未即時撤銷者,不在此限。(民§465-1)

● 居間

　　稱居間者,謂當事人約定,一方為他方報告訂約之機會或為訂約之媒介,他方給付報酬之契約。(民§565)

　　居間人因媒介應得之報酬,除契約另有訂定或另有習慣外,由契約當事人雙方平均負擔。(民§570)

關於消費借貸契約之敘述,下列何者正確? (A)為物權契約 (B)為諾成契約 (C)為要式契約 (D)為物契約 【103普考-法學知識與英文】	(D)
關於居間契約之敘述,下列何者正確? (A)居間人所支出之費用,均得向當事人請求 (B)居間人因媒介所得之報酬,原則上由契約當事人平均負擔 (C)居間人得為當事人受領給付 (D)婚姻居間約定報酬者,居間契約無效 【103高考-法學知識與英文】	(B)

✱筆記✱

委任

● 委任之基本概念

委任者，謂當事人約定，一方委託他方處理事務，他方允為處理之契約。(民§528) 關於勞務給付之契約，不屬於法律所定其他契約之種類者，適用關於委任之規定。例如律師接受當事人的委任，因為與當事人間非屬僱傭關係，所以屬於委任關係。

● 注意義務與遵守指示之義務

若受任人沒有報酬，其注意義務為與處理自己事務為同一之注意；若有報酬，則應以善良管理人之注意為之。(民§535) 受任人處理委任事務，應依委任人之指示。受任人非有急迫之情事，並可推定委任人若知有此情事亦允許變更其指示者，不得變更委任人之指示。(民§536)

● 親自處理之義務

受任人應自己處理委任事務。但經委任人之同意或另有習慣或有不得已之事由者，得使第三人代為處理。(民§537) 受任人違反前條之規定，使第三人代為處理委任事務者，就該第三人之行為，與就自己之行為，負同一責任。受任人依前條之規定，使第三人代為處理委任事務者，僅就第三人之選任及其對於第三人所為之指示，負其責任。(民§538) 受任人使第三人代為處理委任事務者，委任人對於該第三人關於委任事務之履行，有直接請求權。(民§539)

委任之特別授權

受任人受概括委任者，得為委任人為一切行為。但為下列行為，須有特別之授權：（民§534）

不動產　出賣或設定負擔

不動產　租賃其期限逾2年

贈與

和解

起訴

提付仲裁

相關考題

甲委由乙律師替其打離婚訴訟，下列何者為錯誤　　(A)甲乙間之委任契約及代理權之授與均應以文字為之　　(B)因乙律師太忙遂擅自請丙律師代為處理，可毋庸徵求甲的同意　　(C)乙的報酬請求權，當事人間未約定時，原則上應於契約終止及為明確報告顛末後，方得請求　　(D)當事人任何一方，均得任意終止契約　　　　　　　　　　　　　　　【99三等地特-法學知識與英文】	（B）

【解析】

(A)為委任事務之處理，須為法律行為，而該法律行為依法應以文字為之者，其處理權之授與，亦應以文字為之。其授與代理權者，代理權之授與亦同。

承攬

● 承攬之概念

　　承攬者,謂當事人約定,一方為他方完成一定之工作,他方俟工作完成,給付報酬之契約。(民§490Ⅰ)演講算是承攬嗎?是的。承攬分成有形的結果與無形的結果,演講算是無形的結果。其他相關情況,舉例如下:

　　一、有形的結果:修鞋、土木建築、裝潢、清潔辦公大樓、包車
　　　　赴機場、修理汽車等。

　　二、無形的結果:演講、唱歌、導遊、看護、算命等。

● 承攬人之法定抵押權

　　承攬之工作為建築物或其他土地上之工作物,或為此等工作物之重大修繕者,承攬人得就承攬關係報酬額,對於其工作所附之定作人之不動產,請求定作人為抵押權之登記;或對於將來完成之定作人之不動產,請求預為抵押權之登記。(民§513Ⅰ)即使是在還沒有開始工作之前,也可以為法定抵押權之設定。(民§513Ⅱ)如果契約已經公證,承攬人可以單獨申請之。(民§513Ⅲ)

　　此種法定抵押權,在特定條件下優先於成立在先的抵押權。什麼特定條件呢?就是因為承攬之內容為重大修繕,當然對於工作物的價值會有顯著提升,如原本破舊瓦舍僅價值30萬元,修繕完畢之後價值提升到50萬元,在這個提升價值 (20萬元) 的限度內,承攬人所享有的抵押權,優先於成立在先的抵押權。(民§513Ⅳ)

● 定作人之終止契約權

　　工作未完成前,定作人得隨時終止契約。但應賠償承攬人因契約終止而生之損害。(民§511)承攬之工作,以承攬人個人之技能為契約之要素者,如承攬人死亡或非因其過失致不能完成其約定之工作時,其契約為終止。(民§512Ⅰ)

【太極石雕事件】

雕刻大師替某社區大樓建造太極石雕，結果才剛雕刻到一半，就突然撒手人寰，則承攬契約關係即告終止。雖然太極石雕雕刻到一半，但是社區成員認為這是遺作，對於該社區相當有價值。則依據民法之規定，工作已完成之部分，於定作人為有用者，定作人有受領及給付相當報酬之義務。(民§512Ⅱ)

相關考題

依民法規定，有關承攬之危險負擔，下列敘述何者錯誤？　(A)一旦定作人受領工作，工作毀損、滅失之危險，即由定作人負擔　(B)一旦承攬人完成工作，工作毀損、滅失之危險，即由定作人負擔　(C)定作人受領遲延，工作毀損、滅失之危險，由定作人負擔　(D)定作人供給之材料，因不可抗力而毀損滅失者，由定作人負擔　【108普考-法學知識與英文】	(B)
關於承攬人之法定抵押權，下列敘述何者錯誤？　(A)限承攬之工作物為建築物或其他土地上之工作物，或為此等工作物之修繕　(B)因為此抵押權在於保障承攬人之報酬請求權，所以限於工作完成時方可請求為抵押權之登記　(C)法定抵押權之登記，如承攬契約已經公證者，承攬人得單獨申請　(D)就重大修繕所登記之抵押權，於工作物所增加之價值限度內，優先於成立在先之抵押權　【99三等第一次司法人員-法學知識與英文】	(B)
甲因故意或過失不法侵害他人之權利，於下列何種情形，乙與甲依法無須連帶負損害賠償責任？　(A)甲為承攬人，乙為定作人，甲執行承攬事項，乙於定作及指示均無過失　(B)甲為受僱人，乙為僱用人，甲執行職務，乙於選任有過失　(C)甲為有識別能力之無行為能力人，乙為其法定代理人　(D)甲為乙法人之董事，甲執行職務加損害於他人　【104高考-法學知識與英文】	(A)
關於承攬之瑕疵擔保，下列敘述何者錯誤？　(A)承攬工作物有瑕疵時，承攬人絕對不能拒絕修補　(B)修補費過鉅時，承攬人得拒絕修補　(C)定作人定期限要求承攬人修補，而承攬人不於期限內修補，且修補費用並非過鉅時，定作人得自行修補　(D)工作之瑕疵，如係因定作人指示不當而引起時，原則上定作人無瑕疵擔保請求權　【104普考-法學知識與英文】	(A)
下列何種勞務契約，較不注重當事人間之專屬性，可隨意由他人代替服勞務？　(A)承攬契約　(B)委任契約　(C)僱傭契約　(D)寄託契約　【99四等身障特考一般行政-法學知識】	(A)

【解析】
(B) 受任人應自己處理委任事務。(民§537本文)
(C) 僱用人非經受僱人同意，不得將其勞務請求權讓與第三人，受僱人非經僱用人同意，不得使第三人代服勞務。(民§484Ⅰ)
(D) 受寄人應自己保管寄託物。(民§592本文)

寄託

● 寄託之概念

寄託者，當事人一方 (寄託人) 以物交付他方 (受寄人)，他方允為保管之契約。(民§589 I) 因其以交付為契約成立要件，性質上為要物契約之典型。

● 受寄人之注意義務

受寄人保管寄託物，應與處理自己事務為同一之注意，其受有報酬者，應以善良管理人之注意為之。(民§590) 一般大賣場的寄物櫃，投幣後，始可將物品寄放在櫃中，等到購物完畢後，又可將錢幣退出，此種不屬於受有報酬。

● 法定寄託──場所主人責任

旅店 (或其他供客人住宿為目的之場所主人)、飲食店、浴堂 (或其他相類場所之主人)，對於客人所攜帶物品之毀損、喪失，應負責任。但因不可抗力或因物之性質或因客人自己或其伴侶、隨從或來賓之故意或過失所致者，不在此限。(民§606、607) 上述責任，當事人間並無約定寄託關係，對其毀損、喪失亦應負責，是為法定寄託，且須負無過失 (事變) 責任，責任標準提高。健身房呢？似乎非在前述場合之內。

貴重物品之部分：

客人之金錢、有價證券、珠寶或其他貴重物品，非經報明其物之性質及數量交付保管者，主人不負 (事變) 責任。主人無正當理由拒絕為客人保管前項物品者，對於其毀損、喪失，應負責任。其物品因主人或其使用人之故意或過失而致毀損、喪失者，亦同。(民§608) 以揭示限制或免除前述場所主人之責任者，其揭示無效。(民§609)

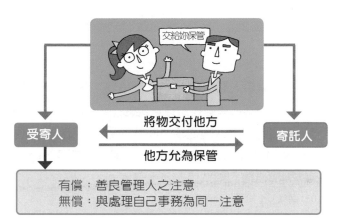

● **場所主人之留置權**

　　某位情侶假冒是某縣市首長的機要，謊稱縣市首長將於下週入住某旅店，希望該旅店能打折試住，旅店同意讓他們打六折入住，結果結帳時不願付錢，才發現這是一場騙局，遂將寄放之行李留置，聲明沒有付清費用前，拒絕將行李返還。此規定在民法第612條第1項規定：「主人就住宿、飲食、沐浴或其他服務及墊款所生之債權，於未受清償前，對於客人所攜帶之行李及其他物品，有留置權。」

相關考題

關於一般寄託契約之敘述，下列何者錯誤？　(A)一定是有償契約　(B)性質上為要物契約　(C)一般寄託契約具有專屬性　(D)一般寄託物之所有權未移轉給受寄人　　　　　　　【99鐵路四等員級-法學知識與英文】	(A)
甲到A渡假中心住宿渡假，結果甲的鑽錶不翼而飛，則下列敘述何者正確？(A)A渡假中心與甲無任何契約存在，所以甲不得向A渡假中心請求負場所主人責任　(B)場所主人之責任為法定責任，即使甲未交付該鑽錶給A渡假中心，A渡假中心仍要負責　(C)鑽錶為貴重物品，非經報明價值及數量並交付保管者，A渡假中心不負場所主人責任　(D)A渡假中心本身不屬民法所規定之場所主人責任之對象　　　　　【99高考三級-法學知識與英文】	(C)
下列何種人具有法定留置權？　(A)出賣人　(B)承攬人　(C)動產出租人　(D)飯店等場所主人　　　　　　　　【99四等身障特考一般行政-法學知識】	(D)

保證

● 保證之概念

　　稱保證者，謂當事人間約定，一方 (保證人) 於他方 (債權人) 之債務人不履行債務，由其代負履行責任之契約 (民§739)。因此，**契約當事人是保證人與債權人**。保證債務，除契約另有訂定外，包含主債務之利息、違約金、損害賠償及其他從屬於主債務之負擔。(民§740) 保證契約因保證人與債權人間意思表示合致而成立，屬諾成、不要式契約，履行契約過程僅保證人對債權人負給付義務。

● 保證屬於從契約

　　保證契約係附隨於主債務契約而發生，以主債務之存在為前提，不能獨立存在，是為從契約。保證人於主債務人不履行時，始負代償之責任，乃為補充性之契約。

● 先訴抗辯權

　　保證人於債權人未就主債務人之財產強制執行而無效果前，對於債權人得拒絕清償 (民§745) 故保證人僅於債權人就主債務人之財產強制執行而無效果後，方須負起代主債務人清償債務之責任。惟於保證人於契約中明示負連帶保證之責 (民§272、273) 或放棄先訴抗辯權者 (民§746①)，則保證人可能同時或先被債權人請求清償債務。亦失去效力。

● 先訴抗辯權喪失之情況

　　保證人拋棄先訴抗辯權之權利、主債務人受破產宣告，或主債務人之財產不足清償其債務，保證人不得主張先訴抗辯權。(民§746) 刪除原條文第2款「保證契約成立後，主債務人之住所、營業所或居所有變更，致向其請求清償發生困難者」之規定。

● 董監事卸任與保證義務之免除

　　因擔任法人董事、監察人或其他有代表權之人而為該法人擔任保證人者，僅就任職期間法人所生之債務負保證責任。(民§753-1) 本條明訂法人擔任保證人之董事、監察人或其他有代表權之人，如已卸任，則其保證人之身分與義務自應隨之終止。

相關考題

甲向乙借款100萬元，丙為甲之連帶保證人，屆期甲不履行債務，乙之下列求償，何者正確？　(A)乙應先向甲請求清償，對甲之財產強制執行而無效時，再向丙請求　(B)須先對甲起訴請求履行債務後，乙始得直接向丙請求　(C)丙非債務人，乙不得向其請求　(D)乙得直接向丙請求清償，丙不得拒絕　　　　　　　　　　　　　　　　　【96四等關務-法學知識】	(D)
關於保證契約，下列敘述何者為錯誤？　(A)保證契約應以書面為之　(B)保證人之負擔不能較主債務為重　(C)主債務消滅，保證債務亦隨之消滅　(D)保證人之先訴抗辯權可以拋棄　　　　　【99四等基警行政警察-法學緒論】	(A)
甲向乙借錢，丙擔任甲之保證人，下列關於其「保證契約」的敘述，何者錯誤？　(A)保證契約存在於甲、丙兩人之間　(B)甲向乙還清債務時，丙的保證債務也隨之消滅　(C)清償期限屆滿時，乙必須先向甲請求還款，若是乙直接向丙請求還款，丙原則上得予拒絕　(D)若是丙、丁共同為甲之保證人，則丙、丁兩人負連帶之保證責任　　　　　　【98高考三級-法學知識與英文】	(A)

人事保證

● 人事保證之概念

　　當事人約定，一方於他方之受僱人將來因職務上之行為而應對他方為損害賠償時，由其代負賠償責任之契約。人事保證之契約，應以書面為之。(民§756-1)

● 保證責任之前提要件與限制

　　人事保證之保證人，其保證責任之前提要件，以僱用人不能依他項方法受賠償者為限，負其責任。賠償金額之限制，除法律另有規定或契約另有訂定外，以受僱人當年可得報酬之總額為限。(民§756-2)

● 人事保證之期間

　　人事保證約定之期間，不得逾3年。逾3年者，縮短為3年。期間可以更新。未定期間者，自成立之日起有效期間為3年。(民§756-3)

● 保證人之終止契約權

　　人事保證未定期間者，保證人得隨時終止契約。終止契約，應於3個月前通知僱用人。但當事人約定較短之期間者，從其約定。(民§756-4)

● 人事保證關係之消滅

　　人事保證關係因下列事由而消滅：包括一、保證之期間屆滿。二、保證人死亡、破產或喪失行為能力。三、受僱人死亡、破產或喪失行為能力。四、受僱人之僱傭關係消滅。(民§756-7)

人事保證之保險機制

為避免應負責任之員工無法償付賠償金額，透過保險的機制，讓本來是員工要負責的賠償責任，由保險公司代為賠償。

保險公司

員工背信，偷偷賤價將公司資產賣給第三人，造成公司之損害。

相關考題

下列有關人事保證之敘述，何者正確？　(A)人事保證得以書面或口頭為之 (B)人事保證未定期間者，自成立之日起有效期間為4年　(C)人事保證未定期間者，保證人得隨時終止契約　(D)人事保證未定期間者，保證人不得隨時終止契約　　　　　　　　　　　　　　　　　　　　　　　　　【98四等基層警察-法學緒論】	（C）

物權篇

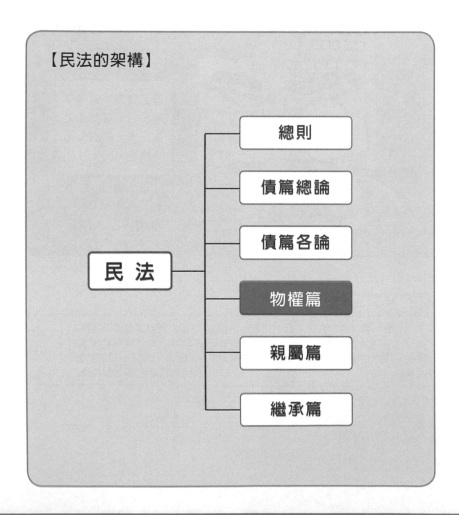

【民法的架構】

民法
- 總則
- 債篇總論
- 債篇各論
- 物權篇
- 親屬篇
- 繼承篇

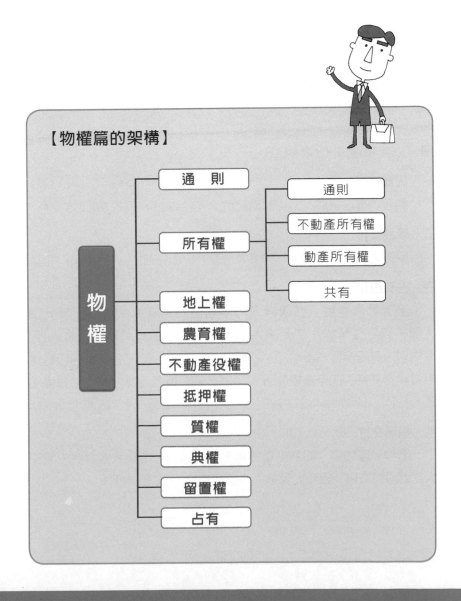

【物權篇的架構】

動產及不動產物權變動

● 動產物權讓與之要件

動產物權讓與之要件,必須具備讓與合意與交付兩要件。所謂讓與合意,是指以雙方當事人合意,以動產物權之讓與為物權行為內容。而所謂交付,則有四種型態,包括現實交付、簡易交付、占有改定,以及指示交付。

● 動產物權交付之類型

一、現實交付

動產物權之讓與,非將動產交付,不生效力。(民§761 I 本文)

二、簡易交付

受讓人已占有動產者,於讓與合意時,即生效力。(民§761 I 但)

三、占有改定

讓與動產物權,而讓與人仍繼續占有動產者,讓與人與受讓人間,得訂立契約,使受讓人因此取得間接占有,以代交付。(民§761 II)例如甲賣汽車給乙,乙暫時用不到車,甲於是與乙另行約定租賃契約關係,由甲繼續開著車子上下班,實際上並沒有交付車輛給乙。

四、指示交付

讓與動產物權,如其動產由第三人占有時,讓與人得以對於第三人之返還請求權,讓與於受讓人,以代交付。(民§761 III)

● **不動產之登記與書面**

　　民法第758條規定：「不動產物權，依法律行為而取得、設定、喪失、及變更者，非經登記，不生效力。前項行為，應以書面為之。」本條之重點包括：

　　(一)該法律行為是指物權行為。

　　(二)登記為生效要件，至於不動產是否交付，並無關係。

　　(三)書面，採取物權行為書面說。

● **不動產物權特定原因之取得與處分**

　　原舊法第759條規定，限於繼承、強制執行、公用徵收或法院之判決四種，於登記前已取得不動產物權者，非經登記，不得處分其物權。新修正條文：「因繼承、強制執行、徵收、法院之判決或其他非因法律行為，於登記前已取得不動產物權者，應經登記，始得處分其物權。」增加「其他非因法律行為」，例如典權人因除斥期間之屆滿而取得典物所有權(民§923Ⅰ)。

● **不動產物權登記之推定效力**

　　不動產物權經登記者，推定登記權利人適法有此權利。因信賴不動產登記之善意第三人，已依法律行為為物權變動之登記者，其變動之效力，不因原登記物權之不實而受影響。(民§759-1) 上述規定之要點包括：

　　(一)登記與占有同為公示方法之一。參酌占有之民法第943條有關推定效力規定：「占有人於占有物上行使之權利，推定其適法有此權利。」特制定民法第759-1條規定。

　　(二)本條之推定力，應依法定程序塗銷登記，始得推翻。

相關考題

下列何種情形取得不動產物權須登記，否則不生效力？　(A)因繼承而取得 (B)因強制執行而取得　　(C)因法律行為而取得　　(D)因公用徵收而取得 【97海巡-法學知識與英文】	(C)

【解析】

公用徵收已經於98年修法時，修正為徵收。

有關依法律行為而生之不動產物權變動之敘述，下列何者錯誤？　(A)行為人須有處分權　(B)法律行為應以書面為之　(C)公示程序為登記　(D)不以意思表示合致為必要　　　　　　　　　　　　【99四等關務-法學知識】	(D)
甲乙共有A屋，因地政機關作業疏失，登記在丙名下，後來A屋被丁無權占用。在未依法塗銷登記前，誰可對丁請求返還A屋？　(A)甲　(B)乙　(C)甲乙 (D)丙　　　　　　　　　　　　　　　　　　　【97四等關務-法學知識】	(D)
甲出租其汽車予乙使用，租期屆滿後，甲出售該車於丙，甲、丙合意讓與所有權後，甲並讓與其對乙之返還請求權於丙。下列敘述，何者正確？　(A)乙交付汽車於丙時，丙才取得汽車所有權　　(B)甲讓與其對乙之返還請求權於丙，謂之「簡易交付」　(C)甲讓與其對乙之返還請求權於丙時，丙即取得汽車所有權　(D)丙須至監理站辦理過戶，才能取得汽車所有權 【103三等地特-法學知識與英文】	(C)
下列何者違反物權法定主義？　(A)甲設定不移轉質物占有的質權於乙　(B)甲設定不移轉抵押物占有的抵押權於乙　(C)甲為擔保將來發生的債權，設定最高限額抵押權於乙　(D)甲在自己土地上方空間，設定地上權於乙 【104普考-法學知識與英文】	(A)

擔保物權與用益物權

● 各種物權之屬性

所有權	/
用益物權	地上權、農育權、不動產役權、典權
擔保物權	抵押權、質權、留置權
占有	/

● 物權法定主義之修正

　　債之關係，依據契約自由原則，本得依自由意識加以創設，原則上不受到任何的限制。但是在物權上，過去我國均採物權法定主義，原規定之「本法」是指民法典，「其他法律」則是指經立法院通過、總統公布之法律，也不包括習慣。由於使用「不得創設」之法律效果文字，導致違反時，依據民法第71條規定，其法律行為無效。但是，該法業已無法解決社會上之實際需求，為緩和物權法定主義之僵硬，新法增訂「習慣」作為物權創設之類型之一。

條號	原條文	修正條文
757	物權，除本法或其他法律有規定外，不得創設。	物權除依法律或習慣外，不得創設。

相關考題

下列何者非擔保物權？　(A)最高限額抵押權　(B)權利質權　(C)地役權　(D)留置權　　　　　　　　　　　　　　　　　　　　　　　　　　　　　　【99三等關務-法學知識】　(C)

【解析】
地役權，已經改為不動產役權，仍非擔保物權。

● **非因物權行為之物權變動**

一、所有權與定限物權混同

　　混同，同一物之所有權及其他物權，歸屬於一人者，其他物權因混同而消滅。(民§762本文) 例如甲將其汽車設定動產抵押於乙，乙事後取得該車之所有權，動產抵押權因而消滅。但其他物權之存續，於所有人或第三人有法律上之利益者，不在此限。(民§762但)

二、定限物權與以該定限物權為標的物之權利混同

　　例如甲將在乙汽車上之動產抵押權，連同本債權，設定權利質權給丙，後來甲將相關權利均贈與丙，丙取得該動產抵押權，則權利質權消滅。此規定在民法第763條：「所有權以外之物權，及以該物權為標的物之權利，歸屬於一人者，其權利因混同而消滅。」其也準用民法第762條但書之規定，但其他物權之存續，於所有人或第三人有法律上之利益者，不在此限。

相關考題

甲將其對A地的地上權設定抵押權給乙後，乙又繼承取得甲的地上權。下列敘述何者正確？　(A)甲乙權利抵押的設定無效　(B)乙一直未取得抵押權　(C)抵押權消滅　(D)地上權消滅　　　　【97基層警察-法學緒論】	(C)
甲將A地設定地上權給乙後，甲再購買該地取得土地所有權。針對本題，下列何項敘述正確？　(A)甲乙土地買賣契約無效　(B)甲乙土地所有權移轉無效　(C)乙的地上權消滅　(D)甲乙地上權設定無效　　　　【96四等關務-法學知識】	(C)
下列各組物權同歸一人所有時，何者可發生物權之混同？　(A)同一土地上之所有權與地上權　(B)同一土地上之地役權與典權　(C)同一土地上之地上權與以該土地為標的物之抵押權　(D)同一土地上之典權與以該土地為標的物之抵押權　　　　【98高考三級-法學知識與英文】	(A)

【解析】
地役權，已經改為不動產役權。

越界之相鄰關係

● 越界建築

　　土地所有人建築房屋非因故意或重大過失逾越地界者，鄰地所有人如知其越界而不即提出異議，不得請求移去或變更其房屋。但土地所有人對於鄰地因此所受之損害，應支付償金。前項情形，鄰地所有人得請求土地所有人，以相當之價額購買越界部分之土地及因此形成之畸零地，其價額由當事人協議定之；不能協議者，得請求法院以判決定之。(民§796)

　　越界建築，衍生出「鄰地所有人之忍受義務」，為土地所有人所建房屋之整體，有一部分逾越疆界，若予拆除，勢將損及全部建築物之經濟價值而設。倘土地所有人所建房屋整體之外，越界加建房屋，則鄰地所有人請求拆除，原無礙於所建房屋之整體，即無該條規定之適用。(67台上800)

● 建築物之範圍

　　越界建築，其建築物必為房屋，苟屬非房屋構成部分之牆垣、豬欄、狗舍或屋外之簡陋廚廁，尚不能謂有該條之適用。(59台上1799)針對「牆垣」的部分，實務上認為非房屋構成部分，如有越界建築，不論鄰地所有人是否知情而不即提出異議，並沒有民法第796條之適用。(62台上1112)

　　至於如果是房屋全部建築於他人之土地時，是否仍有是用呢？實務上認為「民法第796條所謂土地所有人建築房屋逾越疆界，係指土地所有人在其自己土地建築房屋，僅其一部分逾越疆界者而言。若其房屋之全部建築於他人之土地，則無同條之適用。」

● **越界建築**

本應蓋在A地上方之建築，卻過失越界蓋在B地上方。

A 地

B 地

越界建築之要件

「非因故意或重大過失」+「知其越界不即提出異議」

越界建築之效果

一、不得請求移去或變更其房屋
二、支付償金(土地所有人)
三、相當價額購買越界部分之土地及因此形成之畸零地

相關考題

甲乙之地相鄰，甲在其土地上建築房屋，因疏忽逾越乙的土地，乙知悉後並無反對意見。針對本題，下列敘述何者正確？　(A)乙可請求甲拆屋還地 (B)乙依相鄰關係有容忍之義務　(C)乙得請求甲購買房屋越界之土地　(D)乙縱有損害，對甲亦無損害賠償請求權

（C）

【97高考三級-法學知識與英文】

● 建築物區分所有

　　稱區分所有建築物者，謂數人區分一建築物而各專有其一部，就專有部分有單獨所有權，並就該建築物及其附屬物之共同部分共有之建築物。(民§799 I)

● 專有部分與共有部分之概念

　　專有部分，指區分所有建築物在構造上及使用上可獨立，且得單獨為所有權之標的者。例如大廈各自住戶之內部。

　　共有部分，指區分所有建築物專有部分以外之其他部分及不屬於專有部分之附屬物。例如大廈之中庭、公共遊憩設施。(民§799 II)

相關考題

有關建築物區分所有之敘述，下列何者錯誤？　(A)共有部分除法律另有規定外，得經規約之約定供區分所有建築物之特定所有人使用　(B)專有部分依規約之約定得供區分所有建築物之所有人共同使用　(C)專有部分與其所屬之共有部分及其基地之權利，不得分離而為移轉　(D)共有部分之修繕費，由各所有人按其應有部分分擔之　　　　　　　　【103四等地特-法學知識與英文】	(B)

● 袋地通行權

　　土地因與公路無適宜之聯絡，致不能為通常使用時，除因土地所有人之任意行為所生者外，土地所有人得通行周圍地以至公路。(民§787 I)

相關考題

有關袋地通行權之敘述，下列何者錯誤？　(A)袋地是因其所有人之任意行為所致者，土地所有人無通行鄰地之權利　(B)有通行權之土地所有人，應擇其周圍地損害最少之處所及方法為之　(C)有通行權之土地所有人，對於通行地因此所受之損害，應支付償金　(D)有通行權之土地所有人不得開設道路　　　　　　　　【107高考-法學知識與英文】	(D)

● **共有物**

各共有人，得自由處分其應有部分。(民§819Ⅰ)

共有物之處分、變更、及設定負擔，應得共有人全體之同意。(民§819Ⅱ)

共有物之管理，除契約另有約定外，應以共有人過半數及其應有部分合計過半數之同意行之。但其應有部分合計逾三分之二者，其人數不予計算。(民§820Ⅰ)

相關考題

共有物之處分、變更、及設定負擔，應得共有人全體之同意。下列何者無須得共有人全體之同意？　(A)共有物所有權之全部拋棄　(B)以共有之全部不動產設定抵押權　(C)將共有物由建地變為農地　(D)共有動產之應有部分移轉【111普考-法學知識與英文】	(D)

遺失物拾得

● 遺失物

　　遺失物的拾得，是指發現他人之遺失物而加以占有之法律事實。遺失物的規定，於物權修正時，有大幅度的變動。目前改採雙軌制，拾得人可以選擇通知遺失人等，此稱之為「拾得人之通知義務」。或者是拾得人也可以直接報告、交存警察機關或自治機關，以避免拾得人過重之義務。(民§803Ⅰ)

　　舊法還要求拾得人的「招領揭示義務」，但對於拾得人恐科以過重之義務，所以修法後改要求受報告人，應從速於遺失物拾得地或其他適當處所，以公告、廣播或其他適當方法招領之，更富有彈性。(民§803Ⅱ)

● 認領之期限、費用及報酬請求

　　認領之期限，遺失物自通知或最後招領之日起6個月內，有受領權之人認領時，拾得人、招領人、警察或自治機關，於通知、招領及保管之費用受償後，應將其物返還之。(民§805Ⅰ)

　　有受領權之人認領遺失物時，拾得人得請求報酬。但不得超過其物財產上價值十分之一；其不具有財產上價值者，拾得人亦得請求相當之報酬。有受領權人依第2項規定給付報酬顯失公平者，得請求法院減少或免除其報酬。前項報酬請求權，因6個月間不行使而消滅。(民§805Ⅱ、Ⅲ、Ⅳ)

● 留置權

　　第一項費用之支出者或得請求報酬之拾得人，在其費用或報酬未受清償前，就該遺失物有留置權；其權利人有數人時，遺失物占有人視為為全體權利人占有。(民§805Ⅴ)

● 不得請求報酬之情形

有下列情形之一者，不得請求前 (805) 條第二項之報酬：

一、在公眾得出入之場所或供公眾往來之交通設備內，由其管理人或受僱人拾得遺失物。(民§805-1①)

二、拾得人未於7日內通知、報告或交存拾得物，或經查詢仍隱匿其拾得之事實。(民§805-1②)

三、有受領權之人為特殊境遇家庭、低收入戶、中低收入戶、依法接受急難救助、災害救助或有其他急迫情事者。

● 我要三成酬金

世風日下、人心不古。法律，本來應該是人性的最後一道防線，但是許多人誤以為這是權利的出發點。拾荒婦撿到百萬，但一毛不取；法律生撿到2萬，卻伸手要6,000元。還有人撿到手機，已經破爛不堪，卻還是要求市價三成，不給錢就行使留置權，實在是人性的悲哀！(現已修法為一成，並有減少免除報酬、不得請求之規定)

相關考題

在路上撿到他人遺失的物品，依法應如何處理？　(A)在原處等一陣子，無人回來找，就取得所有權　(B)送警察機關招領，逾期沒人認領，由拾得人取得所有權　(C)拾得馬上取得所有權，因此若還給遺失人就是拾金不昧，應加以表揚　(D)要送警察機關招領，若逾期無人認領，就由政府取得所有權　【96三等警特、三等退除役轉任-法學知識與英文】	(B)
對於遺失物拾得之敘述，下列何者錯誤？　(A)拾得人應盡通知及交付之義務　(B)拾得人取得遺失物之所有權　(C)拾得人享有費用償還請求權　(D)拾得人享有報酬請求權　【99四等基警行政警察-法學緒論】	(B)
關於動產之敘述，下列何者錯誤？　(A)甲以所有之意思，占有被遺棄之流浪狗，甲取得該狗之所有權　(B)電影院管理員在電影院內拾得遺失物者，對遺失人不得請求報酬　(C)甲在乙所有之土地上挖掘發見龍銀一批，該批龍銀由甲、乙二人共有各一半　(D)加工於他人之動產者，其加工物之所有權，原則上屬於加工人　【109高考-法學知識與英文】	(D)

地上權

● 地上權之概念

地上權者，謂以在他人土地上有建築物，或其他工作物，或竹木為目的而使用其土地之權。(民§832) 地上權主要是「所有」與「使用」分開，例如政府出租土地之BOT案，或者是實務上所謂的「地上權房屋」，也就是賣屋不賣地，購屋的價格當然也就相對比較低了。

● 積欠地租

地上權人積欠地租達2年之總額者，除另有習慣外，土地所有人得定相當期限催告地上權人支付地租，如地上權人於期限內不為支付，土地所有人得終止地上權。地上權經設定抵押權者，並應同時將該催告之事實通知抵押權人。(民§836Ⅰ)

● 地上權之拋棄

地上權無支付地租之約定者，地上權人得隨時拋棄其權利。(民§834) 有支付地租之約定者，若定有期限，地上權人得支付未到期之3年分地租後，拋棄其權利。(民§835Ⅰ) 有支付地租之約定者，未定有期限，地上權人拋棄權利時，應於1年前通知土地所有人，或支付未到期之1年分地租。(民§835Ⅱ)

● 區分地上權

稱區分地上權者，謂以在他人土地上下之一定空間範圍內設定之地上權。(民§841-1) 這是土地立體化的一大發展，讓土地不再土地上的使用，還包括距離土地上空的一定距離或土地下一定空間的利用。例如貓空纜車也是顯著的例子，只設定使用高空60到73公尺的區域，其他空間仍可由民眾自行使用，不必加以徵收，如此一來，可以少很多徵地糾紛與成本。

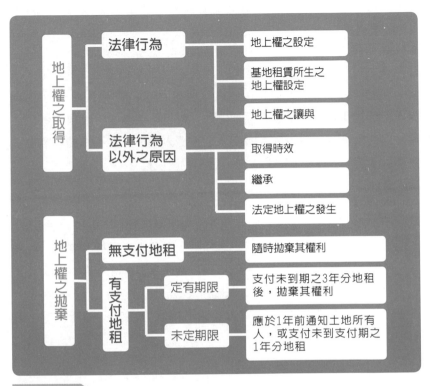

相關考題

乙於甲之 A 地上有地上權，並將該地上權抵押於丙，其後甲將 A 地所有權移轉登記於乙。下列敘述何者正確？　(A)乙之地上權因混合而消滅　(B)乙之地上權因混同而消滅　(C)乙之地上權因抵銷而消滅　(D)乙之地上權不受影響　【103三等司特-法學知識與英文】	（D）
地上權人於地上權消滅後，至遲應於下列何項期間取回其工作物，否則該工作物即歸屬於土地所有人？　(A)1個月內　(B)2個月內　(C)3個月內　(D)4個月內　【102四等地方特考-民法概要】	（A）
稱普通地上權者，謂以在他人土地之上下有建築物或其他工作物為目的而使用其土地之權。關於地上權之敘述，下列何者錯誤？　(A)地上權未定有期限者，當事人得隨時終止之　(B)地上權人應依設定之目的及約定之使用方法，為土地之使用收益　(C)地上權無支付地租之約定者，地上權人得隨時拋棄其權利　(D)地上權不因建築物或其他工作物之滅失而消滅　【111高考-法學知識與英文】	（A）

不動產役權

● 基本概念

稱不動產役權者,謂以他人不動產供自己不動產通行、汲水、採光、眺望、電信或其他以特定便宜之用為目的之權。(民§851) 所謂供自己不動產之自己不動產,稱之為「需役不動產」。如果是供人使用,例如玩漆彈的模擬生存遊戲,是在他人土地,並不需要「需役不動產」,屬於人役權的觀念,並不是不動產役權。

● 表見不動產役權得以時效取得

不動產役權可以分成表見不動產役權以及非表見不動產役權:

一、表見不動產役權:如通行、地面排水之不動產役權,屬之;此種不動產役權,可以主張時效取得。我國民法第852條規定:「不動產役權因時效取得者,以繼續並表見者為限。」

二、非表見不動產役權:如埋設涵管供排水之用的不動產役權,屬之。

● 從屬性

不動產役權不得由需役不動產分離而為讓與,或為其他權利之標的物。(民§853) 需役不動產所有人不得自己仍然保有需役不動產的所有權,卻將不動產役權讓與他人;也不能自己保有不動產役權,卻將需役不動產的所有權讓與給他人;或者是將需役不動產及不動產役權分別讓與給不同之二人。

另外,條文中所謂不動產役權不得「為其他權利之標的物」,是指需役不動產所有人不能僅將不動產役權作為其他權利之標的物,換言之,當需役不動產設定其他權利時,不動產役權也隨之為該其他權利之標的物。地上權、農育權、典權等得為其他權利標的物,但是不動產役權則不行。

時效取得

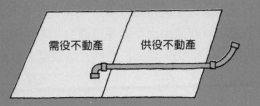

上述埋設涵管之情況，應屬非表見的不動產役權，不符合民法第852條規定，不動產役權得以時效取得，必須符合繼續並表見之要件，也就是所謂的表見不動產役權。所以，上圖不得主張時效取得。

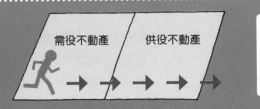

上述通行權之情況，自屬表見不動產役權，符合民法第852條規定。因此，得主張時效取得。

相關考題

供役不動產經分割者，不動產役權就其各部分仍為存續。此為不動產役權之何種性質？ (A)不可分性 (B)從屬性 (C)優先性 (D)排他性 【102四等地方特考-民法概要】	(A)

● 自己不動產役權

民法第859-4條規定：「不動產役權，亦得就自己之不動產設定之。」

這一個條文短短沒幾個字，可是仔細一看卻不知道是在說什麼？其實並不難，這就是所謂的「自己不動產役權」。尤其是大範圍土地利用，預先加以設定此一權利，有利於整體土地規劃，維繫不動產利用關係穩定。舉個例子，某一個社區是以維多利亞風格為主，整體營造氣氛相當好，所以可以透過本條設定一項不動產役權，限制住戶不可擅自更改外觀，以避免有住戶特別喜歡日式風格，任意竄改住戶外觀，一片歐式風格中，突然冒出一間日式風格的房子，相當突兀。正所謂一粒老鼠屎，壞了一鍋粥，此一法律規定有助於維繫社區整體美觀與房價。(如右頁上圖)

● 眺望不動產役權

民法第851條規定：「稱不動產役權者，謂以他人不動產供自己不動產通行、汲水、採光、眺望、電信或其他以特定便宜之用為目的之權。」其中有所謂的眺望二字，即所謂的眺望不動產役權。畢竟景觀是很重要的，如果買房子的時候，看出去是一片美好，可是隔沒多久，突然又蓋了一棟好高的建築物，有些建商玩些一期、二期又三期的建案，一期熱銷、二期遮住一期、三期景觀最好；或者是唯一可以看到遠方山林的陽台，突然全部被鄰近大樓遮住，只剩下一年到頭永不見天日的陰天。

這些問題也都可以透過眺望不動產役權，獲得一個解決的機會，但難免都必須要花一筆錢，才能夠要求鄰近的土地設定此一不動產役權，限制自己開發的權利。否則，頂多主張一下日照權，要求不得核准興建。

抵押權

● 抵押權的定義

抵押權是擔保物權的一種。我國民法的抵押權分成三種，包括普通抵押權、最高限額抵押權，以及其他抵押權。普通抵押權，債權人對於債務人或第三人不移轉占有而供其債權擔保之不動產，得就該不動產賣得價金優先受償之權。(民§860) 抵押權是擔保物權之一種，是為了確保債務清償，而於債務人或第三人所有之物或權利上設定具有擔保作用之抵押權而言。

● 抵押權擔保範圍

抵押權所擔保者為原債權、利息、遲延利息、違約金及實行抵押權之費用。但契約另有約定者，不在此限。(民§861Ⅰ)

得優先受償之利息、遲延利息、1年或不及1年定期給付之違約金債權，以於抵押權人實行抵押權聲請強制執行前5年內發生及於強制執行程序中發生者為限。(民§861Ⅱ)

立法目的在於為兼顧第三人及抵押權人之權益，並參照本法第126條關於短期消滅時效之規定，爰增訂民法第861條第2項，明定得優先受償之利息、遲延利息、1年或不及1年定期給付之違約金債權，以於抵押權人實行抵押權聲請強制執行前5年內發生及於強制執行程序中發生者為限，以免擔保債權範圍擴大。本項所稱「實行抵押權」，包括抵押權人聲請強制執行及聲明參與分配之情形。

抵押權之種類與定義	
類　型	定　義
普通抵押權	債權人對於債務人或第三人不移轉占有而供其債權擔保之不動產，得就該不動產賣得價金優先受償之權。
最高限額抵押權	債務人或第三人提供其不動產為擔保，就債權人對債務人一定範圍內之不特定債權，在最高限額抵押權。
其他抵押權	以地上權、農育權及典權為抵押權標的物。

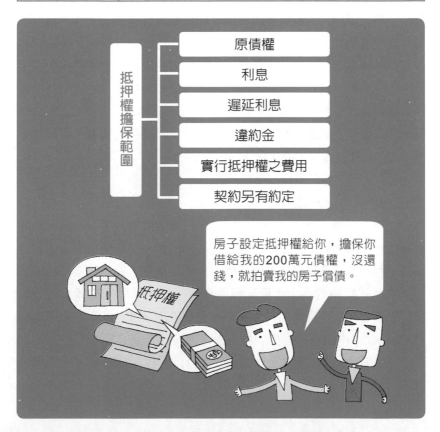

● 抵押權之從屬性

　　債權存在,抵押權方成立,若債權不存在,抵押權也無所附麗。換言之,抵押權是債權之擔保,抵押權的發生、移轉與消滅,均從屬於債權。因此,抵押權不得由債權分離而為讓與,或為其他債權之擔保。(民§870)

● 成立從屬性及移轉從屬性

　　民法第870條之規定:「抵押權不得由債權分離而為讓與,或為其他債權之擔保。」實務上認為本條規定是指移轉上從屬性,其見解為「抵押權為從物權,以其擔保之債權存在為發生之要件,契約當事人間除以債權之發生為停止條件,或約定就將來應發生之債權而設定外,若所擔保之債權不存在,縱為抵押權之設定登記,仍難認其抵押權業已成立,乃抵押權成立上(發生上)之從屬性,固與民法第870條規定之移轉上從屬性有別,惟兩者關於抵押權與主債權不可分之從屬特性,則無二致。」(94台上112)

● 從屬性與未來債權

　　實務上認為「設定抵押權之目的係在擔保債權之清償,則只須將來實行抵押權時有被擔保之債權存在即為已足,故契約當事人如訂立以將來可發生之債權為被擔保債權,亦即其債權之發生雖屬於將來,但其數額已經預定者,此種抵押權在債權發生前亦得有效設立及登記。易言之,抵押權惟有在依當事人合意之內容及登記上之記載無從特定其擔保債權之範圍,或其所擔保之債權有無效、不成立、被撤銷或依其情形無發生可能時,始得謂違反抵押權設定之從屬性。」(91台上195)

　　甲將房屋為丙設定抵押權，擔保乙對丙之債務，其後丁與丙約定獨自承擔該債務，乙退出債之關係，甲得知後，不願為丁擔保該債務，其抵押權無所附麗而消滅。(參照右下圖)

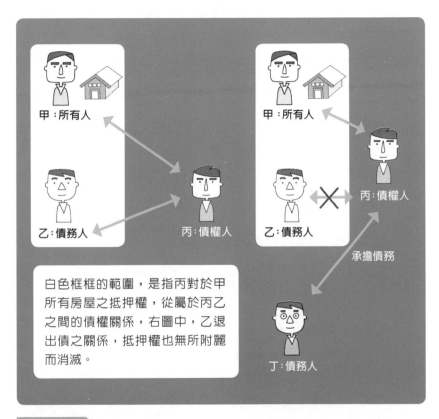

甲：所有人

乙：債務人　　丙：債權人

甲：所有人　　丙：債權人

乙：債務人

承擔債務

丁：債務人

白色框框的範圍，是指丙對於甲所有房屋之抵押權，從屬於丙乙之間的債權關係，右圖中，乙退出債之關係，抵押權也無所附麗而消滅。

相關考題

下列敘述何者錯誤？　(A)地役權不得由需役地分離而為讓與　(B)普通抵押權不得由債權分離而為拋棄　(C)普通抵押權不得由債權分離而為讓與　(D)質權不得由債權分離而為讓與　　　　　【98高考三級-法學知識與英文】	(B)

【備註】
地役權現已更名為不動產役權。

● 法定地上權

基於民法第876條規定所生之地上權，屬於法定地上權。該條之立法目的在於若未擬制成立法定地上權，則將導致土地拍賣後，建築物遭訴請拆除之結果，對於社會經濟公益之立場，恐生不利之結果。

設定抵押權時，土地及其土地上之建築物，同屬於一人所有，而僅以土地或僅以建築物為抵押者，於抵押物拍賣時，視為已有地上權之設定，其地租、期間及範圍由當事人協議定之。不能協議者，得聲請法院以判決定之。(民§876Ⅰ)(參照右頁上圖)

設定抵押權時，土地及其土地上之建築物，同屬於一人所有，而以土地及建築物為抵押者，如經拍賣，其土地與建築物之拍定人各異時，適用前項之規定。(民§876Ⅱ)(參照右頁下圖)

● 法定地上權之要件

法定抵押權之要件，必須具備以下條件：

(一)須土地及建物同屬一人所有。

(二)設定抵押權時，建物業已存在。

(三)須以土地或建物為抵押，或以兩者同為抵押。

(四)須以拍賣而實行抵押權。

(五)拍賣結果致土地及建物所有人各異。

(謝在全，《民法物權論(中)》)

上述要件(二)，設定抵押權時，建物必須要業已存在。這也是本條規定修法前，存在已久的爭議。當時的通說認為應該還是要建物業已存在為要件，現行修法之內容亦採此一見解。如果建築物存在之時點，是在抵押權設定之後，則是涉及是否併附拍賣的問題，而非法定地上權之議題。

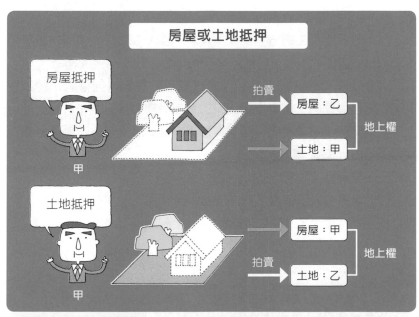

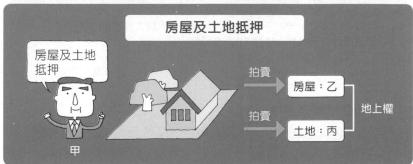

甲擁有土地及土地上的建築物，甲向乙借錢並以土地設定抵押。日後土地被拍賣時，建築物應如何處理？ (A)視為已有買賣約定　(B)視為已有抵押權設定　(C)視為已有地上權設定　(D)視為已有租賃約定 【97基層警察-法學緒論】	(C)

● **抵押不動產之分割**

抵押之不動產如經分割，或讓與其一部，或擔保一債權之數不動產而以其一讓與他人者，其抵押權不因此而受影響。(民§868)

分別共有土地，部分共有人就應有部分設定抵押權者，於辦理共有物分割登記時，該抵押權按原應有部分轉載於分割後各宗土地之上。但有下列情形之一者，該抵押權僅轉載於原設定人分割後取得之土地上：(土地登記規則§107 I)

一、抵押權人同意分割。

二、抵押權人已參加共有物分割訴訟。

三、抵押權人經共有人告知訴訟而未參加。

相關考題

甲、乙、丙共有 A 地，應有部分各為三分之一，甲以其應有部分設定抵押於庚後，甲、乙、丙三人協議分割 A 地。下列敘述，何者正確？ (A)分割契約一經成立，甲、乙、丙三人即取得所得部分之所有權 (B)分割契約一經成立，甲、乙、丙三人絕不能再起訴請求分割共有物 (C)A 地分割後，庚之抵押權當然僅存在於甲所分得之部分 (D)庚同意分割，其抵押權移存於甲所分得之部分 【103三等地特-法學知識與英文】	(D)

● **抵押擔保債權時效消滅**

以抵押權擔保之債權，其請求權已因時效而消滅，如抵押權人，於消滅時效完成後，5年間不實行其抵押權者，其抵押權消滅。(民§880)

相關考題

以抵押權擔保之債權，其請求權已因時效而消滅，如抵押權人於消滅時效完成後，最遲幾年不實行其抵押權者，其抵押權消滅？ (A)1年 (B)2年 (C)5年 (D)15年 　　　　　　　　　　　　　　　　　　　　　　　　【103高考-法學知識與英文】	(C)

相關考題

乙為擔保其向甲之借款，乃以其 A 屋及丙、丁所有之 B 地、C 地設定共同抵押。於甲之債權屆期未受清償時，下列敘述何者錯誤？　(A) 甲得自由選擇 A 屋、B 地、C 地任何其中之一，就其賣得價金，受償權全部或一部之清償　(B) 因 A 屋為債務人乙所有，故甲應優先選擇 A 屋，就其賣得價金，受償權全部或一部之清償　(C) 甲如選擇 B 地實行抵押權，獲得完全之清償，若 B 地超過其分擔額時，丙得請求丁償還 C 地應分擔之部分　(D) 甲如選擇 B 地實行抵押權，丙於 B 地清償之限度內，承受甲對乙之債權。但不得有害於甲之利益　【108高考-法學知識與英文】	(B)
債務人甲為擔保新臺幣（以下同）500 萬元借貸債權，提供 L（價值150 萬元）、 M（價值450 萬元）二地設定抵押權，且未限定各土地所負擔的金額。就內部言，M 地對該債權負擔的金額為何？　(A) 300 萬元　(B) 375 萬元　(C) 450 萬元　(D) 500 萬元　【107普考-法學知識與英文】	(B)

【解析】
民法第 875-2 條第 1 項規定
為同一債權之擔保，於數不動產上設定抵押權者，各抵押物對債權分擔之金額，依下列規定計算之：
一、未限定各個不動產所擔之金額時，依各抵押物價值之比例。
二、已限定各個不動產所負擔之金額時，依各抵押物所限定負擔金額之比例。
三、僅限定部分不動產所擔之金額時，依各抵押物所限定負擔金額與未限定負擔金額之各抵押物價值之比例。

質權

● 質權之種類

質權也是屬於擔保物權之一種，設有質權擔保之債權，債權人就拍賣質物所得之價金受清償時，有優先受償之權利。

質權分成動產質權與權利質權兩種。所謂「動產質權」，是指債權人對於債務人或第三人移轉占有而供其債權擔保之動產，得就該動產賣得價金優先受償之權。(民§884) 而所謂「權利質權」，是指謂以可讓與之債權或其他權利為標的物之質權。(民§900)

● 動產質權設定之生效

質權之設定，因供擔保之動產移轉於債權人占有而生效力。質權人不得使出質人或債務人代自己占有質物。(民§885) 例如汽車借款，將汽車移轉給債權人占有，則質權之設定發生效力。街坊上常見所謂的「汽車借款、原車可用」的廣告，則因為並未將汽車移轉給債權人占有，並非動產質權，通常還是屬於放高利貸，簽立本票及汽車移轉所有權契約的方式為之。

● 受質為營業者取得質物所有權

質權人係經許可以受質為營業者，僅得就質物行使其權利。出質人未於取贖期間屆滿後5日內取贖其質物時，質權人取得質物之所有權，其所擔保之債權同時消滅。(民§899-2 I)

● 權利質權以書面為要件

以債權為標的物之質權，其設定應以書面為之。前項債權有證書者，出質人有交付之義務。(民§904)

相關考題

甲向乙借錢並以其汽車設定質權給乙。那麼，乙何時取得質權？　(A)消費借貸成立時　(B)乙交付金錢時　(C)甲交付汽車時　(D)設定質權時 【97基層警察-法學緒論】	(C)

動產質權　　　　　　　　　權利質權

這輛車就交給我囉

出質人

質權人

設定權利質權書
××××××
××××××
××××××
×××

債權證書
×××××
×××××
×××××
×××

動產質權以移轉占有為要件

質權之設定，因供擔保之動產移轉於債權人占有而生效力。質權人不得使出質人或債務人代自己占有質物。(民§885)

權利質權以書面為要件

以債權為標的物之質權，其設定應以書面為之。前項債權有證書者，出質人有交付之義務。(民§904)

相關考題

下列關於質權人實行質權之敘述，何者錯誤？ (A)必須債權到期 (B)原則上必須債務人給付遲延 (C)質權人在拍賣質物前，應通知出質人 (D)約定流質契約一律無效 　　　　　　　【102四等地方特考-民法概要】	(D)
乙向甲借款新臺幣（以下同）100萬元，並提供價值200萬元之A車為甲設定質權以為擔保。下列敘述何者錯誤？ (A)質權之設定固以交付占有為要件，但如乙仍有使用A車之必要，得依民法第761條之規定以占有改定之方式以代交付 (B)A車經設定質權後，為丙所盜，甲於2年內未向丙請求返還者，其動產質權消滅 (C)如甲係經許可以受質為營業者，乙未於取贖期間屆滿後5日內取贖A車時，甲取得質物之所有權，其所擔保之100萬元債權同時消滅 (D)甲之質權因A車滅失而消滅。但如乙因A車之滅失而得請求損害賠償者，不在此限 　　　　　【110普考-法學知識與英文】	(A)

典權

● 典權之定義

稱典權者，謂支付典價在他人之不動產為使用、收益，於他人不回贖時，取得該不動產所有權之權。(民§911) 典權約定期限不得逾30年，逾30年者縮短為30年。(民§912)

典權之約定期限不滿15年者，不得附有到期不贖即作絕賣之條款。(民§913) 所謂絕賣條款，是指典權之設定附有期限，於期限屆滿後，若不即回贖典權，典物之所有權歸屬典權人之條款。

● 轉典或出租

典權存續中，典權人得將典物轉典或出租於他人。但另有訂定或另有習慣者，依其約定或習慣。(民§915Ⅰ) 典權定有期限者，其轉典或租賃之期限，不得逾原典權之期限，未定期限者，其轉典或租賃，不得定有期限。(民§915Ⅱ) 轉典之典價，不得超過原典價。(民§915Ⅲ)

● 典物與典權之讓與

典權人得將典權讓與他人或設定抵押權。典物為土地，典權人在其上有建築物者，其典權與建築物，不得分離而為讓與或其他處分。(民§917) 出典人設定典權後，得將典物讓與他人。但典權不因此而受影響。(民§918)

● 典權期限屆滿

典權定有期限者，於期限屆滿後，出典人得以原典價回贖典物。出典人於典期屆滿後，經過2年，不以原典價回贖者，典權人即取得典物所有權。(民§923) 典權未定期限者，出典人得隨時以原典價回贖典物。但自出典後經過30年不回贖者，典權人即取得典物所有權。(民§924)

● 典權租賃關係之推定

　　土地及其土地上之建築物同屬一人所有,而僅以土地設定典權者,典權人與建築物所有人間,推定在典權或建築物存續中,有租賃關係存在;其僅以建築物設定典權者,典權人與土地所有人間,推定在典權存續中,有租賃關係存在;其分別設定典權者,典權人相互間,推定在典權均存續中, 有租賃關係存在。(民§924-2Ⅰ)

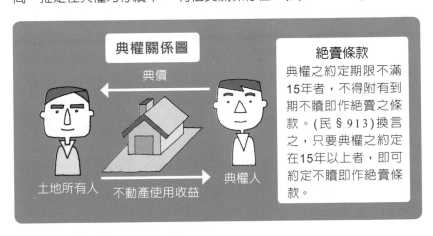

典權關係圖

典價

土地所有人　不動產使用收益　典權人

絕賣條款

典權之約定期限不滿15年者,不得附有到期不贖即作絕賣之條款。(民§913)換言之,只要典權之約定在15年以上者,即可約定不贖即作絕賣條款。

相關考題

甲向乙借款1萬元並將其價值2萬元之手機設定質權予乙以供擔保,如乙於該借款期屆至未受清償時,關於其質權實行之敘述,下列何者錯誤? (A)乙得自行拍賣或聲請法院拍賣該手機,並就其賣得價金優先受清償 (B)乙於無害其他質權人之利益,得與甲訂立契約取得該手機所有權 (C)乙如係經許可以受質為營業者,甲未於取贖期間屆滿後五日內取贖其手機時,乙取得手機之所有權,但手機價值超過擔保債權1萬元之部分,應返還予甲 (D)如甲、乙於設定質權之初,約定於債權已屆清償期而未為清償時,手機之所有權移屬於乙者,乙得請求甲為手機所有權之移轉,但手機價值超過擔保債權 1 萬元之部分,應返還予甲　　　　　　　　　　　　　【107普考-法學知識與英文】	(C)
甲乙雙方在乙的土地上設定典權,並約定典權期限40年。那麼,甲乙間的法律關係應如何認定? (A)典權設定無效 (B)典權約定期限為40年 (C)典權約定期限為30年 (D)視為租賃　　　　　　　　　　　　【97四等關務-法學知識】	(C)

留置權

● 留置權之定義

　　稱留置權者，謂債權人占有他人之動產，而其債權之發生與該動產有牽連關係，於債權已屆清償期未受清償時，得留置該動產之權。(民§928Ⅰ)如右頁圖，機車行的老闆替某甲修理機車，但是某甲不給付修理費用，機車行的老闆就可以留置該機車，待某甲給付修理費用時，再予以返還。

　　債權人因侵權行為或其他不法之原因而占有動產者，不適用前項之規定。其占有之始明知或因重大過失而不知該動產非為債務人所有者，亦同。(民§928Ⅱ)商人間因營業關係而占有之動產，與其因營業關係所生之債權，視為有民法第928條所定之牽連關係。(民§929)

● 違反善良風俗之留置

　　動產之留置，違反公共秩序或善良風俗者，不得為之。其與債權人應負擔之義務或與債權人債務人間之約定相牴觸者，亦同。(民§930)

● 未屆清償期之留置權

　　債務人無支付能力時，債權人縱於其債權未屆清償期前，亦有留置權。債務人於動產交付後，成為無支付能力，或其無支付能力於交付後始為債權人所知者，其動產之留置，縱有前條所定之牴觸情形，債權人仍得行使留置權。(民§931)

相關考題

下列何種物權僅得依法律規定而發生？　(A)抵押權　(B)動產質權　(C)權利質權　(D)留置權　　　　　　　　　　　　　　　【102四等地方特考-民法概要】	(D)
甲有 A 車，因車禍交乙修繕，費用10萬元。乙在甲清償前，可以對 A 車主張何種權利？　(A)質權　(B)留置權　(C)典權　(D)地上權　　　　　　　　　　　　　　　【96高考三級-法學知識與英文】	(B)

● 留置物之取償

　　債權人於其債權已屆清償期而未受清償者,得定1個月以上之相當期限,通知債務人,聲明如不於其期限內為清償時,即就其留置物取償;留置物為第三人所有或存有其他物權而為債權人所知者,應併通知之。債務人或留置物所有人不於前項期限內為清償者,債權人得準用關於實行質權之規定,就留置物賣得之價金優先受償,或取得其所有權。不能為第1項之通知者,於債權清償期屆至後,經過6個月仍未受清償時,債權人亦得行使前項所定之權利。(民§936)

相關考題

甲經營汽車維修保養廠與T通運公司間有多年的汽車維修保養(營業)關係。數週前,T送修X、Y二車,其中Y車的數萬元維修材料費全未獲清償。當T要取回X、Y二車時,甲得主張何種權利? (A)得主張就X、Y二車有留置權 (B)僅得主張就Y車有留置權 (C)得主張就X、Y二車均有抵押權 (D)得主張就X、Y二車有質權　　　　　　　【109普考-法學知識與英文】	(A)

占有

● 占有之概念

　　對於物有事實上管領之力者，為占有人。(民§940) 占有人於占有物上行使之權利，推定其適法有此權利。(民§943)

● 占有之種類

　　直接占有，直接對於物有事實上之管領力。間接占有，自己不直接占有，對於直接占有其物之人，本於一定之法律關係，具有請求返還之權利，稱之為間接占有。民法第941條明文規定：「地上權人、農育權人、典權人、質權人、承租人、受寄人或基於其他類似之法律關係，對於他人之物為占有者，該他人為間接占有人。」受僱人、學徒、家屬或基於其他類似之關係，受他人之指示，而對於物有管領之力者，僅該他人為占有人。(民§942) 此一規定，是所謂輔助占有之規定。相對於輔助占有，稱之為自主占有，是指親自對於其物為事實上之管領。不以所有之意思而占有者，則為他主占有，如承租人，地上權人。

● 善意取得

　　以動產所有權，或其他物權之移轉或設定為目的，而善意受讓該動產之占有者，縱其讓與人無讓與之權利，其占有仍受法律之保護。(民§948 I) 其理論基礎在於交易安全之保護，以及占有之公信力。所謂「其占有仍受法律之保護」，是指民法第801條規定：「動產之受讓人占有動產，而受關於占有規定之保護者，縱讓與人無移轉所有權之權利，受讓人仍取得其所有權。」以及民法第886條規定：「動產之受質人占有動產，而受關於占有規定之保護者，縱出質人無處分其質物之權利，受質人仍取得其質權。」

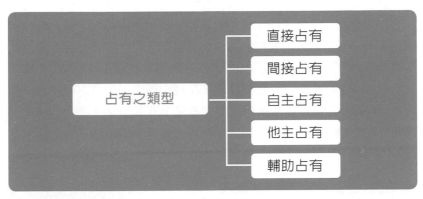

善意取得

甲將車輛賣與乙，乙以取得該車所有權為目的，而善意受讓該車之占有。

相關考題

下列何者不是物權？ (A)永佃權 (B)地役權 (C)典權 (D)占有 【97普考-法學知識與英文】	(D)
甲將A屋出租於乙並交付之，針對A屋，乙為何種占有？ (A)自主占有 (B)間接占有 (C)占有輔助 (D)他主占有 【97三等關務警特-法學知識】	(D)
下列何者不是占有人？ (A)學徒就公司配置其工作所必要的機具 (B)出租人就其交付於承租人的租賃物 (C)承租人就出租人交付於自己的租賃物 (D)公司配給董事長使用的座車 【111高考-法學知識與英文】	(A)

● **善意取得之例外──盜贓遺失物**

　　占有物如係盜贓或遺失物，或其他非基於原占有人之意思而喪失其占有者，原占有人自喪失占有之時起 2 年以內，得向善意受讓之現占有人請求回復其物。(民§949 I) 例外情形，則為盜贓或遺失物等上述情形，如現占有人由公開交易場所，或由販賣與其物同種之物之商人，以善意買得者，非償還其支出之價金，不得回復其物。(民§950) 盜贓或遺失物，如係金錢或無記名證券，不得向其善意占有人請求回復。(民§951)

● **善意占有人之權利與義務**

　　善意占有人，依推定其為適法所有之權利，得為占有物之使用及收益。(民§952) 至於責任方面，請參閱下表：

善意或惡意	發生事由	主張與責任	法條
善意占有人	因可歸責於自己之事由，致占有物滅失或毀損者	對於回復請求人，僅以因滅失或毀損所受之利益為限，負賠償之責。	民§953
	因保存占有物所支出之必要費用	得向回復請求人請求償還。但已就占有物取得孳息者，不得請求償還。	民§954
	因改良占有物所支出之有益費用	於其占有物現存之增加價值限度內，得向回復請求人，請求償還。	民§955
惡意占有人，或無所有意思之占有人	因可歸責於自己之事由，致占有物滅失或毀損者	對於回復請求人，負損害賠償之責。	民§956
惡意占有人	因保存占有物所支出之必要費用	對於回復請求人，得依關於無因管理之規定，請求償還。	民§957
		負返還孳息之義務。	民§958

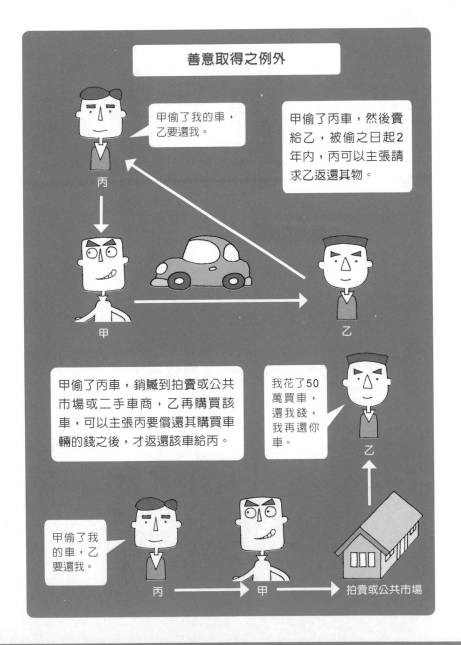

5-5

親屬篇

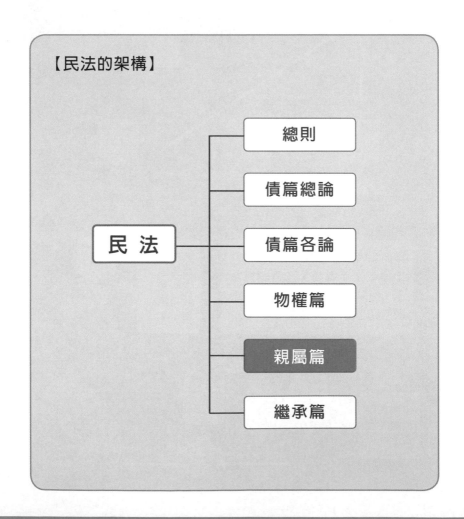

【民法的架構】

民 法
- 總則
- 債篇總論
- 債篇各論
- 物權篇
- 親屬篇
- 繼承篇

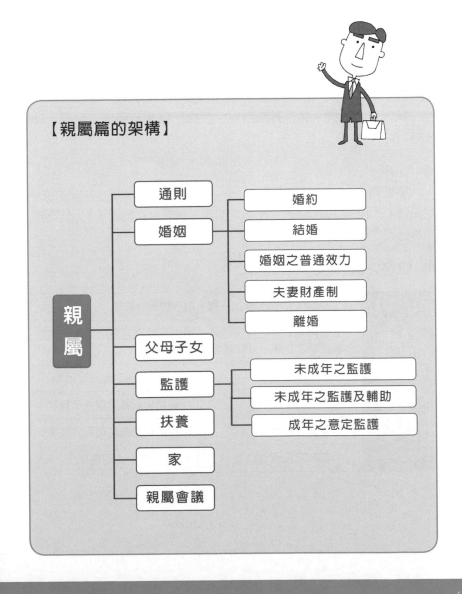

【親屬篇的架構】

親屬
- 通則
- 婚姻
  - 婚約
  - 結婚
  - 婚姻之普通效力
  - 夫妻財產制
  - 離婚
- 父母子女
- 監護
  - 未成年之監護
  - 未成年之監護及輔助
  - 成年之意定監護
- 扶養
- 家
- 親屬會議

親屬之種類

● **親屬之種類**

親屬分成血親以及姻親。所謂血親,是指因血緣所產生之親屬關係;姻親,是指因婚姻所產生之親屬關係。

● **直系血親及旁系血親**

稱直系血親者,謂己身所從出或從己身所出之血親。(民§967Ⅰ)

稱旁系血親者,謂非直系血親,而與己身出於同源之血親。(民§967Ⅱ)

● **姻親**

稱姻親者,謂「血親之配偶」、「配偶之血親」及「配偶之血親之配偶」。(民§969) 血親之配偶之血親,則非姻親範圍,蓋因若使之成為姻親之種類,則恐怕範圍過廣。

● **親等之計算**

直系血親	從己身上下數,以一世為一親等	
旁系血親	從己身數至同源之直系血親,再由同源之直系血親數至與之計算親等之血親,以其總世數為親等之數。	
姻親	血親之配偶	從其配偶之親系及親等
	配偶之血親	從其與配偶之親系及親等
	配偶之血親之配偶	從其與配偶之親系及親等
	血親之配偶之血親	X,太氾濫了

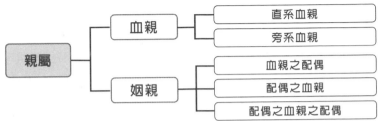

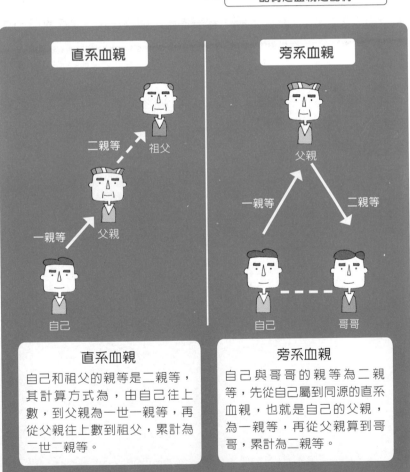

直系血親

自己和祖父的親等是二親等，其計算方式為，由自己往上數，到父親為一世一親等，再從父親往上數到祖父，累計為二世二親等。

旁系血親

自己與哥哥的親等為二親等，先從自己屬到同源的直系血親，也就是自己的父親，為一親等，再從父親算到哥哥，累計為二親等。

一、血親之配偶：

自己和大嫂是血親之配偶，親等是旁系姻親二親等，其計算方式為，從其配偶之親系及親等，也就是從大嫂的配偶——哥哥的親等來計算。

二、配偶之血親：

自己與岳父是配偶之血親，親等為直系姻親一親等，其計算方式為從其與配偶之親系及親等，而配偶與岳父是直系血親一親等。

三、配偶之血親之配偶：

自己與小舅子的老婆，是配偶之血親之配偶，親等是旁系姻親二親等。其計算方式是從其與配偶之親系及親等。配偶與小舅子的老婆，就是旁系姻親二親等。

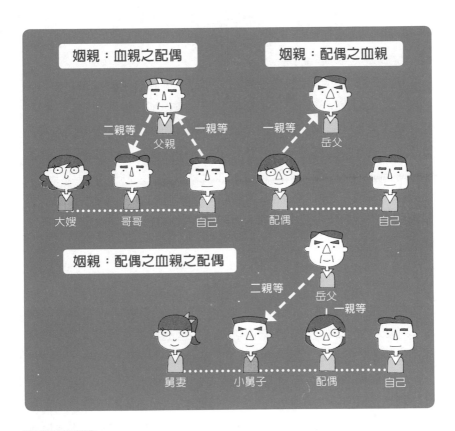

相關考題

下列何者非屬民法所稱之姻親？　(A)血親之配偶　(B)配偶之血親　(C)血親之配偶之血親　(D)配偶之血親之配偶　　　【96三等關務特考-法學知識】	(C)
下列何者為擬制血親？　(A)繼父母與繼子女　(B)養父母與養子女　(C)父母與婚生子女　(D)父母與非婚生子女　　　【96高考三級-法學知識與英文】	(B)
婆媳之親等為何？　(A)一親等　(B)二親等　(C)三親等　(D)無親屬關係　　　【96三等關務特考-法學知識】	(A)

結婚

● 儀式婚走向登記婚

民法原本採取「儀式婚主義」，只要公開儀式，兩人以上證人，即屬結婚。但是，當時結婚不需要登記，離婚卻需要辦理登記，導致若結婚沒登記，離婚卻要先辦登記的怪異現象，因此，現行民法業已修正成為「登記婚主義」。依據民法第982條規定：「結婚應以書面為之，有二人以上證人之簽名，並應由雙方當事人向戶政機關為結婚之登記。」現在法院的公證處業務量也大幅度縮減，但是許多民眾還是喜歡來法院公證，公證處的人員只好提醒，現在來法院公證完後，還是不算結婚！

● 結婚之無效

直系血親及直系姻親結婚之限制，於因收養而成立之直系親屬間，在收養關係終止後，亦適用之。直系姻親結婚之限制，於姻親關係消滅後，亦適用之。(民§983ⅡⅢ)

旁系血親六親等以內不得結婚之限制，但因收養而成立之四親等及六親等旁系血親，輩分相同者，不在此限。(民§983Ⅰ②) 旁系血親以六親等為防守的底線，但如果是旁系姻親，則僅針對輩分不相同，及五親等以內為防守的底限。(民§983Ⅰ③)

有配偶者，不得重婚。一人也不得同時與二人以上結婚。(民§985) 但重婚之雙方當事人因善意且無過失信賴一方前婚姻消滅之兩願離婚登記或離婚確定判決而結婚者，不在此限。(民§988 ③) 重婚之情形，前婚姻自後婚姻成立之日起視為消滅。(民§988-1Ⅰ)

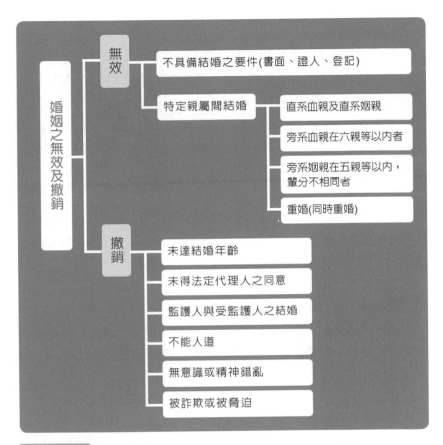

相關考題

自民國97年5月23日起，下列何者非結婚之形式要件之一？　(A)結婚應以書面為之　(B)應有公開儀式　(C)有二人以上證人之簽名　(D)應由雙方當事人向戶政機關為結婚之登記　【97鐵公路-民法大意】	(B)
下列選項中的X與Y，何者結婚無效？　(A)甲乙為夫妻，甲婚前育有子女X，乙婚前育有子女Y，X與Y成年後結婚　(B)甲乙為夫妻，甲之父 X 已喪偶，乙之母 Y 亦已喪偶，X 與 Y 結婚　(C)甲乙為兄妹，甲婚後育有子女X，乙婚後收養子女Y，X與Y成年後結婚　(D) X17歲時生下甲，甲成年後與較其年長12歲的Y結婚，甲與 Y 離婚後，X 與 Y 結婚　【108高考-法學知識與英文】	(D)

● 婚姻之撤銷

男女未滿18歲者，不得結婚。(民§980)違反本規定者，當事人或其法定代理人得向法院請求撤銷之。但當事人已達該條所定年齡或已懷胎者，不得請求撤銷。(民§989)

監護人與受監護人結婚已逾1年者，不得請求撤銷。(民§991)

不能人道而不能治者，自知悉其不能治之時起已逾3年者，不得請求撤銷。(民§995) 無意識或精神錯亂中者，得於常態回復後6個月內向法院請求撤銷之。(民§996) 被詐欺或被脅迫而結婚者，得於發見詐欺或脅迫終止後，6個月內向法院請求撤銷之。(民§997) 例如謊騙家境富裕，結果結婚後發現欠債累累，法院認為可以撤銷之。(高雄地方法院94年度家訴字第69號民事判決)

● 結婚撤銷之效力

民法總則第114條第1項規定：「法律行為經撤銷者，視為自始無效。」但是，結婚撤銷之效力有所不同，其效力為不溯及既往 (民§998)

當事人之一方，因結婚無效或被撤銷而受有損害者，得向他方請求賠償。但他方無過失者，不在此限。雖非財產上之損害，受害人亦得請求賠償相當之金額，但以受害人無過失者為限。非財產上損害之請求權，不得讓與或繼承。但已依契約承諾或已起訴者，不在此限。(民§999)

相關考題

下列親屬間結婚，何者非法律所禁止？　(A)寡嫂與小叔　(B)表哥與表妹 (C)養母之子與養女　(D)舅舅與外甥女　【96三等關務特考-法學知識】	(A)

相關考題

甲、乙為夫妻，育有一子A；甲為躲債而偷渡海外，故意由乙申報失蹤人口並於其後聲請作死亡宣告；之後乙、丙再婚，3年後甲回臺灣並撤銷死亡宣告；又經1個月後乙若因車禍死亡，留下新臺幣300萬元遺產，則丙可繼承多少遺產？　(A) 0 元　(B) 75 萬元　(C) 100 萬元　(D) 150 萬元　　【107普考-法學知識與英文】	(A)

【解析】
民法第988條
結婚有下列情形之一者，無效：
一、不具備第982條之方式。
二、違反第983條規定。
三、違反第985條規定。但重婚之雙方當事人因善意且無過失信賴一方前婚姻消滅之兩願離婚登記或離婚確定判決而結婚者，不在此限。

有關結婚之撤銷，下列敘述何者錯誤？　(A)撤銷須於法定除斥期間內為之　(B)撤銷須以訴為之　(C)撤銷之效力不溯及既往　(D)撤銷得要求損害賠償，但非財產上之損害不得請求賠償　　【96三等關務特考-法學知識】	(D)

【解析】
選項(B)撤銷須以訴為之是正確的，蓋因有關結婚撤銷的規定，皆須向法院請求之。

下列何項婚姻為得撤銷？　(A)甲男與乙女結婚前，已與丙女合法結婚　(B)甲男與乙女在結婚證書上之證人簽名為偽造　(C)乙女與甲男結婚前，曾與甲男之叔叔結婚，其叔叔死亡後再嫁給甲男　(D)甲男與未成年之乙女結婚前，乙女因其父母去世，而由甲男擔任監護人，且結婚未逾1年　　【104高考-法學知識與英文】	(D)

【解析】
民法第991條規定：「結婚違反第984條之規定者，受監護人或其最近親屬得向法院請求撤銷之。但結婚已逾1年者，不得請求撤銷。」

甲於民國90年與乙結婚，翌年甲、丙雖明知甲、乙婚姻仍為有效之情形下結婚，依民法之規定，當事人間之婚姻效力如何？　(A)甲、乙婚姻有效　(B)甲、乙婚姻無效　(C)甲、丙婚姻有效　(D)甲、乙、丙之婚姻均無效　　【98四等基層警察-法學緒論】	(A)

監護人與受監護人，於監護關係存續中，所締結之婚姻，其效力如何？(A)無效　(B)得撤銷　(C)效力未定　(D)不成立　　【97四等關務警特-法學知識與英文】	(A) (B)

【備註】
答(A)或(B)均給分。

婚姻之普通效力

● 朝向兩性平等之發展

基本上，我國相當重視兩性平等。妻不必再冠夫姓，妻不必再以夫之住所為住所等規範。逐步快速地朝向尊重兩性平等的法律規定，可以讓我國在世界上引以為傲。從法令的角度來看，應該可以列為兩性平權的「已發展國家」。

● 夫妻之同居義務

夫妻互負同居之義務。但有不能同居之正當理由者，不在此限。(民§1001)所謂夫婦互負同居之義務，乃指永久同居而言，要非妻偶爾一、二日或十數日住居夫之住所，即屬已盡同居之義務。(49台上990) 夫納妾，違反夫妻互負之貞操義務，在是項行為終止以前，妻主張不履行同居義務，即有民法第1001條但書之正當理由。(釋147)

> 【實務見解：同居義務】
>
> 夫妻互負同居之義務。但有不能同居之正當理由者，不在此限。民法第1001條有明文規定。所謂不能同居之正當理由，乃指夫妻有不堪同居或不宜同居之事由，或依其情形要求夫妻同居為不合理而言。如夫妻間發生衝突、爭執或其他失和之情事後，仍同居共同生活相當時間，自難謂該衝突、爭執或其他失和之情事，為不能同居之正當理由。(89台上73)

● **婚姻的普通效力**

項目	內容	例外情況
夫妻姓氏 (民§1000)	夫妻各保有其本姓。	得書面約定以其本姓冠以配偶之姓，並向戶政機關登記。冠姓之一方得隨時回復其本姓。但於同一婚姻關係存續中以一次為限。
同居義務 (民§1001)	夫妻互負同居之義務。	但有不能同居之正當理由者，不在此限。
夫妻住所 (民§1002)	雙方共同協議之	未為協議或協議不成時，得聲請法院定之。法院為前項裁定前，以夫妻共同戶籍地推定為其住所。
日常家務代理人 (民§1003)	日常家務，互為代理人。	夫妻之一方濫用前項代理權時，他方得限制之。但不得對抗善意第三人。
家庭生活費用分擔 (民§1003-1)	夫妻各依其經濟能力、家事勞動或其他情事分擔之。	法律或契約另有約定

(此表左側直書標題：婚姻之普通效力)

相關考題

有關婚姻之普通效力，下列敘述何者為正確？　(A)妻以冠夫姓為原則，但得約定維持妻之本姓　(B)夫妻互負同居之義務，但得預先約定拒絕同居　(C)妻以夫之住所為住所，但得約定以妻之住所為住所　(D)夫妻於日常家務互為代理人，但代理權之限制不得對抗善意第三人 　　　　　　　　　　　　　　　　　　　【96三等關務特考-法學知識】	(D)
依民法規定，夫妻家庭生活費用應如何負擔？　(A)由夫獨自負擔　(B)由有工作的夫或妻一方負擔　(C)由夫妻依採用之夫妻財產制所規定內容負擔　(D)由夫妻各依其經濟能力或家事勞動或依其他情事負擔 　　　　　　　　　　　　　　　　　　　【103高考-法學知識與英文】	(D)

夫妻財產制

● 夫妻財產制之類型

夫妻財產制分成三種類型，夫妻雙方有約定，採用約定財產制(包括共同財產制及分別財產制)；沒有約定，則適用法定財產制。夫妻財產制契約之訂立、變更或廢止，非經登記，不得以之對抗第三人。(民§1008 I)

我國民眾大多不會辦理約定財產制，主要原因不外乎沒有這種習慣，再加上該如何辦理，相關程序並不熟悉，也是主要的原因。約定財產制比較著名的案例，當屬郭台銘與曾馨瑩二人，向臺北地方法院辦理分別財產制，法院也公告通過。在法院公告欄上，還清楚寫著，原本資產所有人都是郭台銘。

● 分別財產制之規範

分別財產制的規定 (不包含夫妻財產制的通則規定)，本來有5條，經修法後，目前只剩下2條很精簡的條文：

> 【民法第1044條】
> 　　分別財產，夫妻各保有其財產之所有權，各自管理、使用、收益及處分。
>
> 【民法第1046條】
> 　　分別財產制有關夫妻債務之清償，適用第1023條之規定。

所謂民法第1023條規定：「夫妻各自對其債務負清償之責。夫妻之一方以自己財產清償他方之債務時，雖於婚姻關係存續中，亦得請求償還。」

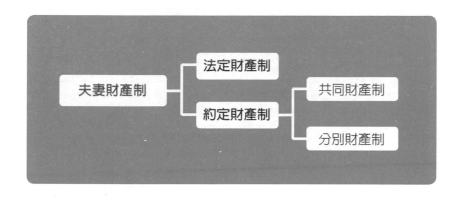

● 剩餘財產分配請求權

　　法定財產制關係消滅時，夫或妻現存之婚後財產，扣除婚姻關係存續所負債務後，如有剩餘，其雙方剩餘財產之差額，應平均分配。但下列財產不在此限：(民§1030-1Ⅰ)

　　一、因繼承或其他無償取得之財產。

　　二、慰撫金。(民§1030-1Ⅰ)

　　夫妻之一方對於婚姻生活無貢獻或協力，或有其他情事，致平均分配有失公平者，法院得調整或免除其分配額。(民§1030-1Ⅱ)

　　法院為前項裁判時，應綜合衡酌夫妻婚姻存續期間之家事勞動、子女照顧養育、對家庭付出之整體協力狀況、共同生活及分居時間之久暫、婚後財產取得時間、雙方之經濟能力等因素。(民§1030-1Ⅲ)

　　第1項請求權，不得讓與或繼承。但已依契約承諾，或已起訴者，不在此限。(民§1030-1Ⅳ)

　　第1項剩餘財產差額之分配請求權，自請求權人知有剩餘財產之差額時起，2年間不行使而消滅。自法定財產制關係消滅時起，逾5年者，亦同。(民§1030-1Ⅴ)

相關考題

下列何者屬於民法所規定之約定財產制？　(A)統一財產制　(B)聯合財產制 (C)共同財產制　(D)分配財產制　　　　　　　　　【97基層警察-法學緒論】	(C)
下列何者非屬現行民法所定之夫妻財產制？　(A)法定財產制　(B)統一財產制　(C)共同財產制　(D)分別財產制　　　　　【96高考三級-法學知識與英文】	(B)
夫妻通常法定財產制關係消滅時，於婚姻關係存續中所取得之財產，下列何者屬於剩餘財產分配之對象？　(A)因繼承所取得之財產　(B)因贈與所取得之財產　(C)因工作所取得之薪資　(D)因車禍賠償之慰撫金　　　　　　　　　　　　　　　　　　　　　　　【97海巡-法學知識與英文】	(C)
下列何種財產不為法定財產制剩餘財產分配之標的？　(A)繼承所獲得之財產 (B)婚後工作所得之薪資　(C)婚前所得贈與財產於婚後所生之孳息　(D)婚後身體受傷所獲得財產上之損害賠償　　　　　【103普考-法學知識與英文】	(A)
甲乙為夫妻，未約定財產制，甲外出工作，乙為家庭主婦，兩人離婚時，乙可向甲請求分配下列何種財產？　(A)甲所繼承其父之遺產　(B)甲婚前所賺取之薪資　(C)甲受侵害所取得之精神賠償金　(D)甲婚前所買的房子於婚後所收的租金　　　　　　　　　　　　　　　　【103三等地特-法學知識與英文】	(D)
關於夫妻財產制契約之訂立，下列敘述何者錯誤？　(A)未以書面為之，不生效力　(B)非經登記，不生效力　(C)非經登記，不得以之對抗第三人　(D)不影響依其他法律所為財產權登記之效力　　　【102四等地方特考-民法概要】	(B)
於法定財產制，下列在婚姻關係存續中所取得之財產，何者為剩餘財產分配之標的？　(A)慰撫金　(B)受贈之古董　(C)繼承所得之房屋　(D)婚前投資之股票於婚後所生之股利　　　　　　　【104普考-法學知識與英文】	(D)
甲、乙於民國100年結婚，未約定夫妻財產制。結婚前乙有乳牛100頭。婚後甲、乙工作收入豐厚。下述何者於夫妻財產制關係消滅時，應納入財產分配範疇？　(A)甲離婚前3年贈與某博物館價值6,000萬元的古董，未料其後甲因經商失敗而離婚　(B)甲於婚後因車禍取得加害者所提供20萬元精神上損害賠償　(C)乙於婚後受祖母以遺囑遺贈100萬元　(D)甲、乙婚後，乙之100頭乳牛所生10隻小牛　　　　　　　　　　　　　　　　【109普考-法學知識與英文】	(D)

相關考題

依民法第1031條規定，夫妻之財產及所得，除特有財產外，合併為共同財產，屬於夫妻公同共有。下列何者並非特有財產？　(A)專供夫或妻個人使用之物　(B)夫或妻於婚後所賺取之工作薪資　(C)夫或妻職業上必需之物　(D)夫或妻所受之贈物，經贈與人以書面聲明為其特有財產者

（B）

【110高考-法學知識與英文】

離婚

● **離婚之種類**

離婚有兩種，兩願離婚及判決離婚、法院調解或和解離婚。

一、兩願離婚

夫妻兩願離婚者，得自行離婚。(民§1049) 兩願離婚，應以書面為之，有二人以上證人之簽名並應向戶政機關為離婚之登記。(民§1050)

所有的權利義務都是雙方協議決定，包括孩子歸誰、扶養費、贍養費等，統統都可以互相討論。但在還未為離婚登記之前，一切都不算數，千萬不要以為簽了離婚協議書，就算離婚了。

二、判決離婚

若夫妻無法好聚好散而協議離婚，則必須要透過法院判決離婚之機制。不過，法院在審理離婚案件之前，則會強制調解，希望透過法院調解的程序，平和地離婚。若調解不成立，則必須要有民法第1052條規定的情況，才可以訴請法院判決離婚。若法院認定不成立該條各款的規定，則原婚姻仍持續存在。

三、法院調解或和解離婚

民法第1052-1條規定：「離婚經法院調解或法院和解成立者，婚姻關係消滅。法院應依職權通知該管戶政機關。」

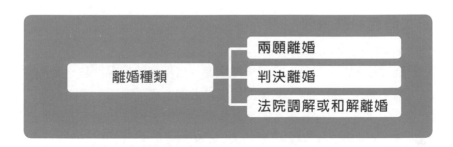

判決離婚之類型	
法條	內容
民法第1052條第1項	①重婚
	②與配偶以外之人合意性交
	③夫妻之一方對他方不堪同居之虐待
	④夫妻之一方對於他方之直系尊親屬為虐待，或受他方之直系親屬之虐待，致不堪為共同生活。
	⑤夫妻之一方已惡意遺棄他方在繼續狀態中
	⑥夫妻一方意圖殺害他方
	⑦有不治之惡疾
	⑧有重大不治之精神病
	⑨生死不明已逾3年
	⑩因故意犯罪，經判處有期徒刑逾6個月確定
民法第1052條第2項	有前項以外之重大事由，難以維持婚姻者，夫妻一方得請求離婚。但其事由應由夫妻一方負責者，僅他方得請求離婚。

子女最佳利益原則

● **子女最佳利益原則之概念**

　　現代社會中，離婚或許是一種遺憾，但不應該被視為是一種錯誤的行為，而應該屬於兩人相處的一種結局與選擇。離婚，往往會牽涉到子女的利益，從雙親家庭轉換為單親家庭時，該如何給予適當的照顧養護？父親取得監護權，還是母親取得監護權會比較好？

　　這些都可以透過當事人間的協議來決定。但是，如果難以決定，或者是未為決定，甚至於是協議的內容對於子女不利，法院也可以在相關機關或利害關係人之請求，甚至於可以職權介入，對於有關子女權利義務之事項加以酌定或改定，打破過去「法不入家門」之傳統概念。

● **子女最佳利益原則之例示事項**

　　法院為前條裁判時，應依子女之最佳利益，審酌一切情狀，尤應注意左列事項：(民§1055-1)

一、子女之年齡、性別、人數及健康情形。

二、子女之意願及人格發展之需要。

三、父母之年齡、職業、品行、健康情形、經濟能力及生活狀況。

四、父母保護教養子女之意願及態度。

五、父母子女間或未成年子女與其他共同生活之人間之感情狀況。

六、父母之一方是否有妨礙他方對未成年子女權利義務行使負擔之行為。

七、各族群之傳統習俗、文化及價值觀。

子女權利義務之行使或負擔與會面交往權	
規範重點	**法律規定**
當事人之協議與法院酌定	夫妻離婚者，對於未成年子女權利義務之行使或負擔，依協議由一方或雙方共同任之。未為協議或協議不成者，法院得依夫妻之一方、主管機關、社會福利機構或其他利害關係人之請求或依職權酌定之。(民§1055Ⅰ) 協議不利於子女者，法院得依主管機關、社會福利機構或其他利害關係人之請求或依職權為子女之利益改定之。(民§1055Ⅱ)
改定監護權	行使、負擔權利義務之一方未盡保護教養之義務或對未成年子女有不利之情事者，他方、未成年子女、主管機關、社會福利機構或其他利害關係人得為子女之利益，請求法院改定之。(民§1055Ⅲ)
探視權(會面交往權)	法院得依請求或依職權，為未行使或負擔權利義務之一方酌定其與未成年子女會面交往之方式及期間。但其會面交往有妨害子女之利益者，法院得依請求或依職權變更之。(民§1055Ⅴ)

相關考題

我國民法第1089條有關父母對於未成年子女權利之行使的規定，曾經於公元1996年進行修正，請問以下的敘述，何者最符合該次修法的緣由？　(A)大法官的解釋，表示該法於解釋公布之日起立即失效　(B)大法官的解釋，指示立法院依兩性平等與未成年子女最佳利益原則進行修正　(C)婦運團體遊說立法委員主動提案將第1089條父權優先的規定刪除，改依性別平等原則予以修正　(D)婦運團體遊說行政將第1089條父權優先的規定主動修法【99三等身障特考-法學知識】	(B)

認領與準正

● 婚生子女之推定

妻之受胎，係在婚姻關係存續中者，推定其所生子女為婚生子女。(民§1063 I) 通常事後會發生問題，都是發現妻子外遇所懷胎之子女，所以條文中是「推定」的用詞，如果有其他事證足以證明非己所生，可以舉反證加以推翻。依據民法規定，婚生子女之推定，夫妻之一方或子女能證明子女非為婚生子女者，得提起否認之訴。(民§1063 II) 前項否認之訴，夫妻之一方自知悉該子女非為婚生子女，或子女自知悉其非為婚生子女之時起2年內為之。但子女於未成年時知悉者，仍得於成年後2年內為之。(民§1063 III)

● 認領與認領否認之訴

非婚生子女經生父認領者，視為婚生子女。其經生父撫育者，視為認領。非婚生子女與其生母之關係，視為婚生子女，無須認領。(民§1065) 非婚生子女或其生母，對於生父之認領，得否認之。(民§1066)

有事實足認其為非婚生子女之生父者，非婚生子女或其生母或其他法定代理人，得向生父提起認領之訴。(民§1067 I) 前項認領之訴，於生父死亡後，得向生父之繼承人為之。生父無繼承人者，得向社會福利主管機關為之。(民§1067 II) 許多知名的藝人為工作或其他因素，在外生了小孩，卻不敢承認，等到時機成熟了，才承認是自己的小孩。生父認領非婚生子女後，不得撤銷其認領。但有事實足認其非生父者，不在此限。(民§1070)

● 準正

所謂準正，是指非婚生子女，其生父與生母結婚者，視為婚生子女。(民§1064)「先上車後補票」通常是在講此種情況。

相關考題

非婚生子女因其生父與生母結婚，而視為婚生子女，民法學理將此稱之為何？　(A)準正　(B)認領　(C)收養　(D)認養　　【97基層警察-法學緒論】	(A)

相關考題

非婚生子女與其生母之關係如何？　(A)經認領後視為婚生子女　(B)無須認領視為婚生子女　(C)經收養後成為婚生子女　(D)經準正後成為婚生子女 【99四等海巡-法學知識與英文】	（B）
甲夫乙妻結婚後生子A，後經證實A為乙外遇對象丙之子，當事人雖欲解決此關係，但下列何者不得提起否認子女之訴？　(A)甲　(B)乙　(C)丙　(D)A 【99三等身障特考-法學知識】	（C）
依民法第1063條第1項規定，妻之受胎係在婚姻關係存續中者，所生之子女為其婚生子女，此即法律適用上所稱之何者？　(A)推定　(B)擬制　(C)準用　(D)類推　【99地方特考三等-法學知識與英文】	（A）
甲女係乙男、丙女2人婚姻關係中受胎所生，丙自始知乙非甲之生父，乙不知；結婚3年後，乙、丙2人離婚，甲於成年前2年經丙告知乙非其生父。下列敘述，何者正確？　(A)推依民法規定，甲視為乙、丙之婚生子女　(B)丙於離婚時，仍得提起否認子女之訴　(C)甲於成年後2年內得提起否認子女之訴　(D)乙即使於甲成年後，始知悉自己非甲之生父，因甲已成年，不得提起否認子女之訴　【111普考-法學知識與英文】	（C）

親權行使

● **共同行使原則**

　　對於未成年子女之權利義務，除法律另有規定外，由父母共同行使或負擔之。父母之一方不能行使權利時，由他方行使之。父母不能共同負擔義務時，由有能力者負擔之。父母對於未成年子女重大事項權利之行使意思不一致時，得請求法院依子女之最佳利益酌定之。法院為前項裁判前，應聽取未成年子女、主管機關或社會福利機構之意見。(民§1089)

　　父母對於未成年子女權利義務之行使或負擔，現行規定以共同行使為原則。父母對於未成年子女權利之行使意思不一致時，依家庭自治事項議定之，不成者，由公權力介入之方式以為救濟。爰於第2項增列得請求法院依子女之最佳利益，決定由父或母之一方行使之。

● **父母不繼續共同生活6個月以上**

　　父母不繼續共同生活6個月以上，有點而類似分居之情況，雖然我國法制尚未採取分居之制度，但是當父母未能共同生活達6個月以上，對於子女之照料養護恐發生問題，故須以法律規範之。因此，民法第1089-1條規定：「父母不繼續共同生活達6個月以上時，關於未成年子女權利義務之行使或負擔，準用第1055條、第1055-1條及第1055-2條之規定。但父母有不能同居之正當理由或法律另有規定者，不在此限。」

● **子女之特有財產**

　　民法第1087條規定：「未成年子女，因繼承、贈與或其他無償取得之財產，為其特有財產。」

● 親權之濫用

　　父母之一方濫用其對於子女之權利時，法院得依他方、未成年子女、主管機關、社會福利機構或其他利害關係人之請求或依職權，為子女之利益，宣告停止其權利之全部或一部。(民§1090)

相關考題

甲夫乙妻育有一子丙年方5歲，其後因甲乙個性不合協議離婚，則對於丙權利義務之行使或負擔之決定方式，下列敘述何者錯誤？　(A)依甲、乙之協議　(B)甲、乙未協議時原則由甲任之　(C)法院得依職權酌定甲或乙任之　(D)法院得選定甲、乙以外之人任之　　　　【96四等司法-法學知識與英文】	(B)
甲父乙母對於A子是否讀私立小學之意思不一致，應由下列何者決定？　(A)甲(B)乙　(C)法院　(D)親屬會議　　　　【99四等基警行政警察-法學緒論】	(C)
下列何者非屬18歲甲之特有財產？　(A)母親所贈之生日禮物　(B)繼承父親死後之遺產　(C)暑假打工所賺之工資　(D)在海邊挖到之玫瑰石　　　　　　　　　　　　　　　　　　　【99地方特考四等-法學知識與英文】	(C)
未成年子女因繼承、贈與或其他無償取得之財產，稱為何種財產？　(A)應有財產　(B)無償財產　(C)限定財產　(D)特有財產　　　　　　　　　　　　　　　　　　　　【102四等地方特考-民法概要】	(D)

收養

● 收養之意義

收養他人之子女為子女時,其收養者為養父或養母,被收養者為養子或養女。(民§1072) 養子女與養父母及其親屬間之關係,除法律另有規定外,與婚生子女同。(民§1077 I) 養子女從收養者之姓或維持原來之姓。(民§1078 I)

● 收養之方式

子女被收養時,應得其父母之同意。本生父母同意應作成書面並經公證。但已向法院聲請收養認可者,得以言詞向法院表示並記明筆錄代之。本生父母之同意,不得附條件或期限。(民§1076-1) 收養之方式應以書面為之,並向法院聲請認可。(民§1079 I) 收養之生效時點,自法院認可裁定確定時,溯及於收養契約成立時發生效力。但第三人已取得之權利,不受影響。(民§1079-3)

● 收養之禁止

下列親屬不得收養為養子女:(民§1073-1)

一、直系血親。

二、直系姻親。但夫妻之一方,收養他方之子女者,不在此限。

三、旁系血親在六親等以內及旁系姻親在五親等以內,輩分不相當者。

● 收養效力之範圍

養子女於收養認可時已有直系血親卑親屬者,收養之效力僅及於其未成年且未結婚之直系血親卑親屬。但收養認可前,其已成年或已結婚之直系血親卑親屬表示同意者,不在此限。(民§1077 IV)

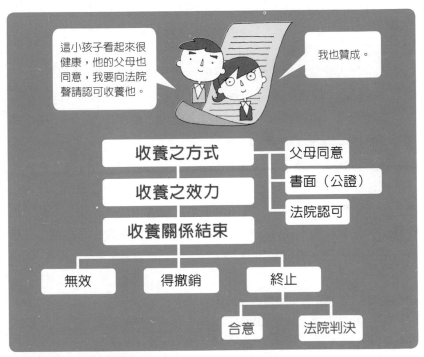

● **收養之年齡要件**

　　收養者之年齡，應長於被收養者20歲以上。但夫妻共同收養時，夫妻之一方長於被收養者20歲以上，而他方僅長於被收養者16歲以上，亦得收養。(民§1073Ⅰ) 夫妻之一方收養他方之子女時，應長於被收養者16歲以上。(民§1073Ⅱ)

相關考題	
下列何種身分行為須聲請法院認可方為有效？　(A)結婚　(B)收養　(C)訂婚 (D)非婚生子女認領　　　　　　　　　　【96三等關務特考-法學知識】	(B)
夫妻之一方收養他方之子女時，應至少長於被收養者若干歲？　(A)20歲 (B)18歲　(C)16歲　(D)14歲　　　　　　　　　　【99三等關務-法學知識】	(C)

監護與輔助

● 未成年人之監護

　　未成年人無父母，或父母均不能行使、負擔對於其未成年子女之權利、義務時，應置監護人。(民§1091)

　　最後行使、負擔對於未成年子女之權利、義務之父或母，得以遺囑指定監護人。(民§1093 I)

　　無遺囑指定監護人，或遺囑指定之監護人拒絕就職時，則依據「同居祖父母」、「同居兄姐」、「不同居祖父母」之順序，決定監護人。如果還是無法決定，則依特定人之聲請，在其三親等旁系血親尊親屬、主管機關、社會福利機構或其他適當之人選定為監護人，並得指定監護之方法。(民§1094 Ⅲ)

● 成年人之監護與輔助

　　受監護宣告之人應置監護人。(民§1110) 受輔助宣告之人，應置輔助人。(民§1113-1)

　　配偶、四親等內之親屬、最近1年有同居事實之其他親屬、主管機關、社會福利機構或其他適當之人均得擔任監護人，由法院於監護之宣告時，針對個案，依職權選定最適當之人擔任。又鑑於監護職務有時具有複雜性或專業性，如財產管理職務需要財務或金融專業人員，身體照護職務需要醫事專業人員，為符合實際需要，法院得選定複數之監護人，並同時指定會同開具財產清冊之人，以利法院實施監督。(民§1111)

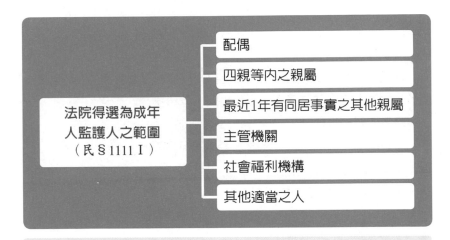

【女孩繼承百萬遺產案】

　　一名女孩，父母搭飛機卻發生空難身亡，獲得大筆的遺產與賠償金。由於父母並沒有以遺囑指定監護人，所以必須由法院介入，在特定順序中，挑選一位最適合擔任小女孩的監護人。第一順位是與未成年人同居之祖父母，第二順位是與未成年人同居之兄姊，第三順位則是不與未成年人同居之祖父母。由於小女孩既無祖父母亦無兄姐，最後由社福機構向法院聲請，選任常與小女孩同住之伯伯擔任監護人。(民§1094Ⅲ)

相關考題

甲夫乙妻生下A子後，於A子6歲時，因積欠卡債雙雙自殺，依民法規定，下列何者不得成為A之法定監護人？　(A)與A同居之祖父母　(B)不與A同居之祖父母　(C)與A同居之伯叔　(D)與A同居之兄姊　【99四等關務-法學知識】	(C)

【解析】
參考民法第1094條第1項規定。但若無祖父母亦無兄弟時，依同條第3項，可由特定人聲請，於三親等旁系血親尊親屬或其他適當人選為監護人。

扶養

● 扶養之概念

　　扶養，是指一定親屬間有經濟能力，對於不能維持生活之親屬，給予必要經濟上協助之義務。下列親屬，互負扶養之義務：

一、直系血親相互間。

二、夫妻之一方與他方之父母同居者，其相互間。

三、兄弟姊妹相互間。

四、家長家屬相互間。(民§1114)

● 扶養權利人之順序

　　如果扶養義務人之經濟能力不足，例如甲男每月收入只有3萬元，該先支付扶養費給誰呢？我國民法第1116條有規定其順序，第一順位為直系血親尊親屬，第二順位為直系血親卑親屬，第三順位為家屬，第四順位為兄弟姊妹，第五順位為家長，第六順位為夫妻之父母，第七順位為子婦、女婿。

　　夫妻互負扶養之義務，其負扶養義務之順序與直系血親卑親屬同，其受扶養權利之順序與直系血親尊親屬同。(民§1116-1)

● 受扶養權利之要件

　　受扶養權利者，以不能維持生活而無謀生能力者為限。無謀生能力之限制，於直系血親尊親屬，不適用之。(民§1117)(請參照右表)

類型	要件	
直系血親尊親屬	不能維持生活	
直系血親尊親屬以外	不能維持生活＋無謀生能力	空的！

● **天下無不是的父母**？

　　社會上常發生父母棄養子女，對於這些年幼不幸遭棄養的子女，往往不願意扶養其父母。但父母年歲已高時，這些「不是的父母」反而要求子女負擔扶養的責任，甚至於提出刑法遺棄罪之告訴，對於子女而言，可以說是二度傷害。

　　因此，立法院於99年1月7日三讀通過，修正民法及刑法之相關規定。其中，民法第1118-1條規定，修正為受扶養權利者對負扶養義務者、其配偶或直系血親故意為虐待、重大侮辱或其他身體、精神上之不法侵害行為，或對負扶養義務者無正當理由未盡扶養義務之情況，負扶養義務者得請求法院減輕其扶養義務。情節重大，法院得免除其扶養義務。

相關考題

遺受扶養權利者，以不能維持生活而無謀生能力者為限，但下列親屬中，何者不受限制？　(A)直系血親尊親屬　(B)旁系血親尊親屬　(C)直系血親卑親屬　(D)旁系血親卑親屬　　　　　　　　　　【96四等退除役轉任-法學知識與英文】	（A）

繼承篇

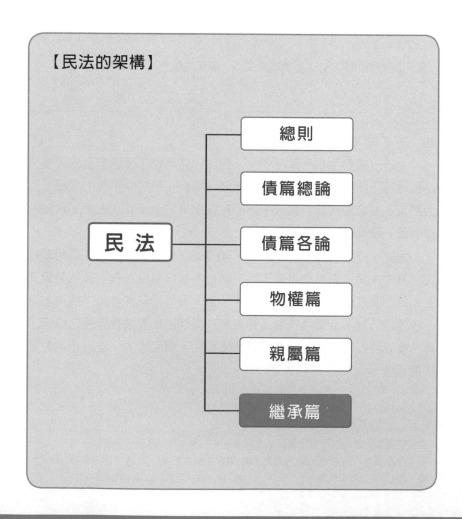

【民法的架構】

民　法

- 總則
- 債篇總論
- 債篇各論
- 物權篇
- 親屬篇
- 繼承篇

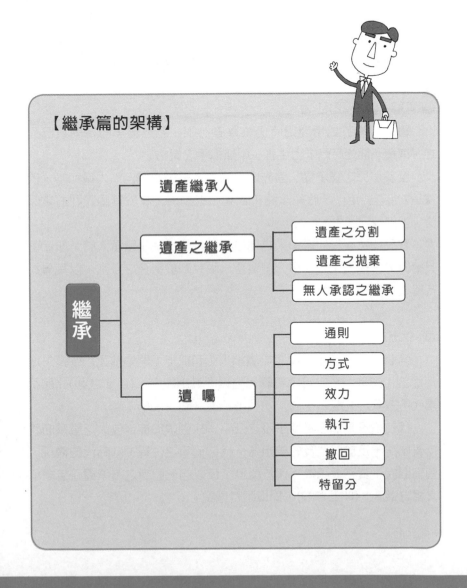

【繼承篇的架構】

繼承
├ 遺產繼承人
├ 遺產之繼承
│　├ 遺產之分割
│　├ 遺產之拋棄
│　└ 無人承認之繼承
└ 遺囑
　├ 通則
　├ 方式
　├ 效力
　├ 執行
　├ 撤回
　└ 特留分

遺產繼承人

● 繼承人與其繼承之順位

遺產繼承人,除配偶外,依下列順序定之:一、直系血親卑親屬。二、父母。三、兄弟姊妹。四、祖父母。(民§1138) 民法第1138條所定第一順序之繼承人,以親等近者為先。(民§1139)

● 同時存在原則

繼承人須於繼承開始時仍生存者為限,若於繼承開始前業已死亡,或繼承開始時尚未出生者,則無繼承之資格。

至於胎兒之繼承權,首先要先看民法總則有關自然人章節中,依據第7條之規定:「胎兒以將來非死產者為限,關於其個人利益之保護,視為既已出生。」

胎兒既然與其他繼承人之地位相同,故胎兒為繼承人時,非保留其應繼分,他繼承人不得分割遺產。胎兒關於遺產之分割,以其母為代理人。(民§1166)

● 代位繼承

第1138條所定第一順序之繼承人,有於繼承開始前死亡或喪失繼承權者,由其直系血親卑親屬代位繼承其應繼分。(民§1140)此即所謂代位繼承之規定。

代位繼承是為了維持子股之公平,故僅限於被代位人之直系血親卑親屬,不及於配偶及兄弟姐妹。代位繼承之性質,向有代位權說、固有權說,實務上認為「代位繼承,係以自己固有之繼承權直接繼承其祖之遺產」(32上1992),採取固有權說。

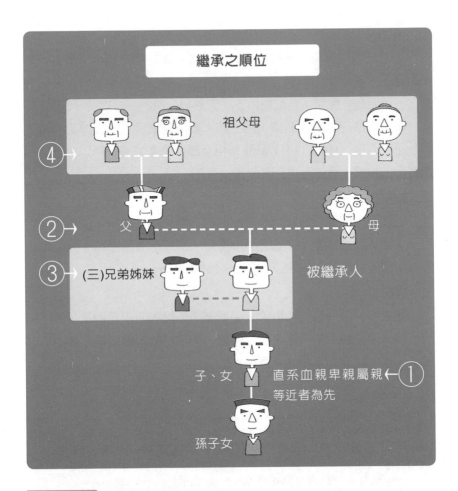

繼承之順位

祖父母

④→

②→　父　　　　母

③→(三)兄弟姊妹　　　被繼承人

子、女　　直系血親卑親屬親 ←①
　　　　等近者為先

孫子女

相關考題

下列何者為第一順序的法定繼承人？　(A)伯叔　(B)父母　(C)直系血親卑親屬　(D)兄弟姊妹　　　　　　　　　【98四等基層警察-法學緒論】	(C)
甲夫乙妻育有一子丙，若甲、丙同時死亡，則下列何者與乙同為第一順位之法定繼承人？　(A)甲之父母　(B)甲之兄弟　(C)丙之子女　(D)丙之配偶　　　　　　　　　【96三等退除役轉任-法學知識與英文】	(C)

● **應繼分**

　　應繼分，指繼承人對被繼承人所遺留財產之權利義務，應分得之一定比例。例如甲男育有二子，甲男死後，其二子之應繼分各為二分之一。若另有一配偶，則配偶與二子之應繼分為各三分之一。

　　同一順序之繼承人有數人時，按人數平均繼承。但法律另有規定者，不在此限。(民§1141)配偶有相互繼承遺產之權。所以，在計算應繼分的時候，應先看是否有配偶之存在。

一、無配偶

　　若沒有，則直接依據繼承之順序與人數，平均繼承。例如甲男有二子，甲男死後無配偶，遺產100萬元，則所留遺產由第一順位繼承人，即二子平均繼承，各二分之一，分得50萬元。

二、有配偶

　　如果有，第一順位的繼承人與配偶，依據人數平均繼承；其他順位，則先由配偶取得一定比例之應繼分，其餘的應繼財產，再由其他繼承人平均繼承。(參見右頁圖表)

> **相關考題**

甲有配偶乙，父母丙、丁，子女A、B、C，孫子女D、E，此外別無其他親屬。甲死亡時留下遺產120萬元，並未留下遺囑。請問依照民法規定，其遺產最後將如何分配？　(A)乙60萬元，丙、丁各30萬元　(B)A、B、C各40萬元　(C)乙30萬元，丙、丁各20萬元，A、B、C各10萬元，D、E各10萬元　(D)乙、A、B、C各30萬元　　　　　【99地方特考三等-法學知識與英文】	(D)
甲有配偶乙，父母丙、丁，兄弟姊妹A、B、C，此外別無其他親屬。甲死亡時留下遺產180萬元，並未留下遺囑。請問依照民法規定，其遺產最後將如何分配？　(A)乙、丙、丁各60萬　(B)乙90萬，丙、丁各45萬(C)乙90萬，A、B、C各30萬　(D)乙90萬，丙、丁、A、B、C各18萬　　　　　　　　　　　　　　【99地方特考四等-法學知識與英文】	(B)

應繼分順位與分配比例列表			
	配偶	其他繼承人	案例
第一順位	配偶與其他繼承人平均繼承		2名子女及配偶，共3人繼承。每人之應繼分為1/3。
第二順位	應繼分為1/2	扣除配偶之部分，按人數平均繼承	父母2人及配偶，共3人繼承。配偶1/2，父母平均分配另外的1/2，即各得1/4。
第三順位	應繼分為1/2	扣除配偶之部分，按人數平均繼承	兄弟姐妹3人及配偶，共4人繼承。配偶1/2，兄弟姐妹3人平均分配另外的1/2，即各得1/6。
第四順位	應繼分為2/3	扣除配偶之部分，按人數平均繼承	祖父母、外祖父母均在世，共4人繼承。配偶2/3，祖父母、外祖父母4人平均分配另外的1/3，即各得1/12。

相關考題

甲乙為夫妻，膝下無兒，甲之父母丙與丁均健在。某日，甲死亡，留下遺產100萬元。繼承人乙、丙、丁各可分得多少遺產？　(A)乙30萬元，丙 35萬元，丁35萬元　(B)乙40萬元，丙30萬元，丁30萬元　(C)乙50萬元，丙25萬元，丁25萬元　(D)乙60萬元，丙20萬元，丁20萬元 【102四等地方特考-民法概要】	(C)

繼承權之喪失

● **繼承權之喪失**

　　喪失繼承權，可分成當然失權與表示失權兩種。

　　所謂當然失權，是指只要符合法定原因，無庸繼承人為意思表示，即當然失去繼承權，又可分成絕對失權與相對失權。絕對失權，是指依據民法第1145條第1項第1款規定，指繼承人對於被繼承人或其他應繼承人，故意致死或雖未致死而受刑之宣告，即使被繼承人之宥恕亦同。相對失權，是指依據民法第1145條第1項第2至4款規定，妨礙遺囑自由形成之不正行為，或影響遺囑之真實性與可實現性屬之，此種類型與絕對失權之差異，在於被繼承人宥恕時，回復其繼承權。

　　表示失權，是指依據民法第1145條第2項規定，符合該款規定有重大虐待或侮辱之情事，還需要經過備繼承人為一定之意思表示，剝奪繼承人之繼承權，始生失去繼承權之效果。

● **遺囑之隱匿**

　　繼承人隱匿被繼承人關於繼承之遺囑者，依民法第1145條第1項第4款規定，喪失其繼承權。其立法目的，應在於尊重並確保被繼承人之真正意思得以實現，因此繼承人僅於以不正行為妨礙被繼承人之意思致無法實現者，始依法令其喪失繼承權。（臺灣高等法院96年度家上更(一)字第1號民事判決）

類　　　型	規　範　內　容	圖　示
民§1145 I ① 絕對失權	故意致被繼承人或應繼承人於死或雖未致死因而受刑之宣告者。	
民§1145 I ② 相對失權	以詐欺或脅迫使被繼承人為關於繼承之遺囑,或使其撤回或變更之者。	
民§1145 I ③ 相對失權	以詐欺或脅迫妨害被繼承人為關於繼承之遺囑,或妨害其撤回或變更之者。	
民§1145 I ④ 相對失權	偽造、變造、隱匿或湮滅被繼承人關於繼承之遺囑者。	
民§1145 I ⑤ 表示失權	對於被繼承人有重大之虐待或侮辱情事,經被繼承人表示其不得繼承者。	

上述第2款至第4款之規定,如經被繼承人宥恕者,其繼承權不喪失。

● **重大虐待或侮辱** (民§1145Ⅰ⑤)

重大虐待或侮辱中,所謂之虐待,謂與之身體或精神上痛苦之行為;所謂之侮辱,謂毀損他方人格價值之行為。(臺灣高等法院95年度家上字第248號民事判決)

第一順序之繼承人,如與其直系血親卑親屬,共同對被繼承人有重大之虐待或侮辱情事,經被繼承人表示其不得繼承者,該直系血親卑親屬亦應一併喪失其代位繼承之權利。(最高法院85年度台上字第2569號判決意旨參照)

● **繼承回復請求權**

繼承權被侵害者,被害人或其法定代理人得請求回復之。前項回復請求權,自知悉被侵害之時起,2年間不行使而消滅;自繼承開始時起逾10年者亦同。(民§1146)

所謂繼承權被侵害,須自命有繼承權之人獨自行使遺產上之權利,而置其他合法繼承人於不顧者,始足當之;又所謂繼承回復請求權,係指正當繼承人,請求確認其繼承資格及回復繼承標的物之權利而言。(最高法院51年台上字第2108號、53年台上字第592號、第1928號參照)

繼承權是否被侵害,應以繼承人繼承原因發生後,有無被他人否認其繼承資格並排除其對繼承財產之占有、管理或處分為斷。凡無繼承權而於繼承開始時或繼承開始後僭稱為真正繼承人或真正繼承人否認其他共同繼承人之繼承權,並排除其占有、管理或處分者,均屬繼承權之侵害,被害人或其法定代理人得依民法第1146條規定請求回復之,初不限於繼承開始時自命為繼承人而行使遺產上權利者,始為繼承權之侵害。(司法院大法官釋字第437號解釋)

（最高法院74年台上字第1870號）

相關考題

甲夫乙妻生子A、B、C，若甲死亡，下列何者得以繼承甲之遺產？　(A)故意致甲於死之A　(B)偽造甲遺囑之B　(C)於甲生前被他人收養之C　(D)於甲死後改嫁之乙　　　　　　　　　　　　【96調查特考-法學知識與英文】	（D）

限定繼承與拋棄繼承

● **限定繼承之概念**

　　有一名女學生小莉，因為父親過世後，接下其父親生前兩千多萬元的債務，為了避免拖累相交多年的男友而自殺身亡，這種悲劇在臺灣時常上演。

　　為避免類似情況不斷發生，故有限定繼承與拋棄繼承的制度，保障自己的權利，避免繼承了被繼承人之債務。舊法原規定繼承人得限定以因繼承所得之遺產，償還被繼承人之債務。(民§1153)

　　但因此民法第1148條第2項規定，對於債務之繼承，已經改採限定繼承，業已無另行規範限定繼承規定之必要，故予已刪除，只留下限定繼承方式之規定。

● **限定繼承之方式**

　　為限定之繼承者，應於繼承人知悉其得繼承之時起3個月內呈報法院。繼承人於知悉其得繼承之時起3個月內開具遺產清冊陳報法院。此一3個月期間，法院因繼承人之聲請，認為必要時，得延展之。

　　繼承人有數人時，其中一人已依第1項開具遺產清冊陳報法院者，其他繼承人視為已陳報。(民§1156) 債權人得向法院聲請命繼承人於3個月內提出遺產清冊。(民§1156-1 I)法院於知悉債權人以訴訟程序或非訟程序向繼承人請求清償繼承債務時，得依職權命繼承人於3個月內提出遺產清冊。(民§1156-1 II)

　　繼承人依第1156、1156-1條規定陳報法院時，法院應依公示催告程序公告，命被繼承人之債權人於一定期限內報明其債權，此期限不得在3個月以下。(民§1157)

　　在第1157條所定之一定期限屆滿後，繼承人對於在該一定期限內報明之債權及繼承人所已知之債權，及對於繼承開始時未屆清償期之債權，均應按其數額，比例計算，以遺產分別償還。但不得害及有優

先權人之利益。(民§1159) 繼承人非依前條規定償還債務後,不得對受遺贈人交付遺贈。(民§1160)

● **拋棄繼承之概念與程序**

　　所謂拋棄繼承,是指繼承人於繼承開始時或繼承開始後,依法定方式所為其無意立於繼承地位之意思表示。

　　繼承人得拋棄其繼承權,此乃繼承權拋棄自由之原則。(民§1174Ⅰ)

　　前項拋棄,應於知悉其得繼承之時起3個月內,以書面向法院為之。(民§1174Ⅱ)

　　拋棄繼承後,應以書面通知因其拋棄而應為繼承之人。但不能通知者,不在此限。(民§1174Ⅲ)

　　繼承之拋棄,溯及於繼承開始時發生效力。(民§1175)

● **拋棄繼承之遺產管理**

　　拋棄繼承權者,就其所管理之遺產,於其他繼承人或遺產管理人開始管理前,應與處理自己事務為同一之注意,繼續管理之。(民§1176-1)

相關考題

有關繼承人僅須以因繼承所得之遺產,償還被繼承人之債務的制度,在我國民法上稱為:　(A)限定繼承　(B)部分繼承　(C)債務不繼承　(D)清算繼承 【99第二次司法特考-法學知識與英文】	(A)
請問下列關於我國現行繼承新制之法定限定責任的敘述,何者正確?　(A)我國不再採取概括繼承主義　(B)只有未成年之繼承人方能主張法定限定責任　(C)繼承人對繼承債務不可能負無限清償責任　(D)繼承人於繼承開始前2年內,受有被繼承人之贈與者,該財產視為其所得遺產 【103四等地特-法學知識與英文】	(D)

● 遺產分割

遺產分割後，各繼承人按其所得部分，對於他繼承人因分割而得之遺產，負與出賣人同一之擔保責任。(民§1168)

遺產分割後，其未清償之被繼承人之債務，移歸一定之人承受，或劃歸各繼承人分擔，如經債權人同意者，各繼承人免除連帶責任。(民§1171 I)

繼承人之連帶責任，自遺產分割時起，如債權清償期在遺產分割後者，自清償期屆滿時起，經過5年而免除。(民§1171 II)

● 遺產酌給請求權

被繼承人生前繼續扶養之人，應由親屬會議依其所受扶養之程度及其他關係，酌給遺產。(民§1149)

相關考題　　**遺產酌給請求權**

甲之妻乙已過世，留下岳父丙獨居；甲每月匯款1千元予某公益團體評估需受助養的家境清寒兒童丁；甲尚有姑姑戊以及未成年的乾女兒（義女）己；甲每月各匯6千元予丙戊己作為生活費；甲若因車禍死亡後，下述何者不得請求遺產酌給？ (A)丙　(B)丁　(C)戊　(D)己 【109高考-法學知識與英文】	(B)

無人承認之繼承

● 無人承認繼承之概念

　　繼承開始時，繼承人之有無不明者，為讓繼承關係早日確定，應繼財產有所歸屬，民法特於第1177至1185條規定，規範無人承認繼承之法律關係與程序。

　　首先，應由親屬會議於1個月內選定遺產管理人，並將繼承開始及選定遺產管理人之事由，向法院報明。(民§1177) 其次，則開始搜索繼承人，法院應依公示催告程序，定6個月以上之期限，公告繼承人，命其於期限內承認繼承。(民§1178 I) 如於期限內，有繼承人承認繼承時，遺產管理人在繼承人承認繼承前所為之職務上行為，視為繼承人之代理。(民§1184)

● 遺產管理人之職務

　　遺產管理人之職務，包括一、編製遺產清冊。二、為保存遺產必要之處置。三、聲請法院依公示催告程序，限定1年以上之期間，公告被繼承人之債權人及受遺贈人，命其於該期間內報明債權及為願受遺贈與否之聲明，被繼承人之債權人及受遺贈人為管理人所已知者，應分別通知之。四、清償債權或交付遺贈物。五、有繼承人承認繼承或遺產歸屬國庫時，為遺產之移交。(民§1179)

● 剩餘財產之歸屬

　　民法第1178條所定之期限屆滿，無繼承人承認繼承時，其遺產於清償債權並交付遺贈物後，如有膁餘，歸屬國庫。(民§1185)

相關考題

無人承認之繼承，應由何人以遺產負責清償繼承債務？　(A)遺囑見證人　(B)遺囑保管人　(C)遺囑執行人　(D)遺產管理人　【104普考-法學知識與英文】	(D)

無人繼承之程序

誰是繼承人？

繼承人有無不明

他是管理人

親屬會議，選定遺產管理人

搜索繼承人

繼承人之職務

①編製遺產清冊
②保存遺產必要處置
③聲請法院公示催告債權人報明債權及受遺贈人願受遺贈與否之聲明
④清償債權或交付遺贈物
⑤遺產之移交

歸屬國庫

相關考題

依民法之規定，若無繼承人承認繼承時，其遺產於清償債權並交付遺贈物後，如有賸餘，應歸屬下列何者？　(A)慈善團體　(B)地方自治團體　(C)國庫　(D)親屬會議　　　　　　　　　　　　　　　【97普考-法學知識與英文】	（C）
甲死亡時未立遺囑而僅留下一棟房子，親人剩下叔父與同住的岳母。請問甲名下的房子應由誰取得？ (A)甲之叔父為三親等之旁系血親，可優先繼承甲之房屋 (B)甲之岳母為同住之直系姻親，而可優先繼承甲之房屋 (C)甲之叔父與岳母無法繼承甲之房屋，該屋應歸屬國庫 (D)甲之叔父與岳母為甲之血親與姻親，可共同繼承甲之房屋 　　　　　　　　　　　　　　　　　　　　【103高考-法學知識與英文】	（C）

遺囑

● 遺囑之基本概念

　　遺囑，是無相對人之單獨行為，並於遺囑人死亡始生效力。民法第75條前段之規定：「無行為能力人之意思表示，無效。」故無行為能力人，本不得為遺囑。(民§1186 I) 限制行為能力人，無須經法定代理人之允許，得為遺囑。但未滿16歲者，不得為遺囑。(民§1186 II)

　　遺囑人於不違反關於特留分規定之範圍內，得以遺囑自由處分遺產。(民§1187) 因此，不違反特留分規定之範圍所為之遺贈，繼承人不得拒絕履行。(51台上1416) 生前贈與的部分，則不受特留分規定之限制。(48台上371)

　　遺囑的方式，僅限於自書遺囑、公證遺囑、密封遺囑、代筆遺囑、口授遺囑等五種方式。(民§1189)

● 遺贈及死因贈與

　　按遺囑人依遺囑所為之遺贈，因依一方之意思表示即而成立，為屬無相對人之單獨行為，與死因贈與乃以贈與人之死亡而發生效力，並以受贈人於贈與人死亡時仍生存為停止條件之贈與，其為贈與之一種，性質上仍屬契約，須有雙方當事人意思表示之合致者迥然不同。(95台上817)

遺囑	單獨行為(無相對人)
死因贈與	契約(有相對人) 停止條件(受贈人於贈與人死亡仍生存)

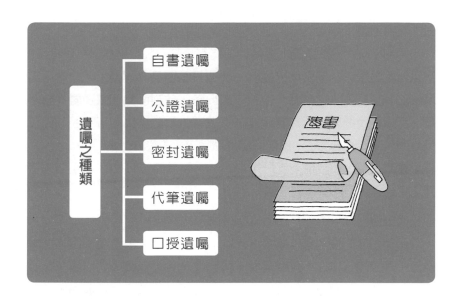

● 遺囑之種類

一、自書遺囑

　　自書遺囑者,應自書遺囑全文,記明年、月、日,並親自簽名;如有增減、塗改,應註明增減、塗改之處所及字數,另行簽名。(民§1190)

二、公證遺囑

　　公證遺囑,應指定2人以上之見證人,在公證人前口述遺囑意旨,由公證人筆記、宣讀、講解,經遺囑人認可後,記明年、月、日,由公證人、見證人及遺囑人同行簽名;遺囑人不能簽名者,由公證人將其事由記明,使按指印代之。

　　前項所定公證人之職務,在無公證人之地,得由法院書記官行之,僑民在中華民國領事駐在地為遺囑時,得由領事行之。(民§1191)

三、密封遺囑

　　密封遺囑，應於遺囑上簽名後，將其密封，於封縫處簽名，指定2人以上之見證人，向公證人提出，陳述其為自己之遺囑，如非本人自寫，並陳述繕寫人之姓名、住所，由公證人於封面記明該遺囑提出之年、月、日及遺囑人所為之陳述，與遺囑人及見證人同行簽名。民法第1191條第2項之規定，於前項情形準用之。（民§1192）

　　密封遺囑，不具備前條所定之方式，而具備第1190條所定自書遺囑之方式者，有自書遺囑之效力。（民§1193）

四、代筆遺囑

　　代筆遺囑，由遺囑人指定3人以上之見證人，由遺囑人口述遺囑意旨，使見證人中之1人筆記、宣讀、講解，經遺囑人認可後，記明年、月、日及代筆人之姓名，由見證人全體及遺囑人同行簽名，遺囑人不能簽名者，應按指印代之。（民§1194）

五、口授遺囑

　　遺囑人因生命危急或其他特殊情形，不能依其他方式為遺囑者，得依左列方式之一為口授遺囑：

　　(一) 由遺囑人指定2人以上之見證人，並口授遺囑意旨，由見證人中之一人，將該遺囑意旨，據實製成筆記，並記明年、月、日，與其他見證人同行簽名。

　　(二) 由遺囑人指定2人以上之見證人，並口授遺囑意旨、遺囑人姓名及年、月、日，由見證人全體口述遺囑之為真正及見證人姓名，全部予以錄音，將錄音帶當場密封，並記明年、月、日，由見證人全體在封縫處同行簽名。（民§1195）

　　口授遺囑，自遺囑人能依其他方式為遺囑之時起，經過 3 個月而失其效力。(民 § 1196) 口授遺囑，應由見證人中之 1 人或利害關係人，於為遺囑人死亡後 3 個月，提經親屬會議認定其真偽，對於親屬會議之認定如有異議，得聲請法院判定之。(民 § 1197)

相關考題

下列何者非屬民法所定方式之遺囑？　(A)共同遺囑　(B)密封遺囑　(C)代筆遺囑　(D)公證遺囑　　　　　　　　　　　　　【97基層警察-法學緒論】	(A)
密封遺囑不具備其所定方式者，依法得轉換為下列何種遺囑？　(A)自書遺囑　(B)公證遺囑　(C)代筆遺囑　(D)口授遺囑　　　【98普考-法學知識與英文】	(A)

特留分

● 特留分之概念

　　為保障繼承人之生活，及衡平被繼承人自由處分遺產之權利，民法要求必須保留一定財產之最低比例給繼承人，此一最低比例，即所謂的特留分。

　　特留分概括存在於被繼承人之全部遺產上，並非具體存在於各個標的物上，與應有部分乃各共有人對於具體物之所有權在分量上應享有之部分者，有所不同。(86台上2864)

　　繼承人之特留分，依下列規定：一、直系血親卑親屬之特留分，為其應繼分二分之一。二、父母之特留分，為其應繼分二分之一。三、配偶之特留分，為其應繼分二分之一。四、兄弟姊妹之特留分，為其應繼分三分之一。五、祖父母之特留分，為其應繼分三分之一。(民§1223)

● 特留分之扣減權

　　應得特留分之人，如因被繼承人所為之遺贈，致其應得之數不足者，得按其不足之數由遺贈財產扣減之。受遺贈人有數人時，應按其所得遺贈價額比例扣減。(民§1225)

　　關於扣減權之性質，學說有採物權形成說、債權形成說，以及債權說，實務上採物權形成說。

　　被繼承人因遺贈或應繼分之指定超過其所得自由處分財產之範圍，而致特留分權人應得之額不足特留分時，特留分扣減權利人得對扣減義務人行使扣減權，是扣減權在性質上屬於物權之形成權，經扣減權利人對扣減義務人行使扣減權者，於侵害特留分部分，即失其效力。故扣減權利人苟對扣減義務人行使扣減權，扣減之效果即已發生。(最高法院81台上1042號民事判決)

特留分 ＝〔(繼承開始時)被繼承人所有財產＋歸扣－債務〕＊特留分比例(民§1224)

相關考題

遺囑人所為之遺贈侵害繼承人之特留分時，特留分被侵害之人得向受遺贈人主張何種權利？　(A)歸扣　(B)扣還　(C)扣減　(D)扣除 【97海巡-法學知識與英文】	(C)
甲之親屬中，下列何者得主張甲遺產之特留分？　(A)甲之姪兒　(B)甲之兄弟　(C)甲之女婿　(D)甲之岳母 【98三等退除役轉任公務員及海巡-法學知識與英文】	(B)
遺產分割計算時，須先將遺產債務「扣還」，扣還之「債務」係指下列何者？　(A)被繼承人對於繼承人之債務　(B)繼承人對於被繼承人之債務　(C)繼承人對於繼承人之債務　(D)被繼承人對於受遺贈人之債務 【98三等司法特考-法學知識與英文】	(B)
夫妻若適用法定財產制，當其中一方死亡時，有關剩餘財產分配與遺產繼承之間的關係，下列敘述何者正確？　(A)死亡一方之婚後財產扣除應剩餘財產分配予他方之數額後，始為遺產繼承之標的　(B)死亡一方之婚後財產扣除他方之特留分之後，始為剩餘財產分配之標的　(C)死亡一方之婚前財產扣除應剩餘財產分配予他方之數額後，始為遺產繼承之標的　(D)死亡一方之婚前財產扣除他方之特留分之後，始為剩餘財產分配之標的 【99第二次司法特考-法學知識與英文】	(A)

章節大綱

　　刑法的出題率蠻高的，與民法的題數差不多，但是投資報酬率就高多了，因為刑法才三百多條，而民法的條文卻有一千多條，大約是刑法的四倍，所以刑法的考題範圍除了看本篇之外，也建議參考《圖解刑法：國家考試的第一本書》（十力文化）。

6-1

刑法簡介與架構

● 刑法的概念

　　刑法是實體法，規範犯罪類型與刑罰內容，藉由國家強制力的介入，促使人民遵守法令之法律。其功能為保護法益，包括國家法益、社會法益以及個人法益；其次，還能抑制犯罪發生、矯治犯罪者之行為等目的。刑法最嚴重的處罰為死刑，其他還包括自由刑；自由刑的部分最重則為無期徒刑，所以刑法是相對嚴苛的處罰。

　　刑法分為總則與分則，總則是規定刑法的基本原理原則，分則是針對各種具體犯罪行為加以規定。刑法第11條規定：「本法總則於其他法律有刑罰或保安處分之規定者，亦適用之。但其他法律有特別規定者，不在此限。」

　　一般人所瞭解的法律，大概就以刑法為主。許多電視上報導的社會新聞都跟刑法有關，例如強暴、色情、殺人等等，都會受到刑法的制裁，因為刑法中對這些犯罪行為都有嚴厲處罰，包括死刑和有期徒刑等等，或為防患未然而設立之保安處分制度。

● 我國刑法主要參考來源國

　　學習過刑法的學生，應該都會感覺到許多名稱引用之原文或相關案件不是德文就是日文，主要原因是我國很多學者來自於德國與日本。尤其是我國 (臺灣地區) 接受過日本統治，所以當年許多優秀的法律人才都前往日本取經，即便是現在也是如此。因為日本原就是向德國學習法律的概念，也有些學生直接前往德國學習法律，再加上德國是免學雜費，造就刑法體系中，德國、日本的學者是現今的主流，與商事法可能比較偏英美的情況有所不同。

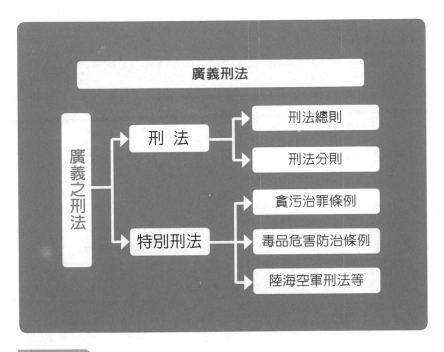

相關考題

民國24年公布施行的中華民國刑法，係以下列何國為參考依據？　(A)英國、俄國　(B)美國、英國　(C)俄國、日本　(D)德國、日本 【98三等司法特考-法學知識與英文】	（D）

6-2

刑法總則

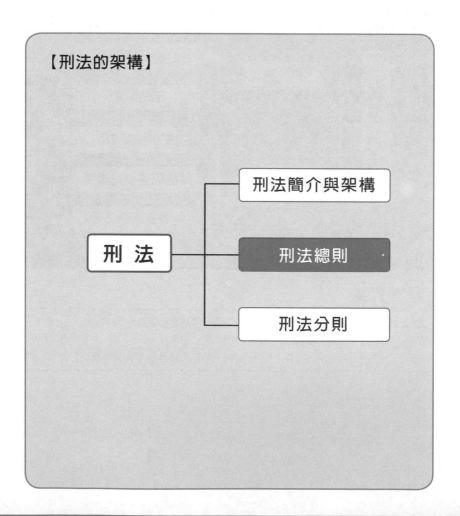

【刑法的架構】

刑 法
- 刑法簡介與架構
- 刑法總則
- 刑法分則

【刑法總則】

　　刑法總則是考題的重點所在，無論是罪刑法定主義、故意過失、因果關係、正當防衛、原因自由行為、刑罰之種類，都是經常出題的範圍，想要取得高分，培養刑法總則的實力是通過考試的基本功夫。

國外犯罪與屬人主義

● 屬地主義

　　我國法律採取屬地主義為原則，所以只要在中華民國領域內犯罪者，均適用我國刑法規定。如果是在中華民國的船艦或航空器犯罪，雖然是在中華民國領域外，也是屬於在中華民國領域犯罪。(刑§3)

● 國外犯罪之處罰

　　例外則採屬人主義、保護主義，及世界主義。

　　所謂「屬人主義」，是指本國人在本國領域內或領域外犯罪者，都應該適用本國刑法論處。例如公務員犯特定之瀆職罪、脫逃罪、偽造文書罪及侵占罪；一般國民犯第5、6條以外之犯罪，最輕本刑為3年以上之有期徒刑者，也適用之。(刑§7)

　　所謂「保護主義」，主要是為了保護本國的利益。例如內亂罪、外患罪、偽造貨幣罪、毒品罪，或是特定之妨害公務罪、公共危險罪、偽造有價證券罪、偽造文書罪、妨害自由罪、海盜罪。其次，在中華民國領域外對於中華民國人民犯罪之外國人，也適用第7條之規定。還有學者提出「世界主義」，為了要保護社會秩序與世界安寧為目的。例如第5條之規定，針對特定重大犯罪加以規範。

相關考題

中華民國人民在美國犯下列何種犯罪，仍有中華民國刑法的適用？　(A)偽造貨幣罪　(B)通姦罪　(C)普通傷害罪　(D)偽造私文書罪 【107普考-法學知識與英文】	(A)
涉外刑事案件得否適用我國刑法，可依據我國刑法第4條規定：「犯罪之行為或結果，有一在中華民國領域內者，為在中華民國領域內犯罪」判斷。試問本條文是採行何種原則？　(A)屬地主義　(B)屬人主義　(C)保護主義　(D)世界主義　　【101三等一般警察-法學知識與英文】	(A)
公務員於中華民國領域外，犯下列何罪，有我國刑法之適用？　(A)刑法第163條之脫逃罪　(B)刑法第339條之詐欺罪　(C)刑法第335條之侵占罪　(D)刑法第302條之妨害自由罪　【102五等地方特考一般民政-法學大意】	(A)

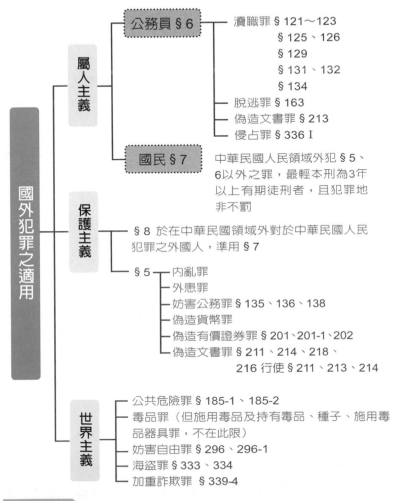

國外犯罪之適用

屬人主義
　公務員§6
　　瀆職罪§121～123
　　　§125、126
　　　§129
　　　§131、132
　　　§134
　　脫逃罪§163
　　偽造文書罪§213
　　侵占罪§336 I
　國民§7
　　中華民國人民領域外犯§5、6以外之罪，最輕本刑為3年以上有期徒刑者，且犯罪地非不罰

保護主義
　§8 於在中華民國領域外對於中華民國人民犯罪之外國人，準用§7
　§5
　　內亂罪
　　外患罪
　　妨害公務罪§135、136、138
　　偽造貨幣罪
　　偽造有價證券罪§201、201-1、202
　　偽造文書罪§211、214、218、216 行使§211、213、214

世界主義
　公共危險罪§185-1、185-2
　毒品罪（但施用毒品及持有毒品、種子、施用毒品器具罪，不在此限）
　妨害自由罪§296、296-1
　海盜罪§333、334
　加重詐欺罪§339-4

相關考題

下列有關我國刑法效力的敘述，何者錯誤？　(A)我國留學生在德國遭德國人殺害之事件，有我國刑法之適用　(B)我國國民在泰國販毒，經泰國法院裁判確定且服刑完畢，我國不得對同一行為再定罪　(C)犯罪發生在航行於公海之我國籍漁船，有我國刑法之適用　(D)我國公務員於日本犯公務侵占罪，有我國刑法之適用　【111普考-法學知識與英文】	（B）

罪刑法定主義

● 罪刑法定主義之概念

我國古法有所謂的「無正條不為罪」，也就是沒有法律規定為依據，不能定別人的罪名。希特勒為了實施獨裁體制，拒絕適用罪刑法定主義。

因此，為了避免上位者或獨立的司法體系擅自侵害人民權益，我國刑法也有罪刑法定主義之規定。其規定為刑法第1條內容：「行為之處罰，以行為時之法律有明文規定者，為限。拘束人身自由之保安處分，亦同。」條文中所謂「行為之處罰」，例如刑法第271條殺人罪規定：「殺人者，處死刑、無期徒刑或10年以上有期徒刑。」

首先，假設殺人法律不屬於刑法所規定的犯罪類型，則殺人也不能夠透過法律的機制加以處罰。

其次，法律也不能規定「殺人者，處罰之」，而沒有具體的法定刑範圍。因為，這種規定將導致法院在判處殺人犯之刑責時，沒有一定科刑的範圍作為依據，而得以恣意為之，如果法官與當事人關係良好，可能只判處1年有期徒刑；如果關係不好，則動輒死刑論處，並非法治國家所應有之狀況。

● 罪刑法定主義之內涵

罪刑法定主義之內涵，除了前述法律主義外，也就是(1)行為之處罰要由法律明文加以規定；其次，還包括(2)禁止類推適用、(3)禁止溯及既往、(4)禁止絕對不定期刑。

● 類推適用禁止之概念

類推適用，是指超過法條之本意，逾越法條所可以適用的範圍，藉此填補立法上的漏洞。

　　司法機關只能依據立法機關所制定的法律，對於犯罪行為人不得比附援引類似的條文內容加以論罪科刑，作為新創或擴張行為人可罰之範圍，或加重其刑罰、保安處分之結果。類推適用與解釋不同之處，在於解釋只是為了明確界定法律條文之疑義，進而達到正確無誤地適用法律，故兩者並不相同。

　　傳統採取嚴格罪刑法定主義，沒有類推適用的空間，也讓法律窒礙難行。今採限縮的類推禁止原則，只有在對於有利行為人者，則得以類推適用。

　　例如：「他案監聽」不能類推適用「另案扣押」規定，而違反著作權法之罪，非屬行為時通訊保障及監察法。(97台上3616)

● **不溯及既往原則**

　　法律並非一成不變，隨時會因為立法機關之三讀而變更其規範之內容。因此，若行為後法律有變更時，該適用行為時的法律，還是裁判時的法律，就成為一項重要的課題。

　　基本上，人民對於法律有期待性及信賴保護原則，對於事後變更的法律，不能溯及適用先前的行為。

　　假設民國100年7月1日修正刑法規定，制定吸菸者，處2年以下有期徒刑。本條規定只適用於本規定修正後的吸菸行為，修正前即便有吸菸的行為，也不是本條規定的範疇。

相關考題

下列何種情形適用我國刑法處罰？　(A)我國人在外國對外國人犯刑法第 320 條之竊盜罪　(B)我國人在外國犯刑法第237條之重婚罪　(C)外國人在外國對我國人犯刑法第325條之搶奪罪　(D)外國人在外國犯刑法第296-1之買賣人口罪　　　　　　　　　　　　　【111高考-法學知識與英文】	(D)

從舊從輕原則

　　法律，必須隨著時代的發展而變動。然而，法律的變動，有時候會產生行為時與裁判時之法律有所不同。

　　原則上適用從舊原則，依據刑法第2條第1項之本文：「行為後法律有變更者，適用行為時之法律。」也就是事後法律的變動，原則上不會影響到行為時處罰的依據，以符合罪刑法定主義之概念。

　　例外，則採從輕主義，刑法第2條第1項之但書：「但行為後之法律有利於行為人者，適用最有利於行為人之法律。」

　　例如，假設甲為侵占行為時，刑法對於侵占罪之處罰為3年以下有期徒刑，法院要裁判時，法律修正為1年以下有期徒刑，原則上基於法令從舊，本應適用3年以下有期徒刑之處罰；然而我國採取從舊從輕主義，如果修正前之處罰較重，對於行為人較為有利，則應適用裁判時之法律。

相關考題　　罪刑法定主義之派生原則	
下列何者非罪刑法定原則之下位原則？　(A)禁止類推原則　(B)習慣法禁止原則　(C)回溯禁止原則　(D)無罪推定　　【98普考-法學知識與英文】	(D)
罪刑法定主義下包含之「法律不溯及既往」是基於何項原則產生？　(A)法律優位原則　(B)明確性原則　(C)平等原則　(D)信賴保護原則　　【98四等司法特考-法學知識與英文】	(D)
對於行為後法律有變更的情形，我國刑法第2條第1項採取何種處理原則？　(A)從新原則　(B)從重原則　(C)從舊從輕原則　(D)從新從重原則　　【103普考-法學知識與英文】	(C)

相關考題　不溯及既往原則

一項法律對於其未施行前所發生的具體案件，原則上不可加以適用，此原則稱為：　(A)法律溯及既往原則　(B)法律不溯及既往原則　(C)從新從優原則　(D)一體適用原則　【98四等司法特考-法學知識與英文】	(B)
關於刑法適用之敘述，下列何者錯誤？　(A)行為之處罰，以行為時之法律有明文規定者為限　(B)行為後法律有變更者，適用裁判時之法律　(C)非拘束人身自由之保安處分，適用裁判時之法律　(D)刑法之法律漏洞不得以類推適用方法加以補充　【99四等海巡-法學知識與英文】	(B)
刑法第2條第1項規定：「行為後法律有變更者，適用行為時之法律。但行為後之法律有利於行為人者，適用最有利於行為人之法律。」此項立法是採以下何種原則？　(A)從新原則　(B)從舊從輕原則　(C)從舊原則　(D)從重原則　【98調查局-法學知識與英文】	(B)
關於法律時的效力，下列敘述何者正確？　(A)立法機關制定溯及既往之法律時，應兼顧既得權的保障　(B)法律不溯既往原則僅適用於刑事法律　(C)新法優於舊法的原則並無例外　(D)法律定有施行期限者，期滿仍應經立法院通過廢止案，始喪失效力　【99高考三級-法學知識與英文】	(A)
「法律只適用於其有效施行後的事件」，此敘述在於說明那一個法律原則？　(A)私法自治原則　(B)誠信原則　(C)法律不溯及既往原則　(D)從新從優原則　【99地方特考四等-法學知識與英文】	(C)
下列關於溯及既往之敘述，何者錯誤？　(A)禁止溯及既往為法律適用上之原則　(B)禁止溯及既往亦為立法上之原則　(C)禁止溯及既往為刑法罪刑法定主義內涵之一　(D)禁止溯及既往之目的在於維持法律之安定性　【99鐵路高員三級人事行政-法學知識與英文】	(B)

公務員

● 定義

稱公務員者，謂下列人員：(刑§10 Ⅱ)

一、依法令服務於國家、地方自治團體所屬機關而具有法定職務權限，以及其他依法令從事於公共事務，而具有法定職務權限者。

二、受國家、地方自治團體所屬機關依法委託，從事與委託機關權限有關之公共事務者。

常見比較多的爭議，像是公立醫院的醫師、公立學校教師，如果只是單純民事上的醫療行為、教授學生行為，與公權力的執行沒有關係，非屬公務員。其次像是火車站售票人員，只是單純買賣票務的私經濟行為，也與公權力的執行沒有關係，亦非屬公務員。

● 軍醫醫院的體檢報告書

依照上揭行政命令（國防部國軍人員體格檢查作業規定）而從事攸關公共事務（國軍整體戰力）體格檢查之軍醫師，隸屬國防部軍醫局，具有一定之職務權限，屬於刑法第10條第2項第1款後段之授權公務員（其他依法令從事於公共事務，而具有法定職務權限者），其因此製作之國軍人員年度體檢報告表為公文書，至於與此無關之一般診斷證明書、普通人民健康檢查報告或巴氏量表等類，則為私文書，不應混淆。(103台上1741判決)

● 公立大學教授接受委託研究辦理採購事項

公立大學教授接受委託研究辦理採購事項，不是刑法上的公務員；教授如有以不實發票詐領補助研究款私用等不法行為，將不構成貪污罪，而是以刑法的詐欺、偽造文書等罪處罰。(最高法院103年度第13次刑事庭會議決議)

相關考題　　**公務員**

刑法第 122 條第 1 項規定「公務員或仲裁人對於違背職務之行為，要求、期約或收受賄賂，或其他不正利益者，處 3 年以上 10 年以下有期徒刑，得併科 200 萬元以下罰金。」下列何者並非本條之「公務員」？ (A)取締違規之交通警察　　(B)戶政事務所承辦戶籍登記案件之人員　　(C)公立醫院負責看診之醫生　　(D)民選之縣市議會議員 【102三等地方特考-法學知識與英文】	(C)
下列何者不屬於刑法上之公務員？　　(A)授權公務員　(B)身分公務員　(C)委辦公務員　(D)委託公務員　　【102五等地方特考一般行政-法學大意】	(C)

● **重傷**

　　稱重傷者，謂下列傷害：(刑 § 10 IV)

　　一、毀敗或嚴重減損一目或二目之視能。

　　二、毀敗或嚴重減損一耳或二耳之聽能。

　　三、毀敗或嚴重減損語能、味能或嗅能。

　　四、毀敗或嚴重減損一肢以上之機能。

　　五、毀敗或嚴重減損生殖之機能。

　　六、其他於身體或健康，有重大不治或難治之傷害。

相關考題　　**重傷**

下列行為之結果，何者非刑法第 10 條第 4 項所稱之重傷？　　(A)甲覺得惡作劇很有趣，拿擴音設備在乙之耳邊大喊，致乙雙耳耳膜破裂失聰　　(B)甲乙打架，將乙的頭髮，幾乎全部拔光　　(C)甲將乙的左手大拇指、食指、中指砍斷　　(D)甲開車將乙撞成植物人　　【107高考-法學知識與英文】	(B)

刑罰之種類

● 刑罰之概念

人類歷史上曾出現各式各樣的特殊刑罰，例如宮刑、鞭刑、遊街示眾、挖眼、砍手腳等。執行的方式上也是千奇百怪，以死刑為例，有五馬分屍、吊刑、注射毒劑、電椅等等。目前的刑罰，可分成主刑及從刑兩種。主刑，是指可以獨立科處的刑罰，包括死刑、無期徒刑、有期徒刑、拘役及罰金；從刑，是指附加於主刑所科處的刑罰，包括褫奪公權。

● 主刑

主刑包括下列四種類型：

一、死刑：乃指剝奪犯罪者生命的刑罰。(刑§33 ①)

二、自由刑：可分為無期徒刑、有期徒刑及拘役，是指在一定期間內，將犯罪者拘禁於監獄。

　　(一) 無期徒刑：乃指將受刑人永遠禁錮於監獄中之一種刑罰，但若遇有假釋之機會，仍有可能享有釋放之機會。(刑§33 ②)

　　(二) 有期徒刑：乃指於一定期間內，將受刑人禁錮於監獄中之一種刑罰。其期間為2月以上15年以下。但遇有加減時，得減至2月未滿，或加至20年。(刑§33 ③)

　　(三) 拘役：將受刑人禁錮於監獄中一定期間之處罰，其期間較有期徒刑為短，為1日以上，60日未滿。但遇有加重時，得加至120日。(刑§33 ④)

三、罰金：要求受刑人繳納一定金錢，作為處罰之方式。處罰之金額從新臺幣1,000元以上，以百元計算之。(刑§33 ⑤)

四、沒收。

● 從刑

從刑，只剩下褫奪公權。剝奪犯罪者擔任公務員或為公職候選人之資格，屬於從刑之一種。(刑§36)

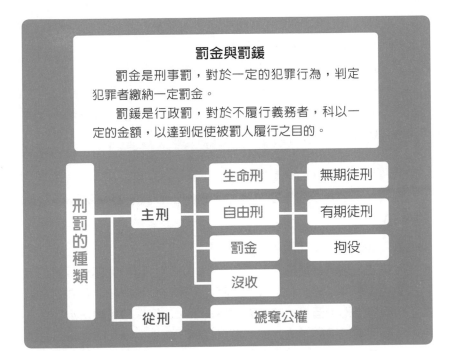

罰金與罰鍰

　　罰金是刑事罰，對於一定的犯罪行為，判定犯罪者繳納一定罰金。

　　罰鍰是行政罰，對於不履行義務者，科以一定的金額，以達到促使被罰人履行之目的。

刑罰的種類
- 主刑
  - 生命刑
  - 自由刑
    - 無期徒刑
    - 有期徒刑
    - 拘役
  - 罰金
  - 沒收
- 從刑
  - 褫奪公權

● 沒收

　　違禁物，不問屬於犯罪行為人與否，沒收之。(刑§38Ⅰ)

　　供犯罪所用、犯罪預備之物或犯罪所生之物，屬於犯罪行為人者，得沒收之。但有特別規定者，依其規定。(刑§38Ⅱ)

　　前項之物屬於犯罪行為人以外之自然人、法人或非法人團體，而無正當理由提供或取得者，得沒收之。但有特別規定者，依其規定。(刑§38Ⅲ)

　　前二項之沒收，於全部或一部不能沒收或不宜執行沒收時，追徵其價額。(刑§38Ⅳ)

　　犯罪所得，屬於犯罪行為人者，沒收之。但有特別規定者，依其規定。(刑§38-1Ⅰ)

　　犯罪行為人以外之自然人、法人或非法人團體，因下列情形之一取得犯罪所得者，亦同：(刑§38-1Ⅱ)

一、明知他人違法行為而取得。

二、因他人違法行為而無償或以顯不相當之對價取得。

三、犯罪行為人為他人實行違法行為，他人因而取得。

前二項之沒收，於全部或一部不能沒收或不宜執行沒收時，追徵其價額。(刑§38-1 Ⅲ)

第一項及第二項之犯罪所得，包括違法行為所得、其變得之物或財產上利益及其孳息。(刑§38-1 Ⅳ)

犯罪所得已實際合法發還被害人者，不予宣告沒收或追徵。(刑§38-1 Ⅴ)

● 法定刑、宣告刑及執行刑

所謂法定刑，是指法律上抽象規定之刑罰，目前我國以相對法定刑為原則，也就是給予一定科刑之範圍，讓審判者得在此範圍內，斟酌考量其宣告刑。但是，在例外的情況下，亦有採取絕對法定刑之法制。我國目前最嚴厲之法定刑，當處死刑、無期徒刑，例如毒品危害防制條例第4條第1項前段規定：「製造、運輸、販賣第一級毒品者，處死刑或無期徒刑。」。

所謂宣告刑，是指審判者於法定刑之範圍內，參酌被告之犯罪態樣與考量相關因素，所對外宣示之刑罰結果。例如前開毒品危害防制條例之規定，對於運輸毒品之某甲，法官認為某甲只是為了貪圖10萬元之運輸代價，尚不至於科處死刑，遂宣告處以無期徒刑，此即宣告刑。

所謂執行刑，是指判決確定後，受刑人最後執行之刑罰。

● 行為犯與結果犯

行為犯，只要著手構成要件行為，即可達既遂狀態；結果犯，除完成構成要件行為之外，尚須發生法益侵害之結果。

相關考題

下列何種刑罰為我國刑法所無？　(A)生命刑　(B)身體刑　(C)自由刑　(D)財產刑　　　　　　　　　　　　【99三等第一次司法人員-法學知識與英文】	(B)

相關考題

下列何者屬於對法人科處之刑罰種類？　(A)無期徒刑　(B)有期徒刑　(C)死刑　(D)罰金　【99四等關務-法學知識】	(D)
以下關於罰金刑之敘述，何者錯誤？　(A)罰金刑是主刑　(B)罰金刑是財產刑　(C)罰金刑的缺點是刑罰發生錯誤時，不易補救　(D)罰金刑的刑罰成本最低　【99四等關務-法學知識】	(C)
甲偽造了一批千元新臺幣，依刑法規定，沒收之依據為何？　(A)違禁物　(B)供犯罪所用或犯罪預備之物　(C)因犯罪所生之物　(D)因犯罪所得之物　【99地方特考四等-法學知識與英文】	(C)

相關考題　從刑

遺關於刑法褫奪公權之規定，下列敘述，何者錯誤？　(A)宣告無期徒刑者，宣告褫奪公權終身　(B)褫奪公權者，不得為公務員，但可參選民意代表　(C)褫奪公權，應於裁判時併為宣告　(D)褫奪公權之性質為從刑　【101高考-法學知識與英文】	(B)

相關考題　易服社會勞動服務

刑法第 41 條關於易服社會勞動之規定，下列敘述，何者錯誤？　(A)依規定得易科罰金，而未聲請易科罰金者，得易服社會勞動　(B)服社會勞動每 8 小時折抵 1 日　(C)易服社會勞動之履行期間，不得逾 1 年　(D)因身心健康而執行顯有困難者，不得易服社會勞動　【102司特五等-法學大意】	(B)

相關考題　刑法三階論

犯罪成立的判斷，通說採取三階段的檢驗，下列何者非檢驗要件？　(A)構成要件該當　(B)消極構成要件要素　(C)違法性　(D)有責性　【107普考-法學知識與英文】	(B)

相關考題　行為犯與結果犯

下列有關刑法第135條妨害公務罪的敘述，何者錯誤？　(A)本罪以所執行之公務遭妨礙為結果，屬結果犯　(B)本罪不限定行為主體資格，故為一般犯　(C)本罪另設有致公務員於死、致重傷之加重結果犯規定　(D)公務員執行職務時，協助開門鎖的業者，並非本罪所稱的公務員　【111高考-法學知識與英文】	(A)

故意與過失

● 故意與過失

　　行為非出於故意或過失者，不罰。(刑§12Ⅰ) 過失行為之處罰，以有特別規定者，為限。(刑§12Ⅱ)

● 故意犯

一、直接故意：行為人對於構成犯罪之事實，明知並有意使其發生者，為故意。(刑§13Ⅰ)

二、間接故意：行為人對於構成犯罪之事實，預見其發生而其發生並不違背其本意者，以故意論。(刑§13Ⅱ)

● 過失犯

一、無認識過失：行為人雖非故意。但按其情節應注意，並能注意，而不注意者，為過失。(刑§14Ⅰ)

二、有認識過失：行為人對於構成犯罪之事實，雖預見其能發生而確信其不發生者，以過失論。(刑§14Ⅱ)

相關考題

下列關於刑事責任之敘述，何者正確？　(A)故意行為之處罰，以有特別規定者，為限　(B)行為人對於構成犯罪之事實，預見其發生而其發生並不違背其本意者，以過失論　(C)行為人對於構成犯罪之事實，雖預見其能發生而確信其不發生者，以故意論　(D)除有正當理由而無法避免者外，不得因不知法律而免除刑事責任　　【102四等地方特考-法學知識與英文】

（D）

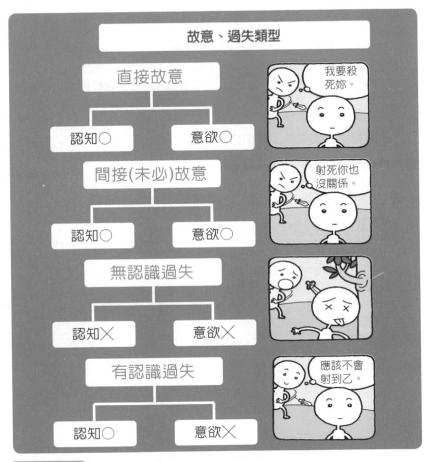

下列有關過失之敘述，何者錯誤？　(A)過失行為之處罰，以有特別規定者，為限　(B)行為人對於構成犯罪之事實，雖預見其發生而確信其不發生者，行為人具備有認識過失　(C)公務員若一時失察，不慎將不實之事項登載於職務上所掌之公文書，足生損害於公眾或他人者，不受刑事制裁　(D)刑法上的過失，除了有認識過失和無認識過失之外，還包含重大過失和業務過失　(D)

【99四等基警行政警察-法學緒論】

關於刑法第12條所規定之「行為非出於故意或過失者，不罰。過失行為之處罰，以有特別規定者，為限。」下列敘述，何者錯誤？ (A)刑法以處罰故意犯為原則 (B)刑法不處罰過失行為 (C)故意犯罪行為應處罰 (D)過失行為有規定才罰 　　　　　　　　　　　　　　　【109普考-法學知識與英文】　(B)

●相當因果關係

　　所謂相當因果關係，係指依經驗法則，綜合行為當時所存在之一切事實，為客觀之事後審查，認為在一般情形下，有此環境、有此行為之同一條件，均可發生同一之結果者，則該條件即為發生結果之相當條件，行為與結果即有相當之因果關係。(76台上192)

　相當因果關係

關於相當因果關係理論，依我國實務見解，下列敘述何者正確？ (A)相當因果關係，係依經驗法則為判斷 (B)相當因果關係，係依客觀之事中審查而定 (C)偶然事實亦可認定具有相當因果關係 (D)相當因果關係係以行為人主觀認知而定 　　　　　　　　　　　　【111高考-法學知識與英文】　(A)

不作為犯

● 不作為犯之基本概念

　　不作為犯，是指行為人以消極不作為之方式進行犯罪，類型包括純正不作為犯，以及不純正不作為犯。

● 純正不作為犯

　　純正不作為犯，是指以消極不作為之方式，觸犯構成要件為不作為之犯罪，例如刑法第306條無故不退去罪、第149條聚眾不解散罪、第185-4條肇事逃逸罪。

【邱毅衝撞地檢署案】
　　邱毅帶領群眾向檢方抗爭、衝撞法院大門，經舉牌三次仍不解散，違反集會遊行法第29條聚眾不解散等罪，遭法院判處有期徒刑1年2月。

● 不純正不作為犯

是指以不作為之方式，犯得以作為成立犯罪之罪名。行為人必須具備一定作為義務者，並為一定消極之不作為，成立不純正不作為犯。例如：生母拿刀殺嬰兒，屬於生母殺嬰罪 (刑§274 I) 之作為犯；生母有餵養嬰兒的義務，不餵乳給嬰兒喝，雖然沒有殺的作為，但仍會導致嬰兒死亡，成立生母殺嬰罪之不作為犯。(也會成立保護責任者遺棄致死或重傷罪)

● 保證人地位

不純正不作為犯，行為人必須居於「保證人地位」，防止結果發生之義務。包括刑法第15條第1項規定：「對於犯罪結果之發生，法律上有防止之義務，能防止而不防止者，與因積極行為發生結果者同。」條文中所謂之「法律上有防止之義務」，如父母對於子女之保護教養義務、救生員與泳客、高峰登山的隊員之間成立危險共同體之關係。

另外還有所謂的「危險前行為」，也就是行為人所為之前行為，具有導致結果發生之急迫危險，且須具備違反保護他人法益之義務違反性，所產生之保證人地位。例如甲君追打乙君至海邊，乙君迫不得已跳水而溺斃，甲君可以救起乙君，卻坐視不管，眼睜睜看著乙君溺斃。某甲具有危險前行為，對乙君成立殺人罪之不純正不作為犯。刑法第15條第2項規定：「因自己行為致有發生犯罪結果之危險者，負防止其發生之義務。」

相關考題

下列何者在刑法上仍須處罰？　(A)幻覺犯　(B)迷信犯　(C)不能犯　(D)不作為犯　　　　　　　　　　　　　　　【99四等基警行政警察-法學緒論】	(D)
刑法第15條第1項規定：「對於犯罪結果之發生，法律上有防止之義務，能防止而不防止者，與因積極行為發生結果者同。」此項所謂之「對於犯罪結果之發生，法律上有防止之義務」，學說上如何稱呼？　(A)客觀注意義務 (B)主觀注意義務　(C)客觀歸責　(D)保證人地位　　　　　　　　　　　　　　　　　　　　　　　【98四等司法特考-法學知識與英文】	(D)

法定阻卻違法事由

● 違法性之概念

　　構成要件行為經過價值判斷後，若認為與法規範具備對立衝突性者，就認為該行為具備形式上之違法性。換言之，即便是構成要件該當之行為，雖具有形式上之違法性，但並不是一切的違法行為都成立犯罪。例如執行槍決的劊子手，雖然形式上觸犯殺人罪，但其所為是依法令之行為，不具備違法性。

一、形式違法性

　　行為具備構成要件該當性時，形式上就具備違法性。

二、實質違法性

　　實質違法性，不單單只是違反法律規範，還須有危害社會之行為。行為雖適合於犯罪構成要件之規定，但如無實質之違法性時，仍難成立犯罪。(74台上4225)

● 阻卻違法事由

　　探討完形式違法性以及實質違法性之概念後，進一步要分析有無阻卻違法事由。所謂阻卻違法事由，是指因一定事由之存在，而否定構成要件該當行為之違法性。包括「法定阻卻違法事由」以及「超法規阻卻違法事由」。

　　法定阻卻違法事由，法律明文規定，認為不具備違法性之事由。包括正當防衛、緊急避難、依法令之行為、公務員依上級命令之職務上行為、業務上之正當行為。超法規阻卻違法事由，是指法律雖未明文規定得以阻卻行為之違法；但是，依據法理，其行為仍得以阻卻違法，包括被害人之同意或承諾、推測承諾，以及義務衝突。

三階論之違法性內涵							
第一階：構成要件							
第二階：違法性	法定阻卻違法事由				超法規阻卻違法事由		
	正當防衛	緊急避難	依法令之行為	公務員依上級命令之職務行為	業務上之正當行為	被害人之同意或承諾	推測承諾	義務衝突
第三階：有責性							

相關考題　阻卻違法事由

下列何者非我國刑法上之法定阻卻違法事由？　(A)義務衝突　(B)依法令之行為　(C)業務上之正當行為　(D)正當防衛　【98普考-法學知識與英文】	(A)
下列何者非刑法上的阻卻違法事由？　(A)逮捕現行犯　(B)自助行為　(C)業務上的正當行為　(D)他人間接強制　【98三等地方特考-法學知識與英文】	(D)
裝修工人甲受屋主乙委託，將乙宅的圍牆拆除，甲的拆除行為不構成毀損罪是因為：　(A)客觀處罰條件未成就　(B)具備阻卻罪責（責任）事由　(C)欠缺刑法上的行為　(D)具備排除違法性事由　【103四等司特-法學知識與英文】	(D)
「醫師甲為了搶救病患乙，抽了不知情之病人丙的血，並為昏迷中之乙開刀」，上述行為與下列何種阻卻違法事由無關？　(A)正當防衛　(B)被害者的承諾　(C)緊急避難　(D)業務上正當行為　【99地方特考三等-法學知識與英文】	(A)

正當防衛與緊急避難

● 正當防衛之概念

對於現在不法之侵害，而出於防衛自己或他人權利之行為，稱之為正當防衛。依據刑法第23條本文規定，正當防衛之行為，不罰。正當防衛是「正對不正」的關係，也就是說侵害必須是不法，方能成為防衛自己或他人權利之正當化基礎。如果進行反擊行為，波及第三人時，因為第三人並非不法之侵害，非屬不正之狀態，此時屬於「正對正」的關係，應依據緊急避難之規定處理。

● 正當防衛之要件

一、客觀上存在緊急防衛之情況

　　(一)侵害權利行為：限於人的行為，但如果是動物遭人所挑撥者，例如甲命其愛犬咬乙，乙拿木棍擊斃甲之愛犬，仍可主張正當防衛。

　　(二)現在侵害：侵害或攻擊即將發生，或業已開始且持續進行中。例如甲腰間插上一根棍子，乙看到之後，覺得甲是要來殺自己，遂拿刀將甲刺死。因為甲只是帶棍子在身，根本沒有現在不法的侵害，某乙不能主張正當防衛。

　　(三)不法侵害權利：是指具有違法性的行為侵害被害人之權利。

二、實施緊急防衛行為

　　緊急的防衛行為，從客觀上加以觀察，必須必要且不過當。

三、防衛行為須出於防衛之意思

　　主觀上是出自於防衛者的防衛意思。

不法侵害　　侵害權利行為

刑法第23條

對於 現在 不法 之 侵害，而出於防衛自己或他人權利之 行為，不罰。

現在侵害　　防衛意思　　實施緊急防衛行為

防衛權濫用
　　防衛權的濫用，如果只是輕微的侵害，則不得主張正當防衛。
　　例如A女手無縛雞之力，攻擊強壯的B男，B男持木棍反擊，顯然攻擊與防禦行為不符合比例原則。

● 互毆與正當防衛

　　雙方互相使用暴力攻擊，導致死傷結果之行為。常見的情況都是臨時起意的偶然互毆，此種情況若當事人具有防衛的意思，且互毆行為間仍具有「正對不正」的關係，仍然可以主張正當防衛。但是，有時候是行為人雙方預先約定在特定之時間地點互毆，則因為此種行為不被我國法律所允許，互毆則屬於「不正對不正」，不能主張正當防衛。

● 緊急避難之概念

避難行為，是指行為人在緊急危難的情況下，為了避免自己或他人生命、身體、自由、財產之現時危險，而出於不得已之侵害他人行為。

依據刑法第24條規定：「因避免自己或他人生命、身體、自由、財產之緊急危難而出於不得已之行為，不罰，但避難行為過當者，得減輕或免除其刑。前項關於避免自己危難之規定，於公務上或業務上有特別義務者，不適用之。」

如果緊急避難所保全的法益，相當於或大於所侵害的法益，基於法益權衡之角度，緊急避難行為阻卻違法。

例如為了救助他人的生命，而擊破、毀壞他人的車輛，因為生命法益優先於財產法益，所以得以阻卻違法。反之，如果所侵害的法益，明顯超過所要保護的法益，則僅減免罪責，而不能阻卻違法。例如甲為保護自己的珠寶，避免因為火災而毀損，遂將珠寶從高處推落，竟將樓下經過的乙砸死，從法益權衡的角度，甲不能主張緊急避難而阻卻違法。

● 自招危難

危難是由行為人本身所引起，例如故意激怒鄰居的狼犬，待其攻擊時再予以殺害，並主張緊急避難。實務上認為，緊急避難須非出於行為人之故意或過失為前提，如果是行為人本身故意或過失行為所引起，不能主張緊急避難。(59台上2505) 但仍有見解認為即便因自己過失犯行所造成之嚴重後果，如未定期維修之車輛煞車失控，不得已撞民宅以避免撞人，任何理智之人應會作出相同之選擇。因此，是否能主張緊急避難，關鍵點在於利益衡量。

● 自助行為

　　來不及尋求法律公權力之援助,而為了保護自己權利,對於他人之自由或財產施以拘束、押收或毀損者,不必負刑事責任。如依據民法第151條規定:「為保護自己權利,對於他人之自由或財產施以拘束、押收或毀損者,不負損害賠償之責。但以不及受法院或其他有關機關援助,並非於其時為之,則請求權不得實行或其實行顯有困難者為限。」

相關考題

下列關於我國刑法上的正當防衛之敘述,何者錯誤?　(A)係因避免自己或他人生命、身體、自由、財產之緊急危難而出於不得已之行為　(B)無須考慮法益衡量　(C)不能對動物之行為主張　(D)屬性上為阻卻違法事由 【99鐵路四等員級-法學知識與英文】	(A)
下列敘述何者正確?　(A)對正當防衛之行為人得為正當防衛　(B)對緊急避難之行為人得為正當防衛　(C)對自助行為之行為人得為正當防衛　(D)對緊急避難之行為人得為緊急避難　　　【99四等基警行政警察-法學緒論】	(D)
關於犯罪成立或法律效果之敘述,下列何者正確?　(A)即使不具故意或過失,仍可能成立犯罪　(B)防衛過當,雖仍成立犯罪,但得減輕或免除刑罰(C)行為時為 16 歲,則不成立犯罪　(D)行為時有精神障礙者,一律減輕刑罰 【102五等地方特考一般民政-法學大意】	(B)

刑事責任

● 有責性之概念

行為人構成要件該當,並具備違法性時,則必須判斷有無有責性(罪責)。

有責性是指從刑法規範的角度觀察,行為人從事不法犯罪行為時,其意思決定過程是否具備可非難性,若行為人具備認識法律規範、辨識行為合法與否的能力,並且能據此來控制及支配自己的行為,卻仍舊決定從事不法行為,則具備可非難性。

具備違法性的構成要件該當行為,還必須行為人具備有責性,才會成為具有刑罰效果的犯罪行為。因此,有罪責,始有刑罰之問題;無罪責,即無刑罰。

● 無罪責,無刑罰

刑罰,以責任為基礎,若無罪責的存在,就無刑罰之問題。具備違法性之構成要件該當行為,進一步要探討的就是有責性,具備有責性之行為人所為之行為,才會構成具有刑罰效果的犯罪行為。

● 責任能力的概念

責任能力,是指行為人具有判斷違法與否之意識能力,並依據其判斷而為行為之控制能力。

行為人若不具備責任能力,縱使行為構成要件該當,且具備違法性,但仍不構成犯罪。其判斷標準包括年齡、精神障礙或其他心智缺陷、生理狀態。

責任能力判斷類型		
類型		法律效果
年齡	無責任能力人	不罰
	限制責任能力人	得減輕其刑
	有責任能力人	負完全刑事責任
精神障礙或其他心智缺陷	重度精神障礙	不罰
	輕度精神障礙	得減輕其刑
生理狀態	瘖啞人	得減輕其刑

● **年齡**

一、無責任能力人：未滿14歲之人，不罰。(刑§18Ⅰ) 但是若屬12歲以上未滿18歲之人，仍有少年事件處理法之適用。

二、限制責任能力人：14歲以上，未滿18歲之人，以及滿80歲之人，得減輕其刑。(刑§18Ⅱ、Ⅲ) 例如某甲持有刀械，屬於行為的繼續，在行為終了時，被警方查獲持有刀械，業已年滿18歲，就不能主張得減輕其刑。

三、有責任能力人：非屬無責任能力人及限制行為能力人以外之人。

● **精神障礙或其他心智缺陷**

舊法原採用心神喪失與精神耗弱，現行法修正為下列兩種：

一、重度精神障礙：行為時因精神障礙或其他心智缺陷，致不能辨識其行為違法或欠缺依其辨識而行為之能力者，不罰。(刑§19Ⅰ)

二、輕度精神障礙：行為時因精神障礙或其他心智缺陷，導致其辨識行為違法或依其辨識而行為之能力，顯著降低者，得減輕其刑。(刑§19Ⅱ)

● **原因自由行為**

前述刑法第19條第1、2項規定，於因故意或過失自行招致者，不適用之。(刑§19Ⅲ) 此即原因自由行為之規定。

換言之，行為人在精神、心智正常之原因行為階段，對構成犯罪之事實，具有故意或能預見其發生，或應注意而能注意但不注意，使自己自陷於精神障礙或心智欠缺狀態，在此狀態下而為犯罪行為者，仍應加以處罪，不得主張刑法第19條第1、2項規定不罰或得減輕其刑。

● **生理狀態**

瘖啞人之行為，得減輕其刑。(刑§20)

瘖啞人，是指自出生及自幼瘖啞者而言，也就是欠缺聽力且欠缺語言能力的人；所謂自幼，是指未滿7歲者而言。如果是瘖而不啞，或啞而不瘖，均非屬瘖啞人。瘖啞人之行為減輕與否，應由法院自由裁量。

相關考題

下列關於刑事責任之敘述，何者錯誤？　(A)未滿14歲人之行為，不罰　(B)14歲以上未滿18歲人之行為，應減輕其刑　(C)滿80歲人之行為，得減輕其刑　(D)瘖啞人之行為，得減輕其刑　【99四等關務-法學知識】	(B)

【解析】
（B）得減輕其刑。（民§18Ⅱ）

依我國刑法規定，滿幾歲之精神正常人應對其犯罪行為負完全刑事責任？(A)15歲　(B)16歲　(C)17歲　(D)18歲以上，未滿80歲　【99四等基警行政警察-法學緒論】	(D)
下列何人有刑法上的限制責任能力？　(A)80歲的甲　(B)19歲的乙　(C)7歲的丙　(D)13歲的丁　【98四等司法特考-法學知識與英文】	(A)
依據刑法第63條規定，以下何者，不得處死刑或無期徒刑，本刑為死刑或無期徒刑者，減輕其刑？　(A)滿20歲之犯罪人　(B)未滿18歲之犯罪人　(C)滿60歲，但未滿80歲之犯罪人　(D)18歲以上，但未滿20歲之犯罪人　【99普考-法學知識與英文】	(B)
下列何者不屬於現代刑法上的責任原則？　(A)沒有責任，就沒有刑罰　(B)主觀責任原則　(C)個人責任原則　(D)連坐責任原則　【102司特五等-法學大意】	(D)
依照現今刑法理論，下列何者屬於罪責（有責性）階層所要審查的要素？(A)客觀處罰條件　(B)違法性意識（不法意識）　(C)個人之解除刑罰事由(D)行為能力　【102司特四等-法學知識與英文】	(B)
法院以行為人屬精神障礙為由而判決無罪。關於無罪的敘述，下列何者正確？　(A)行為人不具備期待可能性　(B)行為不具備違法性　(C)行為不具備構成要件該當性　(D)行為人不具備責任能力　【110普考-法學知識與英文】	(D)
下列何種情形，雖屬不法，但仍可阻卻故意犯及過失犯的罪責（有責性）？　(A)行為人未滿16歲　(B)行為人對於構成犯罪之事實欠缺完整認知　(C)行為人無法避免認識自己的行為是違法　(D)行為人係依法令而行為　【108普考-法學知識與英文】	(C)

既遂犯與未遂犯

● 既遂犯

已著手於犯罪行為，且已造成犯罪結果者，稱之為既遂犯。例如潛入他人家中竊取財物得手，屬於竊盜罪的既遂犯。

● 未遂犯

已著手於犯罪行為而不遂者，稱之為未遂犯。(刑§25 I)

未遂犯，必須主觀上有犯罪的意思，客觀上有著手之實行，犯罪構成要件無法完全實現，而其無法完全實現是因為意外障礙的結果，且法律有明文處罰之規定。

未遂犯之處罰，以有特別規定者為限，並得按既遂犯之刑減輕之。(刑§25 II)

● 未遂犯之種類

一、障礙未遂：又稱之為普通未遂。因意外障礙而未能產生犯罪之結果者，例如在飲料中下毒殺人，但飲料遭寵物打翻，殺人行為已經著手，但因為客觀意外障礙事實之出現，導致結果未發生。

二、中止未遂：因行為人之己意中止，而為阻止犯罪完成之行為。(刑§27) 例如殺人之後很懊悔，立即打電話叫救護車，救回被害人的性命。

三、不能未遂：其行為不能發生犯罪之結果，又無危險者。(刑§26) 不能未遂，不罰。甲搶奪乙原本裝金塊的箱子，但是乙怕別人搶，早就將金塊換成石頭。(70台上7323)

相關考題	未遂犯	
關於我國刑法未遂犯之處罰規定，下列敘述何者正確？ (A)不能未遂應減輕或免除其刑 (B)中止未遂應減輕或免除其刑 (C)所有犯罪都有未遂處罰規定 (D)未遂犯與既遂犯之處罰相同　　　　　　　【109高考-法學知識與英文】		(B)

● 無成立未遂之型態

一、行為犯 (著手犯)：行為人之行為只要進入著手實行階段，犯罪立即既遂，例如普通內亂罪，只要施以強暴脅迫而著手實行者，立即成立既遂犯，即無未遂犯之情況。

二、結果加重犯：結果加重犯須有加重結果之發生始成立之，因此無未遂之問題，相關加重結果犯亦無未遂犯之處罰規定。

三、預備犯及陰謀犯：未遂犯是已著手實行，陰謀犯及預備犯則尚未著手實行，故無成立未遂犯之餘地。

相關考題

下列何者有預備犯的處罰規定？ (A)殺人罪（刑法第271條） (B)傷害罪（刑法第277條） (C)有義務者遺棄罪（刑法第294條） (D)強制罪（刑法第304條）　　　　　　　　　　　【102五等地方特考一般民政-法學大意】	（A）
下列關於故意犯罪行為階段與未遂犯之敘述，何者正確？ (A)我國刑法不處罰陰謀犯 (B)形式（附屬）預備犯係非類型化犯罪 (C)我國刑法以處罰未遂犯為原則，不處罰為例外 (D)我國刑法對於未遂犯採取必減制　　　　　　　　　　　　　　　　　　　　　【103普考-法學知識與英文】	（B）
下列關於未遂犯之敘述，何者為錯誤？ (A)已著手於犯罪行為之實行而不遂者，為未遂犯 (B)未遂犯之處罰，以有特別規定者為限 (C)未遂與預備之區別為是否著手 (D)行為不能發生犯罪之結果，又無危險者，減輕或免除其刑　　　　　　　　　　　　　　　【99四等基警行政警察-法學緒論】	（D）
「小偷甲聽到主人乙返家，因而放棄其偷竊之行為」，甲的行為構成那一種未遂類型？ (A)準中止 (B)障礙未遂 (C)不能未遂 (D)既了未遂　　　　　　　　　　　　　　　　　【99四等基警行政警察-法學緒論】	（B）
甲持槍連續朝乙頭部扣擊扳機 2 下，惟因子彈未上膛，乙倖免於死。試問甲殺害乙之行為如何論處？ (A)其犯罪結果不能發生，且沒有危險，甲不受處罰 (B)甲成立殺人未遂罪，僅得減輕其刑 (C)甲僅成立殺人預備罪 (D)甲成立殺人未遂罪，應減輕其刑　　　　　【98四等地方特考-法學知識與英文】	（B）

中止犯

● 中止犯之概念

中止犯,是指行為人主觀上須有任意中止之意思,而為阻止犯罪完成之行為,刑法評價上給予減輕或免除其刑。依據刑法第27條第1項規定:「已著手於犯罪行為之實行,而因己意中止或防止其結果之發生者,減輕或免除其刑。結果之不發生,非防止行為所致,而行為人已盡力為防止行為者,亦同。」

● 共同正犯或共犯之中止

刑法第27條第2項規定:「前項規定,於正犯或共犯中之一人或數人,因己意防止犯罪結果之發生,或結果之不發生,非防止行為所致,而行為人已盡力為防止行為者,亦適用之。」共同正犯之一人或數人或教唆犯、幫助犯自己任意中止犯罪,尚未足生中止之利益,必須經其中止行為,造成犯罪實行之障礙或有效防止其犯罪行為結果之發生或勸導正犯全體中止,才能成立中止犯。

● 準中止犯

是指行為人「防止結果發生的行為」與「結果的不發生」,兩者間雖然欠缺因果關係,但是因為行為人內心那一份防果的真摯性,感動了你我,為了鼓勵此種中止行為,特別例外地認為與中止犯等價。

準中止犯必須具備真摯性,也就是條文中之「盡力」,實務上認為稱已盡力為防止行為,乃依當時情況,行為人因衷心悛悔,已誠摯努力,積極盡其防止之能事,而實行與有效防止結果行為,具有相當性之行為而言。(98台上7359) 簡單來說,就是指無效與有效防果行為的力度相同。

(A)甲持刀殺乙

(B)甲逃離現場

(C)甲因後悔打電話給救護單位

(D)乙已被路人丙發現送醫救治

中止行為與真摯性

　　甲拿刀殺乙後逃逸，雖然沒有在第一時間積極地送乙赴醫院，但很後悔，於是逃逸途中立即打電話給救護單位，要將乙送往醫院，並立即返回事發現場要替乙止血，但乙已經被路人丙發現送醫救治。甲已盡力為防止結果之行為，應該認為有真摯性。

相關考題

中止未遂之法律效果如何？　(A)得減輕　(B)必減輕　(C)減輕或免除其刑　(D)不罰　　　　　　　　　　　　　　　　　　【104高考-法學知識與英文】	(C)
下列關於刑法上中止犯之敘述，何者為錯誤？　(A)已著手於犯罪行為之實行，而因己意中止或防止其結果之發生者，減輕或免除其刑　(B)結果之不發生，非防止行為所致，而行為人已盡力為防止行為者，不得減輕或免除其刑　(C)正犯或共犯中之一人或數人，因己意防止犯罪結果之發生，亦適用減輕或免除其刑之規定　(D)中止犯之規定係個人解除刑罰事由　　　　　　　　　　　　　　　　【98三等地方特考-法學知識與英文】	(B)

不能犯

● 不能犯

不能犯，指已著手於犯罪行為之實行，而不能發生犯罪之結果，又無危險者，不罰。(刑§26) 例如某甲誤以為巧克力能殺人，逐請乙吃巧克力。

● 不能犯修正前後之差異

修正前刑法第26條規定：「未遂犯之處罰，得按既遂犯之刑減輕之。但其行為不能發生犯罪之結果，又無危險者，減輕或免除其刑。」現行刑法第26條則修正為：「行為不能發生犯罪之結果，又無危險者，不罰。」

一、修正前採「處罰主義」：修正前刑法所謂之「不能犯」，係採處罰主義，僅應減輕或免除其刑而已。

二、修正後採「不罰主義」：現行刑法則基於刑法謙抑思想、法益保護之功能及未遂犯之整體理論，改採不罰主義。(97台上2824)

● 不能發生結果

所謂「不能發生結果」，係指絕無發生結果之可能而言，此與「未發生結果」係指雖有發生之可能而未發生者不同，亦即前者絕無發生之可能，為不能犯，後者雖有發生之可能而未發生，為一般未遂犯。

● 無危險

無危險，指行為而言，危險之有無，以客觀具體事實認定之。到一個家徒四壁的住宅偷東西，雖然客觀環境並不會有財產損失的危險，但不能因此稱之為成立竊盜罪之不能犯，因為所謂無危險，指「行為」本身。

迷信犯

下符咒誤以為能殺人，又不足以造成一般民眾之不安，只是基於行為人之嚴重無知，欠缺自然法則之知識，稱之為「迷信犯」，不予處罰。另外，尚有「幻覺犯」，誤認其行為應屬法律加以處罰之行為。

不能犯

甲改造玩具手槍，槍身結構及材質強度都有可能製成具有殺傷力的手槍，但是因為擊錘技術無法突破而無法實際擊發。此改造行為仍然足以造成一般民眾之不安，自有危險性，實務上認為並非不能犯。(97台上2824)

相關考題

下列何者在刑法上不處罰？ (A)即成犯 (B)繼續犯 (C)不作為犯 (D)不能犯　【99普考-法學知識與英文】	(D)
不能未遂在刑法上的法律效果為： (A)得減輕其刑 (B)必減輕其刑 (C)加重其刑至二分之一 (D)不罰 【99鐵路高員三級人事行政-法學知識與英文】	(D)
關於不能未遂之法律效果，我國現行刑法之規定為何？ (A)得減 (B)必減 (C)必減免 (D)不罰　【102三等行政警察-法學知識與英文】	(D)

教唆犯與幫助犯

● **共同正犯**

二人以上共同實行犯罪之行為者,皆為正犯。(刑§28)

● **共犯之獨立性與從屬性**

一、共犯獨立性原則:主要是著眼於犯罪惡性,認為教唆行為或幫助行為本身,屬於犯罪的實行行為,即便沒有正犯,還是應該予以處罰。

二、共犯從屬性原則:共犯之犯罪性,較正犯為低,因此要有正犯的存在,共犯始加以處罰。

三、限制從屬性原則:正犯之主行為只要故意違犯且具違法性為已足,並不以具有罪責而足以構成犯罪為必要,教唆犯或幫助犯即得以依附而成立共犯。

● **教唆犯**

教唆犯,教唆他人使之實行犯罪行為者。(刑§29Ⅰ)教唆犯,依其所教唆之罪處罰之。(刑§29Ⅱ)教唆犯與被教唆犯,兩者都是實現破壞他人法益之侵害,都應該受到刑法之責難。教唆犯,誘發他人侵害法益之行為,刑法第29條有規範處罰之規定。刑法以處罰犯罪行為為基本原則,教唆犯並未著手於犯罪行為,因此未採共犯獨立性說,而採限制從屬性說。

● **幫助犯**

幫助犯,是指對於實施故意違法行為之他人提供一定協助者,故幫助他人實行犯罪行為者,為幫助犯。雖他人不知幫助之情者,亦同。(刑§30Ⅰ)幫助犯也與教唆犯一樣,也是採限制從屬性說。幫助犯必須以幫助他人犯罪之意思而參與犯罪,其所參與者又為犯罪構成要件以外之行為,才成立幫助犯。

共同正犯、教唆犯、幫助犯之比較表

	共同正犯	教唆犯	幫助犯
案例事實	A正犯 B	A 去殺他 B	A B 槍給你
A、B關係	A正犯 B正犯	A教唆犯 B正犯	A幫助犯 B正犯
A、B之處罰	A、B均成立殺人罪，就其全部之行為負責任	A：依其所教唆之罪處罰之，也就是成立教唆殺人罪。 B：殺人罪。	A：成立幫助殺人罪，但得按正犯之刑減輕之。 B：殺人罪。

空白刑法與法律變更 ─┬─► 事實變更說 ─► 實務見解採之
　　　　　　　　　　└─► 法律變更說 ─► 有學者採之

　　空白刑法之構成要件，規定於其他法律或是行政規章，當此等規範變更時，是否屬於法律變更？

　　法律有變更，是指刑罰法律而言，實務依據大法官會議第103號解釋，非屬法律之變更，而屬事實之變更，無刑法第2條之適用。

相關考題

下列關於對向犯之敘述，何者錯誤？ (A)對向犯係指參與犯罪者，彼此間具有一對向關係之犯罪型態 (B)對向犯係一種必要之參與犯（共同犯罪） (C)重婚罪即為一種對向犯之類型 (D)對向犯之法律效果，適用共同正犯之規定 【103高考-法學知識與英文】	(D)
我國現行刑法關於共犯之成立，其修法理由係採下列何種形式？ (A)極端從屬形式 (B)嚴格從屬形式 (C)限制從屬形式 (D)最小從屬形式 【103三等司特-法學知識】	(C)
刑法總則第四章章名為「正犯與共犯」，所謂「共犯」一詞，包含： (A)教唆犯與幫助犯 (B)共同正犯、教唆犯與幫助犯 (C)共同正犯與教唆犯 (D)共同正犯與幫助犯 【99第二次司法特考-法學知識與英文】	(A)
下列關於刑法上的教唆犯之敘述，何者為錯誤？ (A)教唆他人使之實行犯罪行為者，為教唆犯 (B)教唆犯之處罰，依其所教唆之罪處罰之 (C)我國對於教唆犯採取嚴格從屬原則 (D)無效之教唆不罰 【99四等基警行政警察-法學緒論】	(C)
甲教唆乙殺害丙，乙雖然答應，但是尚未進行即因此案被捕，請問下列敘述何者為正確？ (A)甲教唆乙殺人，乙雖然尚未進行，甲仍然成立殺人未遂罪之教唆犯 (B)乙答應甲之殺人要求，乙依現行刑法規定應受處罰 (C)如果甲不僅教唆乙殺人，並提供匕首給乙，儘管乙尚未進行殺人，則甲依現行刑法規定應受處罰 (D)依現行刑法規定，針對殺人部分，甲、乙皆無罪可罰 【98高考三級-法學知識與英文】	(D)
有關刑法幫助犯之敘述，下列何者錯誤？ (A)幫助犯之不法內涵輕於正犯、教唆犯 (B)幫助犯之處罰，得依照正犯之刑減輕 (C)被幫助人若不知幫助之情者，不成立幫助犯 (D)被幫助者是否具有「有責性」（罪責），皆不影響幫助犯之成立 【99四等基警行政警察-法學緒論】	(C)
甲教唆乙去傷害丙，並再三叮嚀乙千萬不要鬧出人命。乙聽之，卻出手過重將丙給打死。應如何評價甲、乙的行為？ (A)甲、乙成立傷害致死罪之共同正犯 (B)甲、乙各自成立傷害致死罪 (C)甲成立教唆傷害罪、乙成立傷害致死罪 (D)甲成立教唆傷害罪、乙成立過失致人於死罪 【99地方特考四等-法學知識與英文】	(C)

相關考題

有關現行刑法教唆犯之敘述，下列何者錯誤？　(A)教唆他人使之實行犯罪行為者，為教唆犯　(B)被教唆人除了違犯故意違法行為外，其還必須具有罪責能力，教唆者才會受處罰　(C)教唆人之處罰，不一定獲得減輕　(D)被教唆人如未至犯罪，教唆者不受處罰　【100三等海巡-法學知識與英文】	(B)
甲意圖為自己不法之所有，利用不知情的搬家工人乙，搬走第三人 A 的東西。下列敘述何者正確？　(A)甲成立竊盜罪之教唆犯　(B)甲成立竊盜罪之間接正犯　(C)乙成立竊盜罪之幫助犯　(D)甲乙成立竊盜罪之共同正犯　【102五等地方特考一般行政-法學大意】	(B)
下列關於幫助犯之敘述，何者錯誤？　(A)事後之幫助，並不成立幫助犯　(B)幫助行為須對於正犯之犯罪，具有影響　(C)對於預備犯之幫助亦可成立幫助犯　(D)片面之幫助亦可成立幫助犯　【102三等行政警察-法學知識與英文】	(C)

● 身分犯

因身分或其他特定關係成立之罪，其共同實行、教唆或幫助者，雖無特定關係，仍以正犯或共犯論，但得減輕其刑。(刑§31Ⅰ)

因身分或其他特定關係致刑有重輕或免除者，其無特定關係之人，科以通常之刑。(刑§31Ⅱ)

相關考題

業者甲為推銷公司產品，邀請具採購決定權之公務員乙、丙吃飯，飯後並提供兩人性招待，在乙、丙決定採購甲公司產品後，甲又分別致贈兩人現金一筆。下列有關本案之敘述，何者錯誤？　(A)公務員受賄罪為身分犯　(B)身分犯得區分為純正身分犯與不純正身分犯　(C)乙、丙收受之現金，應宣告沒收　(D)甲為不純正身分犯　【102三等地方特考-法學知識與英文】	(D)
關於公務員偽造文書相關罪名，依實務見解，下列敘述何者錯誤？　(A)刑法第213條公務員登載不實罪是純正身分犯　(B)刑法第214條使公務員登載不實罪是純正身分犯　(C)刑法第213條公務員登載不實罪中的「明知不實事項」，指直接故意　(D)刑法第214條使公務員登載不實罪中的「明知不實事項」，不包括間接故意　【111普考-法學知識與英文】	(B)

刑

刑分為主刑及從刑。(刑§32)

從刑為褫奪公權。(刑§36Ⅰ)

褫奪公權者，褫奪下列資格：(刑§36Ⅱ)

一、為公務員之資格。

二、為公職候選人之資格。

競合論

● 想像競合與法條競合

　　一行為侵害數法益，成立數罪名，稱之為想像競合，從一重處斷。(刑§55) 如果只是單一法益，則非想像競合。例如甲君作偽證要陷害乙君、丙君放火，因為侵害的法益是國家法益，法益單一，所以只構成一個偽證罪。

　　一行為形式上該當數個刑罰法規，但侵害同一法益，其中該當一構成要件即足以評價，故只適用其中某一法規，而排斥其他之適用。例如殺害直系血親尊親屬罪及殺人罪，又如偽造私文書罪及偽造印文罪。

● 實質競合（數罪併罰）

　　裁判確定前犯數罪者，併合處罰之。(刑§50本文) 行為人之數行為，觸犯數個罪名，該數罪名均在同一訴訟程序中接受裁判，即所謂之數罪併罰。例如：宣告三個死刑，併合處罰後，還是只需要執行一個死刑，不可能將受刑人槍斃後，再把他救活，表示還要執行第二、三次死刑。宣告多數有期徒刑者，於各刑中之最長期以上，各刑合併之刑期以下，定其刑期。但不得逾30年。(本條於102年1月23日修正公布實行)

● 不罰之前行為、不罰之後行為

　　不罰前行為，是指合併在後行為而加以處罰之前行為。例如「持有海洛因之行為，係施用毒品之不罰前行為，不另論罪。」(96上易

1191判決) 不罰後行為，是指合併在前行為而加以處罰之後行為。例如「於竊盜得逞後將竊得之物品讓售與他人，乃竊盜之當然結果，該單純處分贓物之行為不另論罪。」(96台非24判決)

● **連續犯之廢止**

原刑法第56條規定：「連續數行為而犯同一之罪名者，以一罪論。但得加重其刑至二分之一。」例如某甲計畫在百貨公司多次行竊，基於刑事政策的考量，擬制成一罪，依據連續犯之規定，僅得加重其刑至二分之一。但是這樣子的處罰似乎成為犯罪者鑽研的漏洞，也難以遏阻犯罪，所以廢除連續犯之規定，回歸到原始的一罪一罰。因此，如果犯了10個竊盜罪，各自成罪，每個罪如果個別宣告10個月，執行刑最高可達100個月。

相關考題

甲在汽車中放置炸彈，引爆炸彈後造成車內之乘客 A、B 兩人死亡，甲之行為應如何論罪？　(A)甲成立兩個殺人罪，且一罪一罰　(B)甲以一行為觸犯兩個殺人罪，成立想像競合　(C)甲以概括犯意，連續二行為觸犯殺人罪，為連續犯　(D)甲利用同一個機會觸犯兩個殺人罪，為集合犯 【102四等地方特考-法學知識與英文】	(B)
「甲在飲水中下毒，結果乙丙因此中毒而亡」，甲構成那一種競合類型？ (A)想像競合　(B)實質競合　(C)不真正競合　(D)法條競合 【99高考三級-法學知識與英文】	(A)
2006年7月1日起施行之修正刑法廢除刑法第56條連續犯規定，下列何者是刑法修正理由內所提出之說明？　(A)連續犯之處罰不符合訴訟經濟原則　(B)連續犯之處罰過於嚴苛　(C)連續犯之處罰能達到尊重人權，迅速審判之目的　(D)實務上對連續犯範圍認定過寬，不無鼓勵犯罪之嫌 【99高考三級-法學知識與英文】	(D)

緩刑與假釋

● 緩刑

緩刑，讓受2年以下有期徒刑、拘役或罰金宣告之受刑人，於符合一定情形，認為以暫不執行為適當者，得宣告2年以上5年以下之緩刑，暫時不必服刑，以避免短期自由刑的弊病。(刑§74 I)

宣告緩刑之期間，自裁判確定之日起算。常有人戲稱，小偷進了監獄，出來變大偷，大偷再來變殺人不眨眼的搶匪。監獄服刑，往往無法達成一定教育的目的，尤其是對與判刑較輕的被告，若將之入監服刑，有時反而對社會有負面的作用。

緩刑宣告，得斟酌情形，命犯罪行為人為下列各款事項 (刑§74 II)：

一、向被害人道歉。二、立悔過書。

三、向被害人支付相當數額之財產或非財產上之損害賠償。

四、向公庫支付一定之金額。

五、向指定之政府機關、政府機構、行政法人、社區或其他符合公益目的之機構或團體，提供40小時以上240小時以下之義務勞務。

六、完成戒癮治療、精神治療、心理輔導或其他適當之處遇措施。

七、保護被害人安全之必要命令。

八、預防再犯所為之必要命令。

若緩刑期滿，未撤銷緩刑，其刑之宣告失其效力。(刑§76本文)

相關考題	緩刑	
甲雖然是家財萬貫之富翁，但經常在無法控制下到大賣場竊盜，某日被發現移送法辦。針對甲的竊盜行為，法院宣告3個月有期徒刑，並宣告緩刑。下列何者不是刑法第74條第2項所定法院可以附加之緩刑條件？ (A)命向被害人道歉 (B)命向被害人支付相當數額之財產或非財產上之損害賠償 (C)禁止外出 (D)命完成戒癮治療、精神治療、心理輔導或其他適當之處遇措施【99第二次司法特考-法學知識與英文】		(C)

相關考題　　**緩刑**

刑法有關緩刑的敘述，以下何者錯誤？　(A)受2年以下有期徒刑、拘役或罰金之宣告，方可能被宣告緩刑　(B)法官為緩刑宣告時，得斟酌情形，要求受緩刑宣告之被告向被害人道歉　(C)緩刑之期間自法院宣示判決之日起算　(D)緩刑之期間為2年以上5年以下　　　【99四等基警行政警察-法學緒論】	(C)
關於緩刑之敘述，下列何者錯誤？　(A)受2年以下有期徒刑、拘役或罰金之宣告，認以暫不執行為適當者，得宣告緩刑　(B)緩刑之期間自裁判確定之日起算　(C)緩刑之效力及於從刑與保安處分之宣告　(D)受緩刑之宣告，而於緩刑期內因故意犯他罪，在緩刑期內受逾6月有期徒刑之宣告確定者，撤銷其宣告　　　【104司法三等-法學知識與英文】	(C)

● **緩刑撤銷**

受緩刑之宣告，而有下列情形之一者，撤銷其宣告：(刑§75 I)
一、緩刑期內因故意犯他罪，而在緩刑期內受逾6月有期徒刑之宣告確定者。
二、緩刑前因故意犯他罪，而在緩刑期內受逾6月有期徒刑之宣告確定者。
前項撤銷之聲請，於判決確定後6月以內為之。(刑§75 II)

相關考題　　**緩刑撤銷**

下列何種情形，法院應依刑法第75條撤銷對受判決人緩刑之宣告？　(A)緩刑期內因故意犯他罪，而在緩刑期內受拘役或罰金之宣告確定者　(B)緩刑前因過失犯他罪，而在緩刑期內受罰金之宣告確定者　(C)緩刑期內因過失犯他罪，而在緩刑期內受拘役之宣告確定　(D)緩刑前因故意犯他罪，而在緩刑期內受逾6月有期徒刑之宣告確定者　　　【110高考-法學知識與英文】	(D)

● **假釋**

假釋，為了鼓勵受刑人悔改向上，並發揮教化的功能，若受刑人有悛悔實據，並且符合一定條件者，得予在服刑一定期間後，假釋出獄。(刑§77 I)

假釋期間，若不好好表現，因故意更犯罪，受逾6月有期徒刑以上刑之宣告者等情形，於判決確定後6月以內，撤銷其假釋。而且，出獄的日數，不算入刑期內。(刑§78)所以，若遭撤銷假釋，非常不划算。若未撤銷假釋，其未執行之刑，以已執行論。(刑§79 I)

某甲因犯強制性交罪遭判有期徒刑2年而入監服刑，後來獲得假釋，卻在假釋期間因涉嫌強制猥褻罪遭地檢署起訴，並為法院裁定羈押，拘禁於看守所。強制猥褻罪的法定刑是6個月以上，5年以下有期徒刑。就本案與前案，下列敘述何者正確？　(A)在羈押期間，法院應依檢察官之聲請，撤銷甲的假釋　(B)如果甲就本案被判2年以下有期徒刑，則法院得同時宣告緩刑　(C)如果甲因本案被判有期徒刑確定，則在本案執行期間，甲不能聲請假釋　(D)如果甲就本案被判無罪，則因本案所受羈押的日數，應該計入前案假釋期間　【109普考-法學知識與英文】	(D)
有關刑法上假釋之規定，下列敘述何者錯誤？　(A)受無期徒刑執行者，須執行逾25年，始得假釋　(B)凡因累犯而受徒刑執行者，皆不得假釋　(C)有期徒刑執行未滿6個月者，不得假釋　(D)假釋遭撤銷後，其出獄日數不算入刑期內　【102五等地方特考一般民政-法學大意】	(B)
受有期徒刑之執行而有悛悔實據，且有期徒刑之執行已逾二分之一，監獄得為受刑人報請下列那一種處分？　(A)緩刑　(B)緩起訴　(C)假釋　(D)易服社會勞動　【102三等地方特考-法學知識與英文】	(C)

● 追訴權

假訴權，因下列期間內未起訴而消滅：

一、犯最重本刑為死刑、無期徒刑或10年以上有期徒刑之罪者，30年。但發生死亡結果者，不在此限。

二、犯最重本刑為3年以上10年未滿有期徒刑之罪者，20年。

三、犯最重本刑為1年以上3年未滿有期徒刑之罪者，10年。

四、犯最重本刑為1年未滿有期徒刑、拘役或罰金之罪者，5年。

前項期間自犯罪成立之日起算。但犯罪行為有繼續之狀態者，自行為終了之日起算。(刑§80)

行刑權因下列期間內未執行而消滅：(刑§84Ⅰ)

一、宣告死刑、無期徒刑或10年以上有期徒刑者，40年。

二、宣告3年以上10年未滿有期徒刑者，30年。

三、宣告1年以上3年未滿有期徒刑者，15年。

四、宣告1年未滿有期徒刑、拘役或罰金者，7年。

追訴權

關於竊盜罪之追訴權，其時效多長？ (A)5年　(B)10年　(C)20年　(D) 30 年
【102五等地方特考一般行政-法學大意】　(C)

● **自首**

對於未發覺之罪自首而受裁判者，得減輕其刑。但有特別規定者，依其規定。(刑§62)

自首

犯罪人對於未發覺之罪自首而受裁判者，除有特別規定外，其法律效果如何？ (A)得減輕其刑　(B)應減輕其刑　(C)得免除其刑　(D)應免除其刑
【102司特四等-法學知識與英文】　(A)

● **保安處分─感化教育**

因未滿14歲而不罰者，得令入感化教育處所，施以感化教育。(刑§86Ⅰ)

因未滿18歲而減輕其刑者，得於刑之執行完畢或赦免後，令入感化教育處所，施以感化教育。但宣告3年以下有期徒刑、拘役或罰金者，得於執行前為之。(刑§86Ⅱ)

感化教育之期間為3年以下。但執行已逾6月，認無繼續執行之必要者，法院得免其處分之執行。(刑§86Ⅲ)

感化教育

關於感化教育處分相關規定，下列敘述何者錯誤？ (A)因未滿14歲而不罰者，不得令入感化教育處所，施以感化教育　(B)感化教育為限制人身自由之保安處分 (C)執行感化教育之期間最長3年　(D)執行已逾6月，認無繼續執行之必要者，法院得免其處分之執行　【108高考-法學知識與英文】　(A)

行刑權因期間內未執行而消滅，下列敘述何者錯誤？ (A)甲犯殺人罪，宣告無期徒刑，其行刑權時效期間為40年　(B)乙犯強盜罪，宣告5年有期徒刑，其行刑權時效期間為30年　(C)丙犯竊盜罪，宣告2年有期徒刑，其行刑權時效期間為15年　(D)丁犯誹謗罪，宣告拘役40天，其行刑權時效期間為5年
【107高考-法學知識與英文】　(D)

6-3

刑法分則

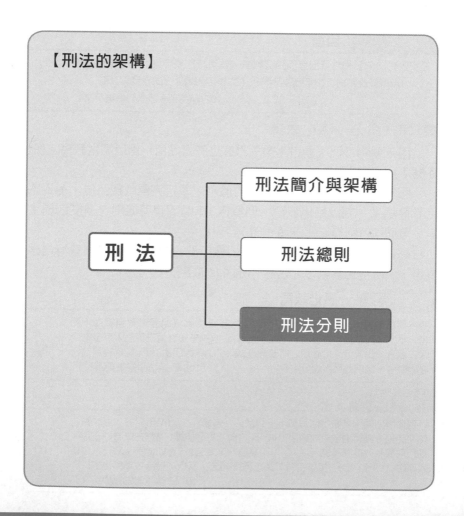

【刑法的架構】

刑　法 ── 刑法簡介與架構
　　　　── 刑法總則
　　　　── 刑法分則

【刑法分則】

依據命題大綱，刑法分則的部分主要是考「與公務員執行職務有關之部分」，但是也不代表只考這一個部分，其他範圍仍應該要加以注意。本書除了介紹「與公務員執行職務有關之部分」外，並蒐集近年來與刑法分則有關的考題。建議讀者除了此一部分之外，還可以把各個刑法分則章節的基本條文熟記，相信會有助於國家考試的通過。

瀆職罪

● 受賄罪

公務員賄賂罪的部分，可以分成違背職務及未違背職務之行為兩種，行為分成要求、期約或收受三種態樣。

公務員或仲裁人對於職務上之行為，要求、期約或收受賄賂或其他不正利益者，處7年以下有期徒刑，得併科70萬元以下罰金。(刑§121Ⅰ) 本條是指公務員並未違背職務上之行為。

公務員或仲裁人對於違背職務之行為，要求、期約或收受賄賂，或其他不正利益者，處3年以上10年以下有期徒刑，得併科200萬元以下罰金。(刑§122Ⅰ) 因而為違背職務之行為者，處無期徒刑或5年以上有期徒刑，得併科400萬元以下罰金。(刑§122Ⅱ) 違背職務之瀆職罪，刑責較重。

● 行賄罪

對於公務員或仲裁人關於違背職務之行為，行求、期約或交付賄賂或其他不正利益者，處3年以下有期徒刑，得併科30萬元以下罰金。但自首者減輕或免除其刑。在偵查或審判中自白者，得減輕其刑。(刑§122Ⅲ) 例如某企業人士對於政治人員行賄，希望能協助招標案輕鬆過關，該企業人士就會成立本條罪名。

● 未為公務員之受賄罪

於未為公務員或仲裁人時，預以職務上之行為，要求期約或收受賄賂或其他不正利益，而於為公務員或仲裁人後履行者，以公務員或仲裁人要求期約或收受賄賂或其他不正利益論。(刑§123)

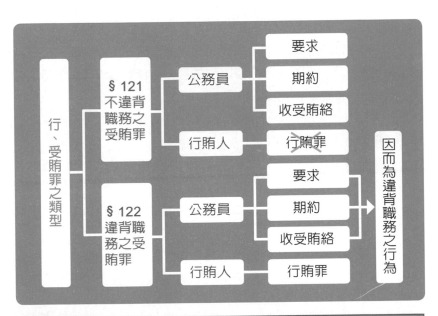

公務員犯罪特別處罰之規定	
刑 § 163 I	公務員縱放職務上依法逮捕、拘禁之人或便利其脫逃者，處1年以上7年以下有期徒刑。
刑§ 213	公務員明知為不實之事項，而登載於職務上所掌之公文書，足以生損害於公眾或他人者，處1年以上7年以下有期徒刑。
刑§ 261	公務員利用權力強迫他人犯前條之罪者，處死刑或無期徒刑。(前條之罪，是指意圖供製造鴉片、嗎啡之用，栽種罌粟、販賣或運輸罌粟種子)
刑§ 264	公務員包庇他人犯本章各條之罪者，依各該條之規定，加重其刑至二分之一。(本章，是指鴉片罪)
刑§ 270	公務員包庇他人犯本章各條之罪者，依各該條之規定，加重其刑至二分之一。(本章，是指賭博罪)
刑§ 318	公務員或曾任公務員之人，無故洩漏因職務知悉或持有他人之工商秘密者，處2年以下有期徒刑、拘役或6萬元以下罰金。

● 圖利罪

公務員對於主管或監督之事務，明知違背法令，直接或間接圖自己或其他私人不法利益，因而獲得利益者，處1年以上7年以下有期徒刑，得併科100萬元以下罰金。(刑§131Ⅰ)

●洩漏國防以外秘密罪

公務員洩漏或交付關於中華民國國防以外應秘密之文書、圖畫、消息或物品者，處3年以下有期徒刑。(刑§132Ⅰ)

因過失犯前項之罪者，處1年以下有期徒刑、拘役或9千元以下罰金。(刑§132Ⅱ)

非公務員因職務或業務知悉或持有第1項之文書、圖畫、消息或物品，而洩漏或交付之者，處1年以下有期徒刑、拘役或9千元以下罰金。(刑§132Ⅲ)

● 公務員犯罪加重處罰之規定

公務員假借職務上之權力、機會或方法，以故意犯本章以外各罪者，加重其刑至二分之一。(刑§134前段) 但因公務員之身分已特別規定其刑者，不在此限。(刑§134後段) 其中刑法的特別規定如前頁表格。

相關考題	洩漏國防以外秘密	
公務員張三不小心遺失了國防以外之公務祕密文件，李四（非公務員）無意間拾獲該文件，並將文件交付給他人。下列敘述何者正確？ (A)張三的行為不構成犯罪，因刑法不罰洩露國防以外祕密之行為 (B)張三的行為構成刑法第132條公務員洩露國防以外祕密罪的過失犯 (C)李四的行為不構成犯罪，因其不是公務員 (D)李四的行為構成刑法第132條公務員洩露國防以外祕密罪之幫助犯 【110普考-法學知識與英文】	（B）

相關考題　洩漏國防以外秘密

擔任公家機關採購業務的公務員甲，將公有地標售底價事前告訴投標人乙，構成下列何種犯罪？ (A)刑法第130條公務員廢弛職務罪 (B)刑法第132條公務員洩漏秘密罪 (C)刑法第120條公務員委棄守地罪 (D)刑法第134條假借職務機會犯罪　【109高考-法學知識與英文】	(B)
市議會議員張三於選舉議長時，故意將選票圈選的內容出示於眾，下列敘述何者正確？ (A)張三構成刑法第132條第1項公務員洩露國防以外祕密罪，因為張三是公務員 (B)張三構成刑法第132條第1項公務員洩露國防以外祕密罪，因為選舉應以無記名之方式為之 (C)張三不構成犯罪，因為張三不是公務員 (D)張三不構成犯罪，因為其圈選內容非屬公務祕密　【110高考-法學知識與英文】	(D)

相關考題

甲為公務員，乙非公務員，下列有關受賄罪之敘述，何者正確？ (A)甲與乙共同收受賄賂，乙不成立收受賄賂罪之共同正犯 (B)乙教唆甲收受賄賂，乙不成立收受賄賂罪之教唆犯 (C)甲幫助乙收受賄賂，甲不成立收受賄賂罪之幫助犯 (D)甲與乙共同收受賄賂，兩人各自成立收受賄賂罪　【103三等地特-法學知識與英文】	(C)
關於刑法第121條不違背職務受賄罪之敘述，下列何者正確？ (A)本罪之行為態樣不包含單純之要求 (B)本罪之成立不須檢視賄賂與職務行為之對價關係 (C)若收受之時係於就任公務員之前，亦得適用本罪 (D)本罪之行為主體包含仲裁人　【104司法三等-法學知識與英文】	(D)
關於刑法第122條第1項之違背職務受賄罪，下列何者錯誤？ (A)本法對於行賄之人亦有處罰規定 (B)行賄之給付包含賄賂與不正利益 (C)本罪適用之行為主體包含仲裁人 (D)本罪之成立繫諸於是否果然有違背職務行為而定　【104司法四等-法學知識與英文】	(D)
甲為環保局稽查員，發現某工廠違規排放污水，乃向工廠負責人乙索討新臺幣1萬元封口費，乙為避免停工損失而交付款項，下列敘述何者錯誤？ (A)甲若仍依法予以告發，則甲不成立違背職務受賄罪 (B)乙係被動付款，仍可成立行賄罪 (C)甲成立違背職務受賄罪 (D)乙若未付款，甲仍能成立要求賄賂罪　【104司法四等-法學知識與英文】	(A)

相關考題

刑法第131條公務員圖利罪於民國90年進行修正時,將原規定「公務員對於主管或監督之事務,直接或間接圖利者」,修改為「公務員對於主管或監督之事務,明知違背法令,直接或間接圖自己或其他私人不法利益,因而獲得利益者」,其主要用意為: (A)與貪污治罪條例相關規定區隔 (B)強調防弊之政策思維 (C)強調區隔圖利與便民,以鼓勵公務員積極任事,提升行政效率 (D)配合嚴懲行為犯之刑事法潮流 【101普考-法學知識與英文】　(C)

脫逃罪

● 基本概念

　　脫逃罪所要保護的法益,是國家司法權的作用。對於被逮捕拘禁者或其他人,排除公權力拘束的情形,除非是有授權許可,否則必須加以處罰。所謂授權許可,像是電影「鋼鐵墳墓」中,雷(席維斯史特龍飾)是越獄高手,曾在8年內成功逃出14座安全最嚴密的監獄。其真正身分是美國國家安全局的監獄安管專家,透過越獄成功,查出監獄的安管漏洞,進而強化改善。

● 自行脫逃罪

　　脫逃罪總共有三種類型,第一種是受逮捕拘禁之人自行脫逃,如果要比較好記憶的話,可以想成「自己逃」,像是電影「刺激1995」的男主角從監獄中脫逃,就是成立第161條,而且其有在牆壁上挖個大洞,又將污水管砸破,則為第2項的暴行脫逃罪。因為他沒有與其他人合作逃獄,所以並不構成第3項聚眾脫逃罪。

記憶方法

第161、162、163條：1個人想要溜(6)，1、2、3 跑

16…1自己跑

16…2別人幫忙跑

16…3公務員幫忙跑

相關考題　**脫逃罪**

警察甲逮捕現行犯乙，正在做筆錄時，認出乙是高中時代的好朋友而將其釋放，試問甲是否該當犯罪？　(A)甲該當刑法第 163 條「公務員縱放職務上依法逮捕拘禁之人或便利其脫逃者」之行為　(B)甲不該當刑法之犯罪行為　(C)甲該當刑法第 161 條「依法逮捕、拘禁之人脫逃者」之行為　(D)甲該當刑法第 164 條「藏匿犯人或依法逮捕拘禁之脫逃人或使之隱避者」之行為 【101三等一般警察-法學知識與英文】	(A)

殺人罪

● 殺人罪之基本概念

　　殺人罪，主要是保護生命法益，可謂是刑法之核心規定。其規定如下：

> 【刑法第271條第1項】
> 殺人者，處死刑、無期徒刑或10年以上有期徒刑。

● 死亡認定之學說

一、脈搏終止說：以脈搏是否終止為判斷之依據。

二、呼吸停止說：以呼吸是否停止為判斷依據。

三、綜合判斷說：綜合判斷瞳孔是否放大、呼吸及心跳是否停止，作為判斷是否死亡的依據。

四、腦死說：以腦是否停止運作，也就是醫學所謂的腦死，作為判斷是否死亡的依據。

● 殺直系血親尊親屬罪

　　孝敬尊親屬，尤其是養育自己長大的父母、(外) 祖父母等，是我國傳統道德相當重視的基本要求。因此，若殺害直系血親尊親屬者，則非法規範所能接受，依據刑法第272條規定：「對於直系血親尊親屬者，犯前條之罪者，加重其刑至二分之一。」其刑責較一般殺人罪為重。若行為人殺死自己之尊親屬，除了成立殺人罪，還成立本罪，屬於一行為侵害一法益，成立數罪名之法條競合關係。

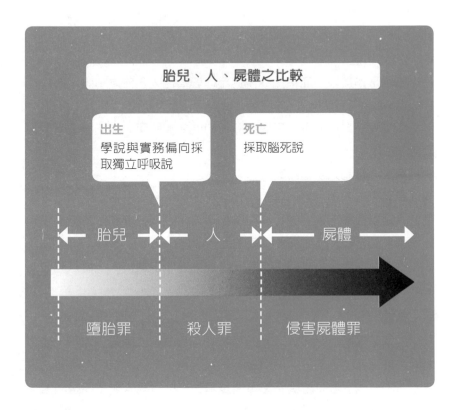

甲因故殺死其父乙。有關甲之刑事責任，下列敘述何者錯誤？　(A)甲成立殺害直系血親尊親屬罪　(B)甲之行為同時合致普通殺人罪與殺害直系血親尊親屬罪之構成要件，僅適用其中處罰比較重的後者，排斥前者即可　(C)殺害直系血親尊親屬罪之構成要件排斥普通殺人罪構成要件的現象，屬於一行為觸犯數罪名之想像競合關係　(D)如果甲並不知其所殺害之人為其父乙，則甲僅成立普通殺人罪　　　　　　　【99四等基警行政警察-法學緒論】	（C）

誹謗罪

● 誹謗罪要件

意圖散布於眾，而指摘或傳述足以毀損他人名譽之事者，為誹謗罪，處1年以下有期徒刑、拘役或1萬5千元以下罰金。(刑§310 I)

所謂意圖散布於眾，只要主觀上有此意圖即可，並不須要客觀上有散布於眾。

其次，行為人所指摘或傳述之事，必須具有足以損害被指述人名譽之具體事件內容，始有誹謗行為之可能。行為人所指摘或傳述之事是否「足以毀損他人名譽」，應就被指述人之個人條件以及指摘或傳述內容，以一般人之社會通念為客觀之判斷。

要避免構成刑事上的誹謗罪，必須具備「事實」、「公共利益」之要件，其說明如下：

一、事實：

也就是真實性，刑法第310條第3項前段「對於所誹謗之事，能證明其為真實者，不罰。」所謂證明其為真實，是指為誹謗行為者，只要能提出一些事證，證明整件事情是真實的；行為人雖不能證明言論內容為真實，但依其所提證據資料，認為行為人有相當理由確信其為真實者，即不能以誹謗罪相繩。

二、公共利益關聯性：

是指所說的內容非屬私德，而必須與公共利益有關。例如吳宗憲遭壹週刊報料「打女人」，吳宗憲雖然是公眾人物，但是有沒有掌摑其他人，這件事情並不是與公共利益有關，即便是事實，也是個人隱私保障的範圍，不能隨便將這件事情到處張揚。

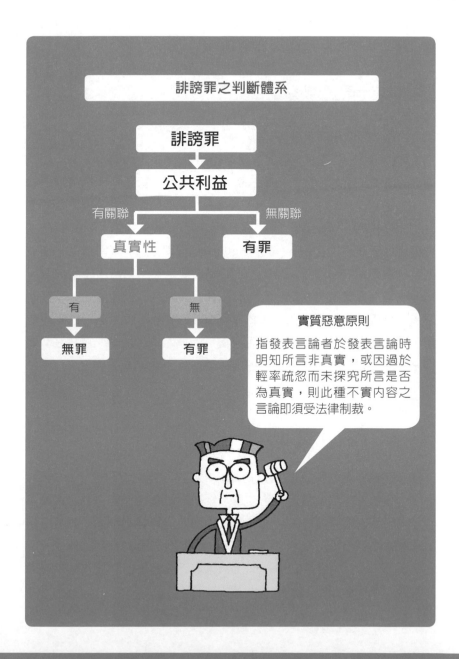

● 誹謗罪之特殊阻卻違法事由

　　刑法第311條之規定，針對誹謗罪，規範以善意發表言論，而有下列情形之一者，不罰：

一、因自衛、自辯或保護合法之利益者。

二、公務員因職務而報告者。

三、對於可受公評之事，而為適當之評論者。

四、對於中央及地方之會議或法院或公眾集會之記事，而為適當之載述者。

　　此一規定，係法律就誹謗罪特設之阻卻違法事由，目的即在維護善意發表意見之自由。(釋字第509號解釋理由書) 有爭議者，在於上開刑法第311條規定以及第310條第3項規定：「對於所誹謗之事，能證明其為真實者，不罰。但涉於私德而與公共利益無關者，不在此限。」兩者該如何區別適用？釋字第509號解釋吳庚大法官協同意見書，認為刑法第310條第3項規定，屬於陳述事實，故有「真實性」要件之問題；而刑法第311條則屬於發表意見，無所謂真實與否。

【網路批評餐點真難吃案】

　　某甲到桃園A餐廳用餐，將用餐心得貼在網路上，但多屬負面評價，諸如「普通」、「回流率應該不高」、「味道淡」等，引發店家不滿，逐提出刑法第310條第2項之加重誹謗罪告訴。

　　但是，在部落格上張貼文章，針對自己消費過的餐點，單純評論菜色、服務之優劣，屬於個人主觀性的意見或評論，只要不是情緒性的漫罵而流於人身攻擊者，依據刑法第311條第3款之規定：「對於可受公評之事，而為適當之評論者。」均屬於適當之評論，阻卻違法而不罰。

相關考題

依司法院釋字第509號解釋，下列關於「指摘傳述誹謗事項」的相關敘述，何者正確？　(A)指摘傳述誹謗事項之人，若無法證明所言為真，即應受刑法制裁　(B)凡指摘傳述誹謗事項之人，即屬侵害他人權益，應受刑法制裁　(C)於此類案件，原告無須就指摘傳述誹謗事項之人是否有誹謗故意負舉證責任　(D)指摘傳述誹謗事項之人，若能證明其有相當理由確信所指摘傳述之內容為真，即無刑責　　　　【98四等地方特考-法學知識與英文】	(D)
刑法第310條第1項誹謗罪規定：「意圖散布於眾，而指摘或傳述足以毀損他人名譽之事者，為誹謗罪，處1年以下有期徒刑、拘役或5百元以下罰金。」下列有關誹謗罪要件之陳述何者為正確？　(A)誹謗之事必須客觀上有散布於眾　(B)條文中之「他人」包含特定及不特定之人　(C)「毀損他人名譽之事」必須為具體之事項　(D)被害人之名譽必須實際上受到毀損　　　　【99三等關務-法學知識】	(C)

【解析】

(D) 刑法第310條第1項誹謗罪之要件，係「足以」毀損他人名譽之事。「足以」之用詞，並不以實際上受到毀損為要件，如果是要求實際上受毀損為要件，法律文字會用「致生」，例如刑法第360條規定：「無故取得，刪除或變更他人電腦或其相關設備之電磁紀錄，致生損害於公眾或他人者……」；現刑法第310條第1項改為處1年以下有期徒刑、拘役或1萬5千元以下罰金。

相關考題　公然侮辱罪

在公開的場合中，甲警察與民眾乙意見不合，甲一氣之下將手上的書與文件丟向乙，但未擲中，試問甲是否犯罪？　(A)甲觸犯公然侮辱罪　(B)甲觸犯誹謗罪　(C)甲觸犯殺人罪　(D)甲無罪　　　　【101三等一般警察-法學知識與英文】	(A)

相關考題

刑法第311條規定，以善意發表言論，對於可受公評之事，為適當之評論者，不罰。此規定係衡平相關利 益與受公評者之下列何種權利？　(A)隱私權　(B)言論自由　(C)一般行為自由　(D)名譽權　【110高考-法學知識與英文】	(D)

章節大綱

　　一般談到的商事法，計有四科，分別是公司法、票據法、海商法、保險法。除了這四科主要的商法之外，還包括智慧財產權領域(著作權、商標權、專利權等)，以及前述四大法律之延伸性法律，例如證券交易法、銀行法、金融控股公司法等法律。其他還有公平交易法、消費者保護法，也都是屬於商事法的範疇。

　　最常考的題目，還是以公司法、著作權法、消費者保護法為主，其他出題的機率相當低微，甚至根本沒有花時間準備的效益，但如果曾經有出過題目，除了看一下本書對於該題目的介紹之外，可別忘了把該法的法條掃一遍。

　　公司法是四大商事法(公司、票據、保險、海商)中，近幾年來幾乎是必定會出現在法學知識的考題中，大多出個一、兩題，如果出到三題，代表出題委員可能是對公司法情有獨鍾。其重點主要是在「股份有限公司」的範圍，尤其是三大組成機關(董事及董事會、股東及股東會、監察人)

7-1

公司法

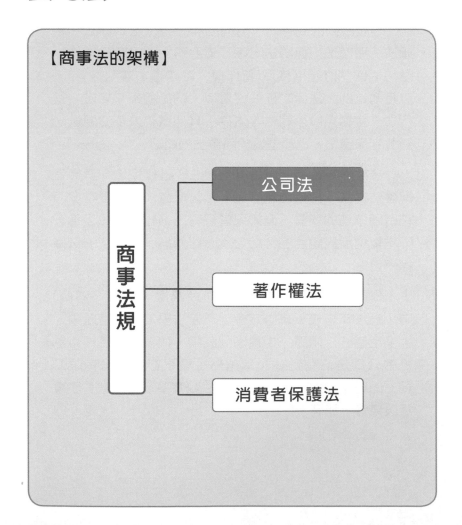

【商事法的架構】

商事法規
- 公司法
- 著作權法
- 消費者保護法

【公司法】

商事法的範圍很廣，基本四大科為公司法、票據法、保險法，以及海商法，但是命題大綱中，僅出現公司法，配合著作權法、消費者保護法，成為商事法考題範圍中的三大主軸。公司法的法條也不少，主要考題主要還是「總則」以及「股份有限公司」的兩大主軸，近年來出題比例也相當高，幾乎都會出現公司法的題目，是值得花時間投資的科目。

相關考題

下列何者通常不包括於一般所稱商事法之概念中？　(A)公司法　(B)海商法 (C)保險法　(D)稅法　　　　　　　　【96四等基警特考行政警察-法學緒論】	(D)
公司於設立登記前，發起人就公司設立所生之法律關係，除公司法另有規定外，應屬於下列何種關係？　(A)合夥　(B)信託　(C)寄託　(D)委任 【104三等地特-法學知識與英文】	(A)

基本概念

● 公司是營利社團法人

在民法的學習過程中,可以知道社團法人分成營利社團法人以及公益社團法人。公司法所規範之四種公司,均是以營利為目的,所以屬於社團法人中之營利性質。

● 公司的類型

公司法所規定的公司類型有四,包括無限公司、有限公司、兩合公司以及股份有限公司。只有股份有限公司中的公開發行股份有限公司,未來能上市、上櫃。分別介紹如下:(公司法§2)

一、**無限公司**:指2人以上股東所組織,對公司債務負連帶無限清償責任之公司。

二、**有限公司**:由1人以上股東所組織,就其出資額為限,對公司負其責任之公司。

三、**兩合公司**:指1人以上無限責任股東,與1人以上有限責任股東所組織,其無限責任股東對公司債務負連帶無限清償責任;有限責任股東就其出資額為限,對公司負其責任之公司。

四、**股份有限公司**:指2人以上股東或政府、法人股東1人所組織,全部資本分為股份;股東就其所認股份,對公司負其責任之公司。因為股份有限公司是以股份作為股東權利之基礎,日後能夠藉由股票買賣在公開市場上操作,所以未來可以成為上市上櫃之公司。

● 本國公司

　　本法所稱公司，謂以營利為目的，依照本法組織、登記、成立之社團法人。(公司法§1Ⅰ) 本法所稱外國公司，謂以營利為目的，依照外國法律組織登記之公司。(公司法§4)

● 本公司及分公司

　　公司以其本公司所在地為住所。(公司法§3Ⅰ) 本法所稱本公司，為公司依法首先設立，以管轄全部組織之總機構；所稱分公司，為受本公司管轄之分支機構。(公司法§3Ⅱ)

相關考題

公司係屬下列何種法人？　(A)營利社團法人　(B)營利財團法人　(C)公益社團法人　(D)公益財團法人　　　【96四等基警特考行政警察-法學緒論】	(A)
下列何種公司得成為公開發行公司，並於日後上櫃或上市？　(A)無限公司　(B)兩合公司　(C)有限公司　(D)股份有限公司　　　【97高考三級-法學知識與英文】	(D)
依我國公司法之規定，所謂具有中華民國國籍之公司係指下列何者而言？(A)該公司之董事長具中華民國國籍　(B)該公司之最大股東具中華民國國籍(C)該公司依中華民國公司法設立　(D)該公司之地址在中華民國　　　【96四等退除役轉任公務-法學知識與英文】	(C)
依公司法規定，下列何者為受本公司管轄之分支機構，不具有獨立人格與獨立財產？　(A)分公司　(B)總公司　(C)子公司　(D)孫公司　　　【96四等身障特考-法學知識】	(A)

● **公司名稱與所營事業**

　　公司名稱，應使用我國文字，且不得與他公司或有限合夥名稱相同。二公司或公司與有限合夥名稱中標明不同業務種類或可資區別之文字者，視為不相同。(公司法§18Ⅰ)

　　公司所營事業除許可業務應載明於章程外，其餘不受限制。(公司法§18Ⅱ)

　　公司不得使用易於使人誤認其與政府機關、公益團體有關或妨害公共秩序或善良風俗之名稱。(公司法§18Ⅳ)

● **章程記載事項**

　　股份有限公司發起人應以全體之同意訂立章程，載明下列各款事項，並簽名或蓋章：

一、公司名稱。

二、所營事業。

三、採行票面金額者，股份總數及每股金額；採行無票面金額者，股份總數。

四、本公司所在地。

五、董事及監察人之人數及任期。

六、訂立章程之年、月、日。(公司法§129)

● **公司變更章程**

　　無限公司變更章程，應得全體股東之同意。(公司法§47)有限公司變更章程、合併及解散，應經股東表決權三分之二以上之同意。除前項規定外，公司變更章程、合併、解散及清算，準用無限公司有關之規定。(公司法§113)

　　公司非經股東會決議，不得變更章程。(公司法§277Ⅰ)前項股東會之決議，應有代表已發行股份總數三分之二以上之股東出席，以出席股東表決權過半數之同意行之。(公司法§277Ⅱ)

● **命令解散**

　　公司有下列情事之一者，主管機關得依職權或利害關係人之申請，命令解散之：

一、公司設立登記後6個月尚未開始營業。但已辦妥延展登記者，不在此限。

二、開始營業後自行停止營業6個月以上。但已辦妥停業登記者，不在此限。

三、公司名稱經法院判決確定不得使用，公司於判決確定後6個月內尚未辦妥名稱變更登記，並經主管機關令其限期辦理仍未辦妥。

四、未於第7條第1項所定期限內，檢送經會計師查核簽證之文件者。但於主管機關命令解散前已檢送者，不在此限。(公司法§10)

相關考題	命令解散	
公司設立多久後尚未開始營業，且未辦妥延展登記，主管機關得依利害關係人之申請，命令解散之？　(A)1個月　(B)3個月　(C)4個月　(D)6個月　　　　　　　　　　　　　　　　　　　　　　【102司特四等-法學知識與英文】		(D)

相關考題	章程	
下列關於股份有限公司章程之敘述，何者錯誤？　(A)公司發行特別股時，章程應訂特別股之種類及其權利義務　(B)章程應訂股份總數與每股金額，依公司法規定，股份有限公司每股金額一律為新臺幣10元　(C)章程得載明公司之設立　(D)章程得載明公司解散事由　　　【103三等地特-法學知識與英文】		(B)
關於股份有限公司之資訊，下列何者係任何人得向主管機關申請查閱或抄錄之事項？ (A)公司章程　(B)閉鎖性股份有限公司之股東非現金出資所繳納之股款金額　(C)實收資本額與資本公積　(D)董監事之姓名、住址、持股　　　　　　　　　　　　　　　　　　　　　　【109高考-法學知識與英文】		(A)

轉投資之限制

● 資本維持原則

公司法有三大基本原則,第一為資本確定原則,其二為資本維持原則,第三為資本不變原則。資本確定原則是指公司成立之際,資本總額就應該在章程中確定,且應認足或募足,也就是股款都要確實到位。資本維持原則是指公司存續之際,應該要維持相當於資本額之財產,以保護公司債權人。資本不變原則是指資本總額一經章程確定後,應保持固定不變,如果欲變動之,就應該經過嚴謹之程序。

轉投資之限制是資本維持原則之具體展現,如果公司資本不務正業,任意地投資非本業之其他事業,將導致資本維持產生一定之風險,當轉投資不當時,可能會影響公司之正常運動,有害公司股東或債權人。因此,有關公司法第13條轉投資之限制相當嚴格,然而為了符合實務上之實際運作狀況,也設有許多例外之條件,讓轉投資能有更彈性之操作。

● 無限責任股東與合夥人之限制

轉投資之限制規定在公司法第13條,適用於所有的公司類型,對於一定的投資行為,因為風險過大,所以要給予一定之限制,首先是不得為他公司無限責任股東或合夥事業之合夥人。(公司法§13 I) 蓋因無限責任股東與合夥事業之合夥人都是負無限之連帶賠償責任,而非以自己投資額或持有股份為有限責任,所以若是讓公司得以轉投資擔任此種股東或合夥人,風險過大,有違背資本維持原則。

● 保證人之限制

公司除依其他法律或公司章程規定得為保證者外,不得為任何保證人。(公司法§16 I) 公司負責人違反前項規定時,應自負保證責任,如公司受有損害時,亦應負賠償責任。(公司法§16 II)

● 擔任他公司有限責任股東之限制

　　公開發行股票之公司為他公司有限責任股東時，其所有投資總額，除以投資為專業或公司章程另有規定或經代表已發行股份總數三分之二以上股東出席，以出席股東表決權過半數同意之股東會決議者外，不得超過本公司實收股本百分之四十。(公司法 § 13 Ⅱ)

相關考題

A股份有限公司章程所定之資本總額為2,000萬元，公司之實收資本為1,000萬元，今為求多角化經營以分散風險，公司董事會決議以500萬元投資成立B有限公司。則下列敘述，何者正確？　(A)依公司法規定公司不得進行轉投資行為，以保障股東與債權人之權益　(B)A公司之轉投資金額僅占公司章程所定資本總額的四分之一，對於股東影響較小，故董事會決議即可，無須經股東會同意以求時效　(C)A公司之轉投資金額已占公司實收資本的二分之一，對於股東影響甚大，故除公司章程另有規定外，應經股東會之特別決議始得進行之　(D)以上皆非　　　　　【96四等第二次司法特考-法學知識與英文】	(C)

有限公司與無限公司

● 有限公司

一、1人有限公司

　　有限公司由1人以上股東所組成。(公司法§98 I) 此即所謂「1人公司」之規定，舊公司法規定至少須要5人以上才可以成立有限公司，並且還有國籍、住所及出資額的限制，主要是因應商業發展之需求，以及國際化、自由化的趨勢，因此將這些規範通通取消，變成今日1人公司之規定。

二、以其出資額負其責任

　　各股東對於公司之責任，除第2項規定外，以其出資額為限。(公司法§99) 所以，要與有限公司進行交易時，必須要著重於該公司之信譽，否則很容易碰到實質的空頭公司，交易完就倒了，這些股東也僅以其出資額為限負責任，造成自己交易上的損失。

三、不執行業務股東之監察權

　　有限公司也有監察權，但並沒有監察人的組織，而是由不執行業務之股東，均得行使監察權；其監察權之行使，準用第48條之規定。(公司法§109 I) 也就是不執行業務之股東，得隨時向執行業務之股東質詢公司營業情形，查閱財產文件、帳簿、表冊。(公司法§48)

● 無限公司

　　無限公司之股東，應有2人以上，其中半數，應在國內有住所。股東應以全體之同意，訂立章程，簽名或蓋章，置於本公司，並每人各執一份。(公司法§40) 此種章程的簽訂屬於共同行為，同意共同遵守章程所列之規範。

　　公司資產不足清償債務時，由股東負連帶清償之責。(公司法§60) 所以無限公司股東所負擔的責任相當重，現行無限公司存在的比例相當低，大多以有限公司為主。

　　由於無限公司股東所負擔的責任非常重，所以當然不能隨便轉讓股份，與股份有限公司採取股份自由轉讓原則有所不同，依據公司法第55條規定：「股東非經其他股東全體之同意，不得以自己出資之全部或一部，轉讓於他人。」

相關考題

無限公司章程之訂定屬於何種行為？　(A)契約行為　(B)共同行為　(C)單獨行為　(D)物權行為　【99四等海巡-法學知識與英文】	(B)

股份有限公司

● 出資之標的

股東之出資，除現金外，得以對公司所有之貨幣債權，公司事業所需之財產或技術抵充之；其抵充之數額需經董事會決議。(公司法§156 V)

例如麥當勞的名聲很響亮，某麵包店希望與麥當勞合作，由麥當勞出技術，就可以享有50%的股份，而不需要出一毛錢。

由上開規定可知，股東的出資並不包括勞務，與有限責任股東相同。(公司法§117) 與無限公司則得以勞務或其他權利出資有所不同。(公司法§43)

● 股份有限公司之發起人

股份有限公司應有2人以上為發起人。(公司法§128 I)

無行為能力人、限制行為能力人或受輔助宣告尚未撤銷之人，不得為發起人。(公司法§128 II)

政府或法人均得為發起人。但法人為發起人者，以下列情形為限：(公司法§128 III)

一、公司或有限合夥。

二、以其自行研發之專門技術或智慧財產權作價投資之法人。

三、經目的事業主管機關認屬與其創設目的相關而予核准之法人。

相關考題　　**出資標的**	
下列何者非股份有限公司股東可以出資之標的？　　(A)現金　(B)勞務　(C)技術　(D)對公司之貨幣債權　　　　　　　　　　【98普考-法學知識與英文】	(B)
下列何者非股份有限公司股東之出資方式？　　(A)現金　(B)對公司之貨幣債權　(C)公司所需技術　(D)信用　　　　　　　　【99四等關務-法學知識】	(D)
下列何者不能作為股份有限公司之出資種類？　　(A)金錢　(B)公司所需之機器設備　(C)公司所需之土地　(D)勞務　　　　　【96四等退除役轉任公務-法學知識與英文】	(D)
關於股份有限公司之發起人，下列敘述何者為錯誤？　　(A)如為自然人，須具有完全之行為能力，才能為發起人　(B)財團法人工業技術研究院可以其技術作為出資成為發起人　(C)發起人經全體同意訂立章程　(D)發起人不得享有報酬或特別利益　　　　　　　　　【100三等海巡-法學知識與英文】	(D)

● 經理人

經理人之委任、解任及報酬，除了章程有較高的規定外，股份有限公司由董事會決定之，無限公司、兩合公司由無限責任股東決定之，有限責任公司則由全體股東決定之。(公司法§29Ⅰ)

金融海嘯時，許多企業接受政府的紓困，可是紓困之際，民眾又發現這些拿了納稅人血汗錢的公司經理人卻領著高額的薪資，稱之為「肥貓」，以金融業尤甚。因此，公司法特別針對「肥貓」經理人，規定參與政府專案紓困計畫，並且提出自救計畫者，主管機關可以限制經理人的報酬。(公司法§29Ⅱ) 有關肥貓條款之規定，於董事也準用。(公司法§196Ⅱ)

金融海嘯過去了，許多企業的董事、經理人，還是利用其掌控之職權，任意地給自己加薪，即便是公司治理得爛到極點，也是不影響自己領取高額酬勞的結果。但是這樣子的情況也並非臺灣獨有，許多國際企業為了吸引人才，更是簽訂了許多恐怖的「無底坑條款」。

● 員工認股權憑證

員工認股權憑證，是公司發行得以表彰未來股票價值之有價證券，由公司與員工簽訂認股權契約，約定於一定期間內，員工得依約定價格認購特定數量之公司股份，例如發行當日之股票價格為50元，訂約後由公司發給員工認股權憑證。等約定期滿後，如5年，公司股價已經達到了200元，仍然能夠以50元的價格向公司買200元的股票。如此一來，不但有利於公司留住人才，也可以讓員工更加努力工作，創造公司更高的價值。

所以，依據公司法第167-2條第1項規定：「公司除法律或章程另有規定者外，得經董事會以董事三分之二以上之出席及出席董事過半數同意之決議，與員工簽訂認股權契約，約定於一定期間內，員工得依約定價格認購特定數量之公司股份，訂約後由公司發給員工認股權憑證。」

另於第2項規定：「員工取得認股權憑證，不得轉讓。但因繼承者，不在此限。」讓員工不會取得認股權證後，馬上賣給其他人，導致認股權證吸納人才、共創公司未來之目的無法達成。

第3項規定：「章程得訂明第1項員工認股權憑證發給對象包括符合一定條件之控制或從屬公司員工。」實務上，企業基於經營管理之需，常設立研發、生產或行銷等各種功能之從屬公司，且大型集團企業對集團內各該公司員工所採取之內部規範與獎勵，多一視同仁，因此，為利企業留才，賦予企業運用員工獎酬制度之彈性，故參酌外國實務做法，讓公司得於章程訂明員工庫藏股之實施對象，包含符合一定條件之控制公司或從屬公司員工，以保障流通性及符合實務需要。

相關考題　經理人

股份有限公司之總經理,係由下列何機關選任?　(A)股東會　(B)監察人 (C)董事會　(D)工會　　　　【96三等第二次警察特考-法學知識與英文】	(C)
下列有關經理人之敘述何者正確?　(A)公司經理人職權僅得依章程規定 (B)曾犯詐欺罪經有期徒刑1年以上宣告,服刑期滿1年者得任公司經理人 (C)公司經理人原則上不得兼任其他營利事業之經理人　(D)公司經理人得變更董事或執行業務股東之決定　　　　【100關稅四等-法學知識】	(C)

相關考題　認股權證

股份有限公司經董事會特別決議後,得與員工簽訂認股權契約,公司發給員工認股權憑證。請問,員工除繼承外,得否轉讓此一認股權憑證?　(A)可以,蓋基於股份自由轉讓原則,不得限制之　(B)可以,蓋員工係支付對價取得員工認股權憑證,自不得限制其轉讓　(C)不可以,蓋為使員工持有公司股份,增加員工向心力　(D)不可以,蓋為保護投資人,自不得任由員工轉讓權利義務不明確之認股權憑證　　　　【99地方特考三等-法學知識與英文】	(C)

● 股東會

一、股東會之召開

公司股東會有兩種，一種是股東常會、一種是股東臨時會。

股東常會每年通常都舉辦一次，大概都在7月為多，尤其是上市櫃公司開股東會，廣大股民最關注的事情大概就是要分派多少股息股利。股東臨時會，則是臨時因為某些特定事件的發生，需要股東會決定其內容。(公司法§170Ⅰ)

股東會的召集，原則上由董事會為之。(公司法§171) 股東會的召集應該要在20日(常會)、10日(臨時會)前公告。(公司法§172Ⅰ、Ⅱ) 如果是公開發行股票之公司，則還要在30日(常會)、15日(臨時會) 前通知股東。(公司法§172Ⅲ) 股東會之召集程序或其決議方法，違反法令或章程時，股東得自決議之日起30日內，訴請法院撤銷其決議。(公司法§189)

二、召集權人

股東會開會的時間，往往是一般民眾的上班時間，廣大的股民往往無法開會，這時候可以委託他人代為出席。(公司法§177Ⅰ) 若公司有重要事項須要通過，也會在市場上收購委託書，以取得一定的股東表決權。

除了董事會可以召集股東會之外，繼續1年以上，持有已發行股份總數百分之三以上股份之股東，得以書面記明提議事項及理由，請求董事會召集股東臨時會。(公司法§173Ⅰ) 若是在請求後15日內，董事會不為召集之通知，股東得報經主管機關的許可，自行召集股東會。(公司法§173Ⅱ) 繼續3個月以上持有已發行股份總數過半數股份之股東，得自行召集股東臨時會。(公司法§173-1Ⅰ)〈大同條款〉

前項股東持股期間及持股數之計算，以第165條第2項或第3項停止股票過戶時之持股為準。(公司法§173-1Ⅱ)監察人除董事會不為召

集或不能召集股東會外，得為公司利益，於必要時 ，召集股東會。(公司法§220)

三、臨時提出之事項

　　股東會臨時動議提出之事項，公司法並沒有規定，而是採用排除法規範何者不得提出。選任或解任董事、監察人、變更章程、減資、申請停止公開發行、董事競業許可、盈餘轉增資、公積轉增資、公司解散、合併、分割或第185條第1項各款之事項，應在召集事由中列舉並說明其主要內容，不得以臨時動議提出。(公司法§172 V)

　　如果改選董監事、變更章程、減資、公司解散、合併、分割等重要事項，應該要先讓股東預先知道，所以通知召開股東會的通知單應該將這些事項列在股東會召集事由中。如果股東會程序最後的臨時動議才提出來，會對於許多沒有到現場參加會議的股東造成突襲性的決定。所以，法律才規定這些重要事項是不能以臨時動議提出。

【泰古公司不改選董監事案】
　　泰谷公司因內部決策導致大股東億光之不滿，為免大股東趁董監事改選之際而奪取經營權，原本於100年6月28日股東會時，因董監事任期屆至而必須進行改選，但卻沒有將董監改選排進公告的議程中，將此爛攤子交給主管機關，爭取主管機關最後強制要求改選的日期，用「時間換取空間」延後改選的時程，以強勢捍衛公司派董監改選主導權。

● 設質超過一定比例無投票權

　　公開發行股票之公司董事以股份設定質權超過選任當時所持有之公司股份數額二分之一時，其超過之股份不得行使表決權，不算入已出席股東之表決權數。(公司法§197-1 II)

● 股份與表決權

公司各股東，除本法另有規定外，每股有一表決權。(公司法§179 I) 換言之，除了特別股因為章程的訂定，使得表決權之順序或限制，甚至於沒有表決權之外，其於普通股每股有一表決權，此即「股份平等原則」。此與有限公司不太一樣，有限公司是以人頭為計算的標準，也就是每一股東不問出資多寡，均有一表決權。但得以章程訂定按出資多寡比例分配表決權。(公司法§102 I)

但是有些情況則無表決權，例如公司依法持有自己之股份，也就是所謂的庫藏股，或者是一定情況下從屬公司持有控制公司之股份，控制及從屬公司持有他公司之股份超過半數，這些都沒有表決權。(公司法§179 II)

● 假決議

股東會之決議可以分成普通決議、假決議、特別決議。其中假決議，是為了因應股份有限公司往往人數不足的困境，所以如果出席人數不足普通決議之情況，但是仍然有已發行股份總數三分之一以上股東出席時，得以出席股東表決權過半數之同意，為假決議。接著要將決議通知各股東，於1個月內再行召集股東會。如果依舊有已發行股份總數三分之一以上股東出席時，出席股東表決權過半數之同意，視同普通決議。(公司法§175)

相關考題 **股東會投票方式**

下列何者不屬於股份有限公司股東會之投票方式？ (A)視訊投票 (B)電子投票 (C)委託書代理投票 (D)書面投票 【102司特四等-法學知識與英文】	(A)

● 少數股東權

少數股東權利	條 文	少數股東權利	條 文
請求解散公司	公 § 11 II	請求董事會為公司對監察人訴訟	公 § 227 準用 § 214 II
提案權	公 § 172-1 I	聲請法院選派檢查人	公 § 245
股東會召集請求權及自行召集	公 § 173	聲請公司重整	公 § 282 I
訴請裁判解任董監事	公 § 200、§ 227 準用 § 200	聲請法院解散清算人	公 § 323 II
請求監察人為公司對董事訴訟	公 § 214 I	特別清算中聲請法院檢查	公 § 352
對董監事提起代表訴訟	公 § 214 II、227 準用 § 214 II		

● 發行新股配發股息紅利之程序

　　公司得由有代表已發行股份總數三分之二以上股東出席之股東會，以出席股東表決權過半數之決議，將應分派股息及紅利之全部或一部，以發行新股方式為之；不滿一股之金額，以現金分派之。(公司法 § 240 I)公開發行股票之公司，出席股東之股份總數不足前項定額者，得以有代表已發行股份總數過半數股東之出席，出席股東表決權三分之二以上之同意行之。(公司法 § 240 II)

　　公開發行股票之公司，其股息及紅利之分派，得以章程授權董事會以三分之二以上董事之出席，及出席董事過半數之決議，將應分派股息及紅利之全部或一部，以發放現金之方式為之，並報告股東會。(公司法 § 240 V)

相關考題　少數股東權

下列有關少數股東權利之敘述，何者錯誤？　(A)少數股東除股東會之臨時動議外，並無提案權　(B)少數股東可以提出自己的董事候選人名單　(C)少數股東可以請求召集股東會　(D)少數股東得請求對董事提起訴訟 【100關稅四等-法學知識】	(A)

相關考題　假決議

下列何一議案，得以股東會假決議之方式進行決議？　(A)決定董事報酬　(B)變更公司章程　(C)選任董事　(D)出租公司全部營業 【100關稅三等-法學知識】	(A)

【解析】
(B)變更公司章程(公§277)、(D)出租公司全部營業(公§185營業或財產之重大變更)，都必須經過特別決議。

相關考題　庫藏股買回

股份有限公司依董事會決議買回自己之股份，通稱為「庫藏股」。請問被公司買回之股份，其表決權應由何人行使？　(A)公司　(B)原股東　(C)董事會　(D)不得行使　【99地方特考四等-法學知識與英文】	(D)

相關考題　設質

A公開發行公司之董事甲，選任董事當時所持有之公司普通股為50萬股，惟其近期因投資需求，將其中45萬股向銀行設定質權借款。之後，當A公司召開股東會時，甲得行使表決權之股數有多少？　(A)5萬股　(B)20萬股　(C)25萬股　(D)30萬股　【103高考-法學知識與英文】	(D)

【解析】
50萬÷2 = 25萬
45萬 - 25萬 = 20萬(不得行使表決權)
50萬 - 20萬 = 30萬

相關考題 **股份平等原則**

股份有限公司每一股份享有一個表決權,此為下列何種原則之具體規定?
(A)股份轉讓自由原則　　(B)股份平等原則　　(C)股東有限責任原則　　(D)股份
禁止回籠原則　　　　　　　　　　　　　　　【97普考-法學知識與英文】 (B)

● 董事

一、董事長對外代表公司

　　董事長對內為股東會、董事會及常務董事會主席,對外代表公司。董事長請假或因故不能行使職權時,由副董事長代理之;無副董事長或副董事長亦請假或因故不能行使職權時,由董事長指定常務董事一人代理之;其未設常務董事者,指定董事一人代理之;董事長未指定代理人者,由常務董事或董事互推一人代理之。(公司法§208Ⅲ)

二、董事之義務

　　公司負責人應忠實執行業務並盡善良管理人之注意義務,如有違反致公司受有損害者,負損害賠償責任。(公司法§23Ⅰ)

　　公司負責人對於公司業務之執行,如有違反法令致他人受有損害時,對他人應與公司負連帶賠償之責。(公司法§23Ⅱ)董事屬於公司負責人之一種,因此要遵守上開義務。

　　董事為自己或他人為屬於公司營業範圍內之行為,應對股東會說明其行為之重要內容並取得其許可。(公司法§209Ⅰ)

三、分次發行新股之決議

　　非屬增資類型的發行新股,即所謂的分次發行新股,仍在公司原定資本額範圍內,就不需要取得股東會之同意。蓋因公司可以章程訂資本額是100億元,公司預計分成四期投資,第一期研發技術、第二期蓋工廠、第三期擴增通路、第四期持續研發。第一期僅研發技術,

不需要一次100億元通通到位，所以第一次只募集25億元即可，等到第一階段完成後，再陸續因為公司其他需要，在章程所訂的資本額範圍內發行新股。

公司發行新股時，應由董事會以董事三分之二以上之出席，及出席董事過半數同意之決議行之。(公司法§266Ⅱ)

四、影子董事

公開發行股票之公司之非董事，而實質上執行董事業務或實質控制公司之人事、財務或業務經營而**實質指揮董事執行業務者**，與本法董事同負民事、刑事及行政罰之責任。但政府為發展經濟、促進社會安定或其他增進公共利益等情形，對政府指派之董事所為之指揮，不適用之。(公司法§8Ⅲ)

相關考題　代行職權

董事會不為或不能行使職權時，法院得選任下列何人代行董事長及董事會職權？　(A)監察人　(B)臨時管理人　(C)檢察官　(D)主管機關 【103四等司特-法學知識與英文】	(B)

【解析】
公司法第208-1條。

相關考題　影子董事

現年50歲之甲，為A公開發行公司持股過半但未擔任董事之大股東，其長期指揮控制A公司過半董事，今促使A公司董事會決議，以高出市價1倍向甲買進一筆土地，造成公司3000萬元之損失，試問甲對A公司負有何種民事責任？　(A)甲應對A公司負影子董事責任　(B)甲應對A公司負控制企業責任　(C)甲應對A公司負影子董事及控制企業責任　(D)依公司法規定，無從追究甲責任 【105四等警察-法學緒論】	(A)

● 對董事提起訴訟

一、對董事提起訴訟之決議及代表人

　　股東會決議對於董事提起訴訟時，公司應自決議之日起30日內提起之。(公司法§212) 公司與董事間訴訟，除法律另有規定外，由監察人代表公司，股東會亦得另選代表公司為訴訟之人。(公司法§213)

二、董事之解任

　　董事得由股東會之決議，隨時解任；如於任期中無正當理由將其解任時，董事得向公司請求賠償因此所受之損害。(公司法§199Ⅰ)

　　除了股東會解任董事之外，也可能由第三人提出解任，如財團法人證券投資人暨期貨交易人保護中心(以下簡稱投保中心)以東森國際董事長及總經理涉及刑事案件為由，依證券投資人暨期貨交易人保護法 (以下稱投保法)，主張東森國際董事長及總經理有不適宜擔任東森國際董事之情事，而向法院訴請裁判解任其等之董事職務。

　　股東會為前項解任之特別決議，應有代表已發行股份總數三分之二以上股東之出席，以出席股東表決權過半數之同意行之。(公司法§199Ⅱ)

　　公開發行股票之公司，出席股東之股份總數不足前項定額者，得以有代表已發行股份總數過半數股東之出席，出席股東表決權三分之二以上之同意行之。(公司法§199Ⅲ)

　　前二項出席股東股份總數及表決權數，章程有較高之規定者，從其規定。(公司法§199Ⅳ)

　　股東會於董事任期未屆滿前，經決議改選全體董事者，如未決議董事於任期屆滿始為解任，視為提前解任。(公司法§199-1Ⅰ)前項改選，應有代表已發行股份總數過半數股東之出席。(公司法§199-1Ⅱ)

● 監察人

監察人在股份有限公司內部扮演著監督的角色，避免董事在公司業務經營時上下其手，進而侵害了股東的權利，因此得隨時調查公司業務及財務狀況，查核簿冊文件，並得請求董事會或經理人提出報告。(公司法§218 I)

所以，監察人也是由股東會所選出，扮演好把關的角色。(公司法§216 I) 例如董事可能利用職權，讓公司買自己的土地，這時候可能一塊1,000萬元的土地，董事卻讓公司以10億元的高價買入，這樣子就造成公司、股東權益的損失，所以董事為自己或他人與公司為買賣、借貸或其他法律行為時，由監察人為公司之代表。(公司法§223)

為了能夠做好內部監督的工作，每個監察人可以各自單獨行使職權。(公司法§221) 監察人不得兼任公司董事、經理人或其他職員。(公司法§222)

相關考題

下列何人係股份有限公司之法定對外代表人？ (A)總經理 (B)董事長 (C)總裁 (D)負責人 　　　　　【96三等身心障礙特考一般行政-法學知識】	(B)
下列何者非公司董事之義務？ (A)忠實執行業務 (B)盡善良管理人注意 (C)不得從事競業行為 (D)不得兼任他公司之任何職務 　　　　　　　　　　　　　　　　　　　【99四等關務-法學知識】	(D)
在股份有限公司的章程所定資本額的範圍內，增加公司實收資本額，需要經那一個公司內部機關的同意？ (A)董事會 (B)股東會 (C)監察人 (D)經理人 　　　　　　　　　　　　　　　【96三等民航特考-法學知識】	(A)

相關考題　對董事提起訴訟

股份有限公司股東會得依普通決議通過下列何種行為？　(A)增資發行新股　(B)決定對董事提起訴訟　(C)解任董事　(D)與他公司合併 【99鐵路高員三級-法學知識與英文】	(B)

相關考題　監察人

甲股份有限公司之董事長為乙，今甲公司欲向乙購買土地一筆，請問何人可以代表甲公司與乙進行此一交易？　(A)甲公司之任何職員　(B)董事長乙　(C)甲公司之監察人　(D)甲公司股東會選定之人 【96公務關務人員升官等-法學知識與英文】	(C)
依公司法規定，股份有限公司中，何人得隨時調查公司業務及財務狀況，查核簿冊文件，並得請求董事會或經理人提出報告？　(A)檢查人　(B)股東　(C)監察人　(D)清算人　　　　　　　　【97三等關務警特-法學知識】	(C)

相關考題　簽證會計師之選任及解任

關於非公開發行股份有限公司年度財務報表之規定，下列敘述，何者錯誤？　(A)應由董事會編造，交監察人查核後，送股東會承認　(B)一定規模以上公司之財報，才需由會計師查核簽證　(C)簽證會計師由監察人選任與解任　(D)債權人得請求公司提供財務報表　　　　　【108高考-法學知識與英文】	(C)

【解析】

依據公司法第20、29條，查核簽證之會計師之選任及解任股份有限公司應由董事會以董事過半數之出席，及出席董事過半數同意之決議行之。

● **重大議案之決定**

　　某些特殊事項，事關公司營運重大，必須要表決數門檻較高的特別決議才能夠通過。所以公司法第185條規定，對於下列事項，應經過特別決議之表決程序（應有代表已發行股份總數三分之二以上股東出席之股東會，以出席股東表決權過半數之同意行之）：

一、締結、變更或終止關於出租全部營業，委託經營或與他人經常共同經營之契約。

二、讓與全部或主要部分之營業或財產。

三、受讓他人全部營業或財產，對公司營運有重大影響。（公司法§185 I）

　　可是，為了避免股份有限公司的出席人數不足，公開發行股票之公司，出席股東之股份總數不足前項定額者，得以有代表已發行股份總數過半數股東之出席，出席股東表決權三分之二以上之同意行之。（公司法§185 II）

　　此種重大議案須要經過股東會特別決議之表決，在此之前，重大議案之提出還要經過董事會之決議，應由有三分之二以上董事出席之董事會，以出席董事過半數之決議提出之。（公司法§185 IV）總之，重大事項之決議，須經過董事會通過提出後，再送請股東會決議。公司合併與分割也是相當重要的規定，其亦有類似之規定於公司法第316、317條規定。

● **公司合併**

　　公司合併，是指和其他公司進行股權交換，將兩個公司結合而成為一個公司。例如國泰銀行與世華銀行合併而成為國泰世華銀行。其類型包括存續合併與新設合併，所為存續合併，是指只留下其中一家公司，其餘公司消滅；而新設公司，則是創設一家新的公司，並由該新設公司概括承受所有消滅公司的權利及義務。

　　市場經營，常透過合併的方式取得其他公司的經營權，例如鴻海

公司就積極地合併全世界與其關聯性的重要公司,整合上下游生產關鍵流程,使其更有強大的競爭性。其他取得他公司的經營權,例如股份收購、資產收購,或者是改選董監事時,輔以收購委託書的方式,並與其他股東策略聯盟,取得董事的席次,都是常見的方式。

● **重整**

公司重整,如同日本會設更生法,對於財務上遭遇重大困難,無法經營下去,但是仍有成長前景的企業,透過重整的程序,讓債務得以清償,企業能夠重新回歸正軌。例如知名的歌林公司、遠東航空公司,都走過重整的這一條路。

原本股份有限公司的三角關係是股東及股東大會、監察人,以及董事及董事會,進入重整程序之後,股東及股東大會變成關係人會議,董事變成了重整人,監察人變成了重整監察人。

● **清算人之解任**

清算人除由法院選派者外,得由股東會決議解任。(公司法§323 I)

法院因監察人或繼續1年以上持有已發行股份總數百分之三以上股份股東之聲請,得將清算人解任。(公司法§323 II)

有重要事由時,法院得解任清算人。(公司法§337 I)

● **控制與從屬公司之表決權**

公司各股東,除本法另有規定外,每股有一表決權。有左列情形之一者,其股份無表決權:(公司法§179)

一、公司依法持有自己之股份。

二、被持有已發行有表決權之股份總數或資本總額超過半數之從屬公司,所持有控制公司之股份。

三、控制公司及其從屬公司直接或間接持有他公司已發行有表決權之股份總數或資本總額合計超過半數之他公司,所持有控制公司及其從屬公司之股份。

● 相互投資公司之表決權行使

相互投資公司知有相互投資之事實者，其得行使之表決權，不得超過被投資公司已發行有表決權股份總數或資本總額之三分之一。但以盈餘或公積增資配股所得之股份，仍得行使表決權。(公司法§369-10 I)

公司依第369-8條規定通知他公司後，於未獲他公司相同之通知，亦未知有相互投資之事實者，其股權之行使不受前項限制。(公司法§369-10 II)

相關考題　　控制公司與從屬公司

下列關於「控制與從屬公司」之敘述，何者錯誤？　(A)一公司持有他公司有表決權股份超過他公司已發行股份半數者，為控制與從屬關係　(B)一公司直接或間接控制他公司人事、財務或業務經營者，為控制與從屬關係　(C)從屬公司持有控制公司之股份無表決權　(D)控制公司持有從屬公司之股份無表決權　【103四等司特-法學知識與英文】	(D)
下列關於股份有限公司股份表決權之敘述，何者錯誤？　(A)公司可以發行無表決權或限制表決權之特別股　(B)相互投資公司，其所得行使之表決權，得超過被投資公司已發行有表決權股份總數之二分之一　(C)公司依法持有自己之股份，其股份無表決權　(D)公司各股東，除有法律特別規定，每股有一表決權　【103四等地特-法學知識與英文】	(B)

相關考題　　清算人之解任

股份有限公司之清算人由董事擔任時，下列關於其解任之敘述，何者正確？　(A)僅得由股東會決議解任　(B)股東會應以特別決議解任清算人　(C)僅得由法院裁判解任　(D)法院得因監察人之聲請，將清算人解任　【105四等警察-法學緒論】	(D)

相關考題　　重整

股份有限公司進入重整程序後，由下列何者代替行使原董事會權限？　(A)關係人會議　(B)檢查人　(C)重整人　(D)重整監督人　【97調查局-法學知識與英文】	(C)

相關考題　重大決策之議決

股份有限公司要進行如合併、分割等重大決策時，應經下列何種公司內部機關的同意？ (A)董事長 (B)董事會及股東會 (C)監察人 (D)經理人【96四等地方特考-法學知識與英文】	(B)

相關考題　合併

下列何者非一公司取得他公司經營權之方式？ (A)合併 (B)聯合行為 (C)資產收購 (D)股份收購 【96三等地方特考-法學知識與英文】	(B)

相關考題

A 公司、B 公司均為股份有限公司。A 公司已發行900萬股普通股、B 公司已發行1,200萬股普通股。A 公司持有 B 公司420 萬股，B 公司持有 A 公司310 萬股，A、B 公司知有相互持股之事實，則各得於對方所召開之股東會行使之表決權股數為何？ (A) A 公司得行使 400 萬股表決權、B 公司得行使 300 萬股表決權 (B) A 公司得行使 420 萬股表決權、B 公司得行使 300 萬股表決權 (C) A 公司得行使 400 萬股表決權、B 公司得行使 310 萬股表決權 (D) A 公司得行使 420 萬股表決權、B 公司得行使 310 萬股表決權 【107高考-法學知識與英文】	(A)
A 股份有限公司共有7名董事，分別為甲乙丙丁戊己庚。而B股份有限公司則設有5名董事，分別為甲丙丁戊壬。A 公司並持有 B 公司已發行有表決權股份總數之35%；B 公司則持有 A 公司已發行有表決權股份總數之30%。依此條件，下列關於 A、B 公司之敘述何者正確？ (A) A 公司與 B 公司相互持股各達對方有表決權股份總數四分之一以上，故為相互投資公司 (B) A 公司與 B 公司不符合控制與從屬關係之持股成數形式認定要件，因此 A、B 公司不具控制與從屬關係 (C) A 公司持有 B 公司有表決權股份總數達三分之一以上，故兩者為相互投資公司 (D) A 公司與 B 公司之董事有半數以上相同，故推定為有控制與從屬關係 【110高考-法學知識與英文】	(D)

【解析】
公司法第369-3條：「有左列情形之一者，推定為有控制與從屬關係：一、公司與他公司之執行業務股東或董事有半數以上相同者。二、公司與他公司之已發行有表決權之股份總數或資本總額有半數以上為相同之股東持有或出資者。」

7-2

著作權

● 立法目的

著作權之目的，在於為保障著作人著作權益，調和社會公共利益，促進國家文化發展。(著作權法§1前段)

● 著作權之概念

著作：指屬於文學、科學、藝術或其他學術範圍之創作。(著作權法§3Ⅰ①) 著作人：指創作著作之人。(著作權法§3Ⅰ②) 著作權：指因著作完成所生之著作人格權及著作財產權。(著作權法§3Ⅰ③)

● 著作權之主管機關

本法主管機關為經濟部。(著作權法§2Ⅰ)

● 著作權保護之範圍

本法所稱著作，例示如下：一、語文著作。二、音樂著作。三、戲劇、舞蹈著作。四、美術著作。五、攝影著作。六、圖形著作。七、視聽著作。八、錄音著作。九、建築著作。十、電腦程式著作。(著作權法§5)

下列特定內容不得為著作權之標的：

一、憲法、法律、命令或公文。公文，包括公務員於職務上草擬之文告、講稿、新聞稿及其他文書。

二、中央或地方機關就前款著作作成之翻譯物或編輯物。

三、標語及通用之符號、名詞、公式、數表、表格、簿冊或時曆。

四、單純為傳達事實之新聞報導所作成之語文著作。

五、依法令舉行之各類考試試題及其備用試題。(著作權法§9)

● 重製之概念

重製：指以印刷、複印、錄音、錄影、攝影、筆錄或其他方法直接、間接、永久或暫時之重複製作。於劇本、音樂著作或其他類似著作演出或播送時予以錄音或錄影；或依建築設計圖或建築模型建造建築物者，亦屬之。(著作權法§3Ⅰ⑤)

● 權利侵害之救濟

著作權人或製版權人對於侵害其權利者，得請求排除之，有侵害之虞者，得請求防止之。(著作權法§84)

侵害著作人格權者，負損害賠償責任。雖非財產上之損害，被害人亦得請求賠償相當之金額。(著作權法§85Ⅰ)

因故意或過失不法侵害他人之著作財產權或製版權者，負損害賠償責任。數人共同不法侵害者，連帶負賠償責任。(著作權法§88Ⅰ)

● 外國人著作權之享有

外國人之著作合於下列情形之一者，得依本法享有著作權。但條約或協定另有約定，經立法院議決通過者，從其約定：(著作權法§4)

一、於中華民國管轄區域內首次發行，或於中華民國管轄區域外首次發行後30日內在中華民國管轄區域內發行者。但以該外國人之本國，對中華民國人之著作，在相同之情形下，亦予保護且經查證屬實者為限。

二、依條約、協定或其本國法令、慣例，中華民國人之著作得在該國享有著作權者。

相關考題	主管機關

下列何者為著作權法主管機關？ (A)財政部 (B)教育部 (C)內政部 (D)經濟部 【98高考三級-法學知識與英文】	(D)

● **著作權之開始與終結**

　　著作人於著作完成時享有著作權。但本法另有規定者，從其規定。(著作權法§10) 此即所謂的「著作完成主義」。與早期採登記制度有所不同，現行著作權法完成就享有著作權，無待登記。

　　著作人死亡或消滅者，關於其著作人格權之保護，視同生存或存續，任何人不得侵害。但依利用行為之性質及程度、社會之變動或其他情事可認為不違反該著作人之意思者，不構成侵害。(著作權法§18)

　　著作財產權，除本法另有規定外，存續於著作人之生存期間及其死亡後50年。(著作權法§30Ⅰ) 著作於著作人死亡後40至50年間首次公開發表者，著作財產權之期間，自公開發表時起存續10年。(著作權法§30Ⅱ) 攝影、視聽、錄音及表演之著作財產權存續至著作公開發表後50年。(著作權法§34Ⅰ) 但著作在創作完成時起算50年內未公開發表者，其著作財產權存續至創作完成時起50年。(著作權法§30Ⅱ準用同法§33但書)

　　共同著作之著作財產權，存續至最後死亡之著作人死亡後50年。

相關考題

下列何項行為侵害著作權？　(A)以臺北101大樓為背景，拍攝照片，供人欣賞　(B)將合法購得之美術作品提供給美術館展出　(C)於餐廳中播送自己購買之音樂DVD，供用餐客人欣賞　(D)為報導正在進行之音樂大賽，而隨機播報幾位參賽者極小部分之表演內容　　　【104高考-法學知識與英文】	(C)
甲創作樂曲一首，乙以樂器彈奏表演該樂曲。下列敘述何者錯誤？　(A)乙於表演前，應得甲之同意　(B)乙之表演應以獨立著作保護　(C)丙以錄音設備錄製乙之表演，僅須得乙之同意　(D)丁以錄音設備播放丙之錄音，無須得乙之同意　　　【104普考-法學知識與英文】	(C)

相關考題　著作權保護之範圍

下列何者受著作權之保護？　(A)法律條文　(B)單純新聞事實報導的語文著作　(C)補習班的模擬試題　(D)一般會計帳簿　【99三等關務-法學知識】	(C)
下列何者得為著作權之標的？　(A)交通違規罰單　(B)國家考試試題　(C)大學教授授課內容　(D)行政機關函釋　【99四等基警行政警察-法學緒論】	(C)

相關考題　著作權之開始與保護期間

著作人自何時起享有著作權？　(A)開始著作時　(B)著作完成時　(C)向主管機關申請登記時　(D)登記完成時　【98四等司法特考-法學知識與英文】	(B)
下列關於著作權保護期間之敘述，何項錯誤？　(A)著作人於著作公開發表時享有著作權　(B)攝影著作之著作財產權存續至公開發表後50年　(C)著作人格權之保護為永久　(D)共同著作之著作財產權，存續至最後死亡之著作人死後50年　【98四等地方特考-法學知識與英文】	(A)
我國著作財產權之保護期間及於著作人死後多少年？　(A)20年　(B)30年　(C)40年　(D)50年　【100關稅四等-法學知識】	(D)
依著作權法規定，著作財產權原則上存續於著作人之生存期間及其死亡後多少年？　(A)15年　(B)20年　(C)30年　(D)50年　【101普考-法學知識與英文】	(D)

相關考題　權利侵害之救濟

關於著作權侵害之救濟，下列何者正確？　(A)著作權人僅得請求排除現有侵害，無法排除未來可能之侵害　(B)侵害著作人格權者，如非財產上之損害，被害人不得請求損害賠償　(C)侵害製版權者，以故意為限，始負損害賠償責任　(D)數人共同不法侵害製版權者，應連帶負賠償責任　【99三等第一次司法人員-法學知識與英文】	(D)

● **著作財產權之種類**

一、**重製權**：著作人除本法另有規定外，專有重製其著作之權利。(著作權法§22Ⅰ)表演人專有以錄音、錄影或攝影重製其表演之權利。(著作權法§22Ⅱ)

二、**公開口述權**：著作人專有公開口述其語文著作之權利。(著作權法§23)

三、**公開播送權**：著作人除本法另有規定外，專有公開播送其著作之權利。(著作權法§24Ⅰ)

四、**公開上映權**：著作人專有公開上映其視聽著作之權利。(著作權法§25)

五、**公開演出權**：著作人除本法另有規定外，專有公開演出其語文、音樂或戲劇、舞蹈著作之權利。(著作權法§26Ⅰ)

六、**公開傳輸權**：著作人除本法另有規定外，專有公開傳輸其著作之權利。(著作權法§26-1Ⅰ)

七、**公開展示權**：著作人專有公開展示其未發行之美術著作或攝影著作之權利。(著作權法§27)

八、**改作權**：著作人專有將其著作改作成衍生著作或編輯成編輯著作之權利。但表演不適用之。(著作權法§28) 所謂「改作」，指以翻譯、編曲、改寫、拍攝影片或其他方法就原著作另為創作。因此，改作必須有其他創意之元素加入，並且改變原有作品之外觀。(著作權法§3Ⅰ⑪)

● **著作人格權**

著作權人享有公開發表之權利。(著作權法§15Ⅰ本文) 此即所謂「公開發表權」之規定，屬於著作人格權。

著作人於著作之原件或其重製物上或於著作公開發表時，有表示其本名、別名或不具名之權利。著作人就其著作所生之衍生著作，亦有相同之權利。(著作權法§16Ⅰ本文) 此即所謂的「姓名表示權」。一般而言，著作人都希望將自己的名字放在著作上面，但如果寫的是情色小說，恐怕又不太願意把自己的真實姓名放在著作上，而會以筆

名的方式來顯示。

　　著作人享有禁止他人以歪曲、割裂、竄改或其他方法改變其著作之內容、形式或名目致損害其名譽之權利。(著作權法§17) 例如有些出版社買斷作者的稿件時，會特別以契約要求可以改著作的內容，這時候著作人本身就要特別地當心，可能會因為改變內容而損害其名譽，例如政治類的著作，本來支持兩岸統一的作者，經由偏向獨派的出版社大筆一揮，可能內容變成偏向於獨派的著作。

　　著作人格權專屬於著作人本身，不得讓與或繼承。(著作權法§21)

相關考題	著作財產權	
下列何種著作權之內容不得為讓與或繼承？　(A)姓名表示權　(B)重製權　(C)散布權　(D)編輯權　　　　　　　　　　　【99四等關務-法學知識】		(A)
某甲將某乙的英文著作翻譯為中文，該行為涉及某乙的何種著作權？ (A)改作權　(B)重製權　(C)同一性保持權　(D)編輯權【98調查局-法學知識與英文】		(A)
下列何者不屬於著作財產權？　(A)公開口述權　(B)公開展示權　(C)公開發表權　(D)公開上映權　　　　　　　　【98四等地方特考-法學知識與英文】		(C)
下列何者不屬於著作權法之改作行為？　(A)將小說內容繪製成漫畫　(B)將五篇短篇小說合訂為一本小說集　(C)將小說內容拍攝成電影　(D)將中文小說翻譯成英文小說　　　　　　　【99三等第一次司法人員-法學知識與英文】		(B)
下列何項行為侵害著作權？　(A)以臺北101大樓為背景拍照留念　(B)於臺灣誠品書店購買之書籍，閱畢後以網路拍賣之方式販售臺灣地區之他人　(C)利用圖書館之影印機，重製一本販售中書籍的5頁，該書總頁數為300頁　(D)未得著作財產權人之同意，於網站上轉載其整篇旅遊希臘的文章　　　　　　　　　　　　【99第二次司法特考-法學知識與英文】		(D)
甲未經著作財產權人同意，而使用 P2P 軟體下載電影「OO 大戰」到自己的個人電腦，將電影的英文字幕翻譯成中文，再將影片連同字幕檔一起上傳到影片共享網站供他人觀賞。甲的上述行為，不涉及下列何種著作財產權之侵害？　(A)重製權　(B)公開傳輸權　(C)改作權　(D)散布權　　　　　　　　　　　　　【110普考-法學知識與英文】		(D)

著作財產權之歸屬

一、共同著作

(一)共同著作之概念

二人以上共同完成之著作,其各人之創作,不能分離利用者,為共同著作。(著作權法§8)

(二)共同著作之人格權

共同著作之著作人格權,非經著作人全體同意,不得行使之。各著作人無正當理由者,不得拒絕同意。(著作權法§19Ⅰ)共同著作之著作人,得於著作人中選定代表人行使著作人格權。(著作權法§19Ⅱ)對於前項代表人之代表權所加限制,不得對抗善意第三人。(著作權法§19Ⅲ)

(三)共同著作財產權之存續期間

共同著作之著作財產權,存續至最後死亡之著作人死亡後50年。(著作權法§31)

(四)共同著作侵害之救濟

共同著作之各著作權人,對於侵害其著作權者,得各依本章之規定,請求救濟,並得按其應有部分,請求損害賠償。(著作權法§90Ⅰ)前項規定,於因其他關係成立之共有著作財產權或製版權之共有人準用之。(著作權法§90Ⅱ)

(五)共同著作之應有部分

共同著作各著作人之應有部分,依共同著作人間之約定定之;無約定者,依各著作人參與創作之程度定之。各著作人參與創作之程度不明時,推定為均等。(著作權法§40Ⅰ)共同著作之著作人拋棄其應有部分者,其應有部分由其他共同著作人依其應有部分之比例分享之。(著作權法§40Ⅱ)前項規定,於共同著作之著作人死亡無繼承人或消滅後無承受人者,準用之。(著作權法§40Ⅲ)

(六)共有之著作財產權

　　「共有」之著作財產權，本法亦有特別規定。共有之著作財產權，非經著作財產權人全體同意，不得行使之；各著作財產權人非經其他共有著作財產權人之同意，不得以其應有部分讓與他人或為他人設定質權。各著作財產權人，無正當理由者，不得拒絕同意。(著作權法§40-1Ⅰ) 共有著作財產權人，得於著作財產權人中選定代表人行使著作財產權。對於代表人之代表權所加限制，不得對抗善意第三人。(著作權法§40-1Ⅱ)

相關考題	共同及共有著作	
關關於著作財產權之敘述，下列何者正確？　(A)共同著作人未約定應有部分者，依各著作人參與創作之程度定之　(B)著作財產權讓與之範圍，如當事人約定不明，視為未讓與　(C)共有之著作財產權，非經著作財產權人全體二分之一以上同意，不得行使之　(D)非專屬授權之被授權人，得任意將該權利再授權予第三人利用　　　　　　　　　　　　　　【99高考三級-法學知識與英文】		(A)

相關考題	著作權之標的	
下列何項得為著作權之標的？　(A)司法院委請學者譯成英文出版之大法官會議解釋彙編　(B)內政部編印出版之營建法令彙編　(C)財政部舉行學術研討會出版之研討會論文集　(D)立法院就法案審議過程出版之法律案專輯　　　　　　　　　　　　　　　　　　【101高考-法學知識與英文】		(C)

相關考題	著作權侵害	
下列有關著作權侵害之敘述，何者錯誤？　(A)著作權人得請求排除侵害　(B)對於故意或過失不法侵害其著作財產權者，權利人得請求損害賠償　(C)對於侵害著作權者，尚有刑事處罰　(D)侵害著作人格權者，縱無故意或過失，亦負損害賠償責任　　　　　　　　　　　　　　　【104高考-法學知識與英文】		(D)

二、雇用人與受雇人

受雇人於職務上完成之著作，以該受雇人為著作人。但契約約定以雇用人為著作人者，從其約定。(著作權法§11 I) 依前項規定，以受雇人為著作人者，其著作財產權歸雇用人享有。但契約約定其著作財產權歸受雇人享有者，從其約定。(著作權法§11 II) 受雇人，包括公務員。(著作權法§11 III)

試想看看，老闆聘僱員工，員工領了薪水當然就要效忠，不只要效忠，連所製作的著作，都要歸屬於老闆所有。如果雇主與員工沒有約定，原則上因為是受雇人所製作，著作權就歸屬於受雇人。換言之，只要受雇於他人，通常都會簽訂工作職場中的著作權讓與或拋棄的契約，由雇主為該著作之著作人。即便名義上還是由受雇人為著作人，但是雇主卻可以享有著作財產權。

三、聘用人與受聘人

有時候並非受雇為員工，而是如同接案子的SOHO族，即屬於著作權法中所謂出資聘請他人完成之著作，除第11條情形外，也是以該受聘人為著作人。但契約約定以出資人為著作人者，從其約定。(著作權法§12 I)

這也是與前開雇用人與受雇人著作權歸屬之議題採相同的道理，誰創作的著作，原則上應該由創作者取得著作權，但是例外可以契約約定已出資人為著作人，像是很多書籍的插畫，也都是插畫家所畫，雙方無論是口頭或書面的約定，都可以約定為聘用人為著作人。

以受聘人為著作人者，其著作財產權依契約約定歸受聘人或出資人享有。未約定著作財產權之歸屬者，其著作財產權歸受聘人享有。(著作權法§12 II) 如果著作財產權歸受聘人享有者，出資人得利用該著作。(著作權法§12 III)

例如現在網路有很多幫人畫數位肖像的店家，花個8百、1千就可以請人幫忙畫很可愛的人像，這時候畫完的肖像，繪製者原則上為著作人，當然也可以約定由出資人為著作人，但通常代價就不是8百、1千，可能會高達上萬元。一般民眾因為不太瞭解法律，雙方都不會規定著作權歸誰所有，此時依據著作權法的規定，著作財產權歸受聘人所有，出資人只有利用權。

四、著作人之推定

在著作之原件或其已發行之重製物上，或將著作公開發表時，以通常之方法表示著作人之本名或眾所周知之別名者，推定為該著作之著作人。(著作權法§13 I) 前項規定，於著作發行日期、地點及著作財產權人之推定，準用之。(著作權法§13 II)

相關考題	聘用關係之著作權	
以受聘人為著作人時，如未約定著作財產權之歸屬，其著作財產權及利用權之歸屬情形為何？　(A)著作財產權歸出資人所有，受聘人有利用權　(B)著作財產權歸出資人所有，受聘人無利用權　(C)著作財產權歸受聘人所有，出資人有利用權　(D)著作財產權歸受聘人所有，出資人無利用權 【98三等地方特考-法學知識與英文】		（C）

● 合理使用

著作權法為了保障著作人的權益，賦予著作人各種權利，可是權利不能無限上綱，如何與社會公共利益相調和，成為一種立法的藝術，也是合理使用制度存在之目的。

著作權法合理使用制度，規定在著作權法第44至66條之規定，有鑒於公益或個人之需要，對於著作人之權利給予一定之限制。只要是合理的使用，就不會構成著作財產權之侵害，但並不包括著作人格權。(著作權法§65 I、66)

著作權法有例示一些情況屬於合理使用，諸如合法電腦程式著作重製物之所有人得因配合其所使用機器之需要，修改其程式，或因備用存檔之需要重製其程式。但限於該所有人自行使用。(著作權法§59 I) 又如依法設立之各級學校及其擔任教學之人，為學校授課目的之必要範圍內，得重製、公開演出或公開上映已公開發表之著作。(著作權法§46 I) 此一情形並得改作該著作。(著作權法§63 II)

● 合理使用之判斷原則

著作之利用是否合於第44至63條所定之合理範圍或其他合理使用之情形，應審酌一切情狀，尤應注意下列事項，以為判斷之基準：
一、利用之目的及性質，包括係為商業目的或非營利教育目的。
二、著作之性質。
三、所利用之質量及其在整個著作所占之比例。
四、利用結果對著作潛在市場與現在價值之影響。(著作權法§65 II)

著作權人團體與利用人團體就著作之合理使用範圍達成協議者，得為前項判斷之參考。(著作權法§65 III)

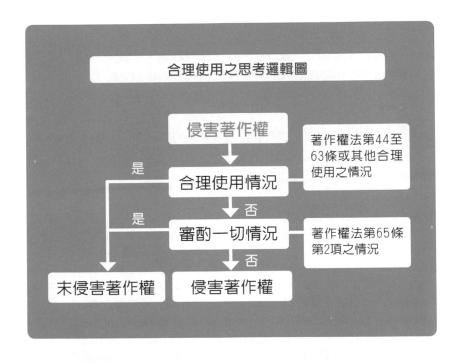

合理使用之思考邏輯圖

侵害著作權

著作權法第44至63條或其他合理使用之情況

合理使用情況

是

審酌一切情況

著作權法第65條第2項之情況

是

否

否

未侵害著作權

侵害著作權

相關考題 **合法使用**

| 關於著作合理使用之敘述，下列何者正確？ (A)符合著作之合理使用者，不構成著作財產權及著作人格權之侵害 (B)合法電腦程式著作重製物之所有人，有權重製該程式之備份，以供自己備用存檔之需要 (C)合法電腦程式著作重製物之所有人，得出租該重製物 (D)依法設立之各級學校，因授課需要得合理重製他人公開著作，但不得改作該著作 【99普考-法學知識與英文】 | (B) |
| 關於著作權法上之合理使用的敘述，下列何項錯誤？ (A)合理使用之著作利用行為，無須得著作財產權人之同意，亦不構成侵害著作財產權 (B)合理使用之規定，亦適用於著作人格權 (C)為司法程序使用之必要，於合理範圍內，重製他人之著作，屬於合理使用之行為 (D)合理使用之判斷，應審酌一切情狀 【100關稅三等-法學知識】 | (B) |

相關考題　　衍生著作

下列何者不屬於衍生著作？　(A)將既存樂曲變換他種演奏形式之樂曲　(B)將小說轉換成劇本　(C)將漫畫拍攝成電影著作　(D)將詩作編排成詩集 【109高考-法學知識與英文】	(D)

【解析】
依據著作權法第6條第1項：「就原著作改作之創作為衍生著作，以獨立之著作保護之。」

相關考題　　定義

下列有關公開播送、公開演出及公開傳輸的概念，何者與我國著作權法規定有違？　(A)公開播送係指基於公眾直接收聽或收視為目的，以有線電、無線電或其他器材之廣播系統傳送訊息之方法，藉聲音或影像，向公眾傳達著作內容　(B)由原播送人以外之人，以有線電、無線電或其他器材之廣播系統傳送訊息之方法，將原公開播送之聲音或影像向公眾傳達者，則不屬公開播送規範範圍　(C)公開演出係指以演技、舞蹈、歌唱、彈奏樂器或其他方法向現場之公眾傳達著作內容　(D)公開傳輸係指以有線電、無線電之網路或其他通訊方法，藉聲音或影像向公眾提供或傳達著作內容，包括使公眾得於其各自選定之時間或地點，以上述方法接收著作內容 【111高考-法學知識與英文】	(B)
依據我國著作權法規定，有關著作權之敘述，下列何者正確？　(A)所謂的「公眾」，不包含家庭及其正常社交之多數人　(B)著作人於完成著作後，應向主管機關辦理著作權登記，始能享有著作權　(C)行政院所發布之新聞稿，得為著作權保護之標的　(D)表演人對既有民俗創作之表演，不受著作權法保護　　【111普考-法學知識與英文】	(A)

【解析】
著作權法第3條第1項第4款：「四、公眾：指不特定人或特定之多數人。但家庭及其正常社交之多數人，不在此限。」

＊筆記＊

7-3

消費者保護法

● **基本概念**

消費者保護法常考的重點是「特種交易」種類及其無條件解約之法律效果,另外消費爭議的處理方式也是偶見的考題內容。

● **特種交易**

消費者保護法之特種交易分成下列兩種:

一、通訊交易:指企業經營者以廣播、電視、電話、傳真、型錄、報紙、雜誌、網際網路、傳單或其他類似之方法,使消費者未能檢視商品或服務而與企業經營者所訂立之契約。

二、訪問交易:指企業經營者未經邀約而與消費者在其住居所、工作場所、公共場所或其他場所所訂立之契約。

這兩種交易主要是因為消費者並沒有看到實際的貨品,或者是因為突然被推銷,在思慮未周的情況下購買了商品。因此,消費者保護法特別規定這兩種特種交易,當事人在收受商品或接受服務後7日之內,以退回商品或以書面通知企業經營者解除買賣契約,無須說明理由及負擔任何費用或價款。(消保法§19Ⅰ)消費者於第1項及第3項所定期間內,已交運商品或發出書面者,契約視為解除。(消保法§19Ⅳ)所以,在性質上消費者保護法第19條有關特種交易效力之規定,屬於強制規定。

● **企業責任不得預先免除**

消費者保護法第10-1條規定:「本節所定企業經營者對消費者或第三人之損害賠償責任,不得預先約定限制或免除。」

● **舉證責任**

　　企業經營者主張其商品於流通進入市場，或其服務於提供時，符合當時科技或專業水準可合理期待之安全性者，就其主張之事實負舉證責任。(消保法§7-1Ⅰ)

● **定型化契約**

　　企業經營者在定型化契約中所用之條款，應本平等互惠之原則。定型化契約條款如有疑義時，應為有利於消費者之解釋。(消保法§11)

　　定型化契約條款因字體、印刷或其他情事，致難以注意其存在或辨識者，該條款不構成契約之內容。但消費者得主張該條款仍構成契約之內容。(消保法施行細則§12)

　　定型化契約中之定型化契約條款牴觸個別磋商條款之約定者，其牴觸部分無效。(消保法§15)

　　中央主管機關為預防消費糾紛，保護消費者權益，促進定型化契約之公平化，得選擇特定行業，擬訂其定型化契約應記載或不得記載事項，報請行政院核定後公告之。(消保法§17Ⅰ)

● **刊登廣告之連帶責任**

　　刊登或報導廣告之媒體經營者明知或可得而知廣告內容與事實不符者，就消費者因信賴該廣告所受之損害與企業經營者負連帶責任。(消保法§23Ⅰ) 前項損害賠償責任，不得預先約定限制或拋棄。(消保法§23Ⅱ)

● **平等互惠原則**

　　消費者保護法第11條第1項規定：「企業經營者在定型化契約中所用之條款，應本平等互惠之原則。」

● **消費爭議之處理機制**

　　消費爭議之處理有三種，申訴、調解及消費訴訟。

　　消費者與企業經營者因商品或服務發生消費爭議時，消費者得向

企業經營者、消費者保護團體（例如消費者文教基金會）或消費者服務中心或其分中心申訴。（消保法§43 I）企業經營者對於消費者之申訴，應於申訴之日起15日內妥適處理之。（消保法§43 II）

消費者向企業經營者、消費者保護團體（例如消費者文教基金會）或消費者服務中心或其分中心申訴，未獲妥適處理時，得向直轄市、縣（市）政府消費者保護官申訴。（消保法§43 III）

如果上開申訴程序還是無法獲得解決，消費者得向直轄市或縣（市）消費爭議調解委員會申請調解。（消保法§44）

相關考題　企業經營者責任

為擴大對消費者之保護，消費者保護法與民法第191-1條，均要求商品製造廠商承擔：　(A)故意責任　(B)過失責任　(C)產品責任　(D)契約責任　【101普考-法學知識與英文】	(C)
依消費者保護法規定，企業經營者對消費者或第三人之損害賠償責任得否預先約定限制或免除？　(A)得預先約定限制或免除　(B)不得預先約定限制或免除　(C)得預先約定限制但不得預先免除　(D)得預先約定免除但不得預先限制　【99地方特考四等-法學知識與英文】	(B)
從事設計商品之企業經營者，提供商品流入市場，若主張其提供之商品符合當時科技或專業水準可合理期待之安全性，應由何人負舉證責任？　(A)企業經營者　(B)消費者　(C)消費者保護文教基金會　(D)事業主管機關　【100關稅三等-法學知識】	(A)
依消費者保護法規定，刊登或報導廣告之企業經營者，其可得而知廣告內容與事實不符者，就消費者因信賴該廣告所受之損害，與提供廣告的企業經營者負何種責任？　(A)連帶責任　(B)個別侵權責任　(C)不真正連帶責任　(D)毋須負責　【100關稅四等-法學知識】	(A)

相關考題　企業經營者責任

依消費者保護法規定，關於消費者健康與安全之保障，下列敘述，何者錯誤？　(A)商品具有危險性者，應於明顯處為警告標示及緊急處理危險之方法　(B)從事改裝、分裝商品或變更服務內容之企業經營者，若對於損害之防免已盡相當之注意，或縱加以相當之注意而仍不免發生損害者，不須與設計、生產、製造商品或提供服務之企業經營者，負連帶賠償責任　(C)商品或服務不得僅因其後有較佳之商品或服務，而被視為不符合商品流通進入市場或服務提供當時，科技或專業水準可合理期待之安全性　(D)企業經營者所為必要之處理，若足以除去商品或服務對消費者安全與健康之危害，即不須回收該批商品或停止其服務　　　　　　　　　　【108普考-法學知識與英文】	(B)

【解析】
消費者保護法第8條第2項：「前項之企業經營者，改裝、分裝商品或變更服務內容者，視為第7條之企業經營者。」

相關考題　定型化契約

依消費者保護法規定，下列有關定型化契約條款之敘述，何者正確？　(A)定型化契約條款是否違反誠信原則，對消費者顯失公平，應斟酌契約之性質、締約目的、全部條款內容、交易習慣及其他情事判斷之　(B)定型化契約條款因字體、印刷或其他情事，致難以注意其存在或辨識者，消費者不得主張該條款仍構成契約內容　(C)相對於個別磋商條款，定型化契約條款具有優先之效力，前者牴觸後者，其牴觸部分無效　(D)基於私法自治原則及契約自由原則，企業經營者與消費者間之定型化契約內容，主管機關不得干預其應記載或不記載之事項　　　　　　　　【104司法三等-法學知識與英文】	(A)
下列有關消費者與企業經營者間定型化契約之敘述，何者錯誤？　(A)定型化契約之內容，如有疑義時，應為平等互惠之解釋　(B)定型化契約條款中，如違反誠信原則，對消費者顯失公平者，無效　(C)消費者應有 30 日以內之合理審閱期　(D)定型化契約條款牴觸個別磋商條款者，其牴觸部分無效　　　　　　　　　　　　　　　　　【104司法四等-法學知識與英文】	(A)

相關考題　平等互惠原則

依消費者保護法規定，企業經營者在定型化契約中所用之條款，應本於何種原則？　(A)企業有利原則　(B)消費者有利原則　(C)平等互惠原則　(D)市場有利原則　　　　　　　　　　　　　【99地方特考三等-法學知識與英文】	（C）
A 餐廳推出自助餐 599 元吃到飽專案，並貼出告示：「請酌量取用，勿浪費食物，否則每人一律罰款用餐價格 10 倍」。該告示是否有效？　(A)有效，因為當事人可任意約定契約內容　(B)原則有效，除非顧客反對才會無效　(C)無效，因為違反平等互惠原則　(D)如果餐廳曾告知顧客此規定，則有效，若無，則無效　　　　　　　　　　　　　　【108高考-法學知識與英文】	（C）

相關考題　特種交易

甲於民國101年1月27日從乙電視購物台購買某一保養品，並於同年同月29日收到該物品。甲於同年2月4日拆開該保養品之外盒包裝後(但未開瓶)，突生悔意，遂於當日以宅急便將該保養品退回於乙，而乙也於當日收訖。下列關於解除買賣契約效力之敘述，何者正確？　(A)有效，因甲在法定期限內行使解約權　(B)有效，因甲乙雙方對於解除契約的條件、期限及方式並無特別約定　(C)無效，因甲解除契約無正當理由　(D)無效，因甲解除契約未以書面方式為之　　　　　　　　　　　　　　【107高考-法學知識與英文】	（A）
甲向電視購物台 A 廠商購買電視機 1 台，另乙則於捷運站之入口被 B 推銷而購買 1 組化妝品。對於甲與 乙之購買行為之法律關係，下列敘述何者錯誤？　(A)乙得於收受商品後 7 日內解除契約，無須說明理由及負擔任何費用或對價　(B)與 A 所簽訂之契約，係於未能檢視商品或服務下而與企業經營者所訂立之契約，故稱為訪問交易　(C)若甲合法解除契約，A 應於取回商品、收到消費者退回商品之次日起 15 日內，返還消費者已支付之對價　(D) B 與乙訂立契約時，應將消費申訴之受理方式之資訊以清楚易懂之文句記載於書面，提供予乙　　　　　　　　　　　　　　【110普考-法學知識與英文】	（B）

相關考題　消費爭議處理方式

| 下列何者非消費者保護法所規定之關於消費爭議的處理方式？　(A)和解 (B)申訴　(C)調解　(D)消費訴訟　　　【99四等基警行政警察-法學緒論】 | (A) |

相關考題　調解

| 下列關於消費者保護法所定調解之敘述，何者錯誤？　(A)消費者與企業經營者均得申請調解　(B)限於消費爭議案件始得申請調解　(C)申請調解之案件，須業經申訴，而未獲妥適之處理者　(D)申請調解，應向直轄市或縣（市）消費爭議調解委員會申請　　　【104普考-法學知識與英文】 | (A) |

第**8**章
勞動與社會法

章節大綱

　　勞動基準法是考試的重點所在，其中主要考題重點落在工資與退休，其餘包括勞動基準法之屬性、技術生、工作時數等規定，也是常見的考題。

　　性別工作平等法也是考試的重點，其中主要考題重點落在防止性騷擾，以及促進工作平等的措施，尤其是育嬰留職停薪、產假、生理假等請假規定。

　　而社會法中，全民健康保險法及勞工保險條例最為常見，也會針對特殊爭議事件或未來趨勢，例如具有高度爭議性的18%優惠存款；另外，過去除了疾病、失業性給付的保險外，為因應老年化時代來臨，目前業已開辦國民年金保險，可見未來，有關老人照護的保險或相關制度，也具有可期待性。

相關考題

下列那一項不屬於我國傳統的綜合性社會保險？　(A)勞工保險　(B)公務人員保險　(C)軍人保險　(D)就業保險　　　　【99四等關務-法學知識】	(D)
我國公務員尚未實施月退休制度前，政府係透過下列那一項措施，以維持退休公務員的基本生活保障？　(A)敬老津貼　(B)國民年金　(C)年終獎金　(D)優惠存款　　　　【98四等司法特考-法學知識與英文】	(D)

8-1

勞動基準法

● 立法目的

勞動基準法，是規範勞雇關係的基本法律，有稱之為「勞動憲法」。為規定勞動條件最低標準，保障勞工權益，加強勞雇關係，促進社會與經濟發展，本法是勞雇關係的最低標準。

● 每日暨每週之工作時數

勞工每日正常工作時間不得超過8小時，每週工作總時數不得超過40小時。(勞基法§30Ⅰ)正常工作時間，雇主經工會同意，如事業單位無工會者，經勞資會議同意後，得將其2週內2日之正常工作時數，分配於其他工作日。其分配於其他工作日之時數，每日不得超過2小時。但每週工作總時數不得超過48小時。(勞基法§30Ⅱ)

正常工作時間，雇主經工會同意，如事業單位無工會者，經勞資會議同意後，得將8週內之正常工作時數加以分配。但每日正常工作時間不得超過8小時，每週工作總時數不得超過48小時。(勞基法§30Ⅲ)

勞基法第30條第2、3項僅適用於經中央主管機關指定之行業。(勞基法§30Ⅳ)雇主應置備勞工出勤紀錄，並保存5年。(勞基法§30Ⅴ)

● 工資：經常性給予

工資：謂勞工因工作而獲得之報酬；包括工資、薪金及按計時、計日、計月、計件以現金或實物等方式給付之獎金、津貼及其他任何名義之經常性給與均屬之。(勞基法§2③)

● 工資：基本工資

工資由勞雇雙方議定之。但不得低於基本工資。(勞基法§21Ⅰ)基本工資，由中央主管機關設基本工資審議委員會擬訂後，報請行政院核定之。(勞基法§21Ⅱ) 技術生災害補償所採薪資計算之標準，不得低於基本工資。(勞基法§69Ⅱ)

● 平均工資

平均工資：謂計算事由發生之當日前6個月內所得工資總額除以該期間之總日數所得之金額。(勞基法§2)

相關考題　　工資	
下列何者屬於勞動基準法第2條第3項所規定之經常性給與？　(A)紅利　(B)全勤獎金　(C)年終獎金　(D)中秋節節金　　　　【99三等關務-法學知識】	(B)
關於年終獎金之敘述，下列何者錯誤？　(A)事業單位於年度營業終了結算，如有盈餘，對於全年工作並無過失之勞工，應給與獎金　(B)年終獎金因年年給與，應屬經常性給與之工資　(C)年終獎金亦得經勞資雙方之約定，不在年終時發給，而是分次於每個月給付薪資時給與　(D)年終獎金應不得計入平均工資之內　　　　【99四等基警行政警察-法學緒論】	(B)
勞動基準法規定之平均工資係指計算事由發生之當日前，幾個月內所得工資總額除以該期間之總日數所得之金額？　(A)3 個月　(B)6 個月　(C)9 個月　(D)12 個月　　　　【103三等地特-法學知識與英文】	(B)
有關我國勞動基準法對於工資之敘述，下列何者錯誤？　(A)工資之給付，應以法定通用貨幣為之　(B)工資由勞雇雙方議定之，得低於基本工資　(C)工資應全額直接給付勞工　(D)雇主不按期給付工資者，主管機關得限期令其給付　　　　【104司法四等-法學知識與英文】	(B)

● **自請退休**

　　勞工有下列情形之一，得自請退休：

　　一、工作15年以上年滿55歲者。

　　二、工作25年以上者。

　　三、工作10年以上年滿60歲者。(勞基法§53)

● **強制退休年齡**

　　勞工非有下列情形之一，雇主不得強制其退休：

　　一、年滿65歲者。

　　二、身心障礙不堪勝任工作者。

　　對於擔任具有危險、堅強體力等特殊性質之工作者，例如馬戲團、礦工等特殊狀況，得由事業單位報請中央主管機關予以調整。但不得少於55歲。(勞基法§54)

● **單向強行禁止**

　　勞動基準法有如勞動憲法一般，勞雇間所訂定的勞動條件，不得違反本法所設立之最低標準。(勞基法§1Ⅱ)勞動基準法之規範，係禁止勞動條件過低有損勞工權益，因此制定本法規範最低的勞工權益標準，但如果雇主訂定優於本法的勞動條件，當然並不會禁止。因此，勞動基準法係屬於「單向強行禁止」之規定。

● **預告終止契約**

　　非有左列情事之一者，雇主不得預告勞工終止勞動契約：

　　一、歇業或轉讓時。

　　二、虧損或業務緊縮時。

　　三、不可抗力暫停工作在1個月以上時。

　　四、業務性質變更，有減少勞工之必要，又無適當工作可供安置時。

　　五、勞工對於所擔任之工作確不能勝任時。(勞基法§11)

● **技術生**

　　常聽到學校與廠商進行建教合作，讓學生有機會到企業實習，或者是所謂的學徒，即是所謂的技術生。稱技術生者，指依中央主管機關規定之技術生訓練職類中以學習技能為目的，依本章之規定而接受雇主訓練之人。(勞基法§64Ⅱ) 本章規定，於事業單位之養成工、見習生、建教合作班之學生及其他與技術生性質相類之人，準用之。(勞基法§64Ⅲ)

　　技術生也有最低年齡的限制，雇主不得招收未滿15歲之人為技術生。但國民中學畢業者，不在此限。(勞基法§64Ⅰ)

　　其次，既然是雇主訓練這些技術生，技術生是否要給付訓練費用，勞基法禁止雇主向技術生收取訓練費用。(勞基法§66) 否則技術生本來就比較窮困，為了學習技術，不但要替雇主工作，還要給付雇主費用，顯然並不合理。

　　技術生可以說是便宜又好用，成本說不定還比外勞還低廉，所以為了避免雇主利用技術生的名義招募員工，讓勞動市場的需求大減，所以規定技術生人數，不得超過勞工人數四分之一。勞工人數不滿4人者，以4人計。(勞基法§68)

● **工資優先清償權**

　　雇主因歇業、清算或宣告破產，本於勞動契約所積欠之工資未滿6個月部分，有最優先受清償之權。(勞基法§28Ⅰ①)

相關考題

對於勞動契約當事人之私法自治與契約自由而言,勞動基準法規定之功能在於作為: (A)單向強行禁止 (B)雙向強行禁止 (C)單向任意規定 (D)雙向任意規定 【98高考三級-法學知識與英文】	(A)
勞動基準法係勞工勞動條件之最低標準,性質上係屬下列何一規範方式? (A)任意規定 (B)訓示規定 (C)單向強行禁止 (D)雙向強行禁止 【99地方特考三等-法學知識與英文】	(C)
勞動契約當事人終止契約之行為,其性質上應為: (A)須相對人同意之單方形成意思表示 (B)無須相對人同意之單方形成意思表示 (C)須符合法律規定、否則不生效之雙方形成意思表示 (D)無須符合法律規定之雙方形成意思表示 【99地方特考四等-法學知識與英文】	(B)

相關考題 自請退休

勞動基準法第53條規定自請退休的事項有三,下列何者不屬之? (A)年滿60歲,於同一事業單位工作年滿10年 (B)年滿55歲,於同一事業單位工作年滿15年 (C)年滿50歲,於同一事業單位工作年滿20年 (D)於同一事業單位工作年滿25年 【99鐵路高員三級人事行政-法學知識與英文】	(C)

相關考題 強制退休

依勞動基準法第54條第1項第1款規定,未滿幾歲者,雇主不得強制勞工退休? (A)55歲 (B)60歲 (C)65歲 (D)70歲 【99四等關務-法學知識】	(C)
有關現行勞動基準法退休之規定,何者錯誤? (A)勞工於同一事業單位工作15年以上年滿55歲者,得自請退休 (B)勞工於同一事業單位工作25年以上,得自請退休 (C)勞工年齡滿60歲,雇主得強制勞工退休 (D)勞工心神喪失或身體殘廢不堪勝任工作者,雇主得強制勞工退休 【99四等海巡-法學知識與英文】	(C)

相關考題 　**強制退休**

有關勞動基準法中退休之規定，下列敘述何者錯誤？ (A)心神喪失而不堪勝任工作之勞工，只要未滿55歲，仍不得強迫退休 (B)工作15年以上而年滿55歲者得自請退休 (C)自請退休性質上為勞工之形成權，無須雇主之同意 (D)退休金之給與依勞動基準法第55條規定，最高總數以45個基數為限 【103三等司特-法學知識與英文】	（A）

相關考題 　**預告終止契約**

依勞動基準法第11條之規定，有關雇主須預告始得終止勞動契約情形，下列何者錯誤？ (A)歇業或轉讓時 (B)不可抗力暫停工作在1個月以上時 (C)勞工對於所擔任之工作確不能勝任時 (D)勞工違反勞動契約或工作規則，情節重大者 【104普考-法學知識與英文】	（D）

相關考題 　**勞工申訴**

事業單位違反勞工法令規定時，下列敘述何者錯誤？ (A)勞工得向雇主、主管機關或檢查機構申訴 (B)勞工得向雇主、主管機關或檢查機構申訴，但向檢察機關申訴者以工會為限 (C)雇主不得因勞工為申訴而予解僱、調職或其他不利之處分 (D)雇主因勞工為申訴而予解僱、調職或其他不利之處分，主管機關得予處罰 【104普考-法學知識與英文】	（B）

【責任制與過勞死】

　　社會上發生多起勞工過勞死的不幸消息，追究其原因多屬責任制，簡單來說就是不依據勞基法最低工時的相關規定，勞資雙方另行約定，只要把交給勞工的工作完成，花了多少時間不是重點。相關規定如下：

　　勞動基準法第84-1條第1項規定

　　經中央主管機關核定公告下列工作者，得由勞雇雙方另行約定，工作時間、例假、休假、女性夜間工作，並報請當地主管機關核備，不受第30條 (工時)、第32條 (工時以外時間工作)、第36條 (至少1天休假)、第37條 (特定節日休假)、第49條 (女工於特定時間工作) 規定之限制。

　　一、監督、管理人員或責任制專業人員。

　　二、監視性或間歇性之工作。 (例如保全業)

　　三、其他性質特殊之工作。

相關考題　責任制之排除規定

勞動基準法第84-1條有關工時之規定，下列敘述何者錯誤？　(A)適用勞動基準法第84-1條之人員須經中央主管機關核定公告　(B)報請主管機關核備後，工作時間、例假、休假等即不受勞動基準法原有規定限制　(C)勞雇雙方關於工作時間等之約定，須受書面要式之限制　(D)責任制專業人員，因其性質特殊，本於勞動基準法第84-1條之規定，亦得排除本法有關工資章之適用 【103三等地特-法學知識與英文】	(D)

相關考題 　不需經工會或勞資會議之同意事項

依勞動基準法之規定，雇主實施下列何事項不需經工會或勞資會議之同意？
(A)將勞動基準法所訂之2週內2日之正常工作時數，分配於其他工作日　(B)
因天災、事變或突發事件，雇主有使勞工在正常工作時間以外工作之必要
時，將勞工之工作時間延長　(C)雇主有使勞工在正常工作時間以外工作之必
要者，將勞工之工作時間延長　(D)經提供必要之安全衛生設施後，雇主使女
工於午後 10 時至翌晨 6 時之時間內工作　　【111普考-法學知識與英文】

(B)
(D)

【解析】
(B) 勞動基準法第32條第4項；(D) 勞動基準法第49條第1項

相關考題 　核定公告之另行約定

雇主欲依勞動基準法第84-1條規定，與勞工另行約定工作時間、例假、休
假、女性夜間工作，下列敘述何者錯誤？　(A)應以書面方式為之　(B)應限於
經中央主管機關核定公告之工作者　(C)約定內容應報請當地主管機關核備
(D)應經工會同意，如事業單位無工會者，應經勞資會議同意
　　　　　　　　　　　　　　　　　　　　【111高考-法學知識與英文】

(D)

8-2

勞工保險條例

● 基本概念

　　勞工保險條例規範內容，其一為說明保險人、投保單位及被保險人。基本上，勞工就是被保險人，投保單位就是勞工的雇主或所屬團體 (機構)，而保險人則是勞工保險局。其次，則是規範保險費、保險基金及經費；第三個部分則是規範各種給付，包括生育、傷病、醫療、失能、老年、死亡、年金給付之申請及核發，如醫療給付分成門診及住院診療。

● 投保單位

　　年滿15歲以上，65歲以下之左列勞工，應以其雇主或所屬團體或所屬機構為投保單位，全部參加勞工保險為被保險人：

一、受僱於僱用勞工5人以上之公、民營工廠、礦場、鹽場、農場、牧場、林場、茶場之產業勞工及交通、公用事業之員工。

二、受僱於僱用5人以上公司、行號之員工。

三、受僱於僱用5人以上之新聞、文化、公益及合作事業之員工。

四、依法不得參加公務人員保險或私立學校教職員保險之政府機關及公、私立學校之員工。

五、受僱從事漁業生產之勞動者。

六、在政府登記有案之職業訓練機構接受訓練者。

七、無一定雇主或自營作業而參加職業工會者。

八、無一定雇主或自營作業而參加漁會之甲類會員。(勞保條例§6Ⅰ)

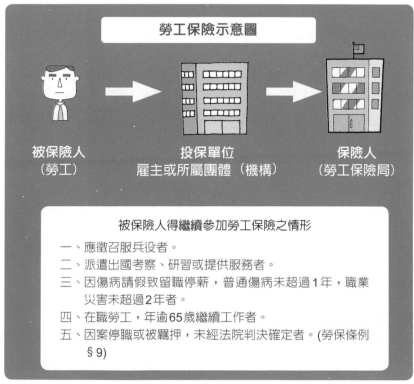

勞工保險示意圖

被保險人　　　　　投保單位　　　　　保險人
（勞工）　　雇主或所屬團體（機構）　（勞工保險局）

被保險人得繼續參加勞工保險之情形

一、應徵召服兵役者。

二、派遣出國考察、研習或提供服務者。

三、因傷病請假致留職停薪，普通傷病未超過1年，職業
　　災害未超過2年者。

四、在職勞工，年逾65歲繼續工作者。

五、因案停職或被羈押，未經法院判決確定者。(勞保條例
　　§9)

● **勞工保險之分類及給付種類**

勞工保險之分類及其給付種類如下：

一、普通事故保險：分生育、傷病、失能、老年及死亡五種給
　　付。

二、職業災害保險：分傷病、醫療、失能及死亡四種給付。(勞保
　　條例§2)

● **勞工保險之主管機關**

勞工保險之主管機關：在中央為行政院勞動部；在直轄市為直轄
市政府。(勞保條例§4)

● **保險給付請求權時效**

　　領取保險給付之請求權，自得請領之日起，因5年間不行使而消滅。(勞保條例§30)

● **喪葬津貼**

　　被保險人之父母、配偶或子女死亡時，依左列規定，請領喪葬津貼：(勞保條例§62)

　　一、被保險人之父母、配偶死亡時，按其平均月投保薪資，發給3個月。

　　二、被保險人之子女年滿12歲死亡時，按其平均月投保薪資，發給2.5個月。

　　三、被保險人之子女未滿12歲死亡時，按其平均月投保薪資，發給1.5個月。

● **平均月投保薪資之計算**

　　平均月投保薪資之計算方式如下：(勞保條例§19 Ⅲ)

　　一、年金給付及老年一次金給付之平均月投保薪資：按被保險人加保期間最高60個月之月投保薪資予以平均計算；參加保險未滿5年者，按其實際投保年資之平均月投保薪資計算。但依第58條第2項規定選擇一次請領老年給付者，按其退保之當月起前3年之實際月投保薪資平均計算；參加保險未滿3年者，按其實際投保年資之平均月投保薪資計算。

　　二、其他現金給付之平均月投保薪資：按被保險人發生保險事故之當月起前6個月之實際月投保薪資平均計算；其以日為給付單位者，以平均月投保薪資除以30計算。

相關考題

勞工遭遇勞災而需要醫療時,應依何等法律請求醫療給付? (A)全民健康保險法 (B)勞工保險條例 (C)勞動基準法 (D)就業保險法 【98四等司法特考-法學知識與英文】	(B)
下列何者非屬勞工保險條例第9條所稱得繼續參加勞工保險之被保險人? (A)應徵召服兵役者 (B)派遣出國考察者 (C)因案停職或被羈押,未經法院判決確定者 (D)因職業災害傷病請假致留職停薪,已超過2年者 【98普考-法學知識與英文】	(D)
下列何者非屬勞工保險條例第6條所稱之被保險人? (A)無一定雇主或自營作業而參加農會之會員 (B)在政府登記有案之職業訓練機構接受訓練者 (C)無一定雇主或自營作業而參加漁會之甲類會員 (D)在職外國籍員工 【100三等海巡-法學知識與英文】	(A)
依據勞工保險條例第2條有關職業災害保險之給付,下列那一項不屬之? (A)醫療 (B)傷病 (C)失能 (D)老年 【100關稅三等-法學知識】	(D)

相關考題　　保險給付請求權時效

依勞工保險條例第30條之規定,領取保險給付之請求權,自得請領之日起,因多少年間不行使而消滅? (A) 2 年 (B) 5 年 (C) 15 年 (D) 1 年 【104高考-法學知識與英文】	(B)

相關考題　　喪葬津貼

勞工保險條例的被保險人,其父母、配偶死亡時,按其平均月投保薪資,發給幾個月的喪葬津貼? (A)1個月 (B)2個月 (C)3個月 (D)6個月 【103普考-法學知識與英文】	(C)

相關考題　　平均月投保薪資

勞工保險之被保險人如欲請領年金給付,其平均月投保薪資應如何計算? (A)退保當月起前3年實際月投保薪資平均 (B)退保當月起前6個月實際月投保薪資平均 (C)加保期間最高60個月之月投保薪資平均 (D)加保期間最高30個月之月投保薪資平均 【103四等地特-法學知識與英文】	(C)

全民健康保險法

● 基本概念

　　全民健康保險法除了會考社會保險的屬性之外，其主管機關及相關組織之題目也常出現，另外保險對象及自行負擔費用之項目，也是近年常出現的考題範圍。

　　民國76年解嚴之後，我國社會福利法制首先致力於全民健康保險之推動，相較於49年施行的勞工保險條例、73年公布之勞動基準法，算是近期較晚推動的重大政策。美國前總統歐巴馬上任之後，也致力推動全民健保的制度。隨著全民健康保險法於83年制訂通過後，一直到96至97年，國民年金這一項也相當重要的社會福利制度才公布施行。全民健康保險法之立法目的，主要是為增進全體國民健康，辦理全民健康保險，以提供醫療保健服務，屬於社會保險之一環。(全民健保法§1Ⅰ)

● 主管機關及相關組織

　　本保險之主管機關為衛生福利部。(全民健保法§4)

　　為監理本保險業務，並提供保險政策、法規之研究及諮詢事宜，應設全民健康保險會。(全民健保法§5Ⅰ⑤)

　　本保險之保險對象、投保單位、扣費義務人及保險醫事服務機構對保險人核定之案件發生爭議事項，應先申請審議，由全民健康保險爭議審議委員會辦理。對於爭議審議結果不服時，得依法提起訴願或行政訴訟。(全民健保法§6Ⅰ)

● 保險給付範圍

　　本保險為強制性之社會保險，於保險對象在保險有效期間，發生疾病、傷害、生育事故時，依本法規定給與保險給付。(全民健保法§1Ⅱ)

相關考題

全民健康保險的性質為何？　(A)社會保險　(B)團體保險　(C)附加保險　(D)商業保險　　　　　　　　　　　　　　　　　【99三等關務-法學知識】	(A)
民國76年解嚴之後，我國社會福利法制首先致力於下列那一項全民性保障？(A)勞工保險　(B)勞動基準法　(C)國民年金　(D)健康保險　　　　　　　　　　　　　　　　　　　【98四等司法特考-法學知識與英文】	(D)
下列關於我國全民健康保險性質之敘述，何者錯誤？　(A)全民健康保險屬於社會保險　(B)全民健康保險為疾病保險　(C)全民健康保險為責任保險　(D)全民健康保險為強制保險　　　　　　【99四等基警行政警察-法學緒論】	(C)

相關考題　　**主管機關與相關組織**

全民健康保險之主管機關為何者？　(A)行政院衛生署　(B)中央健康保險局(C)縣市政府衛生局　(D)內政部　　　　　【98調查局-法學知識與英文】	(A)

【解析】
(A) 現行法令為衛生福利部。

全民健康保險關於保險人核定案件之爭議，依法應設置何組織？　(A)全民健康保險爭議審議委員會　(B)全民健康保險申訴委員會　(C)全民健康保險調解委員會　(D)全民健康保險訴願委員會　　　　　　　　　　　　　　　　　　　【98三等司法特考-法學知識與英文】	(A)
為提供全民健康保險政策、法規之研究及諮詢事宜，依法應設置何組織？(A)全民健康保險爭議審議委員會　(B)全民健康保險監理委員會　(C)全民健康保險醫事服務機構　(D)全民健康保險政策委員會　　　　　　　　　　　　　　　　　　　【99高考三級-法學知識與英文】	(B)

【解析】
(B) 現行法令稱之為全民健康保險會。

下列那一項不屬於全民健康保險之保險事故？　(A)殘廢　(B)疾病　(C)傷害 (D)生育　　　　　　　　　　　　【99第二次司法特考-法學知識與英文】	(A)
下列那一項費用屬於全民健康保險的給付範圍？　(A)交通費　(B)婦女子宮 頸抹片檢查　(C)義齒　(D)指定醫師　【99地方特考四等-法學知識與英文】	(B)

● **保險對象**

　　具有中華民國國籍，且符合一定資格者，應參加全民健康保險法而為保險對象。(全民健保法§8) 但是，符合下列情況者，則非全民健康保險之保險對象，已參加者，應予退保：(全民健保法§13)

一、失蹤滿6個月者。

二、不具第8條或第9條所定資格者。

> 【陳水扁戒護送醫案】
>
> 　　實務上曾發生陳水扁先生因案入監服刑後，身體不適戒護送醫，檢查費用3萬多元，無健保給付而認為太貴。但現行法令業已將受刑人納入全民健保，所以未來陳水扁戒護送醫時，將可享有健保給付。

● **無需自行負擔費用之項目**

　　為了避免全民健康保險資源的浪費，防止少數民眾將醫院當作自家廚房，所以採取自行負擔費用之制度，包括門診或急診費用之百分之二十，居家照護費用之百分之五 (全民健保法§43 I)，住院費用之一定比例。(全民健保法§47 I)

　　但是有些特殊疾病，則不適用自行負擔費用之規定，包括重大傷病、分娩及山地離島地區之就醫。(全民健保法§48 I)

　　本保險安全準備總額，以相當於最近精算1個月至3個月之保險給付支出為原則。(全民健保法§78)

● **擴大保險費費基：收取補充保險費**

　　為了解決健保制度的財務困境，在政黨協商下，於100年1月26日修正公布所謂的「二代健保」，透過補充保險費的機制，將過去沒有計算在內的所得，也納入健保費的計算範圍內，以增加健保收入。

　　除了合於社會救助法之低收入戶外，其餘各類被保險人對於下列所得，應依規定之補充保險費率計收補充保險費：(全民健保法§31 I)

一、所屬投保單位給付全年累計逾當月投保金額四倍部分之獎金。

二、非所屬投保單位給付之薪資所得。但第二類被保險人之薪資所得，不在此限。

三、執行業務收入。但依第20條規定以執行業務所得為投保金額者之執行業務收入，不在此限。

四、股利所得。但已列入投保金額計算保險費部分，不在此限。

五、利息所得。

六、租金收入。

　　所謂「補充保險費率」，依據同法第33條規定，於本法中華民國100年1月4日修正之條文施行第1年，以百分之二計算；自第2年起，應依本保險保險費率之成長率調整，其調整後之比率，由主管機關逐年公告。

● **從嚴規定久居海外或新住民參加全民健保之條件**

一、將現行「曾有」加保紀錄返國可立即加保之規定，修改為須「2年內曾有」加保紀錄。

二、對於首次返國設籍或重新設籍者，以及持有居留證件來臺居留者，除受雇者、政府駐外人員及其眷屬以外，均須俟設籍或居住滿6個月後，始得參加全民健保。

● 無固定所得之投保金額

第一類及第二類被保險人為無固定所得者，其投保金額，由該被保險人依投保金額分級表所定數額自行申報，並由保險人查核；如申報不實，保險人得逕予調整。(全民健保§20Ⅱ)

相關考題 爭議處理

依全民健康保險法之規定，當保險對象、投保單位、扣費義務人及保險醫事服務機構對保險人核定案件有爭議時，應該如何處理？ (A)先申請審議，對於爭議審議結果不服時，得依法提起訴願或行政訴訟 (B)先申請審議，對於爭議審議結果不服時，得依法提起再審議 (C)先申請審議，對於爭議審議結果不服時，得依法提起民事訴訟 (D)依法得逕行提起訴願或行政訴訟請求救濟 【107普考-法學知識與英文】	(A)

相關考題 安全準備總額

根據全民健康保險法第78條規定，全民健康保險的安全準備總額，以相當於最近精算多少個月的保險給付支出為原則？ (A)1到3個月 (B)4到6個月 (C)7到8個月 (D)9到12個月 【107高考-法學知識與英文】	(A)

相關考題 投保金額

對於全民健康保險投保金額的訂定，下列敘述何者錯誤？ (A)無固定所得者，以基本工資為投保金額 (B)專門職業及技術人員自行執業者，以執行業務所得為投保金額 (C)雇主以其營利所得為投保金額 (D)受僱者以其薪資所得為投保金額 【103高考-法學知識與英文】	(A)
依全民健康保險法之規定，關於被保險人投保金額之敘述，下列何者錯誤？ (A)受僱者，以其薪資所得為投保金額 (B)雇主及自營業主，以其營利所得為投保金額 (C)自營作業者，以其執行業務所得為投保金額 (D)專門職業及技術人員自行執業者之投保金額，以第二類被保險人之平均投保金額計算之 【108高考-法學知識與英文】	(D)

【解析】

全民健康保險法第20條第1項規定，自營作業者及專門職業及技術人員自行執業者：以其執行業務所得為投保金額。

【理專教導客戶規避案】

　　部分銀行理財專員，傳聞積極慫恿客戶「規避健保費」，勸誘「把定存解約」、改買其他金融商品。因為如果定存的利息達到一定的法定金額，將要收取補充保險費，只要將利息轉投資到其他非屬全民健保法第31條第1項之6款情況時，就不會被課徵百分之二的補充保險費。但是因為利息的百分之二並不高，是否會影響到存款，尤其是定存的比率，仍然值得關注。

　　另外，還有股利所得，也可能會影響股市，公司分派盈餘的時間主要是在每年的7至8月，是否會有投資者為了不想要交這多餘的百分之二，而要賣股求現，拒絕參與盈餘分配，也是值得觀察。但是這百分之二並非以投資本金來計算，而是以利息所得來計算。

相關考題　　無需自行負擔費用

下列那一項全民健康保險的給付，保險對象無需自行負擔費用？　(A)門診 (B)急診　(C)住院　(D)分娩　　　　　　　　　【99普考-法學知識與英文】	(D)

相關考題　　政府補助

關於全民健康保險的實施原則，下列何者為正確？　(A)保險對象不含勞保、公之被保險人　(B)保險給付與被保險人之投保金額相關　(C)個別被保險人之保險費與所受保險給付之內容相關　(D)保險財務仍需政府補助　　　　　　　　　　　　　　　　　　　【99地方特考三等-法學知識與英文】	(D)

相關考題　　救濟程序

全民健康保險被保險人對於核定之投保金額不服者，應循下列何項程序救濟？　(A)爭議審議、訴願及行政訴訟　(B)爭議審議及行政訴訟　(C)訴願及行政訴訟　(D)民事訴訟　　　　　　　　　　【101高考-法學知識與英文】	(A)

相關考題　保險費負擔

全民健康保險法規定私立學校教職員及其眷屬之保險費，應由被保險人自付保險費的百分比為何？　(A)30%　(B)40%　(C)50%　(D)60% 【103普考-法學知識與英文】	(A)
依全民健康保險法之規定，下列關於保險費負擔之敘述，何者正確？　(A)受雇於私立高中之數學教師甲，負擔30%之保險費，其餘70%由學校負擔　(B)受雇於公立高中之國文教師乙，負擔30%之保險費，35%由學校負擔，政府則負擔35%　(C)受雇於民營企業之丙，負擔30%之保險費，民營企業負擔60%，政府負擔10%　(D)合於社會救助法所規定之中低收入戶丁，接受中央役政主管機關全額補助　【108普考-法學知識與英文】	(C)
依全民健康保險法第10條之規定，被保險人總共分為幾類？　(A)3類　(B)4類　(C)5類　(D)6類　【109普考-法學知識與英文】	(D)
依全民健康保險法第43條之規定，除不經轉診，於地區醫院、區域醫院、醫學中心門診就醫者外，關於保險對象應自行負擔門診費用之比例，下列敘述何者正確？　(A)保險對象應自行負擔門診費用之百分之十　(B)保險對象應自行負擔門診費用之百分之二十　(C)保險對象應自行負擔門診費用之百分之三十　(D)保險對象應自行負擔門診費用之百分之四十 【109高考-法學知識與英文】	(B)

【解析】
全民健康保險法第43條。

依全民健康保險法之相關規定，下列有關於保險費之收繳及計算之敘述，何者錯誤？　(A)投保單位、保險對象或扣費義務人未依本法所定繳納期限繳納保險費時，得寬限15日　(B)未具投保資格、喪失投保資格或保險對象有前條所定免由扣費義務人扣取補充保險費之情形者，應於受領給付前，主動告知扣費義務人，得免扣取補充保險費　(C)全民健康保險之保險費、滯納金，優先於普通債權　(D)有經濟上之困難，而未能一次繳納保險費、滯納金或應自行負擔之費用者，不得向保險人申請分期繳納 【110普考-法學知識與英文】	(D)

【解析】
全民健康保險法第36條。

＊筆記＊

第 **9** 章

性別相關法令

章節大綱

　　家庭暴力防治法、性別工作平等法，幾乎都是常看到的考題。相關考題所涉及的法令條文不多，只要把條文整個瀏覽過幾次，再練習一些考古題，最後再把與考古題相關的其他條文看過一遍，要拿下這領域的分數並不難。另外，還有一些弱勢族群之考題，雖然不在命題大綱的範圍內，但因為命題大綱是「例示」而非「列舉」，所以本章也提供原住民族基本法的介紹。

9-1

性別工作平等法

● 立法目的

性別工作平等法,是為保障性別工作權之平等,貫徹憲法消除性別歧視、促進性別地位實質平等之目的。其法律架構主要包括禁止性別歧視、防止性騷擾,以及促進工作平等的措施。

● 禁止性別歧視

雇主對求職者或受僱者之招募、甄試、進用、分發、配置、考績或陞遷等,不得因性別或性傾向而有差別待遇。但工作性質僅適合特定性別者,不在此限。(性平法§7) 例如男同性戀酒吧應徵外場服務生,自然就不適合女性來應徵,只要說明理由,並不會違反性別平等法 (例如女性內衣模特兒)。其他如教育訓練、福利措施、薪資待遇等,也不能因為性別而有所差別。(性平法§8至11)

● 性騷擾之防治

雇主應防治性騷擾行為之發生。其僱用受僱者30人以上者,應訂定性騷擾防治措施、申訴及懲戒辦法,並在工作場所公開揭示。(性平法§13Ⅰ) 雇主於知悉前條性騷擾之情形時,應採取立即有效之糾正及補救措施。(性平法§13Ⅱ) 性騷擾防治措施、申訴及懲戒辦法之相關準則,由中央主管機關定之。(性平法§13Ⅲ)

受僱者或求職者因第12條之情事 (性騷擾),受有損害者,由雇主及行為人連帶負損害賠償責任。但雇主證明其已遵行本法所定之各種防治性騷擾之規定,且對該事情之發生已盡力防止仍不免發生者,雇主不負賠償責任。如被害人不能受損害賠償時,法院因其聲請,得斟酌雇主與被害人之經濟狀況,令雇主為全部或一部之損害賠償。雇主賠償損害時,對於為性騷擾之行為人,有求償權。(性平法§27)

● 請假規定

一、生理假

女性受僱者因生理日致工作有困難者,每月得請生理假1日,全年請假

日數未逾3日，不併入病假計算，其餘日數併入病假計算。(性平法§14Ⅰ)

二、產假

以下有關女性受僱者分娩與流產情況所給予之產假：(性平法§15Ⅰ)

(一)女性受僱者分娩前後，應使其停止工作，給予產假8星期。

(二)妊娠3個月以上流產者，應使其停止工作，給予產假4星期。

(三)妊娠2個月以上未滿3個月流產者，應使其停止工作，給予產假1星期。

相關考題　　**禁止性別歧視**

某美食餐廳於報紙上刊登徵才廣告，徵求外場服務生，並說明因為女性特質較為細膩且具有耐心，因此限定女性才能應徵，下列何者為性別工作平等法有關該種徵才廣告的相關規定？　(A)雇主對於求職者之招募，得敘明理由，限定僅特定性別才能應徵　(B)雇主不得基於性別或性傾向而對於受僱者給予差別待遇，但對於求職者之招募，不受此限　(C)雇主對於求職者之招募，不得因性別或性傾向而有差別待遇，除非該工作性質僅適於特定性別　(D)雇主對於求職者之招募，得限定特定性別，但應給付與其他工作價值相同的員工相同的薪資　　　　　　　【99高考三級-法學知識與英文】	(C)
下列有關性別歧視之禁止，何者錯誤？　(A)雇主對求職者或受僱者之招募、甄試、進用等，不得因性別而有差別待遇，即使該工作性質僅適合特定性別者亦同　(B)雇主為受僱者舉辦教育、訓練或其他類似活動，不得因性別而有差別待遇　(C)雇主為受僱者提供各項福利措施，不得因性傾向而有差別待遇　(D)雇主對受僱者之退休、資遣、離職、解僱，不得因性別而有差別待遇　　　　　　　【109普考-法學知識與英文】	(A)
【解析】 (A)性別工作平等法第7條但書：「但工作性質僅適合特定性別者，不在此限。」	
甲男平日皆著褲裝上班，後因醫師建議其表現自我而開始著裙裝上班，同事對於甲男的改變開始竊竊私語，甲向主管乙反映此事，但並未獲得相關協助，反而將甲調職，雖然新工作甲亦可勝任，但仍悶悶不樂，請求調回原職，關於上述案例，下列敘述何者正確？　(A)乙不得因甲之性傾向而有不利益對待　(B)甲著裙裝已違背公序良俗　(C)乙之調職決定和甲之性傾向無關　(D)甲穿裙裝造成他人困擾　　　　　　　【109普考-法學知識與英文】	(A)

(四)妊娠未滿2個月流產者，應使其停止工作，給予產假5日。

受僱者妊娠期間，雇主應給予產檢假7日。(性平法§15Ⅳ)

三、陪產假

受僱者陪伴其配偶妊娠產檢或其配偶分娩時，雇主應給予陪產檢及陪產假7日。(性平法§15Ⅴ)

四、育嬰留職停薪

受僱者任職滿6個月後，於每一子女滿3歲前，得申請育嬰留職停薪，期間至該子女滿3歲止，但不得逾2年。同時撫育子女2人以上者，其育嬰留職停薪期間應合併計算，最長以最幼子女受撫育2年為限。(性平法§16Ⅰ)

育嬰留職停薪期滿後，受僱者若要申請復職，而僱用者想要拒絕其復職，除非有特定情況，且經主管機關同意，才得以拒絕。例如歇業、虧損或業務緊縮。(性平法§17)

五、減少工作時間

受僱於僱用30人以上雇主之受僱者，為撫育未滿3歲子女，得向雇主請求為下列二款事項之一：(性平法§19Ⅰ)

(一)每天減少工作時間1小時；減少之工作時間，不得請求報酬。

(二)調整工作時間。

受僱於僱用未滿30人雇主之受僱者，經與雇主協商，雙方合意後，得依前項規定辦理。(性平法§19Ⅱ)

六、家庭照顧假

受僱者於其家庭成員預防接種、發生嚴重之疾病或其他重大事故須親自照顧時，得請家庭照顧假；其請假日數併入事假計算，全年以7日為限。(性平法§20)

七、托兒設施

僱用受僱者100人以上之雇主，應設置哺（集）乳室、托兒設施或適當之托兒措施。(性平法§23Ⅰ)

● **性別工作平等會**

　　為審議、諮詢及促進性別工作平等事項，各級主管機關應設性別工作平等會。性別工作平等會應置委員5至11人。女性委員人數應占全體委員人數二分之一以上。(性平法§5Ⅱ)

　　地方主管機關如設有就業歧視評議委員會，亦得由該委員會處理相關事宜。(性平法§5Ⅳ)

相關考題　**性騷擾**

受僱者於工作場所遭受性騷擾，那些法律責任不是性別工作平等法所規定？ (A)雇主於知悉性騷擾之情形，應採立即有效之糾正及補救措施　(B)受僱者受有損害，由雇主與行為人連帶負賠償責任　(C)若受僱人向地方主管機關提出申訴，地方主管機關可對雇主處以罰鍰　(D)受僱者受有損害，地方主管機關可對雇主處以停業處分　【98四等地方特考-法學知識與英文】	(D)
受僱於臺北市某電腦公司之甲女，一日與同事聊天時發現，年資績效皆與其相同之同事乙男所領薪資，每月較其多出 5 千元。下列敘述何者正確？　(A)薪資之給付屬福利措施，可依性別給予不同之待遇　(B)雇主對於員工薪資之給付，僅因性別給予差別待遇，已構成性別歧視　(C)雇主即使能提出獎懲或其他非因性別之正當理由，該薪資之差別待遇依然構成性別歧視　(D)雇主若主張男性員工社會、家庭責任較女性沉重，則該薪資之差別待遇不會構成性別歧視　【103四等司特-法學知識與英文】	(B)
依性別工作平等法第13條第1項之規定，僱用受僱者幾人以上之雇主應訂定性騷擾防治措施、申訴及懲戒辦法？　(A) 5 人　(B) 10 人　(C) 15 人　(D) 30 人　【104司法四等-法學知識與英文】	(D)

相關考題　**性別工作平等會**

有關性別工作平等會設置之敘述，下列何者錯誤？　(A)為審議、諮詢及促進性別工作平等事項，各級主管機關應設性別工作平等會　(B)性別工作平等會應置委員5至11人，任期2年　(C)性別工作平等會之女性委員應占全體委員人數二分之一以上　(D)地方主管機關如設有就業歧視評議委員會，仍應設性別工作平等會，不得由就業歧視評議委員會處理相關事宜　【104司法三等-法學知識與英文】	(D)

相關考題　陪產假

| 有關性別工作平等法陪產假之敘述，下列何者正確？　(A)雇主於受僱者之陪產假期間，無需給付工資　(B)受僱者之陪產假之請假日數，併入病假計算　(C)雇主於受僱者之配偶分娩時，應給予受僱者陪產假3日　(D)雇主於受僱者之家屬分娩時，應給予受僱者陪產假1日　【99普考-法學知識與英文】 | (C) |

【解析】(C)已修改為7日。

相關考題　育嬰留職停薪

| 性別工作平等法對於受僱者育嬰之需要，如何規定？　(A)受僱者符合一定之年資，於子女滿3歲前，得申請育嬰留職停薪　(B)受僱者育嬰留職停薪期間，不得參加原有之社會保險　(C)雇主得不具理由拒絕育嬰留職停薪之受僱者復職　(D)受僱者可以請求彈性工時，雇主如拒絕，得請求損害賠償　【98四等司法特考-法學知識與英文】 | (A) |

相關考題　減少工時

| 以下有關性別工作平等法中，得為撫育未滿3歲的子女而向雇主請求減少工作時間的規定，何者正確？　(A)受僱於僱用30人以上之雇主的受僱者，每天得請求減少工作2小時　(B)每天得請求減少工作1小時，就其減少的工作時間得請求一半的報酬　(C)受僱於僱用15人以上之雇主的受僱者，得請求每天減少工作時間1小時　(D)受僱於僱用30人以上之雇主的受僱者，就其減少的工作時間不得請求報酬　【98三等地方特考-法學知識與英文】 | (D) |

相關考題　雇主賠償責任

| 依性別工作平等法第27條之規定，受僱者或求職者因受性騷擾而受有損害者，有關雇主之民事賠償責任，下列何者正確？　(A)只要雇主能證明其已遵行本法所定之各種防治性騷擾之規定，則雇主不負賠償責任　(B)縱使雇主已遵行該法所定之各種防治性騷擾之規定，但是損害仍然發生，雇主仍應與行為人負賠償責任　(C)雇主如能證明其已遵行本法所定之各種防治性騷擾之規定，且對該事情之發生已盡力防止仍不免發生者，雇主不負賠償責任　(D)雇主與行為人應負連帶賠償責任，惟事後得向行為人請求賠償　【108高考-法學知識與英文】 | (C) |

【解析】

性別工作平等法第27條第1項規定：「受僱者或求職者因第12條之情事，受有損害者，由雇主及行為人連帶負損害賠償責任。但雇主證明其已遵行本法所定之各種防治性騷擾之規定，且對該事情之發生已盡力防止仍不免發生者，雇主不負賠償責任。」

相關考題　賠償請求權時效

受僱者或求職者因受性別、性傾向歧視或性騷擾，受有損害者，雇主應負賠償責任。該賠償請求權之時效，下列何者正確？　(A)自請求權人知有損害及賠償義務人時起，2年間不行使而消滅。自有性騷擾行為或違反各該規定之行為時起，逾10年者，亦同　(B)自請求權人知有損害及賠償義務人時起，1年間不行使而消滅。自有性騷擾行為或違反各該規定之行為時起，逾2年者，亦同　(C)自請求權人離職後，2年間不行使而消滅。自有性騷擾行為或違反各該規定之行為時起，逾10年者，亦同　(D)無時效之規定　【107普考-法學知識與英文】　(A)

【解析】

性別工作平等法第30條：「第26條至第28條之損害賠償請求權，自請求權人知有損害及賠償義務人時起，2年間不行使而消滅。自有性騷擾行為或違反各該規定之行為時起，逾10年者，亦同。」

相關考題　適用對象

下列有關性別工作平等法適用對象之敘述，何者錯誤？　(A)公務人員與教育人員適用性別工作平等法，惟公務人員與教育人員之申訴、救濟及處理程序，依各該人事法令之規定　(B)雇主依勞動基準法規定招收之技術生及準用技術生規定者，除適用高級中等學校建教合作實施及建教生權益保障法規定之建教生外，亦適用性別工作平等法　(C)軍職人員因其工作之特殊性，不適用性別工作平等法之規定　(D)實習生於實習期間遭受性騷擾時，適用性別工作平等法之規定　【111高考-法學知識與英文】　(C)

【解析】

性別工作平等法第2條第2項：「本法於公務人員、教育人員及軍職人員，亦適用之。但第33條(申訴)、第34條(異議程序)、第38條(雇主罰鍰)及第38-1條(雇主罰鍰)之規定，不在此限。」

相關考題　請假規定

下列關於性別工作平等之請假規定，何者對不同性別者皆有適用？　(A)生理假　(B)產假　(C)陪產假　(D)家庭照顧假　【99四等基警行政警察-法學緒論】　(D)

依性別工作平等法第15條之規定，下列何者非屬雇主應使其停止工作，給予產假之情形？　(A)女性受僱者分娩前後　(B)女性受僱者妊娠3個月以上流產者　(C)女性受僱者妊娠未滿2個月流產者　(D)女性受僱者經醫生診斷需安胎休養者　【108普考-法學知識與英文】　(D)

9-2

家庭暴力防治法

● 基本概念

有鑒於家庭暴力情況成為社會問題的重要來源，1995年9月，我國參照美國、澳洲、紐西蘭等國家庭暴力法規與文獻，於1998年通過家庭暴力防治法，為家庭暴力的攻擊端加上了一個防護網。

● 重要名詞定義

家庭暴力是指家庭成員間實施身體、精神或經濟上之騷擾、控制、脅迫或其他不法侵害之行為。(家暴§2 ①) 而家庭暴力罪是指家庭成員間故意實施家庭暴力行為而成立其他法律所規定之犯罪。(家暴§2 ②)

本法所定家庭成員，包括下列各員及其未成年子女：(家暴§3)

一、配偶或前配偶。

二、現有或曾有同居關係、家長家屬或家屬間關係者。

三、現為或曾為直系血親或直系姻親。

四、現為或曾為四親等以內之旁系血親或旁系姻親。

● 管轄法院

保護令之聲請，由被害人之住居所地、相對人之住居所地或家庭暴力發生地之法院管轄。(家暴§11Ⅰ)

● 審理程序

聲請保護令之程式或要件有欠缺者，法院應以裁定駁回之。但其情形可以補正者，應定期間先命補正。(家暴§13Ⅰ)

法院核發暫時保護令或緊急保護令，得不經審理程序。(家暴§16Ⅰ)

● 保護令

被害人可以申請保護令，分為通常保護令、暫時保護令及緊急保護令。(家暴§9) 所謂緊急保護令，通常是因為情況急迫，對於所發生

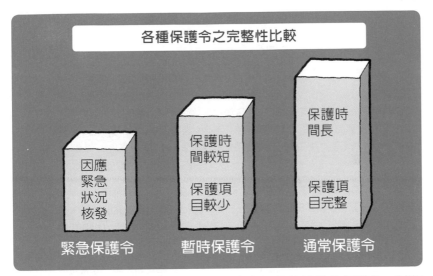

各種保護令之完整性比較

緊急保護令：因應緊急狀況核發

暫時保護令：保護時間較短、保護項目較少

通常保護令：保護時間長、保護項目完整

的家庭暴力狀況尚不明瞭，為保護被害人而緊急核發的保護令，其效力也較為短暫。至於暫時保護令，法院為保護被害人，得於通常保護令審理終結前，依聲請核發暫時保護令，准予保護的範圍，相較於通常保護令更為狹窄。

● 相關人員之通報

　　醫事人員、社會工作人員、教育人員、保育人員、警察人員、移民業務人員及其他執行家庭暴力防治人員，在執行職務時知有疑似家庭暴力情事者，應立即通報當地主管機關，至遲不得逾24小時。(家暴§50Ⅰ)

相關考題

我國家庭暴力防治法的保護令制度，主要是參考那一國的法律制度？　(A)日本 (B)德國　(C)法國　(D)美國　　　　【98三等司法特考-法學知識與英文】	(D)

相關考題　　家庭成員

家庭暴力防治法所定家庭成員，不包括下列何者？　(A)同居人 (B)公婆、岳父母　(C)妻子的表哥　(D)女朋友前婚姻關係的未成年子女且未同居者　　　　　　　　　　　　　　　　【99地方特考四等-法學知識與英文】	(D)

相關考題 **家庭成員**

有關家庭暴力保護令之敘述，以下何者錯誤？ (A)警察機關應依保護令，保護被害人至被害人之住居所，確保其安全占有住居所 (B)命相對人遷出被害人住居所或遠離被害人之保護令，若被害人同意相對人不遷出便失其效力 (C)法院核發暫時保護令或緊急保護令，得不經審理程序 (D)義務人不依保護令交付未成年子女時，權利人得聲請警察機關限期命義務人交付 【100三等海巡-法學知識與英文】	(B)
依據家庭暴力防治法，醫事、社會工作、教育、警察或移民業務等人員，在執行職務時知有疑似家庭暴力情事者，應有通報地方主管機關的義務，並應至遲於幾小時內通報？ (A)12 小時 (B)24 小時 (C)4 小時 (D)48 小時 【103四等地特-法學知識與英文】	(B)
甲、乙為夫妻，乙遭其夫甲長期毆打，為尋求庇護，請求相關單位安置其於庇護所，不讓甲知其行蹤，並將其未成年之子丙轉學。但甲為找尋乙，赴丙原學校詢問乙、丙之所在，請問乙得否向法院聲請核發保護令，禁止甲至學校取得相關資料？ (A)否，家庭暴力防治法無相關規定，法院無權限 (B)否，僅得依照個人資料保護法處理 (C)可以，禁止相對人查閱被害人及受其暫時監護之未成年子女戶籍、學籍、所得來源相關資訊 (D)可以，得依個人資料保護法之規定辦理核發保護令 【103三等地特-法學知識與英文】	(C)

相關考題 **管轄法院**

下列那個地點的法院不是家庭暴力防治法規定之有關保護令聲請的管轄法院？ (A)被害人之住所地 (B)相對人之居所地 (C)家庭暴力發生地 (D)相對人受逕行拘提地 【99鐵路四等員級-法學知識與英文】	(D)
下列有關家庭暴力防治法所規定的保護令聲請程序，何者正確？ (A)聲請保護令之要件有欠缺者，法院應以裁定駁回之，不得補正 (B)被害人為未成年者，其法定代理人、三親等內之血親或姻親得為其向法院聲請之 (C)保護令之聲請，由加害人之住居所地、相對人之住居所地或家庭暴力發生地之法院管轄 (D)保護令之聲請，應以書面為之。被害人有受家庭暴力之急迫危險者，得以言詞為之，但應於24小時之內補送書面聲請 【99第二次司法特考-法學知識與英文】	(B)

相關考題　保護令

甲女與乙男二人均滿18歲，沒有同居下隱瞞家人私下交往，但甲女打算提出分手以準備學測，乙男無法接受且毆打甲女。有關家庭暴力防治法規定，下列何者正確？　(A)甲女已滿18歲，可以自行提出保護令聲請　(B)甲女與乙男二人雖然沒有同居，但甲女父母可以為甲女向法院聲請保護令　(C)甲女父母親不捨孩子被打，打算聘僱律師提出傷害告訴，可以向縣市政府提出律師費補助　(D)有位單戀甲女的同學丙男，知道甲乙兩人分手，不斷以電話騷擾甲女要求與甲女約會，甲女亦可聲請保護令　　【107高考-法學知識與英文】	(B)
有關暫時保護令規定之敘述，下列何者錯誤？　(A)法院核發暫時保護令，應經審理程序　(B)法院為保護被害人，得於通常保護令審理終結前，依聲請或依職權核發暫時保護令　(C)聲請人於聲請通常保護令前聲請暫時保護令，其經法院准許核發者，視為已有通常保護令之聲請　(D)暫時保護令自核發時起生效，於聲請人撤回通常保護令之聲請、法院審理終結核發通常保護令或駁回聲請時失其效力　　【110普考-法學知識與英文】	(A)

相關考題　預防性羈押

下列何者不是家庭暴力防治法第30-1條所規定預防性羈押之要件？　(A)經法官訊問　(B)有犯違反保護令、家庭成員間故意實施家庭暴力行為而成立之罪，其嫌疑重大者　(C)有事實足認為有反覆實行前開犯罪之虞，而有羈押之必要者　(D)曾有違反保護令之規定，威脅被害人之人身安全者　【111普考-法學知識與英文】	(D)

相關考題　被害人補助

直轄市、縣（市）主管機關得核發家庭暴力被害人之補助，下列敘述何者錯誤？　(A)緊急生活服務費用，準用於目睹家庭暴力之兒童及少年　(B)非屬全民健康保險給付範圍之醫療費用及身心治療、諮商與輔導費用　(C)子女教育、生活費用、兒童托育費、安置費用與房屋租金費用　(D)家庭暴力被害人年滿18歲者，得申請創業貸款；其申請資格、程序、利息補助金額、名額及期限等，由中央目的事業主管機關定之　　【109高考-法學知識與英文】	(D)

【解析】
(A) 家庭暴力防治法第58條第1項第1款、第2項；(B) 家庭暴力防治法第58條第1項第2款、第2項；(C) 家庭暴力防治法第58條第1項第5款；(D) 家庭暴力防治法第58條第4項：20歲。

9-3

原住民族基本法

● 基本概念

原住民族基本法，立法目的為保障原住民族基本權利，促進原住民族生存發展，建立共存共榮之族群關係。(原住民族基本法§1) 其立法精神在於尊重原住民族的意願，保障原住民族之平等地位及自主發展，更重要地是實行原住民族自治。(原住民族基本法§4) 其基本原則在於政府應依原住民族意願，本多元、平等、尊重之精神，保障原住民族教育之權利。(原住民族基本法§7)

● 語言文化保障

語言與文化方面，政府也必須積極推動民族語言的發展 (原住民族基本法§9)，以及保存與維護原住民族文化，並輔導文化產業及培育專業人才。(原住民族基本法§10)

● 傳播媒體近用權及知識智慧創作保護

政府應保障原住民族傳播及媒體近用權，成立財團法人原住民族文化事業基金會，規劃辦理原住民族專屬及使用族語之傳播媒介與機構。(原住民族基本法§12 I) 政府對原住民族傳統之生物多樣性知識及智慧創作，應予保護，並促進其發展。(原住民族基本法§13)

● **人權保障**

　　政府為保障原住民族尊嚴及基本人權，應於國家人權法案增訂原住民族人權保障專章。(原住民族基本法 §29)

　　政府不得違反原住民族意願，在原住民族地區內存放有害物質。(原住民族基本法 §31) 因此，台電就不能在蘭嶼放置核能廢料的有害物質。

● **居住區域之尊重**

　　政府除因立即而明顯危險外，不得強行將原住民遷出其土地區域。強制遷出其土地區域的行為，致原住民受有損失時，應予合理安置及補償。(原住民族基本法 §32) 例如八八水災中，原住民因為未能即時遷出而導致嚴重死傷，而後續安置的工作，又因為原本居住區域已經不適合居住，而被要求強制遷村，相關遷村的地點與安置，政府就必須妥善規劃與補償。

相關考題

請問下列何者，與原住民族基本法的規定不合？　(A)原住民族基本法的立法目的：「為保障原住民族基本權利，促進原住民族生存發展，建立共存共榮之族群關係」　(B)政府應依原住民族意願，保障原住民族之平等地位及自主發展，實行原住民族自治　(C)政府應依原住民族意願，本多元、平等、尊重之精神，保障原住民族教育之權利　(D)基於憲法平等原則，政府對原住民族傳統之生物多樣性知識及智慧創作，不應保護 【99鐵路高員三級人事行政-法學知識與英文】	(D)

國家圖書館出版品預行編目資料

圖解法學緒論 國家考試的第一本書 第五版
錢世傑 著
臺北市 十力文化 2023.01
640 面；14.8*21.0 公分
ISBN 978-626-96930-0-9（平裝）
1. 法學
580   111021477

國考館　S2301

圖解法學緒論／國家考試的第一本書（第五版）

作　　者　錢世傑

責任編輯　吳玉雯
封面設計　陳綺男
插　　畫　劉鑫鋒
美術編輯　劉詠倫

出 版 者　十力文化出版有限公司

發 行 人　劉叔宙
公司地址　11675 台北市文山區萬隆街45-2號
聯絡地址　11699 台北郵政 93-357號信箱
劃撥帳號　50073947
電　　話　(02)2935-2758
電子郵件　omnibooks.co@gmail.com

ISBN　978-626-96930-0-9

出版日期　2023年 1 月　第五版第一刷
　　　　　2019年 9 月　第四版第一刷
　　　　　2016年 9 月　第三版第一刷
　　　　　2013年 5 月　第二版第一刷
　　　　　2011年 7 月　第一版第一刷
定　　價　750元

地址：

姓名：

十力文化出版有限公司　企劃部收

地址：11699 台北郵政 93-357 號信箱

傳真：（02）2935-2758

E-mail：omnibooks.co@gmail.com

讀 者 回 函

　　無論你是誰，都感謝你購買本公司的書籍，如果你能再提供一點點資料和建議，我們不但可以做得更好，而且也不會忘記你的寶貴想法喲！

姓名／　　　　　　　　性別／□女□男　　生日／　　　年　　　　月　　　　日
聯絡地址／　　　　　　　　　　　　　　　　連絡電話／
電子郵件／

職業／□學生　　　　□教師　　　　□內勤職員　　□家庭主婦　　　□家庭主夫
　　　□在家上班族　□企業主管　□負責人　　　□服務業　　　　□製造業
　　　□醫療護理　　□軍警　　　□資訊業　　　□業務銷售　　　□以上皆是
　　　□以上皆非　　□請你猜猜看
　　　□其他：

你為何知道這本書以及它是如何到你手上的？
　　　請先填書名：
　　　□逛書店看到　　□廣播有介紹　　□聽到別人說　　□書店海報推薦
　　　□出版社推銷　　□網路書店有打折　□專程去買的　　□朋友送的　　　□撿到的

你為什麼買這本書？
　　　□超便宜　　　□贈品很不錯　　□我是有為青年　□我熱愛知識　□內容好感人
　　　□作者我認識　□我家就是圖書館　□以上皆是　　　□以上皆非
　　　其他好理由：

哪類書籍你買的機率最高？
　　　□哲學　　　　□心理學　　　□語言學　　　□分類學　　　□行為學
　　　□宗教　　　　□法律　　　　□人際關係　　□自我成長　　□靈修
　　　□型態學　　　□大眾文學　　□小眾文學　　□財務管理　　□求職
　　　□計量分析　　□資訊　　　　□流行雜誌　　□運動　　　　□原住民
　　　□散文　　　　□政府公報　　□名人傳記　　□奇聞逸事　　□把哥把妹
　　　□醫療保健　　□標本製作　　□小動物飼養　□和賺錢有關　□和花錢有關
　　　□自然生態　　□地理天文　　□有圖有文　　□真人真事
　　　請你自己寫：